全国机械行业高等职业教育“十二五”规划教材

高等职业教育教学改革精品教材

2010 江苏省级精品课配套教材

IT 项目开发与管理

主　编　苏宝莉

副主编　孙华林　陈　桢　鲍　志

参　编　秦桂英　顾惠斌　徐义晗

主　审　彭　炜

机 械 工 业 出 版 社

本书遵循学生职业能力培养的基本规律，根据企业的真实项目开发和管理情境，本着引导学生体验软件开发及项目管理过程的原则而编写的。通过综合运用课程所学的软件开发主流技术、项目管理知识，对软件开发过程以及其他 IT 项目（如网络升级项目）进行管理。在此过程中，学生通过真实工程项目的开发和管理，熟悉规范的软件开发和管理流程，熟练掌握 IT 项目开发与项目管理技能，培养良好的沟通能力和团队协作能力，实现与软件开发工作岗位的无缝连接。

在项目一和项目三中，本书以办公自动化系统的开发与管理及服务管理系统开发与管理为例，细致地讲解了如何进行“项目启动”、“需求分析”、“系统设计”、“系统编码”、“系统测试”、“系统发布”和“系统验收”内容，并引导读者在集成化的软件工程管理平台——统一软件数据管理系统 USDM（Unified Software Data Management）上进行操作；在项目二中，本书以校园网络升级项目管理为例，细致地讲解了如何进行“项目计划”、“项目监控”和“项目结束”内容，并引导读者在项目管理平台——Project2007 上进行操作。

本书图文并茂，实用性强，书中提供的场景和项目非常适合即将进入职场的在校学生，使其提前进入工作状态。本书可作为高等职业技术学院、高等专科学校、成人高校、本科院校举办的二级职业技术学院计算机相关专业软件工程课程的教材，还可供各类计算机软件开发人员学习、使用。

图书在版编目（CIP）数据

IT 项目开发与管理/苏宝莉主编．—北京：机械工业出版社，2012.3

全国机械行业高等职业教育“十二五”规划教材　高等职业教育教学改革精品教材　2010 江苏省级精品课配套教材

ISBN　978-7-111-34625-8

Ⅰ．①I…　Ⅱ．①苏…　Ⅲ．①IT 产业—项目管理—高等职业教育—教材　Ⅳ．①F49

中国版本图书馆 CIP 数据核字（2012）第 022972 号

机械工业出版社（北京市百万庄大街 22 号　邮政编码 100037）

策划编辑：崔占军　边　萌　责任编辑：崔占军　边　萌　王丹凤

责任印制：杨　曦

保定市中画美凯印刷有限公司印刷

2012 年 3 月第 1 版第 1 次印刷

184mm×260mm・22.25 印张・510 千字

0 001—3 000 册

标准书号：ISBN　978-7-111-34625-8

定价：39.00 元

凡购本书，如有缺页、倒页、脱页，由本社发行部调换

电话服务

社服务中心：（010）88361066

销售一部：（010）68326294

销售二部：（010）88379649

读者购书热线：（010）88379203

网络服务

门户网：http://www.cmpbook.com

教材网：http://www.cmpedu.com

前　言

本书是校企合作、中澳合作的成果之一，为 2010 年江苏省级精品课程“IT 项目开发与管理”的配套教材。

本书遵循学生职业能力培养的基本规律，以真实的软件开发、网络升级管理工作过程为依据，整合教学内容，科学设计学习性工作任务，教、学、做结合，理论与实践一体化，实践、实习等教学环节设计合理。为了便于教学实施，本书将项目分解为若干模块，模块按照工作过程顺序设置。

本书具有如下特点。

➢ **以真实项目为载体，设计教学情境，“学”有所依**

用来自企业的 3 个真实项目“办公自动化系统开发与管理”、“服务管理系统开发与管理”和“邦国技术学院网络升级管理”为载体构建基于工作过程的项目，通过项目训练，学生逐步熟悉在运用软件开发的主流技术开发时，必须遵循的规范以及 IT 项目管理过程。

➢ **以真实工作过程为流程，体验工作情境，“用”有所依**

软件开发项目管理，按照如下流程组织教学：项目启动、需求分析、系统设计、系统编码、系统测试、系统发布、系统验收；邦国技术学院网络升级项目管理流程则按照项目计划、项目监控、项目结束的流程组织教学。学生可以体验真实的工作过程，为将来工作奠定基础。

➢ **以真实平台为环境，实践工作过程，“学”以致用**

平台 1：校企合作引进软件公司目前使用的项目开发及管理平台 USDM，按照企业的项目开发规范与流程，进行项目开发与管理。实现教学环境和工作环境的互融，实现学生的“零”适应期。

平台 2：引进澳大利亚 TAFE 优质教学资源，使师生具有国际化视野。

通过与企业合作，将企业真实的软件平台引入课堂，把企业真实项目经过二次开发融入课程；通过中澳合作，将澳大利亚优质教学资源融入课程，采用“四个真实”方式开发教学内容，校企共建。与企业实现了“零距离”对接，并在教学设计和教学过程中体现“教、学、做”相结合的创新理念。在培养学生的专业能力的同时也培养学生的职业素养（社会能力、方法能力）。

本书以项目的完成和考核为主线，每个项目分解为多个模块，每个模块分解为若干任务。每个任务分为 6 步：“任务导入——创设情境，导入新课”、“任务分析与示范引导——案例引路，项目主导”、“模仿试做——呈现任务，训练技能”、“检查评估——教师检查，巡回指导”、“总结提高——总结提升，巩固新知”和“思考及操作——检验效果”。按照这种“任务驱动，行动导向”的教学方法，保证了基于工作过程的课程设计得以实施。

为了将本书的教学内容以多种形式展现给广大师生，课程组制订了课程标准，编写了学习指南，制作了多媒体课件和软件操作录像，开发了实训实习项目，建立了开发文档模板库、开发案例库、项目资源库、测试题库，形成了一套完整的教学资源。需要的教师可查阅网址：http://jpkc.czmec.cn/jpkc/2010/c1053。

本书由苏宝莉任主编，孙华林、陈桢、鲍志任副主编，秦桂英、顾惠斌和徐义晗任参编，全书由苏宝莉统稿，彭炜任主审。

本书可作为高等职业技术学院、高等专科学校、成人高校、本科院校举办的二级职业技术学院计算机相关专业软件工程课程的教材，还可供各类计算机软件开发人员学习时使用。

由于作者水平有限，在内容及结构上难免存在错误和不足之处，恳请各位同行和广大读者给予批评指正。

编　者

目　录

项目一

办公自动化系统开发与管理

- 模块一　项目启动
- 模块二　需求分析
- 模块三　系统设计
- 模块四　系统编码
- 模块五　系统测试
- 模块六　系统发布
- 模块七　系统验收

模块一　项 目 启 动

任务一　选定项目开发模型

知识目标

1）了解项目生命周期的重要性及特点。
2）了解项目生命周期所适用的场景及情况。
3）生命周期在不同项目环境下的优点及缺点。

技能目标

能够根据项目环境情况来合理、科学地选择合适项目的软件开发模型。

任务导入

软件开发工作本身是需要一个周期来完成的，而在周期的内部则包含了很多因素。一个因素的不稳定，在周期推移的过程中都很可能会造成类似生物学领域的蝴蝶效应——一只蝴蝶扇动翅膀可能会造成遥远国家的一场龙卷风。这说明每一件事情都可能会对其他事情产生连锁反应。因此，任何软件开发项目都必须进行适当的组织和管理，然后才能按预期计划成功地执行项目。也就是说，规划良好的软件开发模型将能够实现在更短的开发周期内构建软件的愿景。

项目背景

本项目取材自真实的项目。某市广播电视局委托某公司开发适用于其总部和下属 4 个区的办公自动化系统。项目除了具备通用的办公自动化系统特点外，还需要根据其业务内容进行定制开发。该单位原有一个办公系统已投入运行三年。但由于功能的不足和自身业务的变化，已不能满足单位的现有需求。因此，提出重新开发一套符合现有业务特点的办公及业务系统。单位的相关部门和人员对于信息系统和办公的应用有了一个较好的认识和应用基础素质。

根据某个 OA 系统项目环境的情况，选择一个最适合该项目情况的开发模型，并对选择过程进行讨论及评估。

一个定义良好的软件开发模型，可以很好地指导开发工作，使开发工作易于控制。事实上，也可以任意定义用户喜欢的软件开发模型。但是，如果开发模型定义不合理，就会制约开发过程。因此，选择一个软件开发模型不应将其作为一次性的活动来考虑。

因为，随着开发项目的进展，未知内容会逐渐变为已知内容，并且新的、意料之外的问题和风险都会随之出现。所以，开发模型应该要根据实际情况来进行选择，然后在此基础上再加以裁减，以作出适当的修改或改良。

任务分析与示范引导

一、何谓软件

今天，计算机软件已经成为世界舞台上最为重要的科技领域。在20世纪50年代时，没有人曾预料到软件科学会成为今天商业、科学和工程必需的技术。它促进了新科技的创新（如基因工程）、现代科技的发展（如航天技术）以及像印刷业这样的传统技术向现代科技的过渡。软件技术已经成为个人计算机革命的推动力量，消费者可以很容易地在附近的商店购买到包装好的软件产品，一家软件公司可以比传统工业时代的许多公司更大、更有影响力。在大量应用软件的驱动下，因特网将更加迅速发展，并将使人们生活的诸多方面，如从信息搜索、网上购物以及人们的沟通方式产生新的革命性的变化。

在过去，人们不曾想到软件可以嵌入到各种系统中，这些系统包括交通运输、医疗、远程通信、军事、工业、娱乐、办公设备等。但是现在，这些都可以实现。

软件提供了这个时代最重要的产品——信息。软件可以处理个人数据，使这些数据在局部范围内更为有用。它可以管理商业信息以增强竞争力，它提供了通往全球信息网络的道路，它还提供了可以用各种形式获取信息的手段。

人们常说的计算机系统是硬件和软件两大部分组成的。软件与硬件互相依存，共同完成计算机系统的功能。如果用计算机求解问题，程序是不可缺少的，程序被称为软件的实体部分，程序只有在硬件载体上运行才可获得所求问题的解，因此硬件和程序是求解问题的最基本条件。然而，只有程序也会给使用者带来很多不便，好的程序应有相应的文字资料，如各种规格说明书、设计说明书、用户手册等，通常称这些文字资料为文档。文档不但对使用者是必要的，而且对程序开发者更是至关重要的。特别是由多个人经过多年才能完成开发任务的大型程序，开发者与使用者之间都需要有规范的书面文档规定程序的功能、使用环境、使用方法等。所以，严格地说，程序和软件是两个不同的概念。程序是指计算机可识别的源程序代码或机器可直接执行的程序代码；而软件是指程序和开发、使用和维护该程序所需要的全部文档的集合。

（1）可以在计算机上运行的程序（Program）　包括用于特定领域的程序、支持这些程序运行的系统程序（如操作系统）、编译程序（用于把计算机程序设计语言编写的源程序转换成计算机上直接运行的目标程序）、管理计算机系统资源的程序以及检查诊断计算机系统的程序等。

（2）运行程序需要的数据（Data）　数据是程序的处理对象，程序都是在一定的数据环境下运行的。程序可以把数据转换成有用的信息，程序能产生、管理、获取、修改、显示和转换信息。

（3）软件开发、维护、使用需要的各种文档（Document）　文档是供开发、维护和使用软件的人阅读的，它包括软件开发、运行、维护、使用及培训所用的所有资料。

软件的基本组成如图1-1-1所示。软件中的程序和数据是在计算机上执行的，文档是让人看的，在计算机上不能执行。也有人把程序和数据归结为一个部分，认为软件由两部分组成，即在计算机上执行的程序、数据为软件的一个部分，不能在计算机上执行的文档是另一个部分。在软件中，文档是不可缺少的，只有程序不能称为软件。

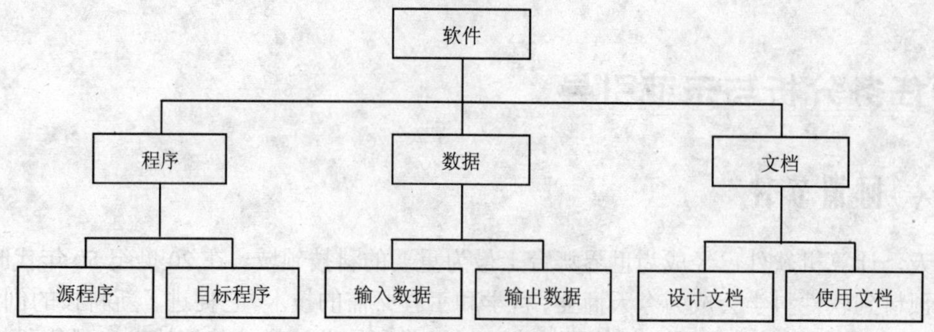

图 1-1-1　软件的基本组成

为了更好地理解“软件”的意义，将软件和其他人工产品的特点加以区分是非常重要的。软件是逻辑的系统元素而非物理的系统元素。因此，软件和硬件具有完全不同的特性。

（1）软件是设计开发的，而不是传统意义上生产制造的　虽然在软件开发和硬件制造间存在某些相同点，但二者根本不同。二者均可通过优秀的设计获得高质量产品，而硬件制造阶段中的质量问题对于软件来说是不存在的或者易于纠正的；二者都依赖人，但是人员和工作成果之间的对应关系是完全不同的；它们都需要构建产品，但是构建方法不同。软件产品成本主要在于开发设计，因此不能像管理制造项目那样管理软件开发项目。

（2）软件不会“磨损”　图 1-1-2a 描述了以时间为变量的硬件的失效率。这个被称为“浴缸曲线”的关系图显示：硬件在早期具有较高的失效率（这种失效通常来自设计或生产缺陷）。缺陷被逐个纠正之后，失效率也随之降低，并在一段时间内保持平稳（理想情况下很低）。然而，随着时间的推移，因为灰尘、振动、不当使用、温度超限以及其他环境问题，硬件组件将再次提高失效率。简而言之，硬件开始“磨损”了。

而软件是不会受到引起硬件磨损的环境问题的影响的。因此，从理论上来说，软件的失效曲线应该呈现如图 1-1-2b 所示的“理想曲线”。未知的缺陷将在生命周期的前期造成高失效率。然而随着错误被纠正，曲线将趋于平缓。“理想曲线”只是软件实际失效模型的粗略简化。其含义很明显——软件不会磨损，但是会退化。

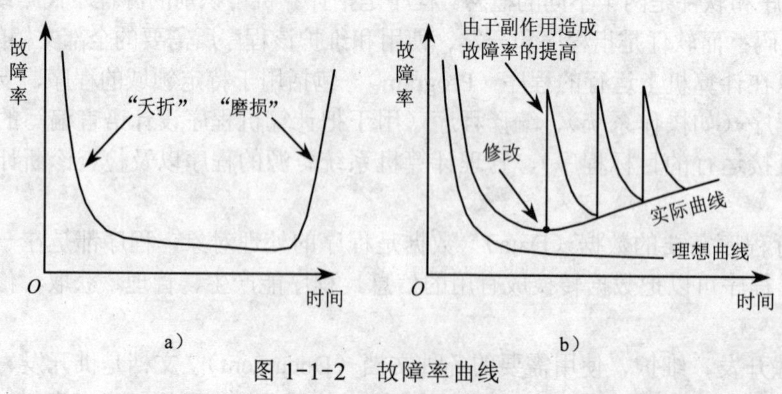

图 1-1-2　故障率曲线

a）硬件的故障曲线　b）软件的理想故障曲线和实际故障曲线

这个说法表面上似乎是矛盾的，但可以通过图 1-1-2b 中的实际曲线来解释清楚。在其生存期间，软件会经历修改，随着这些修改，有可能会引入新的错误，使得故障率曲线呈现如图 1-1-2b 所示的锯齿形。在该曲线能够恢复到原来的稳定状态的故障率之前，又需要新的修改，从而又引起一个新的锯齿。慢慢地，最小故障率水平就开始提高了——软件的退化是由于修改引起的。

这个似乎矛盾的现象用图 1-1-2b 所示的“实际曲线”可以很好地解释。在完整的生存周期里，软件的每次变更都可能引入新的错误，使得失效率如图 1-1-2b 所示的陡然上升。在曲线回到最初的稳定状态前，新的变更会引起曲线又一次上升。就这样，最小的失效率水平逐渐上升。可以说，不断的变更是软件退化的根本原因。

磨损的另一方面同样说明了软硬件的不同。磨损的硬件部件可以用备用的构件替换；而软件不存在备用构件。每个软件的错误都暗示了设计的缺陷或者在从设计转化到机器可执行代码的过程中产生的错误。因此，软件的维护比硬件的更为复杂。

（3）大多数软件是根据实际的顾客需求定制的　在设计和建造计算机控制硬件时，设计师首先画出数字电路的示意图，通过基本分析确保一定功能的实现，再从器件目录中选取现有的数字电路块。每一块集成电路都有编号、定义好的确认的功能、定义好的功能接口和标准的集成指南。每块器件在选定后都可通过订购方式获取。

工程学科的发展将产生一系列标准的设计构件。标准螺钉及可订购的电子部件只是机械工程师和电子工程师在设计新系统时所使用的上千种标准构件中的两种。可复用构件的使用可以使得工程师专心于设计中真正创新的部分。在硬件设计中，构件复用是工程进程中通用的方法；而在软件设计中，大规模的复用才刚刚开始尝试。

软件的构件应该设计成可在不同程序中复用的组件。现代的可复用构件封装了数据和对数据的处理，使得软件工程师能够利用可复用的构件构建新的应用程序。例如，现在的用户界面就是使用可复用构件构造图形窗口、下拉菜单和各种交互机制，并采用可复用构件库存储和管理构造用户界面所需要的数据结构和处理逻辑。

二、软件的发展

软件发展的四个阶段如下：

1）从 1946 年到 20 世纪 60 年代初，是计算机软件发展的初期，一般称为程序设计时期，其主要特征是程序生产方式为个体手工方式。这个时期，人们最关心的是计算机硬件的发展，由于硬件价格昂贵、速度慢、存储器容量小，程序员只注意到如何缩短 CPU 的计算时间、如何节省存储单元等程序设计技巧。工程技术人员为解决某个实际问题而自己编写程序，程序的规模很小，程序的开发者和使用者又往往是同一组人，即无需向其他人做交代和解释。这种个体化的软件开发环境，主要采用批处理技术，开发程序只是靠开发者头脑中的“腹稿”，自己定义自己的软件。只有程序流程图和源程序清单保留下来，开发出的程序无法维护。此时还没有软件的概念，只有程序概念。

2）从 20 世纪 60 年代初到 70 年代初，是计算机软件发展的第二个时期，这个时期一般称为程序系统时期。程序的规模已经很大，需要多人分工协作，软件的开发方式由“个体生产”发展到了“软件作坊”。可是“软件作坊”基本上沿用了软件发展早期所形成的个体化的开发方式，软件的开发与维护费用以惊人的速度增加。许多软件产品根本不能维护，最终导致严重的“软件危机”，为了解决“软件危机”，诞生了软件工程学。

3）从 20 世纪 70 年代中期至 80 年代中期，是计算机软件发展的第三个时期，一般称为软件工程时期。软件的开发以工程化的思想为指导，用工程化的原则、方法和标准来开发和维护软件。

4）从 20 世纪 80 年代中期至今，这个时期一般称为面向对象时期，面向对象方法学日益受到人们的重视，给软件产业带来了新的飞跃。面向对象软件开发技术在迅速取代传统软件工程开发方法。

表 1-1-1 给出了软件发展四个时期的典型技术。

表 1-1-1　软件发展四个时期的典型技术

时　期	程序设计时期	程序系统时期	软件工程时期	面向对象时期
典型技术	面向批处理 自定义软件 程序流程图	多用户 实时控制 数据库系统 软件产品	分布式系统 工程化设计 软件产品标准化	桌面系统 面向对象技术 信息高速公路 网络计算

三、软件工程

（一）软件危机与软件工程的定义

解决软件危机，既要有技术措施（包括方法和工具），又要有组织管理措施。软件工程正是从管理和技术两方面研究如何更好地开发和维护计算机软件的一门新兴学科。

软件是一种工业产品，采用工程的概念、原理、技术和方法来开发与维护软件，把经过时间考验而证明正确的管理技术和当前最好的技术方法结合起来，这就是软件工程。

软件工程（Software Engineering）这个名词是北大西洋公约组织（NATO）科学技术委员会于 1968 年秋天在当时的德国召集了近 50 名一流的编程人员、计算机科学家和工业界巨头，制定摆脱软件危机的办法时所提出的。尽管当时专家们无法设计出一张指导软件业走向更牢固阵地的详细路线图，但他们借鉴硬件工程的办法来解决软件这一难题，这不仅创造了一个新名词——软件工程，还使软件工程有了发展方向。从 1968 年到现在已经 40 多年了，应该说今天的软件工程已发展成为一门独立的学科。软件工程可以理解为运用工程学的原理和方法来组织和管理软件的生产和维护，以保证软件产品开发、运行和维护的高质量和高生产率。1993 年，IEEE 对“软件工程”这个概念给出了以下全面的定义：用系统、规范及可量化的方法去开发、运行和维护软件，即软件的工程化应用及研究。

研究软件工程的专家学者们陆续提出了 100 多条关于软件工程的准则，可以概括归纳为下述 6 条基本原则。

1. 用分阶段的生存周期计划严格管理

一个软件从定义、开发、使用和维护，直到最终被废弃，要经历一个漫长的时期，通常把这个时期称为生存周期。在软件开发与维护的过程中，需要完成许多不同性质的工作。所以，把软件生存周期划分为若干个阶段，并相应制定出可行的计划，然后按照这个计划对软件的开发与维护工作进行管理。

2. 坚持进行阶段评审

软件的质量保证工作不能等到编码阶段结束之后再进行。其理由是：①大部分错误是在编码之前造成的。例如，根据统计，设计错误占软件错误的63%，编码错误仅占37%。②错误发现与改正得越晚，所需付出的代价也越高。因此，在每个阶段都应进行严格的评审，以便尽早发现软件开发过程中的错误，这是一条必须遵循的重要原则。

3. 实行严格的产品控制

在软件开发过程中不应随意改变需求，因为改变一项需求往往需要付出较高的代价。但是，在软件开发过程中改变需求又是难免的，由于外部环境的变化，相应地改变用户需求是一种客观需要，显然不能硬性禁止用户提出改变需求的要求，而只能依靠科学的产品控制技术来顺应这种要求。也就是说，当改变需求时，为了保持软件各个配置成分的一致性，必须实行严格的产品控制，其中主要是实行基准配置管理。基准配置又称为基线配置，它们是经过阶段评审后的软件配置成分（各个阶段产生的文档或程序代码）。基准配置管理也称为变动控制，即一切有关修改软件的建议，特别是涉及基准配置的修改建议，都必须按照严格的规程进行评审，获得批准以后才能实施修改，绝对不能随意进行修改。

4. 现代程序设计技术

从提出软件工程的概念开始，人们一直把主要精力用于研究各种新的程序设计技术。20世纪60年代末提出的结构化程序设计技术，其风格为清晰第一，效率第二，它已经成为绝大多数人公认的先进的程序设计技术。之后又进一步发展出各种结构分析（SA）与结构设计（SD）技术。实践表明，采用先进的技术既可提高软件开发的效率，又可提高软件维护的效率。

5. 清楚地审查结果

软件产品不同于一般的物理产品，它是看不见摸不着的逻辑产品。软件开发人员（或开发小组）的工作进展情况可见性差，难以准确度量，从而使得软件产品的开发过程比一般产品的开发过程更难以评价和管理。为了提高软件开发过程的可见性，更好地进行管理，应该根据软件开发项目的总目标及完成期限，规定开发组织的责任和产品标准，从而使结果能够清楚地被审查。

6. 合理安排软件开发小组的人员

软件开发小组人员的合理安排的原则是人员应该少而精，即小组的组成人员的素质应该高，而人数不应过多。高素质的人员会大大提高软件的开发效率，而且明显减少软件中的错误。此外，随着开发小组人员的增加，交流问题和讨论情况造成的通信开销也急剧增加。

要强调的是，必须不断灵活地改进软件工程实践。要按照软件工程的基本原理实现软件的工程化生产，仅遵循上述这6条基本原则是不够的。因为，这样并不能保证软件开发的过程能跟上时代的前进和技术的进步，因此必须不断灵活地改进软件工程实践。按照这个要求，就要积极主动地采用新的软件技术，不断总结经验。

（二）软件工程原则

软件工程的目的是提高软件生产率，提高软件质量，降低软件成本。为了达到这个目的，在软件的开发过程中必须遵循以下软件工程原则。

1．抽象

抽取事物最基本的特性和行为，忽略非基本细节。采用分层次抽象，自顶向下、逐层细化的办法控制软件开发过程的复杂性。

2．信息隐蔽

将模块设计成“黑箱”，实现细节隐藏在模块内部，不让模块的使用者直接访问，这就是所谓信息封装（使用与实现分离）的原则。使用者只能通过模块接口访问模块中封装的数据。

3．模块化

模块是程序中在逻辑上相对自主的成分，是独立的编程单位，应有良好的接口定义。例如，C 语言程序中的函数过程、C++语言程序中的类。模块化有助于信息隐蔽和抽象，有助于表示复杂的系统。

4．局部化

在一个物理模块内集中逻辑上相互关联的计算机资源，保证模块之间有松散的耦合，模块内部有较强的内聚，这有助于控制软件的复杂性。

5．确定性

软件开发过程中所有概念的表达应是确定的、无歧义的、规范的。这样有助于人们在交流时不会产生误解、遗漏，保证整个开发工作的协调一致。

6．一致性

整个软件系统（包括程序、文档和数据）的各个模块应使用一致的概念、符号和术语；程序内、外部接口应保持一致；软件同硬件、操作系统的接口应保持一致。

7．完备性

软件系统不丢失任何重要成分，可以完全实现系统所要求的功能。为了保证系统的完备性，在软件开发和运行过程中需要严格的技术评审。

8．可验证性

开发大型的软件时需要对系统自顶向下、逐层分解。系统分解应遵循使系统易于检查、测试、评审的原则，以确保系统的正确性。

使用一致性、完备性和可验证性可以帮助开发者设计一个正确的系统。

四、软件生存周期及软件开发模型

（一）软件生存周期

一个软件从定义到开发、使用和维护，直到最终被废弃，要经历一个漫长的时期，通常把软件经历的这个时期称为生存周期，也称为生命周期。软件生存周期就是从提出软件产品开始，直到该软件产品被淘汰的全过程。研究软件生存周期是为了更科学地、有效地组织和管理软件的生产，从而使软件产品更可靠、更经济。采用软件生存周期来划分软件的工程化开发，使软件开发分阶段依次进行，前一个阶段任务的完成是后一个阶段的前提和基础，而后一个阶段通常是将前一个阶段提出的方案进一步具体化。每一个阶段的开始与结束都有严格的标准，前一个阶段结束的标准就是与其相邻的后一个阶段开始的标准。每一个阶段结束之前都要接受严格的技术和管理评审。不能通过评审时，就要重复前一阶段的工作直至通过上述评审后才能结束。采用软件生存周期的划分方法，使每一阶段的任务相对独立，有利于简化整个问题且便于不同人员分工协作。其严格而科学的评审制度保证了软件的质量，提高了软件的可维护性，从而大大提高了软件开发的成功率和生产率。

软件生存周期一般可分为以下阶段。

S1：问题定义

S2：可行性研究

S3：需求分析

S4：概要设计

S5：详细设计

S6：编码

S7：测试

S8：运行与维护

在软件的研制和开发过程中，①要了解和分析用户的问题以及经济、技术和时间等方面的可行性。②将用户的需求规范化、形式化。编写成需求说明书及初步的系统用户手册，提交评审。③将软件需求设计为软件过程描述，即设计人员将以确定的各项需求转化成一个相应的体系结构。结构的每一组成部分都是意义明确的模块，每个模块都与某些需求相对应（概要设计）。然后对每个模块的具体任务进行具体的描述（详细设计）。④编写代码，就是把过程描述转换为机器可执行的代码。⑤测试。即发现错误后进行改正。⑥维护。它包括故障的排除和为适应使用环境的变化以及用户对软件提出新的要求所作的修改。

软件生存期也可以分为三个大的阶段：计划阶段、开发阶段和维护阶段。

1．计划阶段

这里又可分为两步：软件计划和需求分析。第一步，从确定的软件子系统出发，确定工作域，即确定软件总的目标、功能等；确定开发这样的软件系统需要的资源（人力和设备），作出成本估算以及可行性分析（即在现有资源与技术的条件下能否实现这样的目标）；最后要提出进度安排，并写出软件计划文档。上述问题都要进行管理评审。第二步，在管理评审通过以后，要确定系统定义和有效标准（软件验收标准），写出软件需求说明书。还要开发一个初步用户手册，这里要进行技术评审。技术评审通过以后，再进行一次对软件初步的了解。制订计划时，数据较少，且经验不足，所以对制定的计划需要进行多次修改，尽量满足各种要求，然后再进入到开发阶段。

2．开发阶段

开发阶段要经过三个步骤：设计、编码和测试。首先对软件进行结构设计，定义接口，建立数据结构，规定标记。接着对每个模块进行过程设计、编码和单元测试。最后进行组合测试和有效性测试，对每一个测试用例和结果都要进行评审。

3．维护阶段

首先要做的工作，就是配置评审，检查软件文档和代码是否齐全，两者是否一致，是否可以维护，确定维护组织和职责，并定义表明系统错误和修改报告的格式等。维护可分为改正性维护、完善性维护和适应性维护等。维护内容广泛，有人把维护看成是第二次开发。要适应环境的变化，就要扩充和改进，但不是建立新系统。维护的内容应该通知用户，要得到用户的认可，然后则可进行修改。修改不只是代码修改，必须要有周密的修改计划、详细过程以及测试等文档。

以上简要地介绍了软件生存周期各个阶段的主要任务和评审标准。之后本书将围绕软件生存周期的各个阶段详细讲述其所要完成的任务、完成这些任务所需的技术方法和辅助工具、软件开发和维护的主要管理技术。

（二）软件开发模型

软件过程模型描述了从问题提出到软件演化直至废弃为止，跨越整个生存期的系统开发、运作和维护所实施的全部过程、活动和任务的结构框架。由于软件的复杂性和多样性，软件开发并没有一个固定的过程，不同的开发组织可以根据所开发的软件项目选择一种合适的软件过程模型，并将软件工程过程所包含的各种过程、活动和任务映射到该模型中。目前，常见的软件过程模型包括瀑布模型、快速原型模型、增量模型、螺旋模型、形式化方法模型、基于组件的开发模型等。

1．瀑布模型

瀑布模型又称生存周期模型，由 B.M.Boehm 提出，是软件工程的基础模型。其核心思想是按工序将问题化简，将其功能的实现与设计分开，便于分工协作。它采用结构化的分析与设计方法，将逻辑实现与物理实现分开。瀑布模型规定了各项软件工程活动，包括制订开发计划、进行需求分析和说明、软件设计、程序编码、测试及运行维护。并且规定了软件生存周期的各个阶段如同瀑布流水，逐级下落、自上而下、相互衔接的固定次序，如图 1-1-3 所示。每项开发活动均应具有下述特征：

1）从上一项活动接收该项活动的工作对象，作为输入。

2）利用这一输入实施该项活动应完成的内容。

3）给出该项活动的工作结果，作为输出传给下一项活动。

4）对该项活动的实施工作进行评审，若其工作得到确认，则继续进行下一项活动，否则返工。

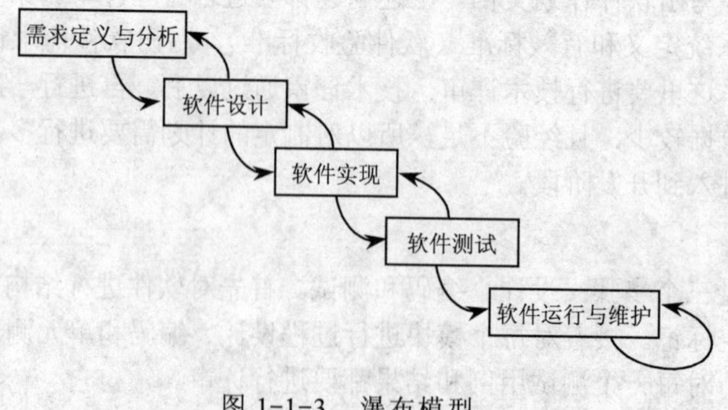

图 1-1-3　瀑布模型

优点：

1）严格规范软件开发过程，克服了非结构化的编码和修改过程的缺点。

2）强调文档的作用，要求每个阶段都要仔细验证。

缺点：

1）各个阶段的划分完全固定，阶段之间产生大量的文档，增加了工作量。

2）由于开发模型是线性的，用户只有等到整个过程的末期才能见到开发成果，中间提出的变更要求很难得到响应。

3）早期的错误可能要等到开发后期的测试阶段才能发现，带来严重的后果。

瀑布模型各阶段的主要工作及质量控制手段见表 1-1-2。

表 1-1-2　瀑布模型各阶段的主要工作及质量控制手段

阶　段		主 要 工 作	应完成的文档	应完成的文档质量控制手段
系统需求		（1）调研用户需求及用户环境 （2）论证项目可行性 （3）制订项目初步计划	（1）可行性报告 （2）项目初步开发计划	（1）规范工作程序及编写文档 （2）对可行性报告及项目初步开发计划进行评审
需求分析		（1）确定系统运行环境 （2）建立系统逻辑模型 （3）确定系统功能及性能要求 （4）编写需求规约、用户手册概要、测试计划 （5）确认项目开发计划	（1）需求规约 （2）项目开发计划 （3）用户手册概要 （4）测试计划	（1）在进行需求分析时采用成熟的技术与工具，如结构化分析 （2）规范工作程序及编写文档 （3）对已完成的 4 种文档进行评审
设计	概要设计	（1）建立系统总体结构，划分功能模块 （2）定义各功能模块接口 （3）数据库设计（如果需要） （4）制订组装测试计划	（1）概要的设计说明书 （2）数据库设计说明书（如果有） （3）组装测试计划	（1）在进行系统设计时采用先进的技术与工具，如结构化设计、结构图 （2）编写规范化工作程序及文档 （3）对已完成的文档进行评审
	详细设计	（1）设计各模块具体实现算法 （2）确定模块间详细接口 （3）制订模块测试方案	（1）详细的设计说明书 （2）模块测试计划	（1）设计时采用先进的技术与工具，如结构图 SC （2）规范工作程序及编写文档 （3）对已完成的文档进行评审
实现		（1）编写程序源代码 （2）进行模块测试和调试 （3）编写用户手册	（1）程序调试报告 （2）用户手册	（1）在实现过程中采用先进的技术与工具，如结构图 SC （2）规范工作程序及编写文档 （3）对实现过程及已经完成的文档进行评审
测试	集成测试	（1）执行集成测试计划 （2）编写集成测试报告	（1）系统的源程序清单 （2）集成测试报告	（1）测试时采用先进的技术和工具 （2）规范工作程序及文档编写 （3）对测试工作及已经完成的文档进行评审
	验收测试	（1）测试整个软件系统（鲁棒性测试） （2）试用用户手册 （3）编写开发总结报告	（1）确认测试报告 （2）用户手册 （3）开发工作总结	
维护		（1）为纠正错误，完善应用而进行修改 （2）对修改进行配置管理 （3）编写故障报告和修改报告 （4）修订用户手册	（1）故障报告 （2）修改报告	（1）维护时采用先进的工具 （2）规范工作程序及编写文档 （3）配置管理 （4）对维护工作及已经完成的文档进行评审

2．喷泉模型

该模型是由 B.H.Sollers 和 J.M.Edwards 于 1990 年提出的一种新的开发模型，如图 1-1-4 所示。它克服了瀑布模型不支持软件重用和多项开发活动集成的局限性，喷泉模型使开发过程具有迭代性和无间隙性。

其特点如下：

1）开发过程有分析、系统设计、软件设计和实现 4 个阶段。

2）各阶段相互重叠，它反映了软件过程并行性的特点。

3）以分析为基础，资源消耗成塔形。

4）反映了软件过程迭代性的自然特性，从高层返回低层无资源消耗。

5）强调增量开发，整个过程是一个迭代的逐步提炼的过程。

3．快速原型模型

快速原型模型需要迅速建造一个可以运行的软件原型，以便理解和澄清问题，使开发人员与用户达成共识，最终在确定的用户需求基础上开发用户满意的软件产品，如图 1-1-5 所示。原型模型的处理过程如图 1-1-6 所示。

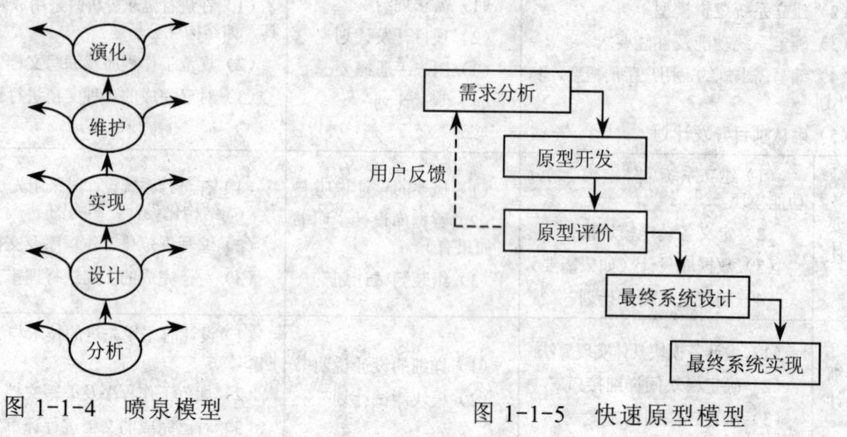

图 1-1-4　喷泉模型　　　　图 1-1-5　快速原型模型

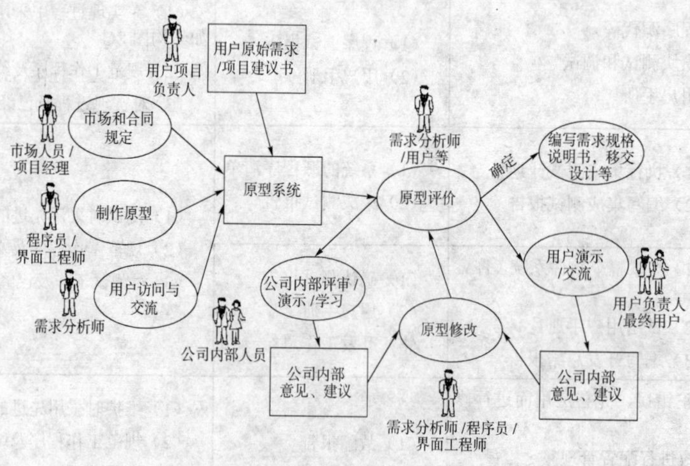

图 1-1-6　原型模型的处理过程

优点：

克服瀑布模型的缺点，减少由于软件需求不明确带来的开发风险。

缺点：

1）所选用的开发技术和工具不一定符合主流的发展。

2）快速建立起来的系统结构和连续的修改可能会导致产品质量低下。

4．增量模型

在增量模型中，软件被作为一系列的增量构件来设计、实现、集成和测试，从而适应用户逐步细化需求的形成过程。增量模型如图 1-1-7 所示。

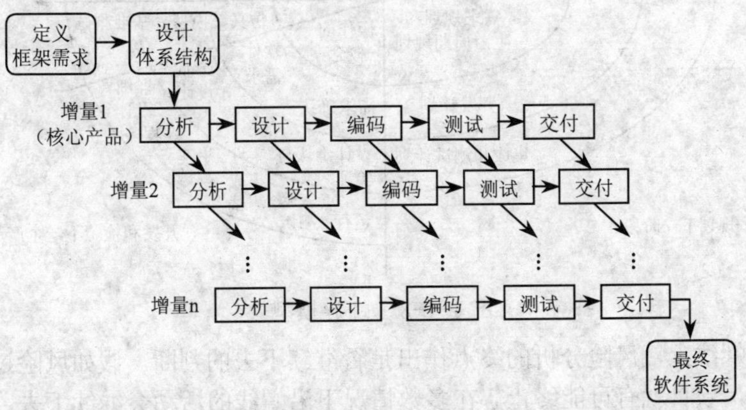

图 1-1-7　增量模型

优点：

1）较好地适应需求的变化，用户可以不断地看到所开发软件的可运行中间版本。

2）重要功能被首先交付，从而使其得到最多的测试。

缺点：

1）各个构件是逐渐并入已有的软件体系结构中，要求软件具备开放式的体系结构。

2）容易退化为边做边改的方式，从而使软件过程的控制失去整体性。

5．螺旋模型

螺旋模型是将瀑布模型和快速原型模型结合起来，它将软件过程划分为若干个开发回线，每一个回线表示开发过程的一个阶段。例如，最中心的第一个回线可能与系统可行性有关，第二个回线可能与需求定义有关，第三个回线可能与软件设计有关等，如此反复就形成了螺旋上升的过程。螺旋模型如图 1-1-8 所示。

沿着螺线旋转，在笛卡儿坐标的四个象限上分别表达了四个方面的活动。

1）制订计划——确定软件目标，选定实施方案，弄清项目开发的限制条件。

2）风险分析——分析所选方案，考虑如何识别和消除风险。

3）实施工程——实施软件开发。

4）用户评估——评价开发工作，提出修订建议。

沿螺线自内向外每旋转一圈便开发出更为完善的一个新版本的软件。例如，在第一圈确定了初步的目标、方案和限制条件以后，转入右上方象限，对风险进行识别和分析。如果风险分析表明需求具有不确定性，那么在右下方的工程象限内，所建的原型会帮助开发人员和用户考虑其他开发模型，并把需求作进一步修订。用户对工程成果作出评价后，给出修订建议。在此基础上需再次计划，并进行风险分析。

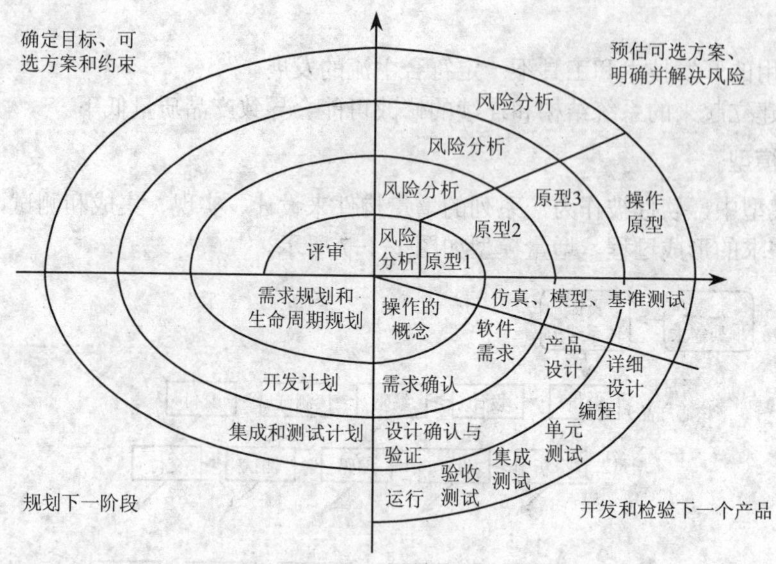

图 1-1-8　螺旋模型

在每一圈螺线上，风险分析的终点作出是否继续下去的判断。假如风险过大，开发者和用户无法承受，项目就有可能终止。在多数情况下沿螺线的活动会继续下去，自内向外逐步延伸，最终得到所期望的系统。

如果对所开发项目的需求已有了较好的理解或较大的把握，则无需开发模型，便可采用普通的瀑布模型。这在螺旋模型中可认为是单圈螺线。相反，如果对所开发项目的需求理解较差，则需要开发原型，甚至需要不止一个原型的帮助，那就要经历多圈螺线。

螺旋模型适合于大型软件的开发，它是颇为实际的方法。它吸收了 T.Gilb 提出的软件工程“演化”概念，使得开发人员和用户对每个演化层出现的风险均有所了解，并作出反应。

与其他模型相比，螺旋模型的优越性较为明显，但要求许多用户接受和相信演化方法并不容易。本模型的使用需要具有相当丰富的风险评估经验和专门知识。如果项目风险较大，又未能及时发现，势必造成重大损失。此外，螺旋模型是出现较晚的新模型，远不如瀑布模型普及，要让广大软件人员和用户接受，还有待更多的实践。

优点：

1）以风险驱动开发过程，强调可选方案和约束条件从而支持软件的重用。

2）关注于早期错误的消除，将软件质量作为特殊目标融入产品开发之中。

缺点：

1）要求许多用户接受和相信风险分析并作出相关反应是不容易的，螺旋模型往往适用于内部的大规模软件开发。

2）需要软件开发人员具备风险分析和评估的经验，否则将会给开发项目带来更大的风险。

6．基于组件的开发过程模型

基于组件的开发过程模型是使用可重用的组件或商业组件建立复杂的软件系统，即在确定需求描述的基础上，开发人员首先进行组件分析和选择，然后设计或者选用已有的体系结构框架，复用所选择的组件，最后将所有的组件集成在一起，并完成系统测试。如图 1-1-9 所示。

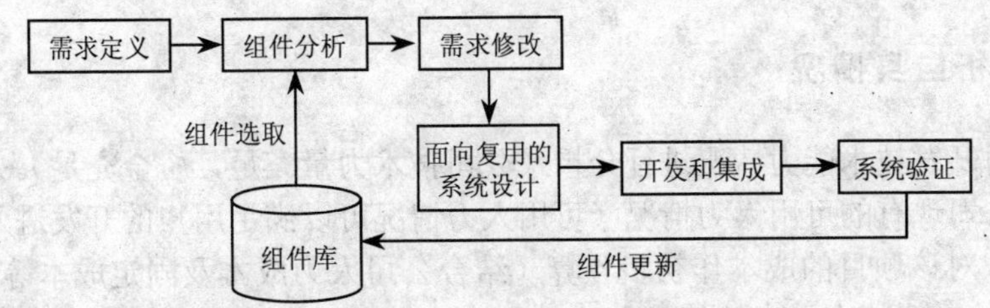

图 1-1-9　基于组件的开发过程模型

优点：

1）充分体现了软件复用的思想，降低了开发风险和成本。

2）可以快速交付所开发的软件。

缺点：

由于某些商业组件是不能进行修改的，系统的演化将受到一定程度的限制。

五、软件项目管理

（一）软件项目管理的“4P”

有效的软件项目管理集中于 4 个方面：人员（People）、产品（Product）、过程（Process）和项目（Project），也简称为项目管理的“4P”，如图 1-1-10 所示。

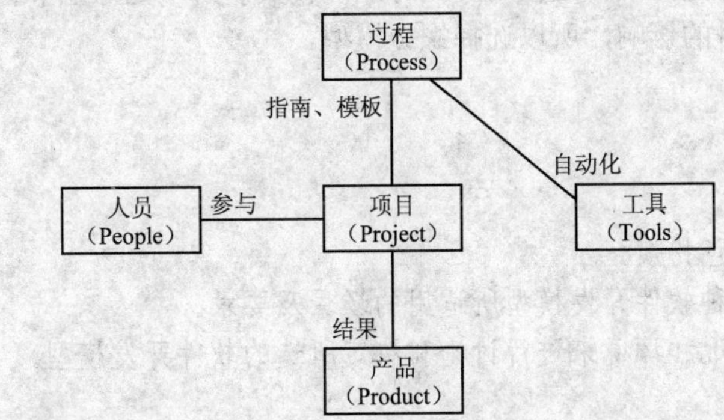

图 1-1-10　软件项目管理的“4P”

（二）软件项目管理活动

软件项目管理活动由项目启动与建议、项目规划与进度、项目组织与执行、项目监督与评价以及项目交付与总结组成，如图 1-1-11 所示。

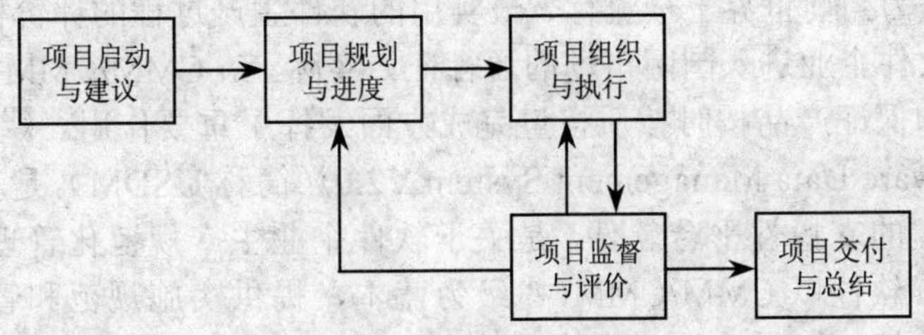

图 1-1-11　软件项目管理活动

（三）分析自身情况

1）对公司开发技术能力情况进行分析（公司技术力量充足，资金充足）。

2）预计公司现有的可用人力情况（可用人力情况可以满足用户的开发进入要求）。

3）公司针对该项目的成本作初步预算（结合公司人力成本及固定成本等并结合软件开发所需要花费的时间等来初步核算成本）。

4）根据公司进行中的其他项目或是未来将要进行的项目情况来分析可能对该项目的影响（目前没有其他在开发及将要开发的项目）。

（四）分析用户情况

1）分析用户的配合程度（用户配合程度高）。

2）了解用户自身对 OA 系统需求的明确及考虑程度是否稳定（不稳定，需求变更的可能性较大）。

3）明确用户对项目的工期要求，并对工期进行初步划分（如划分为开发阶段、实施阶段、培训阶段、验收阶段等），并初步确定工期时间段。

（五）总体分析及选择软件开发模型

因为用户需求不稳定、项目过程的变化可能性较大，为了更好地节省开发成本及因为用户需求的变化而对项目的影响，所以选择螺旋模型。

模仿试做

1）探究学习，角色扮演。

2）研究和学习各种软件开发模型所适用的场景及要求。

3）根据不同的情况和环境来进行讨论和决定所选的软件开发模型。

4）使用 USDM 平台。

随着时代的发展，人们开始意识到，软件的开发不仅在于新技术是否出现，而且在于软件使用过程的管理。软件企业的开发结构只有在形成一套完整而熟练的过程后，其开发才能够步入正轨。

目前，CMM/CMMI（CMMI 的全称为 Capability Maturity Model Integration，即能力成熟度模型集成）包括 CMMI for Develoment，CMMI for Service 和 CMMI for Acquisition 三个套装产品。它作为当前世界上最流行、最实用的软件生产过程的评价标准，已被国际软件产业界公认为软件企业进入国际市场的通行证。实际上，CMM/CMMI 在帮助软件企业规范其生产效率和保证产品按时按质按量完成方面发挥了重要作用。《统一软件数据管理系统 Unified Software Data Management System V2.0》（简称 USDM），是基于 CMM/CMMI 以及软件工程管理的支撑性平台软件，是关于软件企业生产规范化管理和软件产品生产流程控制的产品。软件以 CMM/CMMI 3 级为蓝本，提供实施规范和管理流程。同时开发支撑软件管理系统，加强软件工程管理的实用性，提升软件企业处理日常繁杂甚至复杂工作的实际管理水平。而且，由于规范与管理系统是集成在一起的，因此，在软件企业的实际生产过程中，管理系统可以直接应用于具体的工程项目或产品的研发以及作为在校学生零距离与企业对接的学习平台。软件主要功能有三大部分，“CMM/CMMI 基础培训 CCAT”、“CMM/CMMI 实施规范 RCI”、“CMM/CMMI 应用软件平台 ASP”，其结构如图 1-1-12 所示。

图 1-1-12　USDM 功能

CCAT，即 Comprehensive CMMI Aided Teaching of USDM，是关于 CMM/CMMI 标准的完整教学、学习和实践的电子综合课程，是 CMM/CMMI 多媒体辅助教学系统。

RCI，即 Realistic CMMI Implementation of USDM，是推进 CMM/CMMI 认证和实际应用的规范文档集合，是将 CMM/CMMI 付诸行动的可操作案本。

ASP，即 Application Software Platform of USDM，是综合了各种支持软件工程管理功能要求的软件应用系统。其中，包括诸如产品结构和角色订制、配置管理、需求、设计、测试、项目管理、建模工具可视化协同平台、团队开发等许多功能，是有效提升管理水平和降低管理劳动强度的应用平台。通过这个平台，可以在真实的企业应用中了解软件开发和管理所必须遵循的国际、国内认可的标准化开发流程；规范化的学习和协作化思想培育，可以为软件开发和产品研发工作、学习交流和发展提供坚实的基础。

六、USDM 平台基本操作

1）启动 USDM 服务器。双击桌面上的“启动 USDM 服务器”图标，看见窗口中显示“SDM Server V2.0 is Ready”表示服务器启动成功，如图 1-1-13 所示。

2）启动 SDM 用户端。双击桌面上的“统一软件数据管理系统”图标。在系统弹出“登录”对话框中输入“登录名称”和“用户密码”，即可登录到系统，如图 1-1-14 所示。

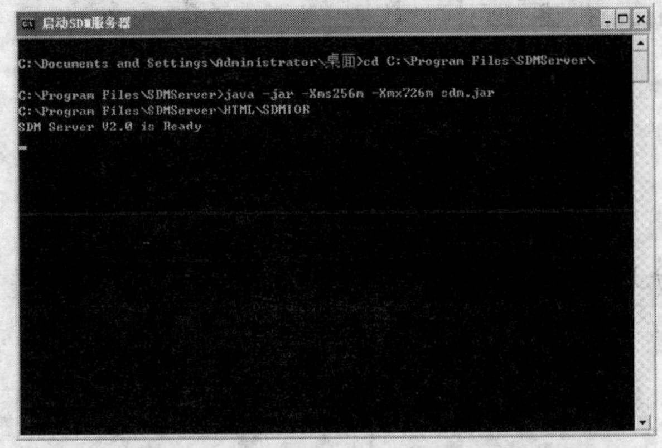

图 1-1-13　启动 SDM 服务器

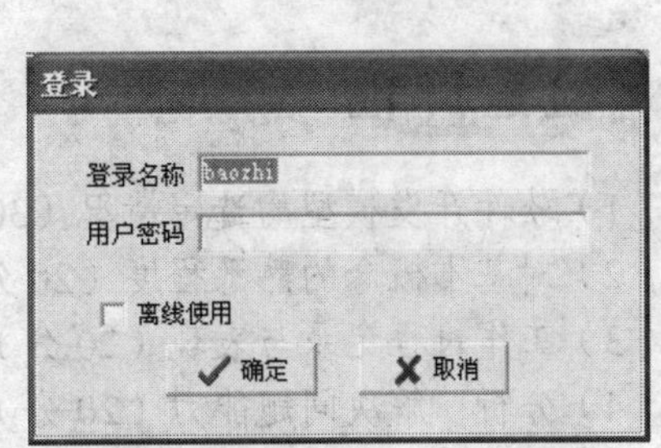

图 1-1-14　“登录”对话框

3）在用户端图标上右击，在系统弹出快捷菜单中选择“管理工具”，如图 1-1-15 所示。

4）在 SDM 中配置服务器 IP 地址，如图 1-1-16 所示。

图 1-1-15　管理工具

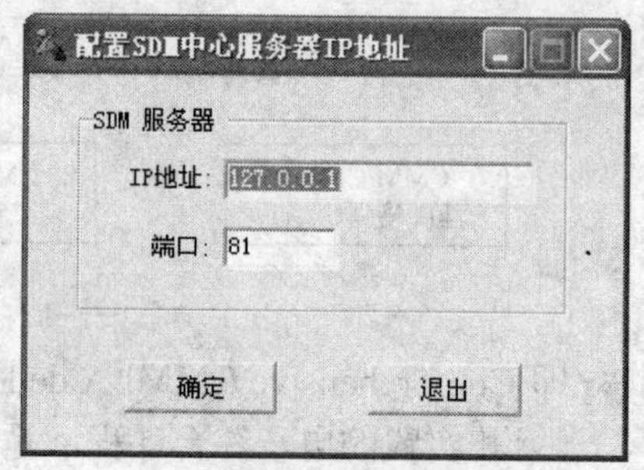

图 1-1-16　配置服务器

5）在 USDM 中进行用户管理，如图 1-1-17 所示。

6）在 USDM 中更改用户口令，如图 1-1-18 所示。

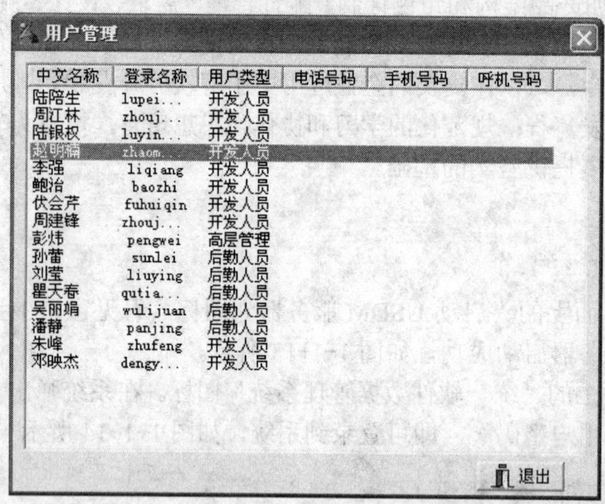

图 1-1-17　用户管理

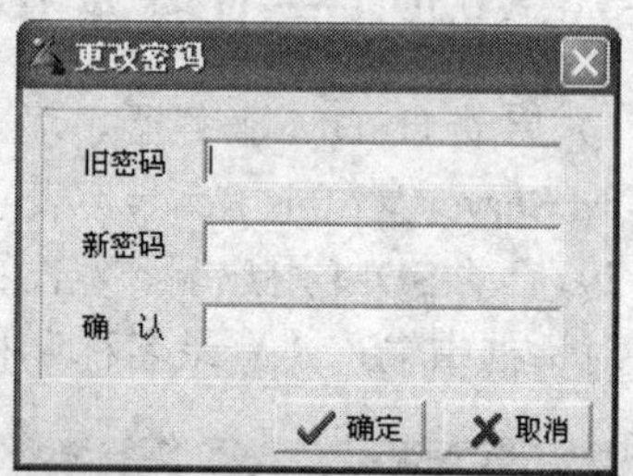

图 1-1-18　更改用户口令

检查评估

1）软件开发模型的选定情况（30 分）。

2）对基本概念的熟悉程度（20 分）。

3）工作过程记录与表现（20 分）。

4）分析、解决问题能力（20 分）。

5）团队合作精神（10 分）。

总结提高

通过完成本任务，能够：

1）了解软件的发展。

2）了解何谓软件。

3）了解软件的分类。

4）了解软件工程。

5）了解软件生存周期及软件开发模型。

6）会使用 USDM 软件平台。

软件产品由所开发的程序、运行所需的数据和相关文档组成。它具有复杂性、一致性、不可见性和可变性等本质特性，其质量特性包括正确性、可靠性、有效性、可用性、复用性、可维护性、可移植性等一系列关键属性。

软件工程是一门交叉性的工程学科，重点研究如何以系统的、可控的、高效的方式开发和维护高质量软件的问题。软件工程以关注软件质量为目标，其包括过程、方法和工具等三个要素。其中，软件过程涉及开发软件产品的一组活动及其结果；软件工程方法为软件开发过程提供“如何做”的技术；CASE 工具为软件开发方法提供自动的或半自动的软件支撑环境，辅助软件开发任务的完成。

软件工程人员不应该只关心技术，应当对整个社会承担重要的责任，应当遵循本行业的职业道德规范，否则将无法在这个行业中长久立足。

思考及操作

1．软件的含义是什么？

2．软件的种类有哪些？

3．什么是软件危机？有哪些表现形式？

4．软件工程的基本原则是什么？

5．为什么软件需要较长的开发时间？

6．为什么开发成本居高不下？

7．为什么在将软件交给用户使用之前，无法找到所有的错误？

8．为什么维护已有的程序要花费高昂的时间和人力代价？

9．为什么软件开发和维护的过程难以度量？

10．在 USDM 平台上建立自己的账号，熟悉环境。

任务二　搭建项目团队

知识目标

1）了解可行性研究报告的内容。

2）了解角色的职责及所发挥的作用。

3）明确角色的职能范围及重要性。

技能目标

1）能够写出可行性研究报告。

2）能够分析项目组中的各种角色职责及作用。

3）能够合理地为项目组中的所有成员分配角色。

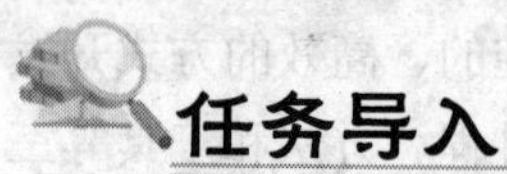

任务导入

项目开发之前，首先进行项目的可行性研究。如果项目可行，则可以进行项目立项，成立项目小组，然后制订项目计划。项目计划包括项目工作计划、硬件资源计划、软件资源计划。项目组成员需要了解及掌握项目团队中所有角色的职责及作用，项目负责人应根据不同小组的人员情况，来确定小组成员的角色，可一人多角色。

任务分析与示范引导

一、软件可行性研究

从软件生命周期角度看，对项目进行可行性研究就意味着软件的生命周期进入了第一个阶段——软件定义阶段。

1．可行性研究的任务

在一个项目准备启动前，项目组的主要成员就要对项目的可行性进行研究和论证。

可行性研究的任务有：

1）技术可行性研究。目前的技术水平能否满足项目要求。对要开发项目的功能、性能、限制条件进行分析，确定在现有的资源条件下，技术风险有多大，项目是否能实现。

2）经济可行性研究。进行开发成本的估算以及了解取得效益的评估，确定要开发的项目是否值得投资开发。成本结算方法有代码行技术、功能点分析技术 FPA 及经验法。

3）社会可行性研究。要开发的项目是否存在任何侵犯、妨碍等责任问题，要开发项目的运行方式在用户组织内是否行得通，现有管理制度、人员素质、操作方式是否可行。

4）国内、外同类产品的水平比较。是否国内、外已经有类似或相同的产品。

5）风险性研究。风险多大和多高。

6）法律性研究。是否触犯法律，即项目的研究一定要在法律范围内。

7）市场前景的研究。

2．可行性研究的步骤

1）确定项目规模和目标。可行性研究分析人员找到项目责任人中的关键人员，了解以下几方面的内容：①项目的规模有多大；②项目目标是什么；③目前系统的信息来源于何处；④目前系统的优点和缺点；⑤目前系统与国内外同类产品的比较，优势和劣势分别是什么。

2）建立新系统的高层逻辑模型。从现有的物理系统出发，导出系统的高层逻辑。方法是用数据流程图来描述逻辑模型，然后对导出的逻辑模型进行研究，最后根据开发的目标得到新系统的逻辑模型。

3）找出多种方案。分析员从新系统的逻辑模型出发，导出几种高层次的物理解决方案供选择。

4）写出《可行性研究报告》。在此报告中的一个关键点一定不能少，这就是“结论”，即必须得出项目是“可以做”还是“不能做”的结论。

5）进行审查。把可行性报告提交主管后，召开会议进行审查项目是通过或不通过。

3．可行性研究报告格式

可行性研究报告

1．引言

1.1　**编写目的**

说明编写本项目可行性研究报告的目的，指出预期的读者。

1.2　**背景**

说明：

a．所建议开发的软件系统的名称。

b．本项目的任务提出者、开发者、用户及实现该软件的计算中心或计算机网络。

c．该软件系统同其他系统或机构的基本的相互来往关系。

1.3　**定义**

列出本文件中用到的专门术语的定义和外文首字母组词的原词组。

1.4　**参考资料**

列出用得着的参考资料，如：

a．本项目经核准的计划任务书或合同、上级机关的批文。

b．属于本项目的其他已发表的文件。

c．本文件中各处引用的文件、资料，包括所需用到的软件开发标准。

列出这些文件资料的标题、文件编号、发表日期和出版单位，说明能够得到这些文件资料的来源。

2．可行性研究的前提

说明对所建议的开发项目进行可行性研究的前提，如要求、目标、假定、限制等。

2.1　**要求**

说明对所建议开发的软件的基本要求，如：

a．功能。

（续）

b．性能。

c．输出。如报告、文件或数据，对每项输出要说明其特征，如用途、产生频度、接口以及分发对象。

d．输入。说明系统的输入，包括数据的来源、类型、数量、数据的组织以及提供的频度。

e．处理流程和数据流程用图表的方式表示出最基本的数据流程和处理流程，并辅之以叙述。

f．在安全与保密方面的要求。

g．同本系统相链接的其他系统。

h．完成期限。

2.2 目标

说明所建议系统的主要开发目标，如：

a．人力与设备费用的减少。

b．处理速度的提高。

c．控制精度或生产能力的提高。

d．管理信息服务的改进。

e．自动决策系统的改进。

f．人员利用率的改进。

2.3 条件、假定和限制

说明对这项开发中给出的条件、假定和所受到的限制，如：

a．所建议系统的运行寿命的最小值。

b．进行系统方案选择比较的时间。

c．经费、投资方面的来源和限制。

d．法律和政策方面的限制。

e．硬件、软件、运行环境和开发环境方面的条件和限制。

f．可利用的信息和资源。

g．系统投入使用的最晚时间。

2.4 进行可行性研究的方法

说明这项可行性研究将是如何进行的，所建议的系统将是如何评价的。摘要说明所使用的基本方法和策略，如调查、加权、确定模型、建立基准点或仿真等。

2.5 评价尺度

说明对系统进行评价时所使用的主要尺度，如费用的多少、各项功能的优先次序、开发时间的长短及使用中的难易程度。

3．对现有系统的分析

这里的现有系统是指当前实际使用的系统，这个系统可能是计算机系统，也可能是一个机械系统甚至是一个人工系统。

分析现有系统的目的是为了进一步阐明建议中的开发新系统或修改现有系统的必要性。

3.1 处理流程和数据流程

说明现有系统的基本的处理流程和数据流程。此流程可用图表即流程图的形式表示，并加以叙述。

3.2 工作负荷

列出现有系统所承担的工作及工作量。

3.3 费用开支

列出由于运行现有系统所引起的费用开支，如人力、设备、空间、支持性服务、材料等项开支以及开支总额。

（续）

3.4　人员

列出为了现有系统的运行和维护所需要的人员的专业技术类别和数量。

3.5　设备

列出现有系统所使用的各种设备。

3.6　局限性

列出本系统的主要的局限性，例如，处理时间赶不上需要，响应不及时，数据存储能力不足，处理功能不够等。并且要说明，为什么对现有系统的改进性维护已经不能解决问题。

4．所建议的系统

本章将用来说明所建议系统的目标和要求将如何被满足。

4.1　对所建议系统的说明

概括地说明所建议系统，并说明在第 2 章中列出的那些要求将如何得到满足，说明所使用的基本方法及理论根据。

4.2　处理流程和数据流程

给出所建议系统的处理流程和数据流程。

4.3　改进之处

按 2.2 条中列出的目标，逐项说明所建议系统相对于现存系统具有的改进。

4.4　影响

说明在建立所建议系统时，预期将带来的影响，包括：

4.4.1　对设备的影响

说明新提出的设备要求及对现存系统中尚可使用的设备需作出的修改。

4.4.2　对软件的影响

说明为了使现存的应用软件和支持软件能够同所建议系统相适应。而需要对这些软件所进行的修改和补充。

4.4.3　对用户单位机构的影响

说明为了建立和运行所建议系统，对用户单位机构、人员的数量和技术水平等方面的全部要求。

4.4.4　对系统运行过程的影响

说明所建议系统对运行过程的影响，即

a．用户的操作规程。

b．运行中心的操作规程。

c．运行中心与用户之间的关系。

d．源数据的处理。

e．数据进入系统的过程。

f．对数据保存的要求，对数据存储、恢复的处理。

g．输出报告的处理过程、存储媒体和调度方法。

h．系统失效的后果及恢复的处理办法。

4.4.5　对开发的影响

说明对开发的影响，即

a．为了支持所建议系统的开发，用户需进行的工作。

b．为了建立一个数据库所要求的数据资源。

c．为了开发和测验所建议系统而需要的计算机资源。

（续）

d．所涉及的保密与安全问题。

4.4.6　**对地点和设施的影响**

说明对建筑物改造的要求及对环境设施的要求。

4.4.7　**对经费开支的影响**

扼要说明为了所建议系统的开发，设计和维持运行而需要的各项经费开支。

4.5　**局限性**

说明所建议系统尚存在的局限性以及这些问题未能消除的原因。

4.6　**技术条件方面的可行性**

本节应说明技术条件方面的可行性，如：

a．在当前的限制条件下，该系统的功能目标能否达到。

b．利用现有的技术，该系统的功能能否实现。

c．对开发人员的数量和质量的要求并说明这些要求能否满足。

d．在规定的期限内，本系统的开发能否完成。

5．可选择的其他系统方案

扼要说明曾考虑过的每一种可选择的系统方案，包括需开发的和可从国内或国外直接购买的，如果没有供选择的系统方案可考虑，则说明这一点。

5.1　**可选择的系统方案 1**

参照第 4 章的提纲，说明可选择的系统方案 1，并说明它未被选中的理由。

5.2　**可选择的系统方案 2**

按类似 5.1 条的方式说明第 2 个乃至第 *n* 个可选择的系统方案。

……

6．投资及效益分析

6.1　**支出**

对于所选择的方案，说明所需的费用。如果已有一个现存系统，则包括该系统继续运行期间所需的费用。

6.1.1　**基本建设投资**

包括采购、开发和安装下列各项所需的费用，如：

a．房屋和设施。

b．设备。

c．数据通信设备。

d．环境保护设备。

e．安全与保密设备。

f. 操作系统和应用软件。

g．数据库管理软件。

6.1.2　**其他一次性支出**

包括下列各项所需的费用，如：

a．研究（需求的研究和设计的研究）。

b．开发计划与测量基准的研究。

c．数据库的建立。

（续）

d．检查费用和技术管理性费用。

e．培训费、差旅费以及开发安装人员所需要的一次性支出。

f．人员的退休及调动费用等。

6.1.3 非一次性支出

列出在该系统生命期内按月或按季或按年支出的用于运行和维护的费用，包括：

a．设备的租金和维护费用。

b．软件的租金和维护费用。

c．数据通信方面的租金和维护费用。

d．人员的工资、奖金。

e．房屋、空间的使用开支。

f．公用设施方面的开支。

g．保密安全方面的开支。

h．其他经常性的支出等。

6.2 收益

对于所选择的方案，说明能够带来的收益，这里所说的收益，表现为开支费用的减少或避免、差错的减少、灵活性的增加、动作速度的提高和管理计划方面的改进等，包括：

6.2.1 一次性收益

说明能够用人民币数目表示的一次性收益，可按数据处理、用户、管理和支持等项分类叙述，即

a．开支的缩减包括改进了的系统的运行所引起的开支缩减，如资源要求的减少，运行效率的改进，数据进入、存储和恢复技术的改进，系统性能的可监控，软件的转换和优化，数据压缩技术的采用，处理的集中化或分布化等。

b．价值的增加包括由于一个应用系统的使用价值的增加所引起的收益，如资源利用的改进，管理和运行效率的改进以及出错率的减少等。

c．其他，如从多余设备出售回收的收入等。

6.2.2 非一次性收益

说明在整个系统生命期内由于运行所建议系统而导致的按月的、按年的能用人民币数目表示的收益，包括开支的减少和避免。

6.2.3 不可定量的收益

逐项列出无法直接用人民币表示的收益，如服务的改进，由操作失误引起的风险的减少，信息掌握情况的改进，组织机构给外界形象的改善等。有些不可捉摸的收益只能大概估计或进行极值估计（按最好和最差情况估计）。

6.3 收益/投资比

求出整个系统生命期的收益/投资比值。

6.4 投资回收周期

求出收益的累计数开始超过支出的累计数的时间。

6.5 敏感性分析

所谓敏感性分析是指一些关键性因素，如系统生命期长度、系统的工作负荷量、工作负荷的类型与这些不同类型之间的合理搭配、处理速度要求、设备和软件的配置等变化时，对开支和收益的影响最灵敏的范围的估计。在敏感性分析的基础上作出的选择当然会比单一选择的结果要好一些。

7．社会因素方面的可行性

本章用来说明对社会因素方面的可行性分析的结果，包括：

（续）

7.1 **法律方面的可行性**

法律方面的可行性问题很多，如合同责任、侵犯专利权、侵犯版权等方面的陷阱。软件人员通常是不熟悉的，有可能陷入，务必要注意研究。

7.2 **使用方面的可行性**

例如，从用户单位的行政管理、工作制度等方面来看，是否能够使用该软件系统；从用户单位的工作人员的素质来看，是否能满足使用该软件系统的要求等，这些都是要考虑的。

8．**结论**

在进行可行性研究报告的编制时，必须有一个研究的结论。结论可以是：

a．可以立即开始进行。

b．需要推迟到某些条件（例如，资金、人力、设备等）落实之后才能开始进行。

c．需要对开发目标进行某些修改之后才能开始进行。

d．不能进行或不必进行（例如，因技术不成熟、经济上不合算等）。

二、项目组中各种角色职责及其作用

项目中角色的示意图如图 1-1-19 所示。

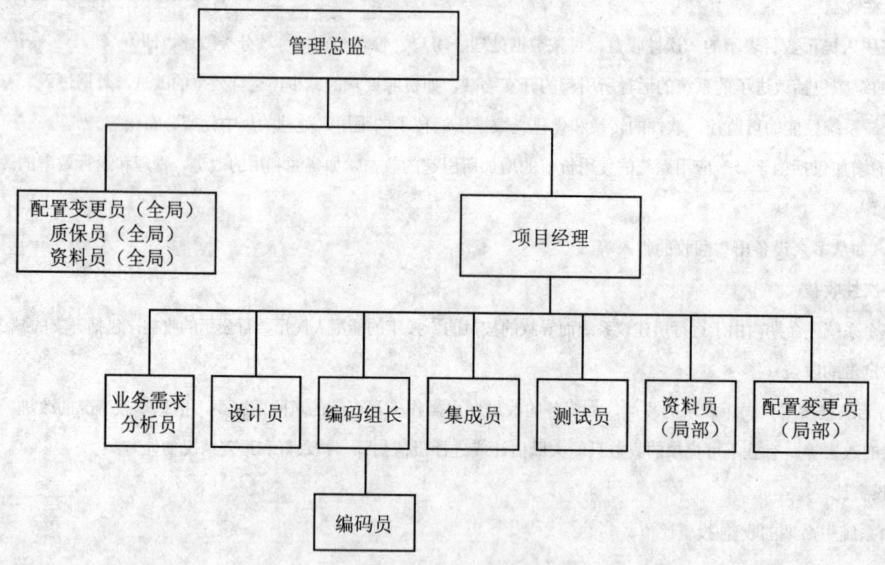

图 1-1-19 项目中角色的示意图

各角色的活动及其作用如下。

（1）管理总监 GS（管理总监）的职责是全盘负责整个机构的开发活动。

活动：

1）指定项目经理。为每个产品、项目指定或更换负责人（项目经理）。

2）监督整体情况。随时关注产品或项目的进展情况，并处理重大问题。

3）审核批准。审核项目经理提交的文档，比如竞标方案和合同等。

4）承上启下。管理总监通常不负责具体的工作。然而，对于重大问题应负责与公司其他高层管理沟通和请示的工作。

（2）项目经理　项目经理负责其相关的产品或项目的整体工作，并对管理总监负责。

活动：

1）前期工作。它包括准备投标文件、起草合同及其他必要资源的筹备工作等。

2）工作分配。项目经理负责组建项目团队，指定各阶段的负责人选，并为各负责人选指定工作任务和目标。它包括需求、开发和测试等相关角色的分配，这些角色包括业务需求分析员、设计员、编码组长和测试员。对于编码工作，项目经理通常只负责编码组长的指定或更换，并不直接负责编码员的工作。作为工作分配的另外一个层面，项目经理负责将项目或产品划分为小的编码工程组件，并在条件允许的情况下，应尽量推行配对或成组编码开发。

3）监督和控制。项目经理负责监督项目是否在按照要求进行，并审核每个人的工作情况。若出现问题应及时纠正。

4）缺陷处理。项目经理根据报告的缺陷，确定是否受理。若受理，应安排相关的处理责任人（通常是缺陷发生的工程组件的编码组长），及确认缺陷是否解决的再测试责任人。这些内容都应保存在案。

5）发布工作。项目经理负责当前可用产品的及时发布。

6）涉外沟通。项目经理代表团队与产品或项目相关的人员和单位进行必要的沟通，协调处理各方面的问题。

7）动态基线。动态基线是实现需求变化与缺陷的快速实施和改正的一种机制，也是经常性发布可用产品的基石。动态基线由项目经理负责创建并维护。一般，动态基线至少包括两条：开发（演进）基线和发布基线。

8）承上启下。项目经理对管理总监负责。遇到当前管理层面不能解决的问题时，要负责报告管理总监，寻求及时的处理。

（3）设计员　设计员的职责是根据需求情况和缺陷发现的反馈情况，对产品或项目编码和运行的构架进行设计，及补充其他调整。设计员对项目经理负责。有关设计部分是与编码绑定在一起的，共同组成“开发 CD”部分。设计的目的除了为编码提供重要指导外，另外一个重要作用是围绕提升代码的可读性和共享要求展开的，以确实保障项目或产品的可持续发展。

设计工作有以下特点。

1）简单映射。设计的内容不要求与编码“对齐”，而主要是用于指导编程和运行实施。这就意味着，在极端情况下，设计工作甚至可以没有设计活动。

2）面向解读。设计内容的一个重要方面是为了更好地让项目以外的人员更容易理解和共享编码内容。例如，促使团队新增加的编程人员尽快上手。

3）突出重点。设计偏重于构架的搭建。设计的粒度可以粗犷一些，不推荐进入细节设计。设计工作主要是针对组件的划分、重要接口的描述、基础类/抽象类/发布类、编码/运行的必要条件、数据库模型（如果有的话）以及交互界面的设计等进行的。

活动：

1）系统分解。设计员根据需求调研情况，在项目经理的安排下，对项目或产品进行分解。分解可以是按功能进行划分，也可以按照组件拆解，或者两者兼有。

2）接口描述。挖掘和整理组件之间以及对外发布的接口。特别是用于今后扩展或二次开发的接口，其描述要足够详细。交互界面的设计也合并在这一部分进行。通常，需求界面的定义是在需求项中的交互界面初稿的基础上完成的。

3）数据库模型构建。若存在数据库应用的情形，则要提供数据库的表、视图、存储过程等的描述，通常同时还要求提供数据库的创建脚本。

4）制订指南。设计员负责制订有关编码的环境要求、选用标准和注释解读的规则。

（4）编码组长　凡是完整的“源代码”工程，都称为“工程组件”。工程组件的形成，通常与开发工具是紧密相关的，如 Jbuilder、Eclipse 创建的工程等。编码组长负责工程组件，并对项目经理负责。

活动：

1）组建小组。在 V 形法中，对敏捷开发中的配对（Pair Programming）编程进行了调整和修正，修正后的方式称为“成组”编程模式。成组编程模式指的是对于每个工程组件，尽量安排两个以上的人员组成编码小组对其负责。小组负责人称为“编码组长”。小组的组建，是在项目经理的指导和许可下进行的。编码组长负责对当前小组的工程任务进行划分。也就是说，分别指定自己和各个编码员负责开发和维护的源文件和其他资源文件。

2）任务调整。根据情况，编码组长可以增加或移出编码员，或将某个编码员负责的部分甚至全部工作移交给另外的编码员负责。

3）监督控制。编码组长负责监督和维护整个工程组件的开发。当出现偏差时，应及时采取纠正措施。必要时，要向项目经理报告。

4）同行评审。作为同行评审的一种实践，编码组长要在小组内互换评阅和测试（包括编码组长）。例如，A 编码员的工作内容，交由 B 编码员进行评阅和测试。反之亦然。这种评审至少要保证：①编程功能和质量的测试，其中可能可以安排代码审查（Code Review）。②源代码注释解读的评审；最后的结论应汇总到编码组长处，必要时，由编码组长形成报告。

5）编程。编码组长在绝大多数情况下，也同时是编码员，应开发和完成其所负责的源代码文件和其他资源文件。

6）提交集成。通常工程组件是其他更大的工程组件的一部分。编码组长负责将当前的工程组件提交到集成环境中等待集成。

7）研讨。编码组长应经常地举行技术研讨会，可以互相交流心得，提升技能。必要时，可以联合多个编码小组，甚至其他团队成员一同进行。会议内容建议采用录音保存。

（5）编码员　编码员通常对编码组长负责。编码员的主要任务是完成其所负责的源代码文件和其他资源文件以及在小组内评审和测试其他组员的工作。

活动：

1）编程。编程工作是编码员的最主要的工作，他还应开发和完成其所负责的源代码文件和其他资源文件；编码内容包括实现功能要求的代码，负责单元测试（项目经理也可以安排其他人员负责其单元测试），还包括负责编写这些代码的注释解读。

2）同行评审。在编码组长的安排下，对组内其他组员的工作进行测试和评审，并评阅相关的注释解读是否符合要求。

（6）集成员　集成员负责将若干提交到集成区的工程组件重新整合和集成，形成更大的工程组件，甚至产品。通常，集成员也是编码组长。集成员对项目经理负责。

活动：

1）审查。集成员在下载并进行集成之前，要落实各自编码小组提交的工程组件是否已经完备，并经过相应的单元测试。没有通过审查的，要退回编码小组重新整改，必要时向项目经理报告。

2）集成。如果审查无误，则下载各工程组件，并开始进行集成。如果集成中，存在导致不能成功集成的问题，应及时向项目经理与相关编码组长报告，并协助解决这些问题。对于集成后形成的组件，一般要形成新的工程组件。默认是由集成员担任集成后的工程组件的责任编码组长，也可以由项目经理另外指定。集成形成的工程组件，应纳入动态基线进行管理。这一工作由项目经理负责。

3）集成测试。集成员通常要对集成后的产品进行集成测试，以确定集成是否成功完成。

（7）测试员　通常，测试员的职责是负责对集成后形成的产品进行验证测试，其主要目的为

1）确认产品是否符合当前的需求。

2）发现缺陷并提请处理。

活动：

1）计划。测试员一般应起草测试计划。测试计划至少要包括用以确认需求的测试路径。条件允许的话，应明确制订良好的测试方法和要求。如果存在多个测试员的情况，则由项目经理指定。测试计划一般应提交项目经理审核。

2）测试。按照既定的计划对目标产品进行测试。对于测试结果，以缺陷、问题或建议的方式提交系统。由项目经理根据缺陷的情况，安排缺陷处理人和缺陷解决的确认测试。

（8）质保员　质保员主要是根据组织既定的流程和方针政策，客观考核和观察组织内部各项生产活动、过程和工作产品是否符合要求。质保员负责提供尽可能客观的考察结果，以便公司相关管理层可以及时发现并纠正问题。质保员可以与测试员合并，特别是公司规模或项目不大的情况。质保员是全局性的角色，不依附于任何项目小组，通常对管理总监负责。

活动：

1）考察过程。针对组织层面和项目层面选用的过程，搜集所执行的过程与组织既定的方针和过程要求吻合度的客观数据，并得出结论。考察时，应参考既有的历史经验数据，以提升观察品质。

2）考察产品。在产品的开发和发布中，考察工作产品是否符合既定要求。产品的考察包括产品的本身及其附带影响，如权益者产品方面的协作问题和用户满意度等。

3）撰写报告。质保员要整理过程和产品的客观考察数据，起草报告，并呈送相关管理层（如管理总监等）。报告中可以提出相关的处置建议和意见。

工作产品：

① 过程和产品的客观考察数据（收集到的关于过程和产品的客观数据）。

② 考察报告（根据考察情况整理撰写的报告）。

③ 自由文档（其他必要的文档）。

（9）配置变更员　配置变更员也是全局的角色。其作用可以是配合管理总监创建和执行组织层面的流程，也可以是支持项目经理进行配置变更管理工作。

1）组织层面

① 根据管理总监或组织其他部门的要求，创建流程实例，并在其执行过程中进行监督和控制。

② 协调与组织外权益者的活动和工作，并及时纳入变更控制过程。

2）项目（产品）层面

① 根据项目经理的管理要求，配置产品结构、团队构成及其权限分配、基线构建等内容，并确定集成、开发和发布的分界线。

② 处理变更情况。其职责是跟踪变更的提交、批准、实施和结果，应是一个完整的过程。

③ 在 USDM 中，搭建及维护产品结构和团队以及责任权利的划分。这项工作可以由项目经理完成，也可以由项目经理指派的配置变更员完成。

④ 对产品的配置情况进行统计和审核，包括开发过程中的工作产品、基线和发布产品的内容等，并及时报告和协助处置差异。

（10）资料员　资料员的工作相对单一，主要是根据需要撰写文档资料。它们包括用户手册、宣传页等。资料员也可以协助撰写合同、协议和制订规章制度等。

活动：

1）编写文档资料。根据组织或项目需要，编写文档资料。

2）校稿。校对、修改他人的稿子。

（11）业务需求分析员　业务需求分析员的职责是搜集需求，及时获得需求变更，为后续工作提供前端输入。业务需求分析员对项目经理负责。

活动：

1）需求调研。业务需求分析员负责与项目或产品相关的权益者进行全面的沟通，并获得项目或产品的需求要求；及时获得需求变更请求，并向项目经理报告，尽可能快地响应用户需求的变化要求。需求内容按条目进行分类形成需求项，录入和保存。

2）界面设计。这里的界面设计是提出交互界面的解决方案，并与用户和相关权益者达成一致。V 形法中，界面设计主要包括两个方面：

① 静态界面模型。集中在外观方面，通过拼图等形式搭建界面的静态模型，力求美观大方、风格统一。在拼图中，要反映出操作按钮和菜单等形式和位置。

② 动态界面模型。动态模型是指其交互操作流程描述，可以使用动态场景表述。

通常，静态模型是必需的。若是缺乏有效和经常沟通机会的场合（如外包），则应构建动态模型。

3）会议现场。应与用户保持经常性的联系，增加面对面研讨的机会。对于每次常规调研，在征得用户同意的前提下，应对需求调研过程进行录音处理。

4）需求管理。协助测试员验证项目或产品是否满足需求，并对需求项的状态进行跟踪和标记。例如“已实现”、“未实现”、“暂缓”等。

5）提请审核。经过整理后的需求内容应提请项目经理审核批准。只有经过审核批准的变更需求方能生效。

模仿试做

1）写出自己准备开发系统的可行性研究报告。

2）分组。每组学生都明确每个组员的角色。

3）开讨论会。每个小组派出一个组员陈述自己小组的角色分配情况和自己所担任角色的职责及作用。

4）使用 USDM 平台进行角色的分配。

检查评估

1）对开发成员应负职责的熟悉情况（20分）。
2）组建团队的情况（30分）。
3）分析、解决问题能力（20分）。
4）工作过程记录与表现（20分）。
5）团队合作精神（10分）。

总结提高

通过完成本任务，能够：
1）了解可行性研究报告的内容并写出可行性研究报告。
2）掌握项目组中的各种角色职责及作用。
3）合理地为项目组中的所有成员分配角色。

思考及操作

1. 可行性研究报告的主要内容有哪些？
2. 在软件项目开发和管理中涉及哪些角色？并分析各种角色的职责。

任务三　编写项目计划

知识目标

1）了解项目计划在项目中的重要性。
2）掌握项目中各种计划的编写要点及要素。
3）掌握项目中各种计划间的关系。

技能目标

1）学会根据项目情况编写合理及规范的项目计划。
2）能协调小组成员间的计划。
3）能合理分析及安排小组成员的项目计划进度。

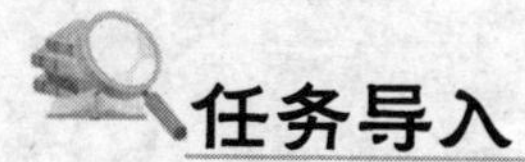

任务导入

创建项目计划能早在编写代码之前就考虑如何构建系统——减少项目的风险，因为在编写项目计划时已经考虑了各种策略和方法并且已经选择了最有意义的一项。项目计划不应该只是不花气力产生的一个计划；而应该是一个实际可行的计划，可以根据它来成功管理自己的项目。

创建项目计划的最佳人员是负责实施该计划的人员。当规划由一个人创建而由另一个人实施时，如果项目不能按时完成或超出预算，则很可能会被认为没有一个良好的项目计划。也就是说，参与项目的每个人都应该投入到项目计划的开发和进展中。

在本项目中根据所选择的开发模型及项目的情况，需要编写的项目计划包括：项目阶段计划、需求计划、设计计划、编码计划、测试计划、发布计划、沟通计划、质量计划、风险计划。

任务分析与示范引导

一、项目进度安排

项目进度安排需要将项目的所有工作分解为若干个独立的活动，并在此基础上判断这些活动所需的时间，其具体过程如图 1-1-20 所示。

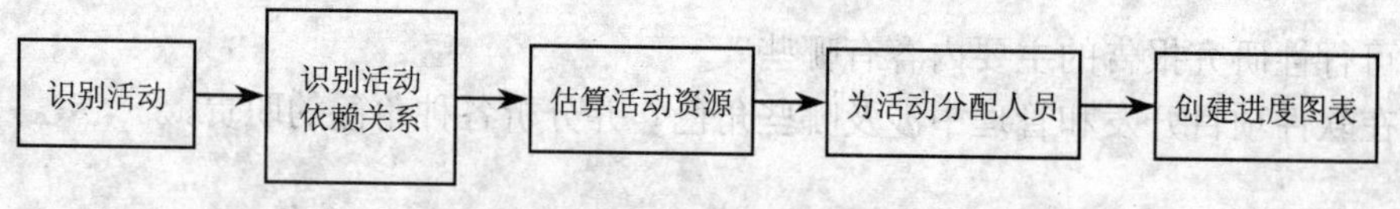

图 1-1-20　项目进度安排

二、流程的概念及在软件项目管理中的作用

流程由活动组成。基本活动是个人或团体来完成的，它不需要进行其他的基本活动的转化。流程的各个活动之间有着特定的流向，它包含着明确的起始活动与终止活动，因此是一个动态的概念。从结构上来看，流程有四个基本的构成因素：活动、活动的逻辑关系、活动的实现方式和活动的承担者。流程与“一系列的活动或事件”、“结果”等概念密切相关。流程管理不仅是一种管理技术，更体现了现代管理的思想。以控制、塔式组织为基础的职能行政管理已经不能完全满足于现代企业发展和市场竞争的需要，管理的发展沿着分工理论运行了上百年后，现在又重新回归到整合与系统。

软件项目生命周期的一系列的开发过程是各种各样的流程活动。软件项目的计划编制、系统分析、概要设计、详细设计、程序编码、测试与维护等活动过程都是一种流程活动。制订软件项目管理流程，重点考虑以下几点：

1）制订的流程能引导项目逐步走向成功。

2）制订的流程能适用软件开发过程。

3）制订的流程能指导项目开发活动，有利于项目开发活动的管理。

4）制订的流程能以直观的流程图表示，能使项目组成员清楚地知道软件开发与管理的过程和相互间的关系。

5）流程中的起始活动条件、终止活动条件明确、规范，便于控制。

6）流程中的工作产品定义明确、可度量，评价标准和方法具体、可操作。

三、项目阶段计划的编写

1）由所有小组成员共同完成。

2）根据生命周期及用户对工期的要求，首先制订整个项目的总时间段。

3）在总时间段的范围内制订生命周期的每个阶段的具体时间段。

4）项目经理获取每个小组成员对所制订的项目总体计划的承诺。

四、风险计划

1）由项目经理与小组成员共同讨论并编写。

2）分析项目过程中可能出现的风险，并讨论应对风险的策略及方式（例如，若没有项目启动资金可能需要公司自己垫资，形成资金风险。则应审核公司资金情况，并确定可以自行垫资，若自行垫资不可行，则可与用户再次进行沟通或是通过其他方式获取资金）。

3）确定风险触发点，并形成风险处理计划（例如，资金风险的触发点为公司资金紧张而无法支付项目的日常支出，其处理计划是当发生这样的情况时应与用户进行沟通试图解决问题，或是通过其他方式来获取资金）。

五、质量计划的编写

制订 PPQA（Process and Product Quality Assurance 的简称，即过程与产品质量保证，属于 CMMI 概念）计划，针对生命周期中的每个阶段及项目过程中所有的过程，进行定期或不定期的检查。

六、需求计划的编写（由需求分析员编写）

1）与用户沟通后，结合用户的时间安排，编写用户需求的调研计划。

2）制订对用户调研后的原始需求的深加工及分析的工作计划。

3）编写并完成用户需求调研工作后的原始需求评审工作计划（用户参加）。

4）编写并完成需求分析后的评审工作计划（用户参加）。

七、设计计划的编写（由设计员编写）

1）编写项目总体技术的解决方案计划（编写两套以上系统技术解决方案计划，一套为 B/S 解决方案计划，一套为 C/S 解决方案计划，计划还应包括对方案的评审计划）。

2）编写系统的概要设计计划。

3）编写系统的详细设计计划。

4）编写系统的数据库设计计划。
5）编写系统的设计计划的评审计划。

八、编码计划的编写（由编码组长或编码员编写）

1）编写程序编码的计划（确定每个编码员所负责的模块和功能点以及实现的时间）。
2）编写程序编码的评审计划。

九、测试计划的编写（由测试员编写）

1）编写测试的总体计划（明确每个测试员所负责测试的模块及功能点）。
2）根据需求分析结果制订详细的测试计划（确定功能测试用例）。
3）编写测试计划的评审计划。

十、发布计划的编写（由发布员编写）

1）编写发布计划（对照合同，确定发布如说明书、安装程序或是布置时间等计划）。
2）编写发布计划的评审计划。

十一、沟通计划的编写（由项目经理编写）

根据生命周期中各阶段的情况编写需要与用户沟通的计划（包括需要用户参与的评审，或是风险处理过程中可能需要启动的计划等与用户沟通的计划）。

【案例 1-1-1】 广电 OA 系统项目实施总体计划

目　录

（续）

3.3.2.1（项）功能测试计划的编写计划
3.3.2.2（项）功能测试计划
3.4（分类）发布阶段
3.4.1（项）发布基线计划
3.4.2（项）使用说明书编写计划
3.4.3（项）验收计划
4.（分类）项目评审计划
4.1（项）需求评审计划

具体内容如下（部分）：

1.（项）项目概要
【基本情况】 （1）项目简介 某广播电视网络股份有限公司分公司（以下简称为广电）为了节约公司资源，提高员工办公效率，从有纸化办公向无纸化办公的转变，决定与我公司合作，由我公司负责开发一套办公自动化系统，从而达到节省公司资源，提高员工办公的效率。 （2）项目目标 1）操作简单化，让用户容易操作，方便操作。 2）界面美观，设计大方，布局合理。 3）接口灵活，数据库数据结构合理。 4）快速的数据查询速度，可靠的数据关系。
2.（项）项目计划评审计划
【基本情况】 （1）任务简述 将项目开发计划提交评审，以获取开发团队对计划的承诺。评审由以下人员组成。 ① 项目经理（项目负责人）。 ② 开发人员。 ③ 测试验收人员。 ④ 配置管理员（书写说明书及其他文档）。 （2）任务属性 1）数据管理（对项目的数据，比如文档、源代码等各种工作产品数据的管理要求）： 评审的过程及结果在 SDM 评审流程中进行记录。 2）资源规划（项目要求的资源）： ① 使用会议室 ② 项目开发计划.wjpm 3）知识技能（完成本项目需要的技能描述）。
3.1.1 （项）原始需求调研计划
【基本情况】 （1）任务简述 采集用户的初始需求，从用户那里了解该系统的需求信息，整理后形成初始的需求。

（续）

（2）任务属性 1）工作产品列表： 《广电办公自动化需求登记》 2）配置项列表：广电办公自动化需求登记 配置项名称：广电办公自动化需求登记 配置项物理名：广电办公自动化需求登记.wjxq 放置位置：[在 USDM 中的位置] 产品\需求阶段\需求登记 所属基线：广电办公自动化开发基线 目标版本：1.0 3）数据管理（对项目的数据，比如文档、源代码等各种工作产品数据的管理要求）： 所有的数据必须在 SDM 系统中进行统一的管理及存放。 4）资源规划（项目要求的资源）： 计算机一台。 公司以前项目有关的资料。 5）知识技能： 熟悉需求采集过程及如何发掘需求，能对需求进行汇总、分类、归纳。
3.1.2 （项）**需求分析计划**
类型：原创
【基本情况】 （1）任务简述 原始需求调研结束后根据原始需求《广电办公自动化需求登记》进行需求分析。 （2）任务属性 1）工作产品列表： 《广电办公自动化需求分析》 2）配置项列表：广电办公自动化需求分析 配置项名称：广电办公自动化需求分析 配置项物理名：广电办公自动化需求分析.wjxq 放置位置：产品\需求阶段\需求分析 所属基线：广电办公自动化开发基线 目标版本：1.0 3）数据管理（对项目的数据，比如文档、源代码等各种工作产品数据的管理要求）： 所有的数据必须在 SDM 系统中进行统一的管理及存放。 4）资源规划（项目要求的资源）： 计算机一台。 公司以前项目有关资料。《广电办公自动化需求分析》 5）知识技能： 熟悉需求采集过程及如何发掘需求，能对需求进行汇总、分类、归纳。

（续）

3.1.3 （项）需求评审及确认计划
【基本情况】 （1）任务简述 在需求调研及需求分析结束后，将所形成的文档资料提交评审。评审由以下人员组成： 项目经理、配置管理员、开发人员、测试验收人员。 （2）任务属性 1）数据管理（对项目的数据，比如文档、源代码等各种工作产品数据的管理要求）： 评审的过程及结果在 SDM 评审流程中进行记录。 2）资源规划（项目要求的资源）： ① 使用会议室 ② 广电办公自动化需求分析.wjxq ③ 广电办公自动化需求登记.wjxq 3）知识技能（完成本项目需要的技能描述）： 评审人员需要对项目内容相对熟悉。

模仿试做

1）每组学生都根据自己的角色明确自己所负责编写的计划。

2）开讨论会，每个小组派出一个组员陈述所在小组所有计划的编写情况。如果条件允许的话，将允许小组的每一位成员陈述自己所编写的计划。

检查评估

1）对各类计划的熟悉程度（20 分）。

2）制订计划的规范程度（30 分）。

3）分析、解决问题的能力（20 分）。

4）工作过程记录与表现（20 分）。

5）团队合作精神（10 分）。

总结提高

通过完成本任务，能够：

1）编写合理及规范的项目计划。

2）协调小组成员间的计划。

3）合理分析及安排小组成员的项目计划进度。

思考及操作

1．项目计划有哪些内容？
2．写出拟开发系统的项目计划。

任务四　在 USDM 平台中完成项目启动

知识目标

了解 USDM 的使用。

技能目标

能够在 USDM 平台上选择生命周期、构建团队、签入各种计划。

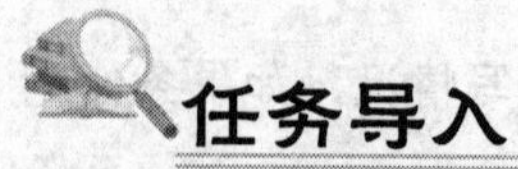

任务导入

介绍 USDM 平台：

它综合了各种支持软件工程管理功能要求的软件应用系统。其中包括诸如产品结构、团队组建和角色定制、需求开发及管理、技术解决方案、项目管理、配置管理、缺陷跟踪和管理、建模工具、内外部邮件系统、工作流程、可视化协同、团队开发等许多功能，是有效提升管理水平和降低管理劳动强度的应用平台。

任务分析与示范引导

1．USDM 平台基本操作

1）启动 USDM 服务器。双击桌面上的“启动 SDM 服务器”图标，在系统弹出的窗口中显示“SDM Server V2.0 is Ready”表示服务器启动成功，如图 1-1-21 所示。

2）启动 SDM 用户端。双击桌面上的“统一软件数据管理系统”图标。在“登录”对话框中输入“登录名称”和“用户密码”，即可登录到系统，如图 1-1-22 所示。

3）在用户端图标上右击，在弹出的快捷菜单中选择“管理工具”，如图 1-1-23 所示。

4）在 SDM 中配置服务器 IP 地址，如图 1-1-24 所示。

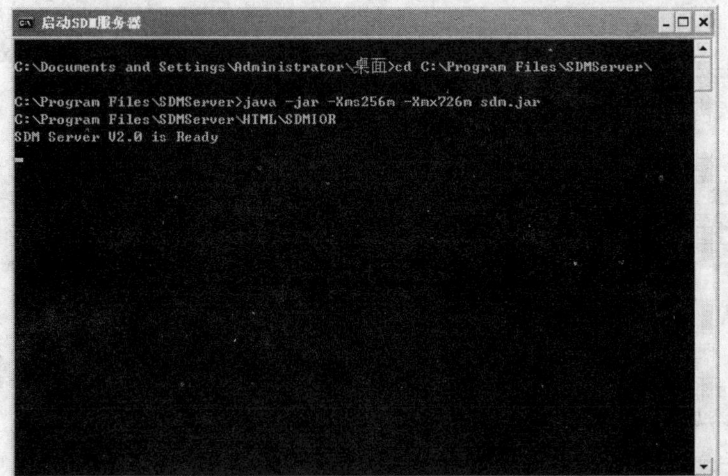

图 1-1-21　启动 USDM 服务器

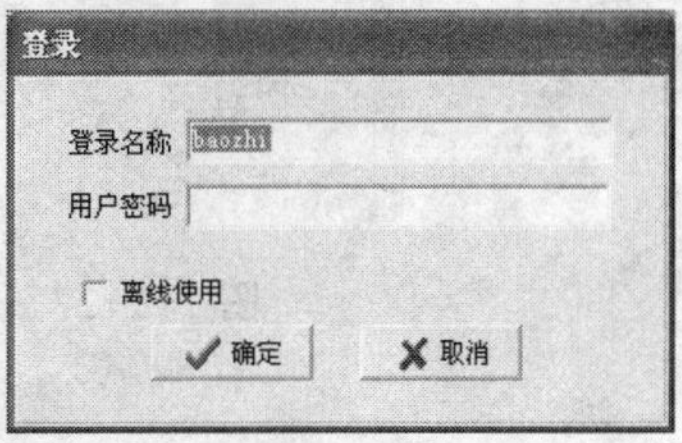

图 1-1-22　“登录”对话框

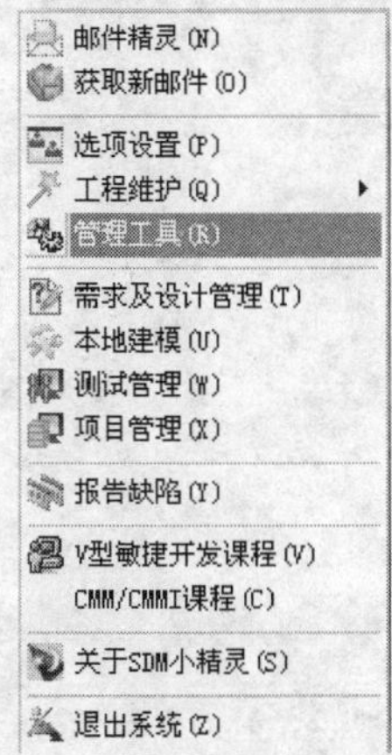

图 1-1-23　选择“管理工具”

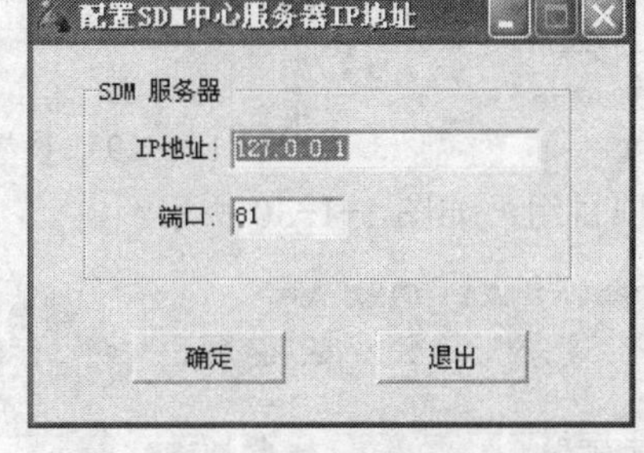

图 1-1-24　配置服务器 IP 地址

5）在 SDM 中进行用户管理，如图 1-1-25 所示。

6）在 SDM 中更改用户口令，如图 1-1-26 所示。

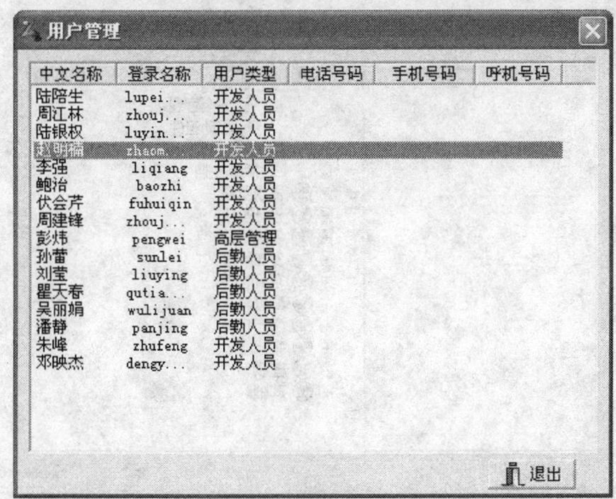

图 1-1-25　用户管理

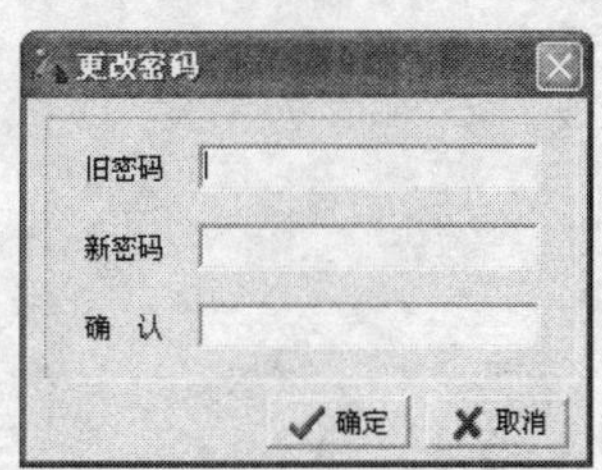

图 1-1-26　更改口令

2. 在 SDM 中构建项目

1）添加保险箱，如图 1-1-27 所示。

2）添加产品和设置产品结构。如图 1-1-28 和图 1-1-29 所示。

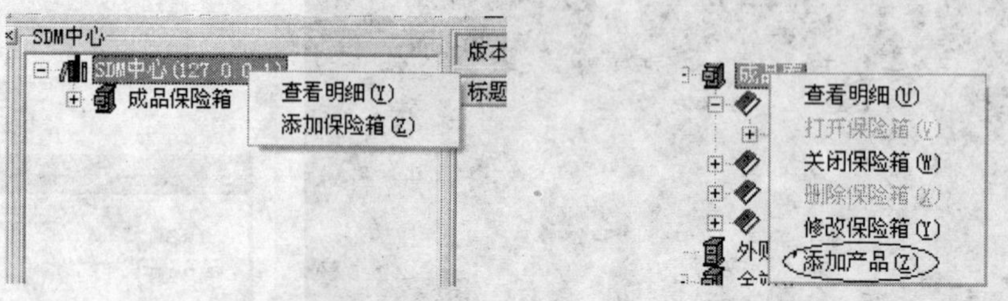

图 1-1-27　添加保险箱　　　　图 1-1-28　添加产品

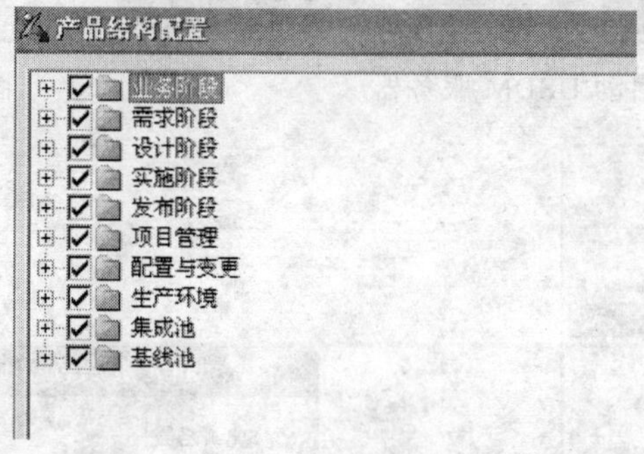

图 1-1-29　设置产品结构

3）建立项目组。如图 1-1-30 所示。

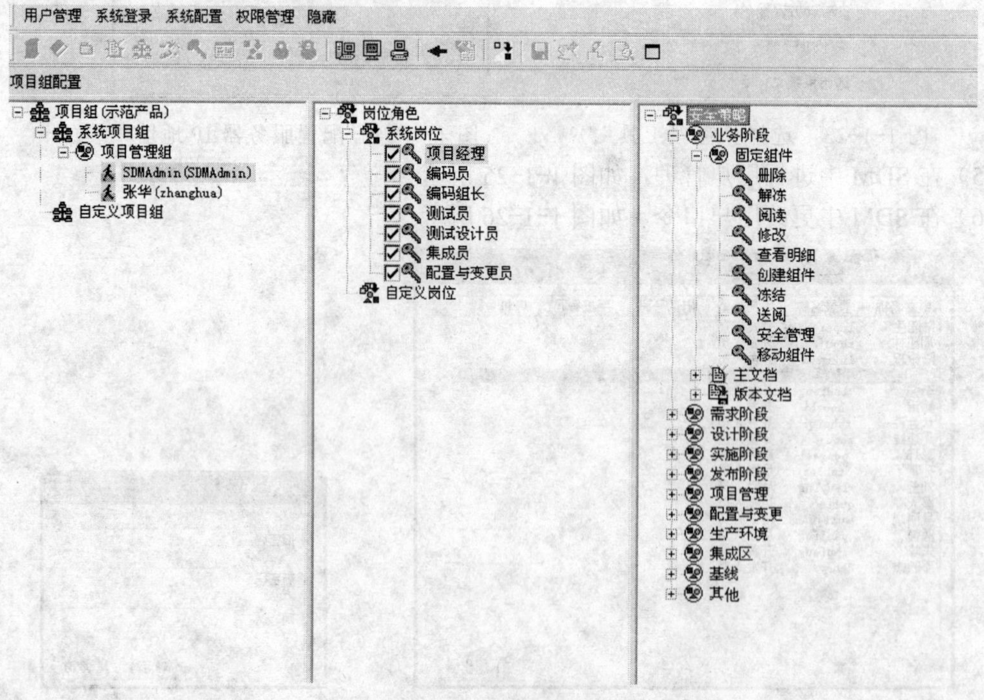

图 1-1-30　建立项目组

3. 在 SDM 中制订项目总体计划

1）创建总体计划新分类，如图 1-1-31 所示。

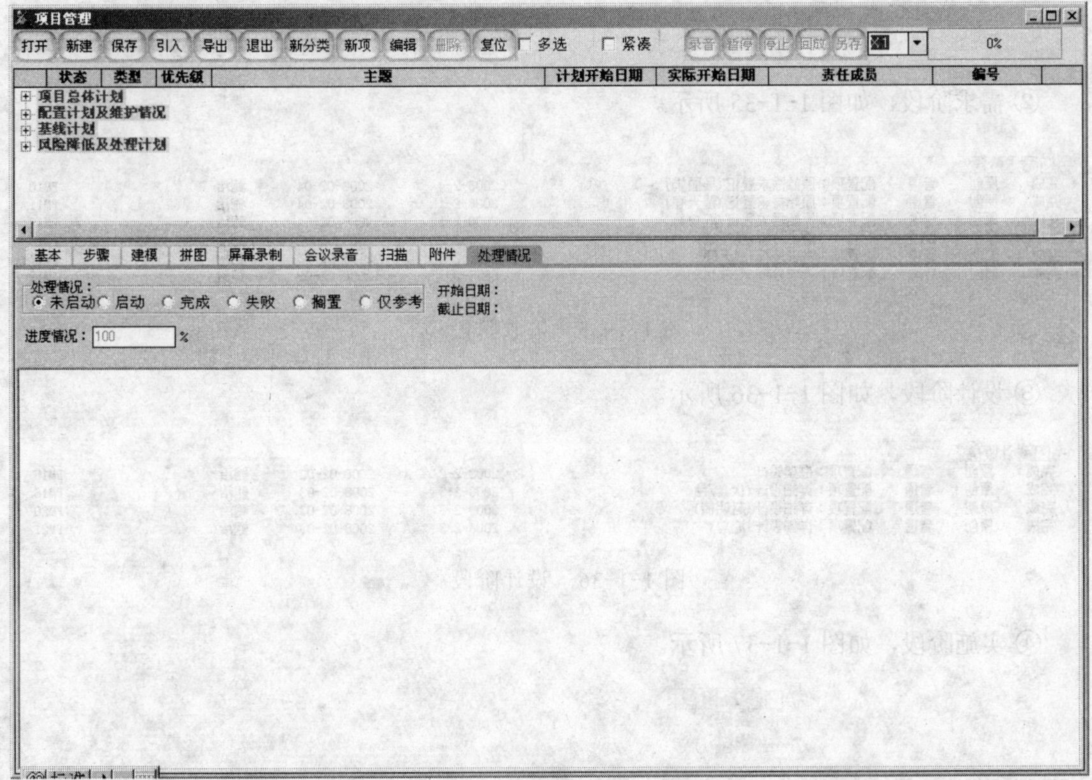

图 1-1-31　创建总体计划新分类

2）在分类“项目总体计划”中创建新项，如图 1-1-32 所示。

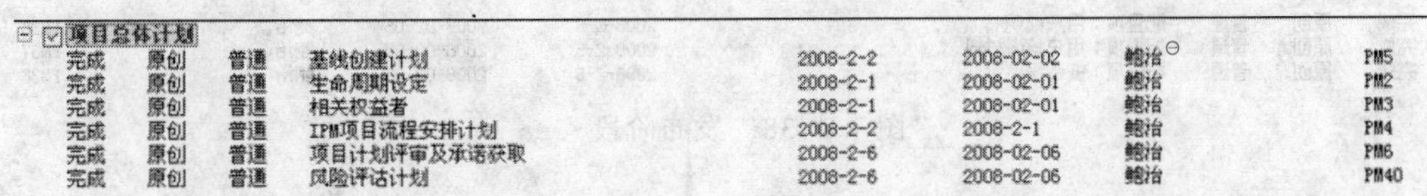

图 1-1-32　创建新项

3）在分类“配置计划及维护情况”中创建子分类，如图 1-1-33 所示。

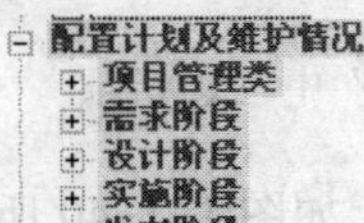

图 1-1-33　创建子分类

① 项目管理类，如图 1-1-34 所示。

㊀ 由于项目需要，本书中所用人名和公司名均为虚构。

目标版本：1.0
配置项物理名称：《项目总体计划》
配置项位置：SDM中心/协同工作平台(OA)/项目管理/演进计划/项目总体计划(.wjpm)
内容维护人员：鲍治

图 1-1-34 项目管理类

② 需求阶段，如图 1-1-35 所示。

需求阶段

完成	原创	普通	配置项：原始需求登记(吴丽娟)	2008-2-4	2008-02-04	鲍治	PM10
完成	原创	普通	配置项：原始需求登记(瞿天春)	2008-2-1	2008-02-04	鲍治	PM11
完成	原创	普通	配置项：原始需求登记(汇总)	2008-2-1	2008-02-04	鲍治	PM12
完成	原创	普通	配置项：需求分析(吴丽娟)	2008-2-2	2008-02-02	鲍治	PM18
完成	原创	普通	配置项：需求分析(瞿天春)	2008-2-3	2008-02-03	鲍治	PM17
完成	原创	普通	配置项：需求分析(汇总)	2008-2-3	2008-02-03	鲍治	PM19

图 1-1-35 需求阶段

③ 设计阶段，如图 1-1-36 所示。

设计阶段

完成	原创	普通	配置项：框架设计	2008-2-2	2008-02-02	鲍治	PM15
完成	原创	普通	配置项：详细设计(伏会芹)	2008-2-3	2008-02-03	鲍治	PM16
完成	原创	普通	配置项：详细设计(赵明楠)	2008-2-3	2008-02-03	鲍治	PM20
完成	原创	普通	配置项：详细设计(汇总)	2008-2-3	2008-02-03	鲍治	PM21

图 1-1-36 设计阶段

④ 实施阶段，如图 1-1-37 所示。

实施阶段
编码
测试

图 1-1-37 实施阶段

⑤ 发布阶段，如图 1-1-38 所示。

发布阶段

完成	原创	普通	配置项：用户说明书	2008-2-5	2008-02-05	鲍治	PM36
完成	原创	普通	配置项：用户培训材料	2008-2-5	2008-02-05	鲍治	PM37
完成	原创	普通	配置项：安装程序包	2008-2-5	2008-02-05	鲍治	PM38

图 1-1-38 发布阶段

4）在分类“基线计划”中创建新项，如图 1-1-39 所示。

基线计划

完成	原创	普通	开发基线1.0	2008-2-1	2008-02-06	鲍治	PM40
完成	原创	普通	发布基线1.0	2008-8-30	2008-08-30	鲍治	PM41

图 1-1-39 在分类“基线计划”中创建新项

5）在分类“风险降低及处理计划”中创建新项，如图 1-1-40 所示。

风险降低及处理计划

完成	维护	普通	组织加强培训	2008-3-28	2008-03-28	甲	PM42

图 1-1-40 在分类“风险降低及处理计划”中创建新项

4．在 USDM 中制订项目开发计划（图 1-1-41）

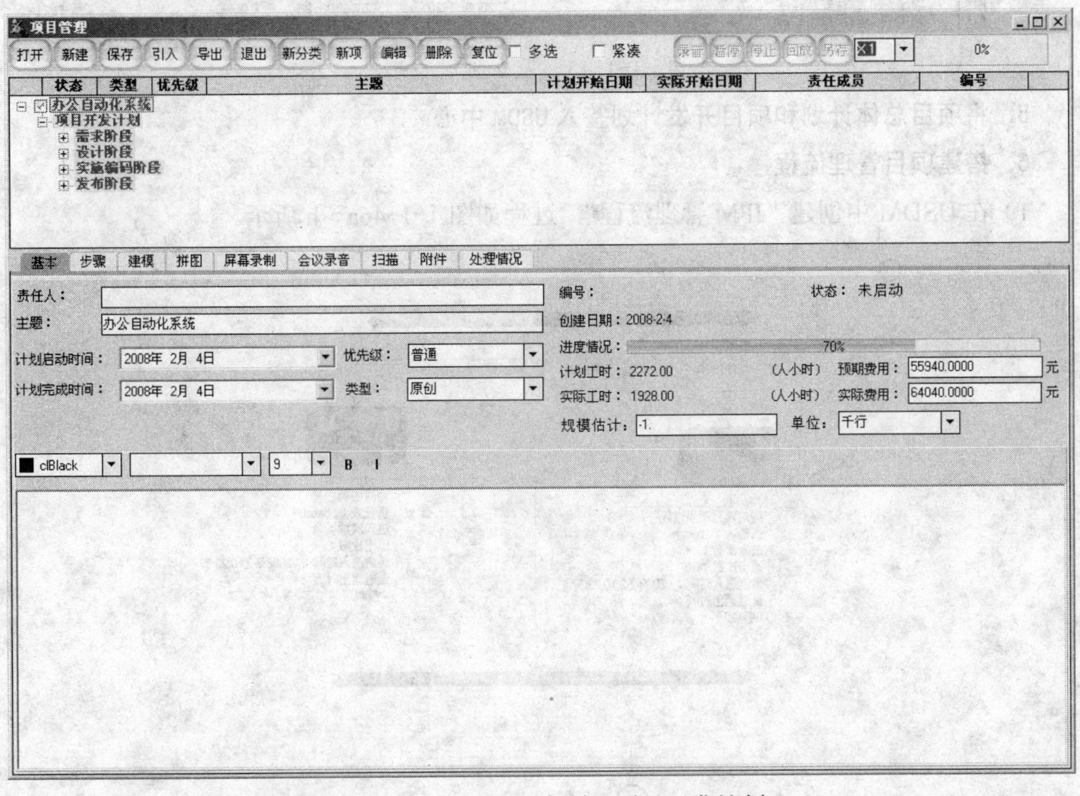

图 1-1-41　在 USDM 中制订项目开发计划

1）需求阶段，如图 1-1-42 所示。

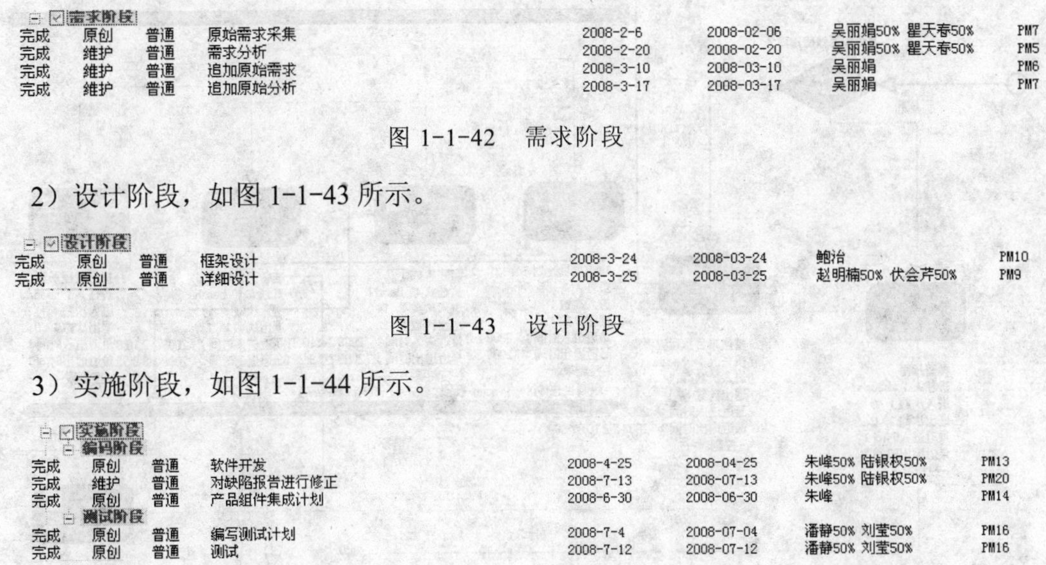

需求阶段

状态	类型	优先级	主题	计划开始日期	实际开始日期	责任成员	编号
完成	原创	普通	原始需求采集	2008-2-6	2008-02-06	吴丽娟50% 瞿天春50%	PM7
完成	维护	普通	需求分析	2008-2-20	2008-02-20	吴丽娟50% 瞿天春50%	PM5
完成	维护	普通	追加原始需求	2008-3-10	2008-03-10	吴丽娟	PM6
完成	维护	普通	追加原始分析	2008-3-17	2008-03-17	吴丽娟	PM7

图 1-1-42　需求阶段

2）设计阶段，如图 1-1-43 所示。

设计阶段

状态	类型	优先级	主题	计划开始日期	实际开始日期	责任成员	编号
完成	原创	普通	框架设计	2008-3-24	2008-03-24	鲍治	PM10
完成	原创	普通	详细设计	2008-3-25	2008-03-25	赵明楠50% 伏会芹50%	PM9

图 1-1-43　设计阶段

3）实施阶段，如图 1-1-44 所示。

实施阶段

状态	类型	优先级	主题	计划开始日期	实际开始日期	责任成员	编号
编码阶段							
完成	原创	普通	软件开发	2008-4-25	2008-04-25	朱峰50% 陆银权50%	PM13
完成	维护	普通	对缺陷报告进行修正	2008-7-13	2008-07-13	朱峰50% 陆银权50%	PM20
完成	原创	普通	产品组件集成计划	2008-6-30	2008-06-30	朱峰	PM14
测试阶段							
完成	原创	普通	编写测试计划	2008-7-4	2008-07-04	潘静50% 刘莹50%	PM16
完成	原创	普通	测试	2008-7-12	2008-07-12	潘静50% 刘莹50%	PM16

图 1-1-44　实施阶段

4）发布阶段，如图 1-1-45 所示。

☑发布阶段

完成	原创	普通	编写说明书	2008-8-1	2008-08-01	潘静	PM19
完成	原创	普通	编写安装程序	2008-8-20	2008-08-20	朱峰	PM21
完成	原创	普通	编写培训材料	2008-8-20	2008-08-20	潘静	PM22

图 1-1-45　发布阶段

5. 将项目总体计划和项目开发计划签入 USDM 中心

6. 搭建项目管理流程

1）在 USDM 中创建“IPM 管理流程”，过程如图 1-1-46a～h 所示。

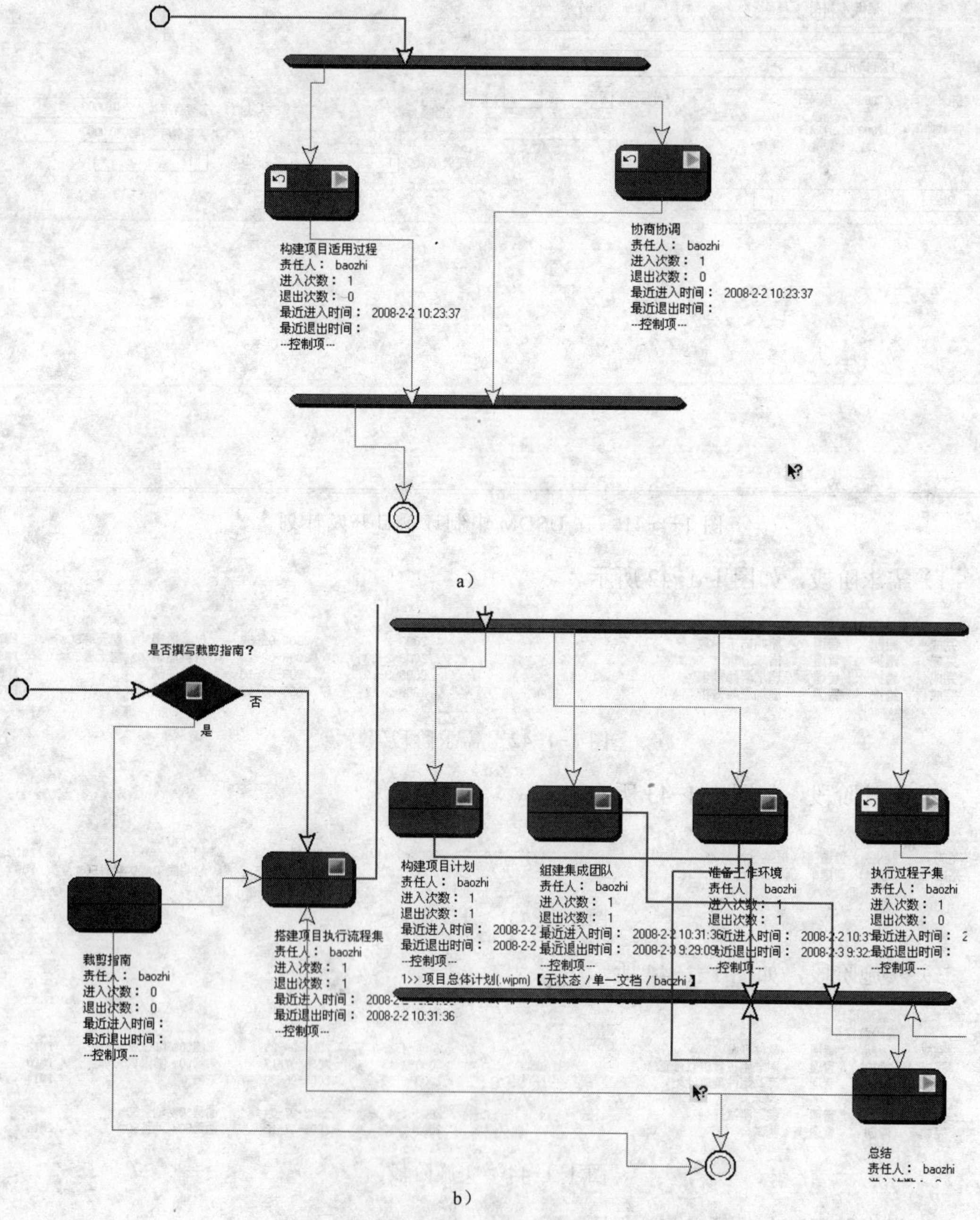

图 1-1-46　创建“IPM 管理流程”

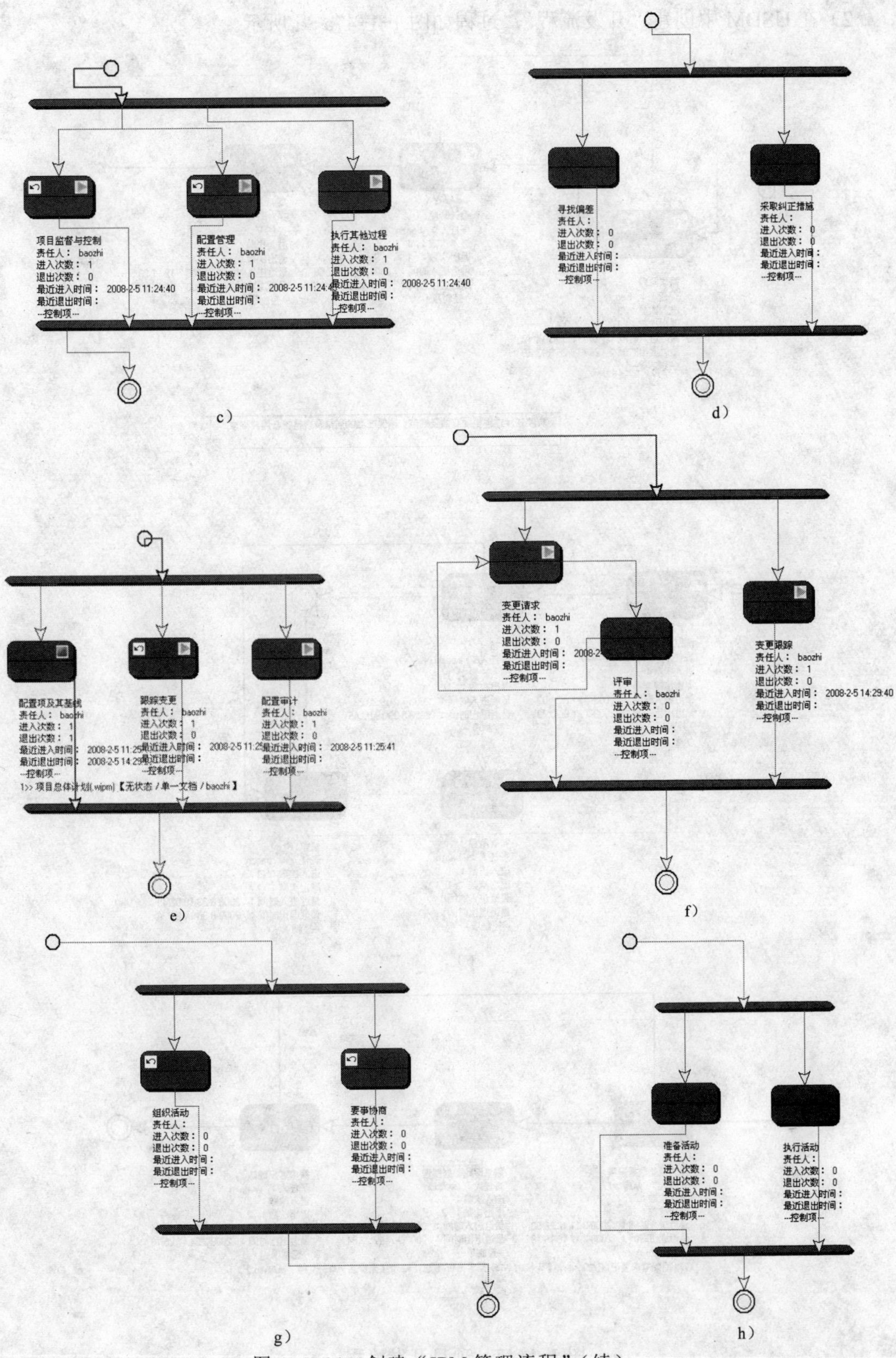

图 1-1-46　创建“IPM 管理流程”（续）

2）在 USDM 中创建“开发流程”，过程如图 1-1-47a～i 所示。

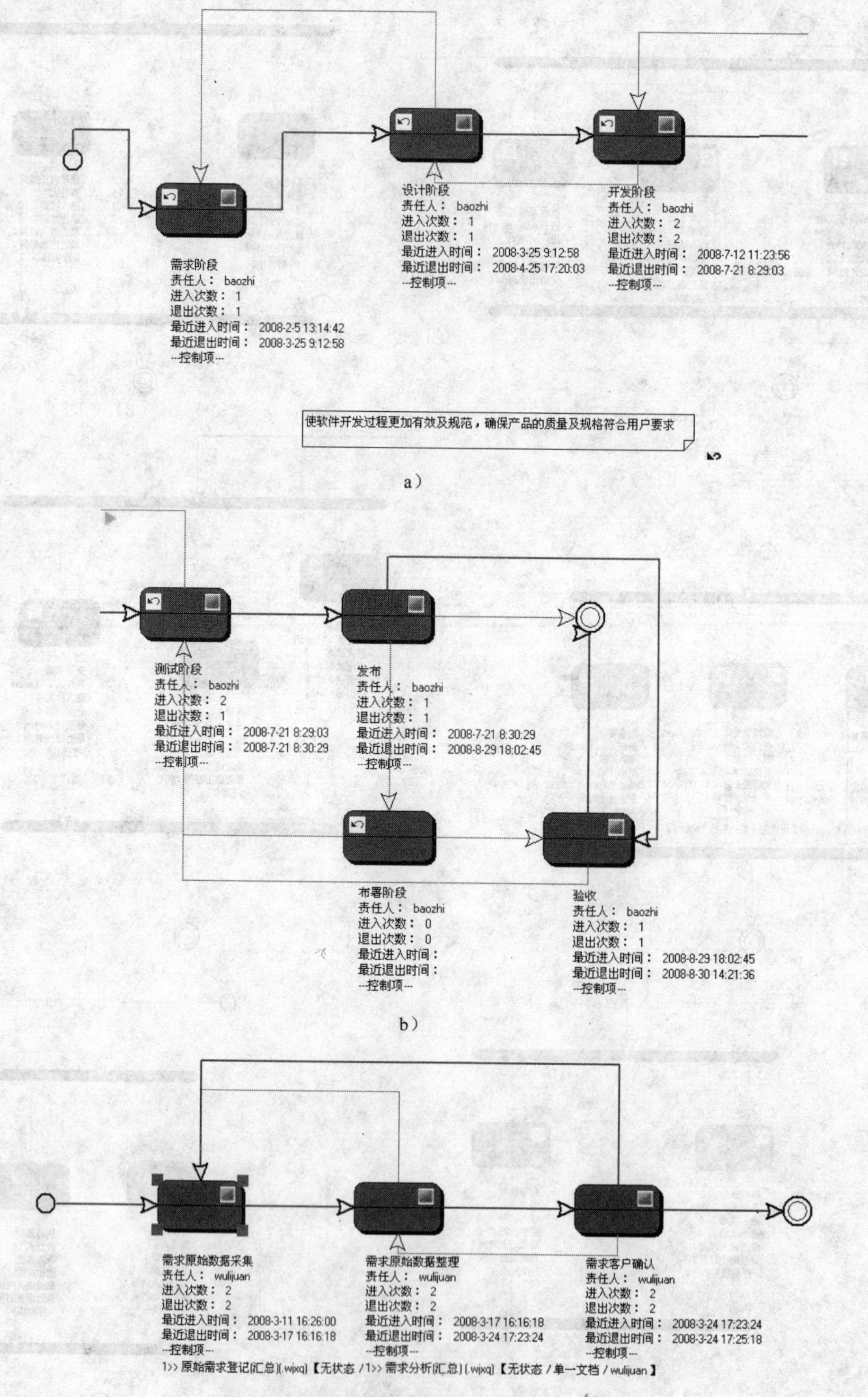

a）

b）

c）

图 1-1-47　项目开发流程

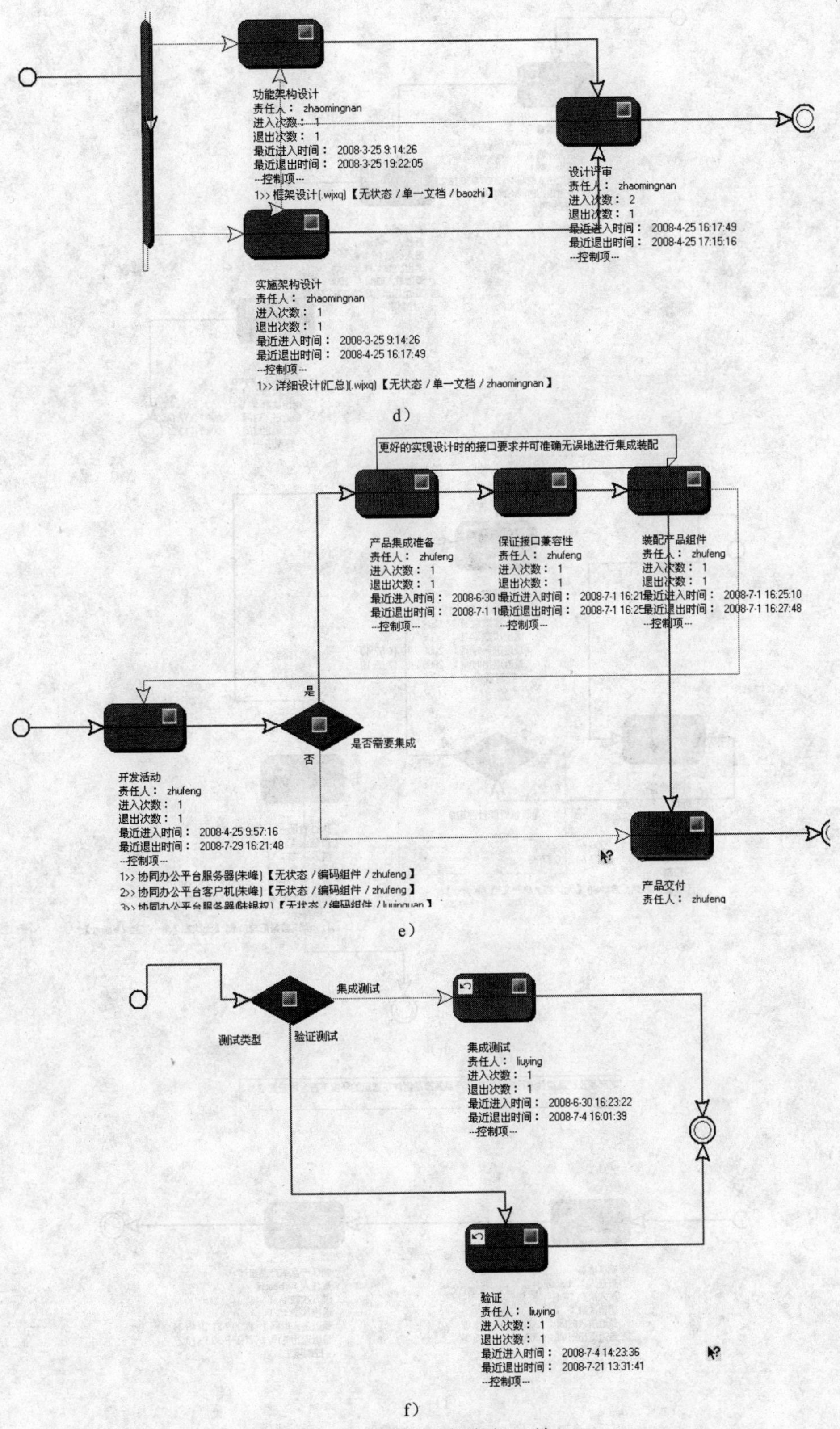

图 1-1-47　项目开发流程（续）

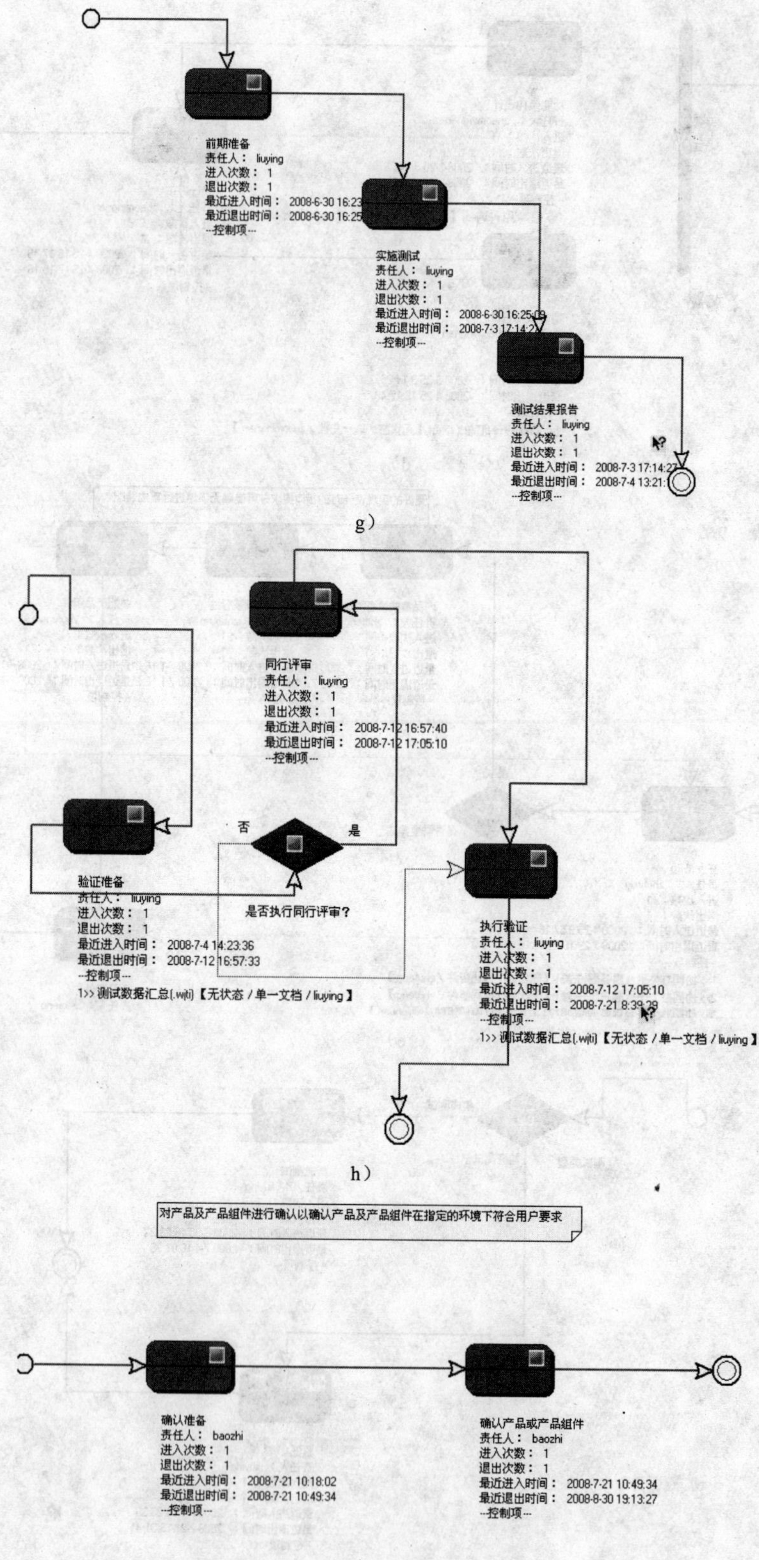

图 1-1-47 项目开发流程（续）

3）在 SDM 中创建“度量流程”，如图 1-1-48 所示。

4）运行流程。

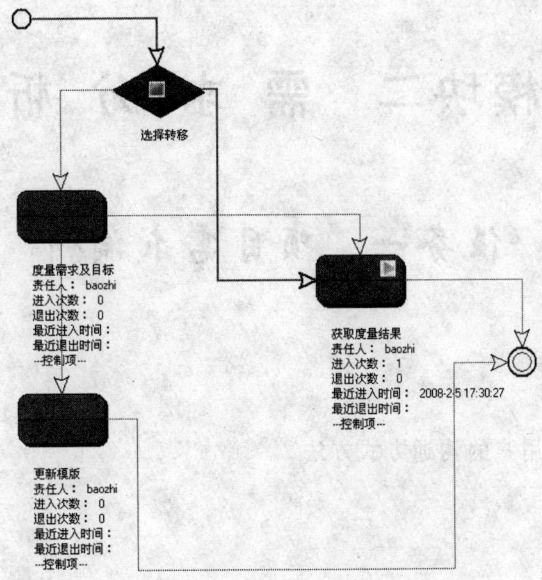

图 1-1-48　度量流程

模仿试做

搭建项目相关流程。

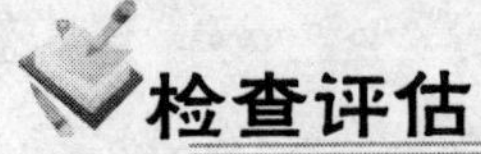

检查评估

1）在 SDM 中完成任务的情况（50 分）。

2）分析、解决问题的能力（20 分）。

3）工作过程的记录与表现（20 分）。

4）团队的合作精神（10 分）。

总结提高

通过完成本任务，能够在 USDM 平台上选择生命周期、构建团队、签入各种计划，完成项目的启动。

思考及操作

1. 上网搜索、浏览和了解软件工程技术的应用情况，试列出重要的网站名称和网址。
2. 当前各软件工程网站的技术热点是什么？

模块二 需 求 分 析

任务一 项目需求调研

知识目标

学习需求调研时与用户的沟通方式方法

技能目标

1）引导用户表述需求。

2）培养现场初步发现用户所表述的需求中存在的问题的能力。

3）与用户建立良好的沟通渠道。

任务导入

需求调研对于一个应用软件开发来说，是一个系统开发的开始阶段，它的输出“软件需求规格说明书”是设计阶段的输入，需求调研的质量对于一个应用软件来说，是一个极其重要的阶段，它的质量在一定程度上决定了一个软件的交付结果。怎样从用户中听取需求、分析用户需求就成为调研人员最重要的任务。

需求调研其实是门艺术，调研人员要重视用户需求，并引导用户得出比较好的解决问题的办法。从而编写出高质量的软件需求分析报告。

项目任务书（合同）下达给项目经理的时候，项目经理及调研人员应该对合同中软件范围认真审阅，虽然合同中只写了大概的软件需求范围，但这些信息极为重要，它是调研计划制订的一个依据。

有些用户不清楚自己的需求是什么，或者对需求只有朦胧的感觉。例如，早期的政府信息化项目用户通常只有一个朦胧的信息化感觉而已，需求分析中会这样写：“总之，要实现那种能够想到就能做到的功能！”如果需求调研人员的水平比较高，他就能够在用户不清楚自己需求的情况下引导用户“消费”。

图 1-2-1 所示为一个需求调研失误导致的项目失败的案例。

图 1-2-1　需求调研失误导致的项目失败的案例

从上述案例可以看出，引导及校正用户表述的需求是高质量需求调研的基础，也是项目成功的重要保证。

任务分析与示范引导

一、需求工程

（一）软件需求的定义

软件需求是决定软件开发是否成功的一个关键因素，一旦发生错误，就会给整个软件开发工作带来极大的损失，并对以后的软件维护带来困难。美国 Standish Group 公司的研究显示，以下三种因素是致使项目“遇到困难”的常见因素。

1）缺乏用户参与：占所有项目的 13%。

2）不完整的需求和规格说明：占所有项目的 12%。

3）不断改变需求和规格说明：占所有项目的 12%。

这表明，至少三分之一的开发项目是因为直接与需求获取、需求文档和需求管理有关的原因而陷入困境的。因此，开发人员应当学会正确地理解软件需求，实行并非完美但是高质量的需求开发和管理，最大限度地降低软件需求风险。

人们对“软件需求”这个术语缺乏统一的描述，不同的人对于同一个需求可能会产生不同的描述。通常，用户所说的“需求”在开发人员看来是一个较高层次的产品概念，而开发人员所说的“需求”在用户看来又像是详细的用户界面设计。

IEEE 软件工程标准词汇表（1997 年）对软件需求的定义：

1）用户解决问题或达到目标所需的条件或能力。

2）系统或系统部件要满足合同、标准、规范或其他的正式规定文档所需具有的条件或能力。

3）一种反映上面 1）或 2）所描述的条件或能力的文档说明。

IEEE 的定义包括从用户角度（系统的外部行为）以及从开发者角度（一些内部特性）来阐述需求，其关键的问题是一定要编写需求文档。

下面给出“需求”的定义：需求是指明必须实现什么的规格说明。它描述了系统的行为、特性或属性，是在开发过程中对系统的约束。

（二）软件需求的不同层次

通常，软件需求可以划分为业务需求、用户需求、系统需求、功能需求和非功能需求等类型，它们之间的相互关系如图 1-2-2 所示。

1. 业务需求

业务需求是组织或用户对于系统的高层次目标要求，定义了项目的远景和范围，即确定软件产品的发展方向、功能范围、目标用户和价值来源。这种需求通常来源于项目投资人、购买产品的用户、市场营销部门或产品策划部门，一般使用远景和范围文档进行记录。

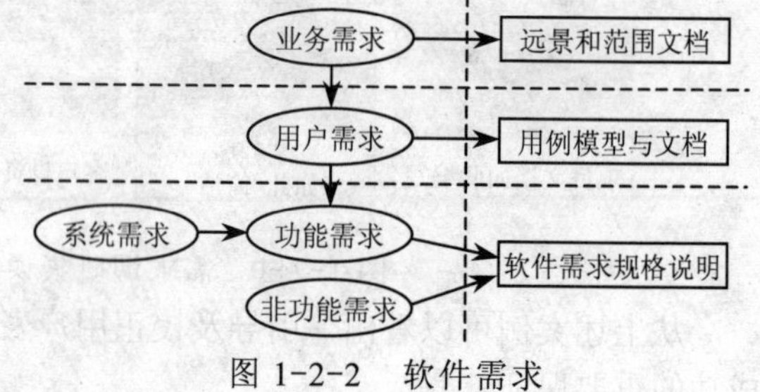

图 1-2-2　软件需求

2. 用户需求

用户需求是从用户角度描述的系统功能需求和非功能需求，通常只涉及系统的外部行为，而不涉及系统的内部特性。用户需求的描述应该易于用户的理解，一般不采用技术性很强的语言，而是采用自然语言和直观图形相结合的方式进行描述。

3. 系统需求

系统需求是描述整个系统体系结构的高层需求，它可以只包含软件子系统，也可以同时包含软件和硬件子系统，甚至某些系统功能可能要由人完成。系统需求是更加详细地描述系统应该做什么，通常包括许多分析模型，诸如对象模型、数据模型、状态模型等，它是开发人员进行软件设计的基础。

4. 功能需求与非功能需求

功能需求描述系统应该提供的功能或服务，通常涉及用户或外部系统与该系统之间的交互，一般不考虑系统的实现细节。非功能需求是从各个角度对系统的约束和限制，反映了应用对软件系统质量和特性的额外要求。非功能需求包括过程需求、产品需求和外部需求等类型，如图 1-2-3 所示，其中过程需求包含交付、实现方法和标准等方面的需求，产品需求包含性能、可用性、实用性、可靠性、可移植性、安全性、容错性等方面的需求，外部需求有法规、成本、互操作性等需求。

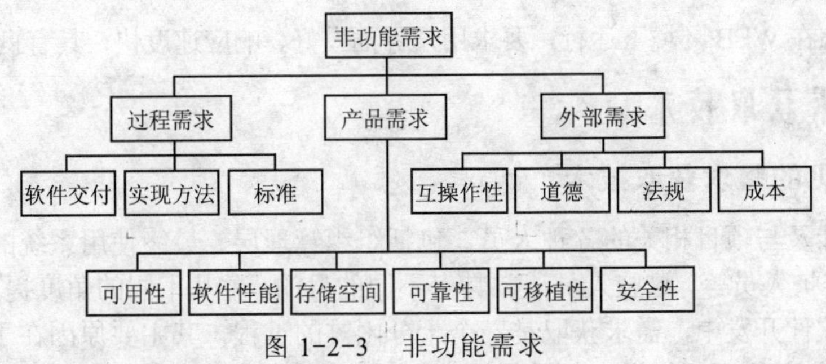

图 1-2-3 非功能需求

（三）需求工程过程

需求工程是应用已证实有效的原理和方法，并通过合适的工具和符号，系统地描述出待开发系统及其行为特征和相关约束。需求工程包括需求获取、需求分析、需求规格说明、需求验证和需求管理等过程，即开发人员聆听用户的需求，观察用户的行为（需求获取），将这些信息进行分析和整理（需求分析），编写规格说明文档（需求规格说明），采用评审和商议等有效手段对其进行验证（需求验证），最终形成一个需求基线，并在整个软件开发生命周期中有效地管理和控制需求的变更（需求管理），如图 1-2-4 所示。

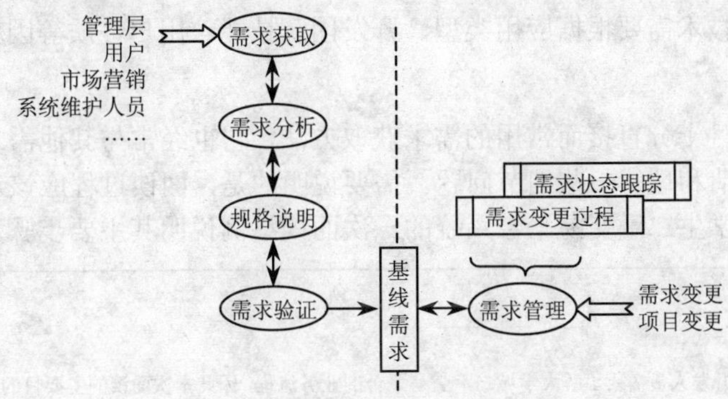

图 1-2-4 需求工程过程

（四）案例

【案例 1-2-1】 问题描述：大学城大学生二手交易平台。

该交易平台的商品信息必须准确、及时更新，便于用户浏览信息，产生购买意向。买卖双方可通过在线聊天，了解产品的更多信息。用户注册时必须填入准确的信息，以保护双方的合法权益。用户可以自主管理自己的信息以及注册信息和找回自己的密码等问题。用户随时可以查看留言、发布留言、回复留言，从而加强交易平台的灵活性。管理员需及时检查用户信息、动态增加公告信息和设置商品的特价等，以确保网站正常运营。

该交易平台的系统由前台信息浏览、用户管理和后台管理两部分组成。前台信息浏览显示最新、特价商品信息，提供站内搜索，方便用户更快、更准确地找到所需信息。前台提供用户登录和管理员登录，并且可以连接大学城各高校校内新闻，关心各校新闻。在用户登录后可以查看、编辑注册信息，找回密码，查看物品详细信息，进行购物，查看订单信息，在线交流等。管理员可以查看、管理用户信息，管理商品信息，以保证网站正常运转。

该系统应该在 WEB 环境下运行，要求用户界面友好、响应速度快，具有良好的可扩展性。

二、需求获取技术

（一）常见的需求获取技术

需求获取涉及与项目相关的各种人员，包括组织管理层、最终使用系统的用户、市场营销人员、系统维护人员等，这些人员通常具有不同的目的，并从不同的角度提出自己的要求。

在实际的软件开发中，需求获取是一个十分困难的过程，其主要原因在于：

1）用户通常并不真正知道自己希望计算机系统做什么。

2）用户通常使用业务语言表达需求，开发人员缺乏相关的领域知识和经验，难以准确理解这些需求。

3）项目中存在多个用户，而不同的用户提出不同的需求，可能存在矛盾和冲突。

4）管理者可能出于增加影响力的原因而提出特别的需求。

5）由于经济和业务环境的动态性，用户需求经常发生变更。

因此，需求获取前应该识别项目相关人员的各种要求，解决这些人员之间的需求冲突。在需求获取过程中，可以采用多种不同的技术进行业务理解和信息收集。常见的需求获取技术包括面谈和问卷调查、需求专题讨论会、观察用户工作流程、基于用例的方法、原型化方法等，而选择这些技术需要根据应用类型、开发团队技能、用户性质等因素来决定。

1. 用户面谈

用户面谈是一种十分直接而常用的需求获取方法，它也经常与其他需求获取技术一起使用，以便更好地澄清和理解一些细节问题。需要说明的是，面谈过程应该进行认真的计划和准备，以大学城大学生二手交易平台系统的一次面谈举例说明其主要步骤。

一、面谈之前

1. 确定面谈目的

在项目调研的初期，开发人员需要了解大学城二手交易平台的业务流程，因此本次面谈的主要目的是了解当前大学城二手交易平台的业务流程和其存在的主要问题以及相关人员的期望要求。

2. 确定参加面谈的相关人员

用户方面：学生代表

开发方面：项目负责人、分析人员、开发人员

3. 建立要讨论的问题和要点列表

1）系统管理由谁负责？这些人员的计算机知识背景如何？

2）交易平台的主要工作是什么？

3）目前二手货交易存在的主要问题是什么？其产生原因是什么？

4）学生希望如何解决这些问题？

5）目前大学城有哪些学校？

6）系统使用者包括哪些人员？这些人员的计算机背景如何？

7）用户对系统的期望是什么？

8）平均每天使用的人数是多少？

9）有关系统业务问题应该与谁联系？联系方式是什么？

（续）

……

4．通知面谈相关人员

与相关人员联系，确定面谈的时间和地点，并以电子邮件方式进行面谈会议通知。

二、进行面谈

面谈时获得所要信息的首要前提是应该与面谈者建立良好的谈话氛围，以下行为有助于建立氛围：

1）诚恳态度。直截了当地谈话，对面谈者在软件中的利害关系表现出真正兴趣。

2）保持倾听。完全关注对方，认真听取对方的谈话。

3）虚心求教。不要显得“无所不知”。

4）深入细节。应当深入调查所谈问题的细节，对模糊应答应该刨根问底。

5）避免跑题。始终围绕主题，注意控制谈话过程和时间。

6）详细记录。指定专人详细记录面谈内容。

在面谈过程中，应该尽量简单地提出问题，同时保持思维开阔，不要死板地照读所准备的问题，应当善于交流和倾听，努力寻找异常和错误情况。

面谈结束时，需要再次启发对方，询问是否还有需要提出的问题和可以带走的资料，确定有问题时双方的联系方式，并向对方人员表示感谢。

三、面谈之后

复查记录的准确性、完整性和可理解性，把所收集的信息转化为适当的模型和文档，确定需要进一步澄清的未回答条目和未解决问题。

2．需求专题讨论会

需求分析员需要经常组织和协调需求专题讨论会，人们通过协调讨论和群体决策等方法，为具体问题找到解决方案，并在应用需求上达成共识、对操作过程尽快取得统一意见。在会议中，参加人员一般包括三种角色：

（1）主持人或协调人　该角色在会议中起着十分关键的作用，他应该鼓励参会人员积极参与和畅所欲言，保证会议过程顺利进行。

（2）记录人　该角色需要协助主持人将会议期间所讨论的要点内容记录下来。

（3）参与人　该角色的首要任务是提出设想和意见，并激励其他人员产生新的想法。

下面是大学城大学生二手交易平台管理系统需求获取过程中一次讨论会的过程示例。

一、会议准备

在会议之前，需要确定并邀请参与人、记录人和主持人，发布会议地点、时间和议程，定义会议的规则和角色，准备需要讨论的文档资料，并事先发布给参与人。一般情况下，会议通常在具有相应支持设备的专用房间中进行，还需要准备和布置会场设施，包括桌椅、白板、便签、投影仪、食物、饮料等。

二、会议过程

1．介绍会议

回顾会议主题和规则，介绍参与人。

2．开场白

5～10分钟的开场白有助于团队熟悉环境，活跃会场气氛，一般来说，开场白的内容是中性的，能够被所有人理解，与会议讨论主题无关。

（续）

3．自由讨论 这是会议最重要的阶段，需要营造一种创造性的和积极的氛围，激发和畅谈各自的设想，同时可以获得所有相关者的意见。 讨论时，主持人可能需要为每一个讨论主题分配一个固定时间段（如 30 分钟），到时间后停止讨论，如果确实讨论热烈可以适当延长 5 分钟。一个议题结束后，休息 5 分钟再开始讨论，如此重复该过程。再在可能出现意见分歧和冲突的情况下，主持人应掌握讨论气氛并控制会场，保证达成一致意见。记录人应该准确记录所有言论。 三、会议结束 复查记录的准确性、完整性和可理解性，把所收集的信息转化为适当的模型和文档，确定需要进一步澄清的未回答条目和未解决问题。

3．基于用例的方法

随着面向对象技术的发展，基于用例的方法在需求获取和建模方面应用得越来越普遍。这种方法是以任务和用户为中心的，可以使用户更清楚地认识到新系统允许他们做什么。另外，用例有助于开发人员理解用户的业务和应用领域，并可以运用面向对象分析和设计方法将用例转化为对象模型。

（1）有关用例模型的基本定义

1）参与者（Actor）。参与者是与系统交互的外部实体，它既可以是使用该系统的用户，也可以是与系统交互的其他外部系统、硬件设备或组织机构。

2）用例（Use Case）。用例是从用户角度描述系统的行为，它将系统的一个功能描述成一系列事件，这些事件最终对参与者产生有价值的可观测结果。

3）用例图（Use Case Diagram）。用例图是从用户的观点描述系统的功能，它直观地表达了参与者与系统用例之间的相互作用。

（2）建立用例模型的基本步骤

1）确定参与者。通过确认系统功能使用者和维护者以及与系统接口的其他系统或硬件设备等，可以有效地识别出系统的参与者。

2）确定场景。场景是对人们利用计算机系统过程中做什么和体验了什么的叙述性描述，确定场景的关键在于理解业务领域，这需要理解用户的工作过程和系统的范围。

3）确定系统用例。将上述场景归纳为用例，确定每个用例涉及的参与者，并将参与者和特定的用例联系起来，最终绘制出系统的用例图。

4）编写用例描述文档。单纯使用用例图并不能提供用例所具有的全部信息，因此需要使用文字描述那些不能反映在图形上的信息。用例描述实际上是关于角色与系统如何交互的规格说明，其关键在于清楚地说明参与者和系统之间交互或对话的顺序以及该对话过程的变化部分等。

（二）确定产品前景与项目范围

在需求的层次结构中，业务需求处于整个结构的最顶层，它定义了整个系统的远景与范围，其他需求都必须符合业务需求设定的目标，如图 1-2-5 所示。

项目的远景和范围应该以文档形式描述出来，这种文档一般比较简短，可能只有 1～5 页。它主要包括业务机会、项目目标、产品适用范围、用户特点、项目优先级等方面的内容。

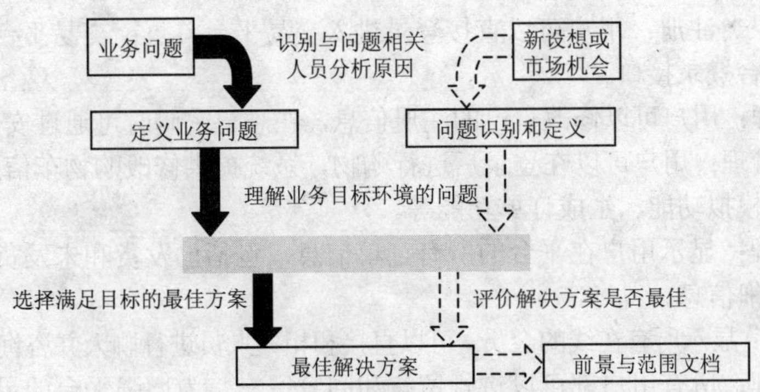

图 1-2-5　确定产品前景与项目范围

（三）建立用例模型

结合大学城大学生二手交易平台系统的实例，讨论使用启发式方法从获取用户的需求并建立系统的用例模型。

1．确定参与者

在大学城大学生二手交易平台系统中，可以确定“系统管理员”、“游客”和“会员”是该系统的三个主动参与者，“系统管理员”负责维护系统信息，“会员”使用系统的主要功能，“游客”浏览信息，如图 1-2-6 所示。

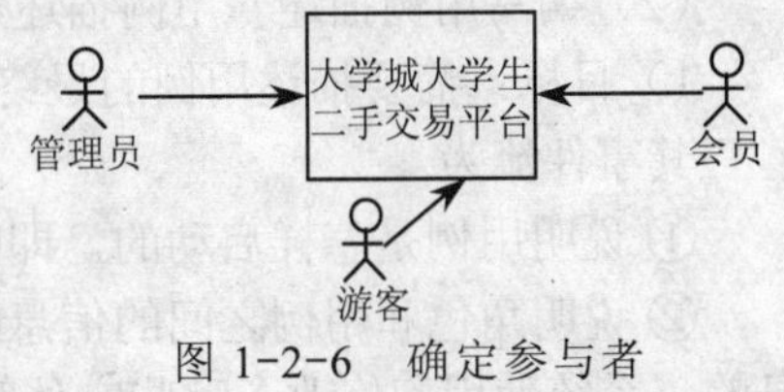

图 1-2-6　确定参与者

2．确定场景

具体描述大学城大学生二手交易平台系统的登录场景如下。

一、场景

1）名称：登录。

2）参与者：会员、游客。

二、事件流程

1）用户输入用户名和密码。

2）系统核对用户名和密码是否正确。

3）如果正确，根据不同类型的用户进入相应界面。

三、其他流程

不是合法注册用户时，系统提示注册后再登录。

3．确定用例

（1）在二手交易平台系统中，可以识别以下用例

1）商品信息展示：浏览网站最新发布的商品信息、特价商品信息及销售商品的排行榜；查看商品的详细信息和购物必须通过登录平台才能进行。

2）商品信息搜索：通过商品类别搜索本平台的商品信息，也可以自己输入商品的名称进行搜索。

3）用户登录、注册：用户可以直接登录进入交易平台首页；交易平台系统需提供用户注册的接口和后台登录接口。

4）用户管理：用户可以修改自己的注册信息，在忘记密码时可通过安全问题找回密码。

5）购物车管理：用户可以在登录后进行购物，系统提供修改购物车信息、清空购物车、继续购物、结账模拟功能、生成订单功能等。

6）订单管理：显示用户在平台的所有订单信息，包括已发货和未发货的订单，并且可以查看订单的详细信息。

7）在线交流：显示所有在线的会员，可以直接和相关人员进行聊天并咨询相关商品的信息。

8）留言管理：所有用户都可以进行留言和回复留言，为增强平台的灵活性，提供双方物品的交易。

9）公告信息：显示平台最新动态，使用户及时了解有关交易平台的相关新闻。

10）友情链接：提供大学城里所有高校的门户网站链接，了解各高校的动态新闻。

11）设置主页：用户将本站设置成主页，可以在打开浏览器时第一时间打开交易平台网站主页。

在确定出每一个参与者的用例之后，需要将参与者和特定的用例联系起来，最终绘制出系统的用例图。图 1-2-7 所示为前台功能需求用例图。

（2）编写用例描述　用例描述主要包括以下内容。

1）目标：简要描述用例的最终任务和结果。

其事件流为

① 说明用例是怎样启动的，即哪些角色在什么情况下启动执行用例。

② 说明角色和用例之间的信息处理过程，如哪些信息是通知对方的，怎样修改和检索信息的，系统使用和修改了哪些实体等。

③ 说明用例在不同的条件下，可以选择执行的多种方案。

④ 说明用例在什么情况下才能被视作完成，完成时结果应传给角色。

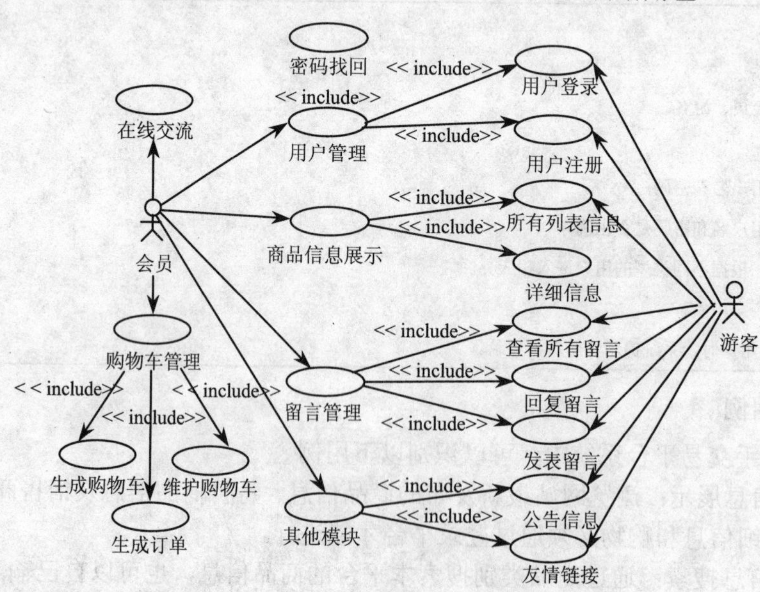

图 1-2-7　前台功能需求用例图

2）特殊需求：说明此用例的特殊要求。

3）前提条件：说明此用例开始执行的前提条件。

4）后置条件：说明此用例执行结束后，结果应传给什么角色。

三、需求文档

（一）软件需求规格说明

在需求开发过程中，用户和开发人员应对所要开发的产品达成共识，并编写相关的需求文档。该文档需要应满足必要的质量特性，并经过项目相关人员的评审之后，最终确定形成软件需求的基线。

软件需求规格说明（SRS，Software Requirement Specification）精确地阐述一个软件系统必须提供的功能和性能以及它所要考虑的限制条件，它是所有后续的项目规划、设计和编码的基础，也是系统测试和用户文档的基础。软件需求规格说明具有广泛的使用范围，并成为用户、市场销售人员、项目管理人员、开发人员、测试人员和产品发布人员等之间进行理解和交流的手段。

用户、市场人员和销售人员通过该文档指定需求，可以检查需求描述是否满足原来的期望；项目管理人员可以利用它规划软件开发过程，更加准确地估计开发进度和成本，控制需求的变更过程，并将其作为最后验收目标系统的可测试标准。开发人员通过需求规格说明文档了解软件需要开发的内容，并将其作为软件设计的基本出发点。测试人员根据软件需求规格说明中对产品行为的描述，制订测试计划、测试用例和测试过程。产品发布人员根据软件需求规格说明和用户界面设计编写用户手册和帮助信息等。

在软件项目中，开发组织应该采用一种标准的软件需求规格说明的模板，下面是软件需求说明书模板。

软件需求说明书

1．引言

1.1　编写目的

说明编写这份软件需求说明书的目的，指出预期的读者。

1.2　背景

说明：

a．待开发的软件系统的名称。

b．本项目的任务提出者、开发者、用户及实现本软件的计算中心或计算机网络。

c．本软件系统同其他系统或其他机构的基本的相互来往关系。

1.3　定义

列出本文件中用到的专门术语的定义和外文首字母组词的原词组。

1.4　参考资料

列出用得着的参考资料，如：

a．本项目的经核准的计划任务书或合同、上级机关的批文。

b．属于本项目的其他已发表的文件。

（续）

c．本文件中各处引用的文件、资料、包括所要用到的软件开发标准。列出这些文件资料的标题、文件编号、发表日期和出版单位，说明能够得到这些文件资料的来源。

2．任务概述

2.1 目标

叙述本软件开发的意图、应用目标、作用范围以及其他应向读者说明的有关本软件开发的背景材料。解释被开发软件与其他有关软件之间的关系。如果本软件产品是一项独立的软件，而且全部内容自含，则要说明这一点。如果所定义的产品是一个更大的系统的一个组成部分，则应说明本产品与该系统中其他各组成部分之间的关系，为此可使用一张方框图来说明该系统的组成和本产品同其他各部分的联系和接口。

2.2 用户的特点

列出本软件的最终用户的特点，充分说明操作人员、维护人员的教育水平和技术专长以及本软件的预期使用频度。这些是软件设计工作的重要约束。

2.3 假定和约束

列出进行本软件开发工作的假定和约束，例如经费限制、开发期限等。

3．需求规定

3.1 对功能的规定

用列表的方式（例如 IPO 表，即输入、处理、输出表的形式），逐项定量和定性地叙述对软件所提出的功能要求，说明输入什么量、经怎样的处理、得到什么输出，说明软件应支持的终端数和应支持的并行操作的用户数。

3.2 对性能的规定

3.2.1 精度

说明对本软件的输入、输出数据精度的要求，可能包括传输过程中的精度。

3.2.2 时间特性要求

说明对于本软件的时间特性要求，如：

a．响应时间。

b．更新处理时间。

c．数据的转换和传送时间。

3.2.3 灵活性

说明对本软件的灵活性的要求，即当需求发生某些变化时，本软件对这些变化的适应能力，如：

a．操作方式上的变化。

b．运行环境的变化。

c．同其他软件的接口的变化。

d．精度和有效时限的变化。

e．计划的变化或改进。

对于为了提供这些灵活性而进行的专门设计的部分应该加以标明。

3.3 输入输出要求

解释各个输入输出数据类型，并逐项说明其媒体、格式、数值范围、精度等。对软件的数据输出及必须标明的控制输出量进行解释并举例，包括对硬拷贝报告（正常结果输出、状态输出及异常输出）以及图形或显示报告的描述。

（续）

3.4　数据管理能力要求 说明需要管理的文卷和记录的个数、表和文卷的大小规模，要按可预见的增长对数据及其分量的存储要求作出估算。 3.5　故障处理要求 列出可能的软件、硬件故障以及对各项性能而言所产生的后果和对故障处理的要求。 3.6　其他专门要求 如用户单位对安全保密的要求，对使用方便的要求，对可维护性、可补充性、易读性、可靠性、运行环境可转换性的特殊要求等。 4. 运行环境规定 4.1　设备 列出运行本软件所需要的硬设备。说明其中的新型设备及其专门功能，包括： a. 处理器型号及内存容量。 b. 外存容量、联机或脱机、媒体及其存储格式，设备的型号及数量。 c. 输入及输出设备的型号和数量，联机或脱机。 d. 数据通信设备的型号和数量。 e. 功能键及其他专用硬件。 4.2　支持软件 列出支持软件，包括要用到的操作系统、编译（或汇编）程序、测试支持软件等。 4.3　接口 说明本软件同其他软件之间的接口、数据通信协议等。 4.4　控制 说明控制本软件的运行的方法和控制信号，并说明这些控制信号的来源。

（二）编写需求文档的原则

如何编写优秀的需求文档并没有现成的方法，通常经验是非常重要的。下面给出编写需求文档的一些建议。

1）需求文档只描述“做什么”而无需描述“怎么做”，不应该包括设计和实现的细节、项目计划信息和测试信息。

2）编写需求文档应考虑用户、分析员和实现者之间的交流需要，采用用户的术语而不是计算机专业术语，应该在形式化和自然语言之间进行适当的选择。

3）需求文档应该足够详细，编写人员应该力求寻找到恰如其分的需求详细程度，一个有益的原则是编写可单独测试的需求。

4）需求文档应使用语法、拼写和标点正确的完整句子，语句和段落应该简单明了，避免把多个需求集中在一个冗长的段落中描述。

5）应避免使用模糊的、主观的术语，诸如友好、容易、简单、迅速、有效、许多、最新技术、可接受的、至少、最小、提高等，这将导致需求无法验证。

6）应该使用列表、数字、图和表来表示信息，这样可以使需求文档便于阅读。

表 2-1 列出的是一些经常在需求文档中出现的、容易引起歧义的术语，并给出了有关术语的改进示例。

表 1-2-1　常见的容易引起歧义的术语及改进示例

术　语	示　例
至少、最少、不多于、不超过	歧义：该系统并发用户数将不超过 10 万个 改进：该系统并发用户数的最大值是 10 万个
依赖	歧义：该系统需要依赖于浏览器 改进：该系统支持 Microsoft IE 5.0 以上版本的浏览器
迅速的、快速的	歧义：系统应快速地显示所有图书资料的列表 改进：系统将在 1 秒钟之内显示所有图书资料的列表
一般情况下、理想情况下	歧义：一般情况下，系统根据图书编号的列表在线确认所输入的图书编号 改进：系统必须根据在线的图书编号列表确认所输入的图书编号。如果在图书列表中查不到该图书的编号，或者当进行图书编号确认时图书编号列表不可访问，系统必须显示一个出错信息并且拒绝预订
合理的、必要时、适当的	歧义：如果用户试图透支，系统将采取适当的行动 改进：如果用户试图透支，系统将显示错误信息并拒绝取款操作
健壮的	歧义：编辑器应该是健壮的 改进：如果在用户保存文件之前编辑器发生故障，那么在该用户重新启动系统时，编辑器能够恢复在故障发生 1 分钟之前用户对所编辑文件所做的全部修改
若干、许多	歧义：系统将支持许多常用的数据库系统 改进：系统将支持 SQLServer、Oracle 和 Sybase 数据库系统
最新技术水平的	歧义：该系统应该支持最新技术水平的视频压缩编码标准 改进：该系统必须支持视频压缩编码标准 H.264
友好的、简单的、容易的	歧义：系统应该易于用户使用 改进：具有 1 年计算机使用经验的用户经过 3 个小时的培训就可以学会使用该系统

模仿试做

1）每组在内部或是组间相互进行拟开发系统的需求调研并做好记录。

2）开讨论会，每个小组派出一个组员陈述自己小组在需求调研过程中的体验及所遇到的问题。

检查评估

1）对基本方法运用的熟练程度（20 分）。

2）需求调研报告的写作情况（30 分）。

3）分析、解决问题的能力（20 分）。

4）工作过程的记录与表现（20 分）。

5）团队合作精神（10 分）。

总结提高

软件需求是决定软件开发的一个关键因素，包括业务需求、用户需求、功能需求和非功能需求等不同层次。

需求工程实现对软件需求的开发和管理，其中需求开发的主要任务是需求获取、需求分析、编写需求规格说明和需求验证，而需求管理则针对需求开发的结果进行变更控制、版本控制和需求跟踪。

需求获取应该识别项目相关人员的各种要求，解决这些人员之间的需求冲突。常见的需求获取技术包括面谈和问卷调查、需求专题讨论会、观察用户工作流程、基于用例的方法、原型化方法等。选择这些技术需要根据应用类型、开发团队技能、用户性质等因素来决定。

思考及操作

需求调研有哪些方法？各有什么优缺点？

任务二 项目需求分析

知识目标

1）学习如何对原始需求进行分析。

2）学习对原始需求的总结，归纳、分类。

技能目标

1）能将原始需求转换成为技术性强的专业需求分析报告。

2）在整理原始需求的过程中能发现其存在的问题并能及时解决。

任务导入

所谓“需求分析”，是指对要解决的问题进行详细的分析，弄清楚问题的要求，包括需要输入什么数据，要得到什么结果，最后应输出什么。可以说，“需求分析”就是确定要计算机“做什么”。

需求分析指的是在建立一个新的或改变一个现存的计算机系统时描写新系统的目的、范围、定义和功能时所要做的所有的工作。需求分析是软件开发中的一个关键过程。在这个过程中，系统分析员和软件工程师确定顾客的需要。只有在确定了这些需要后他们才能够分析和寻求新系统的解决方法。

在软件工程的历史中，很长时间里人们一直认为需求分析是整个软件工程中最简单的一个步骤，但在过去十年中越来越多的人认识到它是整个过程中最关键的一个过程。如果在需求分析时分析者们未能正确地认识到用户的需要，那么完成的软件实际上不可能满足用户的需要，或者软件无法在规定的时间里完工。

需求分析是一项重要的工作，也是最困难的工作。该阶段工作有以下特点。

1. 用户与开发人员很难进行交流

在软件生存周期中，其他四个阶段都是面向软件技术问题，只有本阶段是面向用户的。

需求分析是对用户的业务活动进行分析，明确在用户的业务环境中软件系统应该“做什么”。但是在开始时，开发人员和用户双方都不能准确地提出系统要“做什么”。因为软件开发人员不是用户领域的专家，不熟悉用户的业务活动和业务环境，又不可能在短期内研究清楚；而用户不熟悉计算机应用的相关问题。即双方互相不了解对方的工作，又缺乏共同语言，所以在交流时存在着隔阂。

2．用户的需求是动态变化的

一个大型而复杂的软件系统，用户很难精确、完整地提出它的功能和性能要求。一开始只能提出一个大概、模糊的功能，只有经过长时间的反复认识才逐步明确。有时进入到设计、编程阶段才能明确，更有甚者，到开发后期还在提新的要求。这无疑给软件开发带来困难。

3．系统变更的代价呈非线性增长

需求分析是软件开发的基础。假定在该阶段发现一个错误，解决它需要用 1 小时的时间，但在设计、编程、测试和维护阶段解决，则相应要花 2.5 倍、5 倍、25 倍、100 倍的时间来解决。

因此，对于大型复杂系统而言，开发人员首先要进行可行性研究。即开发人员对用户的要求及现实环境进行调查、了解，从技术、经济和社会因素三个方面进行研究并论证该软件项目的可行性，根据可行性研究的结果，决定项目的取舍。

任务分析与示范引导

一、确定对系统的综合要求

1）功能需求。
2）性能需求。
3）可靠性和可用性需求。
4）出错处理需求。
5）接口需求。
6）约束。
7）逆向需求。
8）将来可能提出的要求。

二、分析系统的数据要求

1）确定系统所需要处理的数据需求，包括了系统需要隐性处理的数据（如唯一编号）。
2）使用 UML 形成系统数据逻辑关系图（如数据的输入输出等）。
3）分析确定特殊数据类型（如混合编号的规律）。

三、划分系统的功能层次及逻辑层次

1）根据原始需求素材，对系统划分功能模块和功能模块间的层次，其中包括了隐性需求。例如，需求分析人员根据原始需求分析得知，系统用户较多，则需要增加用户管理功能

模块，但由于用户不懂软件，所以不会主动提出此要求，这时就需要分析人员具有较高的挖掘隐性需求的能力了。

2）划分系统的逻辑层次，例如，功能模块间的输入输出关系等。

四、需求分析模型

需求分析产生的模型使人们可以更好地理解将要开发的系统，有助于系统分析员理解系统的信息、功能和行为。它成为确定需求规格说明完整性、一致性和精确性的重要依据，奠定了软件设计的基础。

一般情况下，需求分析模型用综合文本和图形的方式表示。这有助于消除不同项目人员之间在语言和词汇上的障碍。常见的需求模型包括数据流图、实体关系图、状态转换图或状态图、用例图、类图、顺序图、活动图等。这里介绍数据流图、实体关系图和状态转换图。

1. 数据流图

数据流图（Data Flow Diagram，DFD）是结构化分析的基本工具，它描述了信息流和数据转换，通过对加工进行分解可以得到数据流图。第 0 层 DFD 称为基本系统模型，可以将整个软件系统表示为一个具有输入和输出的黑匣子，用一个圆圈表示。上一层 DFD 中的每一个圆圈可以进一步扩展成一个独立的数据流图，以揭示系统中程序的细节部分。这种循序渐进的细化过程可以继续进行，直到最底层的图仅描述原子过程操作为止，如图 1-2-8 所示。

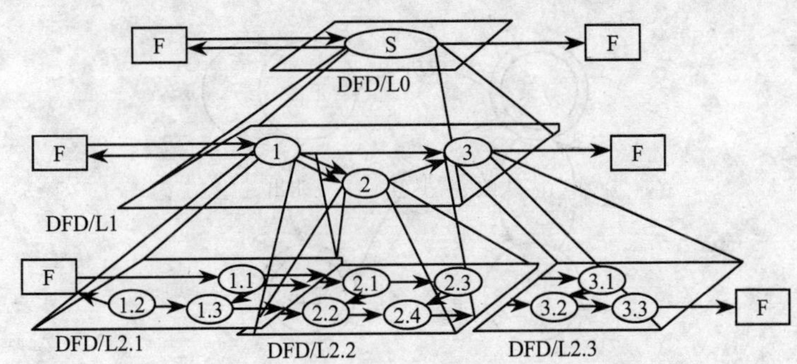

图 1-2-8　数据流图

图 1-2-9 所示为用户订货系统的第 0 层数据流图，指示了数据流图的基本元素，即外部实体、加工、数据流和数据存储。

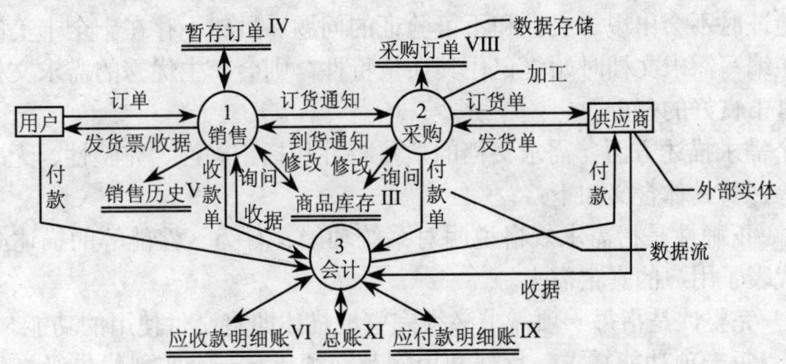

图 1-2-9　用户订货系统的第 0 层数据流图

2．实体关系图

实体关系图（Entity－Relationship Diagram，ERD）作为数据建模的基础，描述数据对象及其关系。

图 1-2-10 所示为教学管理系统中课程、学生、教师之间的实体关系图。其中方框表示实体或属性，方框之间的连线表示实体之间或者实体与属性之间的联系。

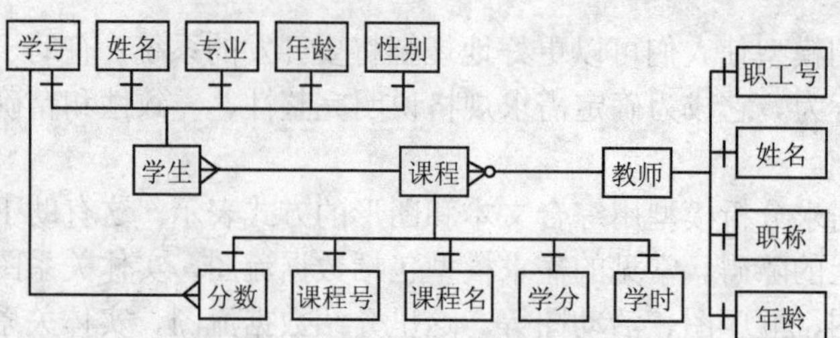

图 1-2-10　课程、学生、教师之间的实体关系图

3．状态转换图

状态转换图（State Transition Diagram，STD）通过描述状态以及导致系统改变状态的事件来表示系统的行为。它没有表示出系统所执行的处理，只表示了处理结果可能的状态转换。

图 1-2-11 所示为系统登录的状态转换图，它用带标记的圆圈或矩形表示状态，用箭头表示从一种状态到另一种状态的变换，箭头上的文本标记表示引起变换的条件。

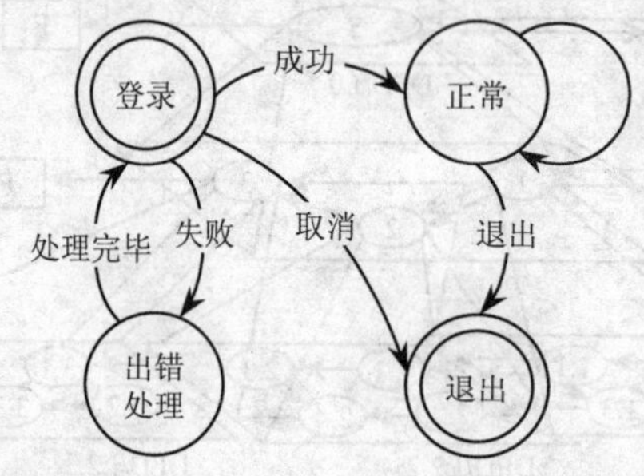

图 1-2-11　系统登录的状态转换图

4．需求文档的质量特性

优秀的需求规格说明应该准确地、完整地表达软件需求，其中的需求描述应该易于理解，并且在测试和验证时不会出现二义性和不可验证的问题。虽然不存在十全十美的需求规格说明，但是只要在编写需求文档时始终记住其质量特性，则会产生优秀的需求文档，为后续的软件开发工作打下良好的基础。

（1）在单个需求描述方面　需求文档的质量特性包括正确性、完整性、无二义性、优先级和可验证性等，其具体含义如下：

1）正确性　正确性是指需求规格说明对系统功能、行为、性能等的描述必须与用户的期望相吻合，代表了用户的真正需求。

2）完整性　完整性是指每一项需求必须完整地描述即将交付使用的功能。

3）优先级　每一项功能需求、特性和用例都必须指定一个实现优先级，从而表明它在产品版本中的重要程度。

4）无二义性　无二义性是指需求规格说明中的描述对所有人都只能有一种明确统一的解释。由于自然语言极易导致二义性，所以应尽量把每项需求用简洁明了的用户语言表达出来。

5）可验证性　可验证性是指需求规格说明中描述的需求都可以运用一些可行的手段对其进行验证和确认。

（2）在整体需求描述方面　需求文档的质量特性包括完整性、一致性、可修改性和可跟踪性等，其具体含义如下：

1）完整性　完整性是指需求规格说明应该包括软件要完成的全部任务，不能遗漏任何必要的需求信息。注重用户的任务而不是系统的功能，将有助于避免不完整性。

2）一致性　一致性是指需求规格说明对各种需求的描述不能存在矛盾。例如，术语使用冲突、功能和行为特性方面的矛盾以及时序上的不一致等。

3）可修改性　可修改性是指需求规格说明的格式和组织方式应保证后续的修改能够比较容易和协调一致。可以使用软件工具或者目录表、索引和相互参照列表等方法使软件需求规格说明更容易修改。

4）可跟踪性　可跟踪性是指每一项需求都能与其对应的来源、设计、源代码和测试用例联系起来。

五、举例

【例 1-2-2】 下面的需求描述正确吗？

在用户每次存钱的时候系统将进行信用检查。

分析：在现实情况中，用户存钱时并不需要信用检查，因此这个需求描述是错误的。

【例 1-2-3】 下面的需求描述是无歧义的吗？

如果用户试图透支，系统将采取适当的行动。

分析：“适当的行动”对不同的人来说有不同的解释，显然是歧义的。

改正：如果用户试图透支，系统将显示错误信息并拒绝取款操作。

【例 1-2-4】 下面的需求描述是否可验证？

系统应尽快响应所有有效的请求。

分析：“尽快”是不可验证的，应该给出具体数量值。

改正：系统将在 20s 内响应所有有效的请求。

【例 1-2-5】 下面的两个需求描述是否有矛盾？

1）所有命令的响应时间应小于 0.1s。

2）BUILD 命令的响应时间应小于 0.5s。

分析：所有命令中必然会包括 BUILD 命令，因此这两个需求描述是矛盾的。

改正：可以去掉需求描述 2）的内容。

模仿试做

1）每组成员共同讨论及分析用户的原始需求并形成需求规格说明书。

2）开讨论会，每个小组派出一名组员陈述本组的需求规格说明书。

检查评估

1）对需求分析的熟悉情况（20 分）。
2）需求规格说明书的编写情况（30 分）。
3）分析、解决问题的能力（20 分）。
4）工作过程的记录与表现（20 分）。
5）团队合作精神（10 分）。

总结提高

需求分析模型使用综合文本和图形的方式进行表示。结构化分析模型包括数据流图、实体关系图、状态转换图。数据流图用来创建功能模型，描述了信息流和数据转换；实体关系图用来创建数据模型，描述了系统中所有重要的数据对象；状态转换图用来创建行为模型、描述状态以及导致状态改变的事件。

思考及操作

1．需求分析有哪些方法？
2．需求分析的难点表现在哪几个方面？

任务三　项目需求评审

知识目标

1）学习如何系统地表述需求分析结果。
2）了解评审活动在项目开发过程中的重要性。

技能目标

1）能合理有效地组织有客户代表参与的评审活动。
2）在评审活动中能很好地表述需求分析结果。
3）在评审活动中相互讨论和发现问题并能解决问题。

任务导入

软件质量和开发进度一直是软件开发成功的关键因素。在实际工作中，只有少量项目能按计划完成，进度要求往往迫使开发组无法保证软件质量，最终使项目因为质量问题无法投入使用。评审活动作为一种验证的活动，能够及时地从软件产品中识别并消除缺陷，从而减少后期的返工，加快开发进度，提高产品质量。软件评审作为一种十分有效值得推广的评审方法，在软件过程改进中起到了非常大的作用，同时软件评审也是CMMI三级的关键过程域。

任务分析与示范引导

一、评审过程要素

1）参与的人员（包括内部人员和外部人员，如外请专家或是用户代表）。

2）时间。

3）地点。

4）评审的对象（需求规格说明书或其他需要评审的内容）。

5）评审过程中所提出的问题及问题最终的结果。

6）处理方法及处理计划。

二、评审过程的准备及要求

1）作书面笔记（评审过程要素）。

2）限制参与人数，并且坚持事先作准备。

3）为评审分配资源和时间。

4）对所有的评审者进行有意义的培训。

5）会议时间的控制。

6）系统地表述所需要评审的内容（前后关系要明确）。

三、需求验证

1. 需求评审过程

需求验证是为了确保需求说明准确、完整地表达必要的质量特点。一般来说，需求验证的主要方法是需求评审。

需求评审由不同代表（如分析人员，用户，设计人员，测试人员）组成的评审小组以会议形式进行。在评审会议上，分析人员说明软件产品的总体目标、主要功能和性能指标等，评审小组对照需求规格说明文档及其相关模型进行检查和评价，并讨论软件验收的可测试指标，如图1-2-12所示。

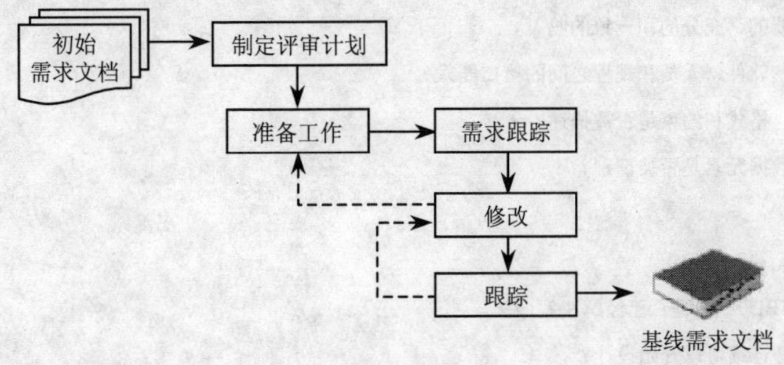

图1-2-12　需求评审

2．需求评审检查清单

1．清晰性

1）是否定义了系统的目标？

2）功能需求是否与实现方法和技术需求无关？

3）所用术语是否与用户术语一致？

4）需求是否清楚和明确？

5）是否提供了功能综述？

6）是否综合描述了操作模式、状态和概念？

7）是否确定了软件环境和硬件环境？

8）如果使用了影响实现的假设，是否陈述了这些假设？

9）需求是否说明了每一项功能的输入、输出和处理流程？

2．完整性

1）系统的特性、假设和约束是否被完全列出来？

2）所有的需求和约束是否被指定了优先级？

3）是否指定了优先级的分配准则？

4）是否说明了每一次交付的要求？

5）是否说明了安装要求（包括打包、站点准备、人员培训等）？

6）是否选择了开发语言、开发环境和运行环境？

3．规范性

文档是否符合项目标准？

4．一致性

1）需求陈述是否一致（本身或与其他系统没有矛盾）吗？

2）SRS 中的需求与问题描述中的需求一致吗？

5．功能性

1）对于满足系统目标来说，所有描述的功能是否必要的和充分的？

2）每个功能的所有输入是必要的，足以实现所需要的操作吗？

3）每个功能是否清楚地描述了输出如何从输入产生的？

4）所有功能状态都定义了吗？

6．接口

1）所有外部接口都被清楚定义了吗？

2）所有内部接口都被清楚定义了吗？

3）所有接口都是必要的、充分的和一致的吗？

4）是否包括了硬件、软件、人员和规程之间的接口要求？

5）所有显示的内容、格式和约束是否被描述？

6）系统边界的所有数据元素是否被识别？

7．详细程度

1）需求是否与设计无关？

2）所有的“待定（TBD）”项是否已经解决？

3）接口描述是否足够详细可以开始设计？

（续）

4）功能需求描述是否足够详细可以开始设计？
5）性能需求描述是否足够详细可以开始设计？
8．可维护性
1）是否说明了系统维护的需求？
2）需求之间是否低耦合以便降低变更的影响？
9．性能
1）是否列出了所有需要的性能说明和极限（例如，定时、吞吐量、存储大小、精度等）？
2）对于所定义的每一个性能需求：是否指出了可以满足的估算值？是否定义了失效的影响？
10．可靠性
1）是否有可靠性要求？
2）是否有错误检测、报告和恢复的要求？
3）是否考虑了不期望的时间，并说明了应有的响应？
4）是否说明了功能顺序的假设？需要这些顺序吗？
11．可测试性
1）系统可以被测试、论证、检查或分析以示其满足需求？
2）需求是否被准确描述，以便促成系统测试准则说明？
12．可追溯性
1）所有的功能和约束都可以被追溯到系统目标吗？
2）每一个需求的陈述方式是否可以唯一地引用到所属文档？
3）所有需求都可以分配到硬件、软件、操作人员和操作规程中吗？

四、需求管理

1．需求管理活动

软件需求的最大问题在于难以清楚确定以及不断发生变化，这也是软件开发之所以困难的主要根源，因此有效地管理需求是项目成功的基础。在软件过程能力成熟度集成模型CMMI中，需求管理作为CMMI二级所应达到的目标能力之一，其目的在于把软件需求建立一个基线供软件工程和管理使用，并使软件计划、产品和活动与其保持一致。

需求管理是在软件开发过程中维护需求规格说明的完整性、准确性以及保持需求文档是最新版本的所有活动，如图1-2-13所示，具体包括：

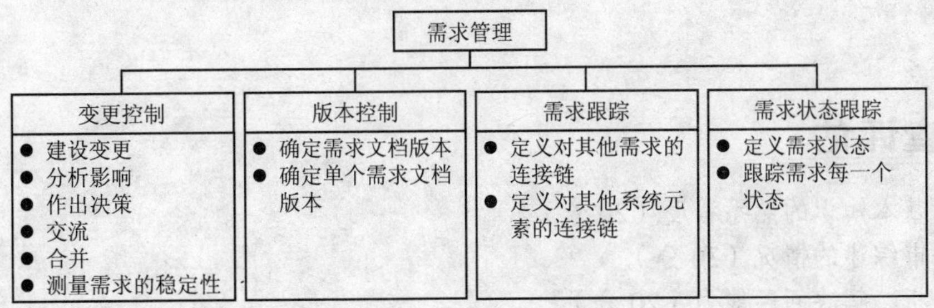

图1-2-13　需求管理

变更控制：控制对需求基线的变更；

版本控制：控制单项需求与需求文档的版本；

需求跟踪：管理单项需求与其他项目工作制品之间的逻辑联系链；

需求状态跟踪：跟踪基线中需求的状态。

2．需求变更管理

需求变更是不可避免的，但是如果不控制这种变更将会导致项目陷入混乱、不能按进度执行或软件质量低劣等问题。因此，应该按照规范的管理过程控制和实施需求变更，如图 1-2-14 所示。

3．需求跟踪管理

需求跟踪帮助人们全面地分析变更带来的影响，从而作出正确的变更决策。需求跟踪包括编制每个需求同系统元素之间的联系文档，这些元素包括别的需求、体系结构、其他设计部件、源代码模块、测试、帮助文件、文档等，从而建立了需求的跟踪联系链。在图 1-2-15 所示的需求跟踪链中，可以通过向前跟踪从 SRR1→FR4→UCR24，同时也可以从 UCR24 回溯到其起源 SRR1。

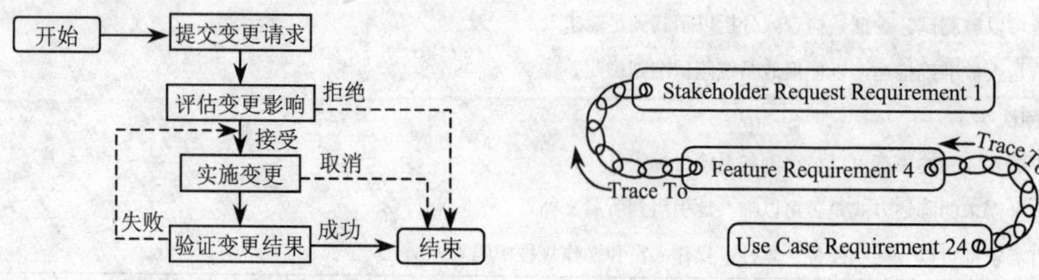

图 1-2-14　需求变更管理　　　　图 1-2-15　需求跟踪链

当需求发生变化时，使用需求跟踪可以确保不忽略每个受到影响的系统元素，实现需求变更的正确实施，降低由此带给项目的风险等。

模仿试做

1）每组所有成员参与评审，如果条件允许，教师也可充当专家或客户代表参与到小组的评审活动中。

2）开讨论会，每个小组派出一个组员陈述自己小组在评审过程中的过程及所发现的问题等情况。

检查评估

1）对基本知识的熟悉程度（20 分）。

2）评审综述的情况（30 分）。

3）分析、解决问题能力（20 分）。

4）工作过程记录与表现（20 分）。

5）团队合作精神（10 分）。

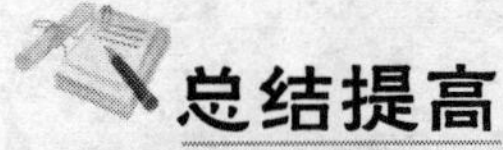

总结提高

需求文档在软件开发过程中起着重要的作用，需要采用适当的方法保证其一致性、完备性和无二义性，需求评审是需求验证的一种有效手段。

思考及操作

1．需求评审检查清单的内容有哪些？

2．需求评审由哪些人员参加？

任务四　在 USDM 平台中完成需求分析

知识目标

1）掌握需求工具的使用。

2）学习如何在 USDM 平台中签入需求阶段文档。

技能目标

1）能够熟练使用 USDM 需求管理工具。

2）能够在 USDM 平台中签入需求阶段文档。

任务导入

手工进行需求管理很难保持文档和现实的一致，且无法跟踪需求的每个状态，特别是对大项目而言。因此，选用合适的需求管理工具可以在整个开发期间有效地管理需求的变动，并使用需求作为设计、测试和项目管理的基础。

USDM 平台提供了需求管理、建模、项目管理等工具。系统的建模工具中有多数内容与 UML 1.4 标准是吻合的，并且该工具可离线使用。

使用方法：单击主菜单中的“本地建模”选项就可进入建模工具，如图 1-2-16 所示。单击“新建”按钮就会添加一个模型根节点。

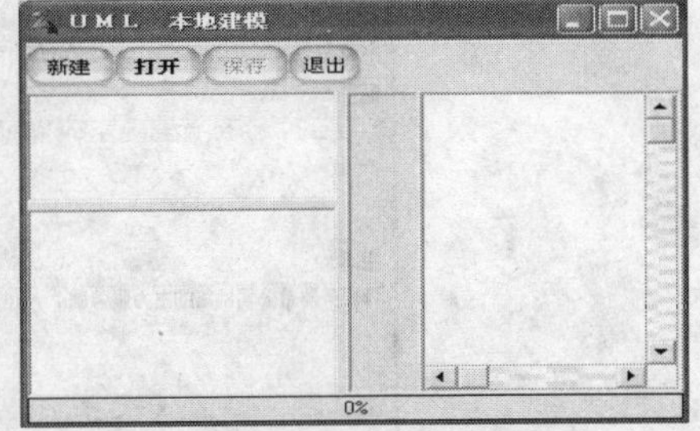

图 1-2-16　建模工具

在该模型根节点上建立需要的模型。首先建立模型的组织关系，如部门、子系统、子层。然后在各个分层上建立模型，如图 1-2-17 所示。

本系统提供的模型有：用例图、类图、序列图、状态图、活动图、组件图、部署图、扩展布局图。扩展布局图是本系统针对网络及硬件（含支持软件）系统分布的描述图，不属于 UML 标准范围。扩展布局图可选用的图标如图 1-2-18 所示。

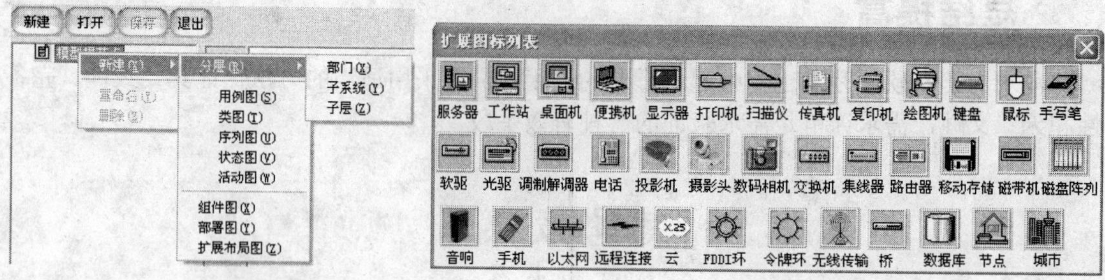

图 1-2-17　建立模型

图 1-2-18　扩展布局图可选图标

扩展布局图举例如图 1-2-19 所示。

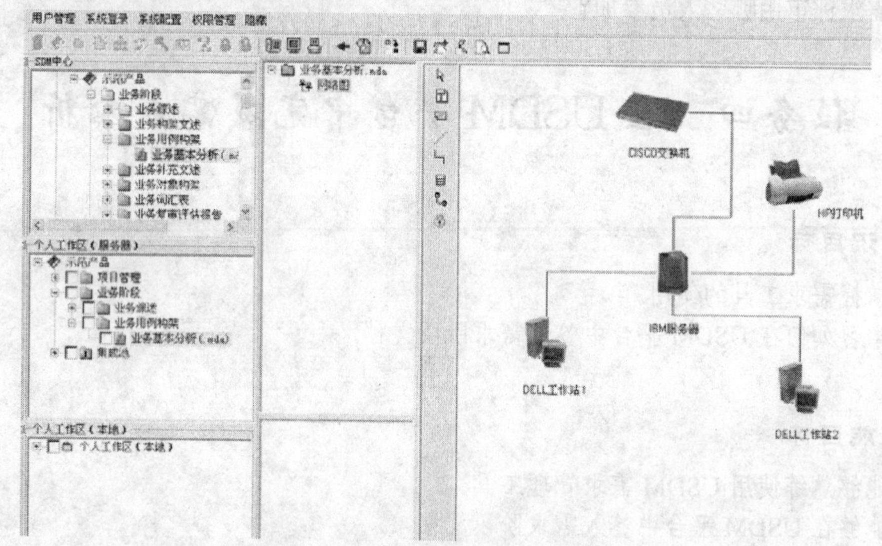

图 1-2-19　扩展布局图举例

为了管理方便，扩展布局图将每个设备接点的信息存储在后台数据库中。例如，IBM 服务器的属性如图 1-2-20 所示。

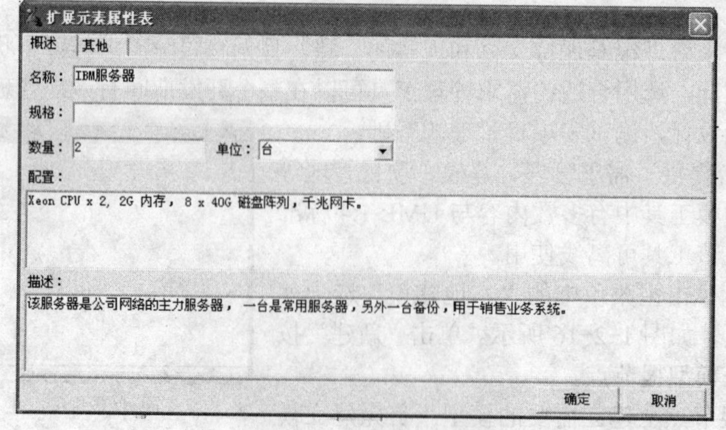

图 1-2-20　扩展元素属性表

建模工具中其他图的用法与 ROSE 类似，这里不在赘述。

图 1-2-21～图 1-2-24 是用工具建立的几种图的示例。

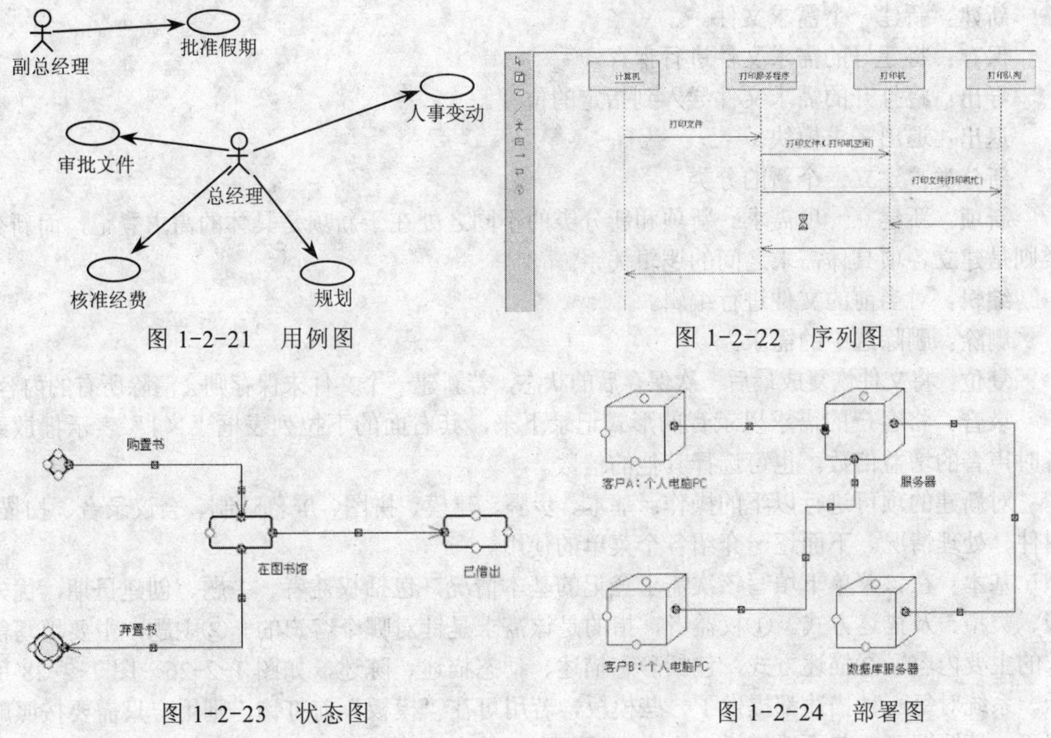

图 1-2-21　用例图　　图 1-2-22　序列图

图 1-2-23　状态图　　图 1-2-24　部署图

任务分析与示范引导

一、学会使用需求管理工具

需求登记离线的时候也可以使用。单击主菜单上的“需求登记”选项，系统打开“需求登记”对话框，如图 1-2-25 所示。

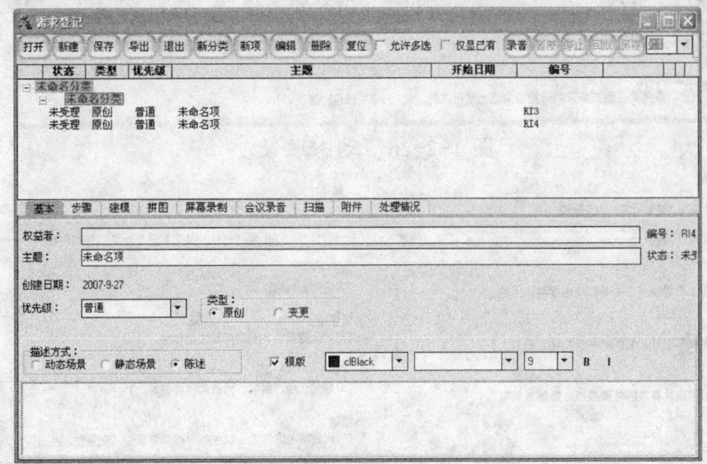

图 1-2-25　需求登记

主菜单包括：打开、新建、保存、导出、退出、新分类、新项、编辑、删除、复位及录音等。

打开：打开一个需求文件。

新建：新建一个需求文件。

保存：将建好的需求文件进行保存。

导出：将打开的需求文件导入到指定的位置。

退出：退出需求模块。

新分类：建立一个新的分类。

新项：新建立一项需求。新项和新分类的不同之处在于新项是具体的需求登记，而新分类则是建立各项具体需求之间的逻辑关系。

编辑：对当前的文件进行编辑。

删除：删除选中的需求。

复位：将文件恢复成最后一次保存后的状态，若新建一个文件未保存则会清除所有的内容。

录音：将客户的需求以录音的形式记录下来，其右面的下拉列表框“×1”表示播放录音时声音的增益倍数。也可选择其他的倍数。

对新建的项可进行以下的操作：基本、步骤、建模、拼图、屏幕录制、会议录音、扫描、附件、处理情况。下面逐一介绍各个菜单的使用。

基本：在该菜单下填写该次需求登记的基本情况，包括权益者、主题、创建日期，优先级、类型、及描述方式。①权益者，指的是该需求是针对哪个客户的。②主题，主要填写需求的主要内容。③描述方式，包括静态描述、动态描述、陈述，如图 1-2-26～图 1-2-28 所示。系统对每一种描述都提供了一些模板，若用可在“模板”前打钩，则用户只需要按照顺序逐一填写即可。若不选模板，用户可按照自己的方式描述。

步骤：简要的描述某项需求的具体要求。例如，入口条件是什么，经过什么操作将会得到什么样的结果，如图 1-2-29 所示。

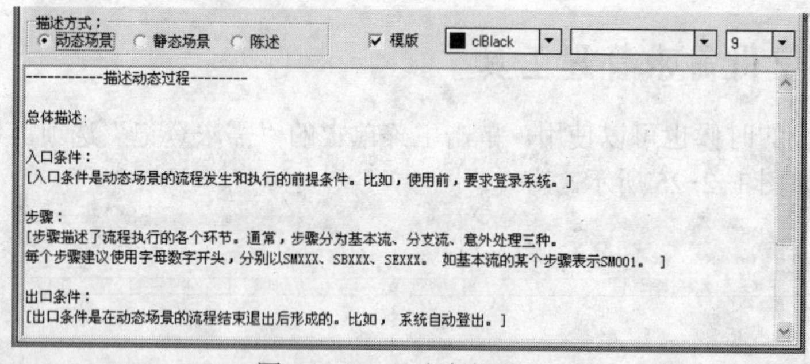

图 1-2-26　动态场景

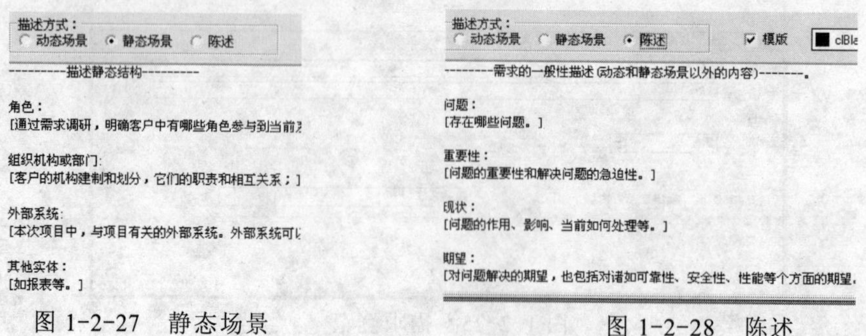

图 1-2-27　静态场景

图 1-2-28　陈述

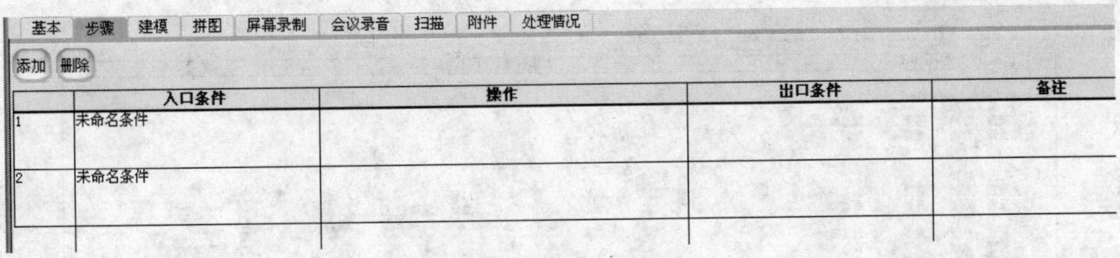

图 1-2-29　描述具体需求

建模：如图 1-2-30 所示，与本地建模的使用方法完全一致，可参考本地建模的使用说明。

拼图：静态方式获取当前桌面的部分区域图片。使用方法为单击“捕捉”按钮后本窗口将隐藏到后台，展现在眼前的是 Windows 桌面，此时可按<Ctrl+V>键进入捕捉，退出捕捉则按<Esc>键。反复按<Ctrl+V>键可在控件区域和任意区域捕捉模式之间切换。控件区域时，其光标形状是小十字，任意区域时，其光标是大十字形状。单击“捕捉”按钮，然后找到需要捕捉的画面使用<Ctrl+V>键定位。如图 1-2-31 所示。

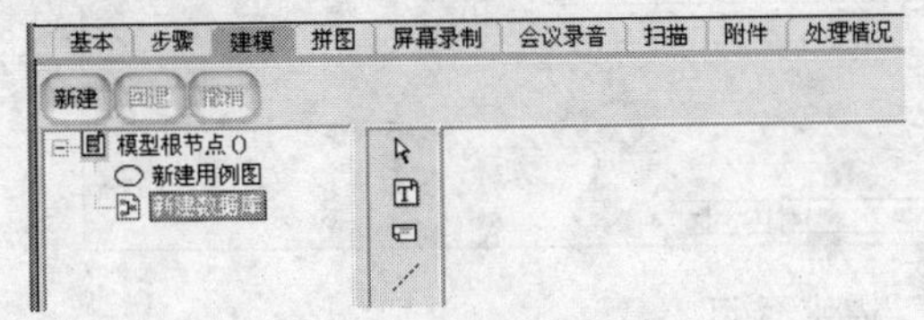

图 1-2-30　建模

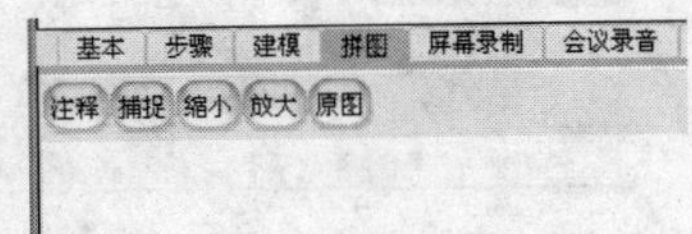

图 1-2-31　拼图

屏幕录制：可以录制操作过程，如图 1-2-32 所示。使用方法为单击“录制”按钮则自动进入动态录制任意操作过程。要结束录制则按<Ctrl+F1>键。

会议录音：如图 1-2-33 所示，可以将进行的会议内容或客户的需求录制下来，以便更加准确地了解客户的需求。

图 1-2-32　屏幕录制

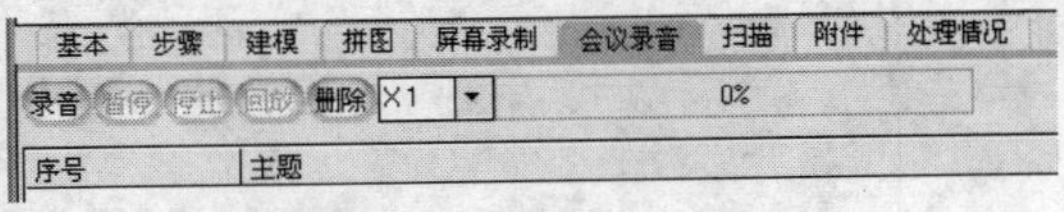

图 1-2-33　会议录音

扫描：如图 1-2-34 所示，可以将纸质的文件扫描，存储在系统里。

附件：如图 1-2-35 所示，通过附件引入一些其他的文档。

图 1-2-34　扫描

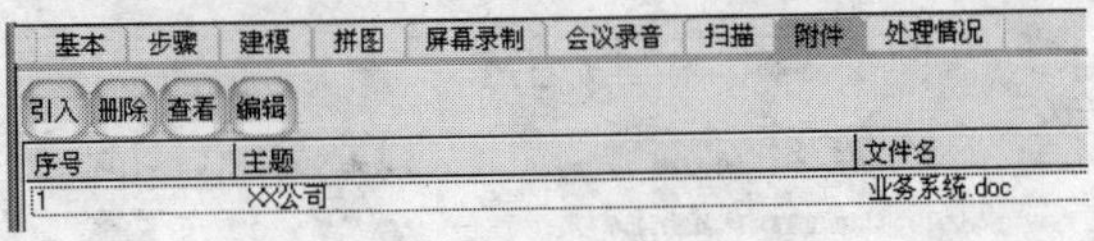

图 1-2-35　附件

处理情况：选择该项需求的处理情况。

二、示范引导

需求登记：

窗口如图 1-2-36 所示。

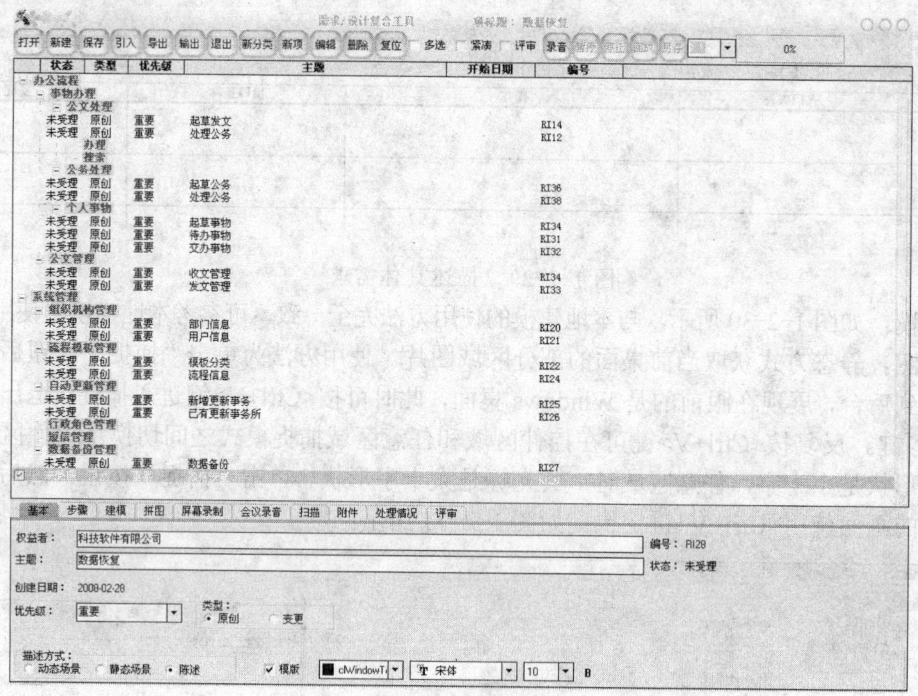

图 1-2-36　需求登记

起草发文的需求如图 1-2-37 所示。将需求文档签入到 USDM 中心。

需求分析：

对需求进行分析，建立需求分析文档，如图 1-2-38 所示。将需求分析文档签入 USDM 中心。

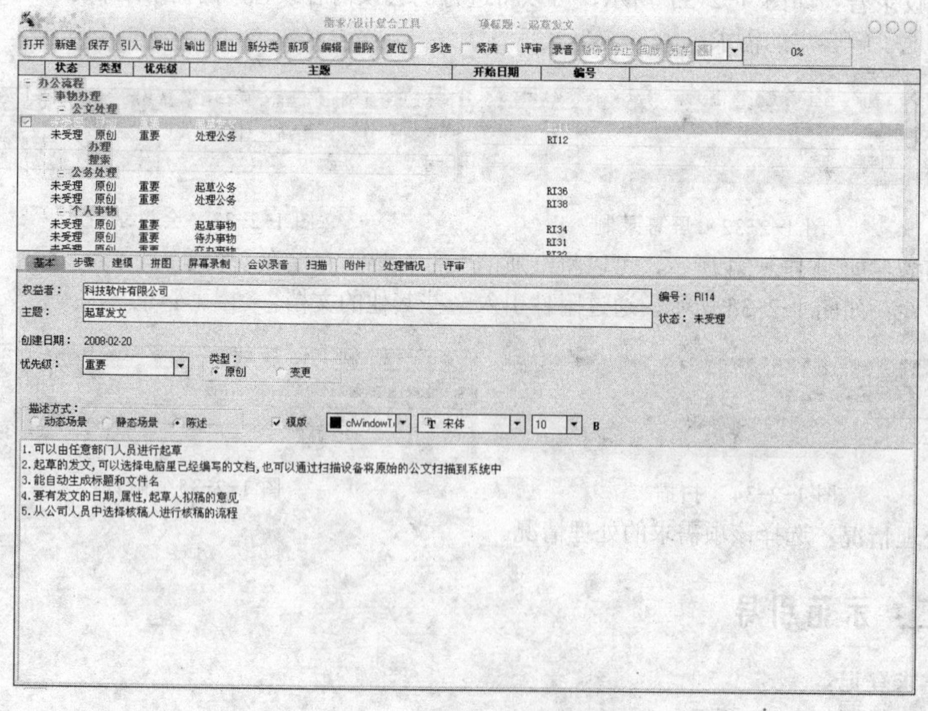

图 1-2-37　起草发文的需求登记

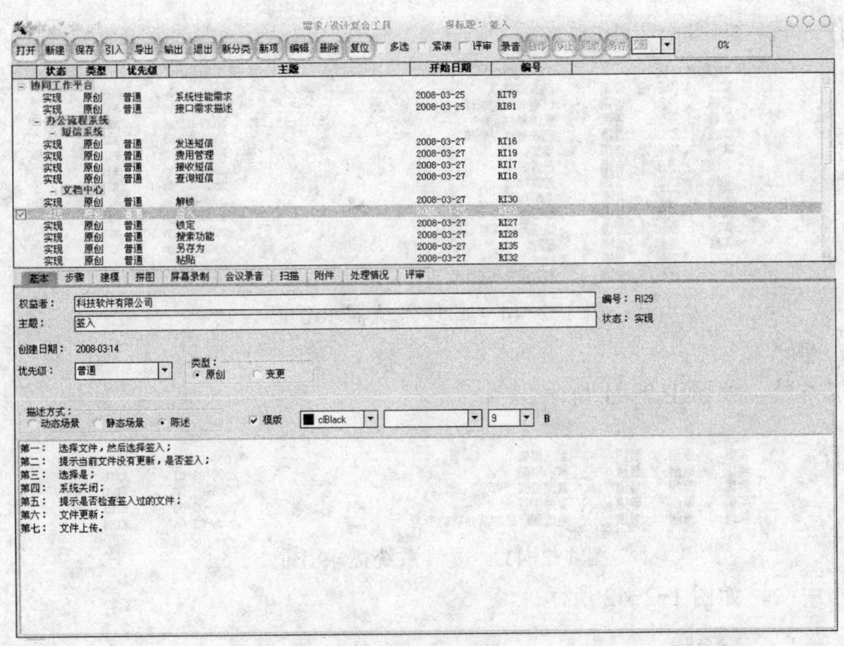

图 1-2-38　需求分析

需求评审：

按照计划，项目经理召开需求评审会议，邀请用户代表和办公室主任参加，对需求分析文档进行讨论，稍作修改后，打印，对方签字。

模仿试做

在 USDM 平台中，创建需求阶段，将需求文档签入服务器，教师进行指导。

1）在 USDM 中使用需求工具创建原始需求登记文档，窗口如图 1-2-39 所示。

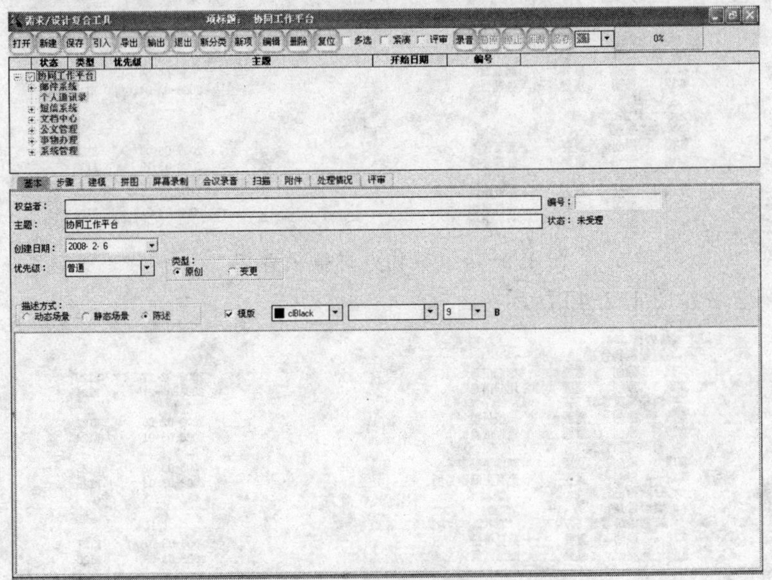

图 1-2-39　原始需求登记

① 邮件系统，如图 1-2-40 所示。

邮件系统
实现 原创 普通 已收邮件 2008-02-20 RI31
实现 原创 普通 已发邮件垃圾箱 2008-02-20 RI13
实现 原创 普通 未读邮件 2008-02-20 RI30
实现 原创 普通 已收邮件垃圾箱 2008-02-21 RI32
实现 原创 普通 回复 2008-02-22 RI9
实现 原创 普通 已发邮件 2008-02-23 RI12
实现 原创 普通 搜索功能 2008-02-24 RI8
实现 原创 普通 收邮件 2008-02-24 RI4
实现 原创 普通 发邮件 2008-02-25 RI5
实现 原创 普通 发送及时信息 2008-02-26 RI6
实现 原创 普通 删除 2008-02-26 RI11
实现 原创 普通 转发 2008-02-26 RI10
实现 原创 普通 查看用户详细情况 2008-02-27 RI7

图 1-2-40　邮件系统需求登记

② 个人通讯录

③ 短信系统，如图 1-2-41 所示。

短信系统
实现 原创 普通 发送短信 2008-02-29 RI18
实现 原创 普通 接收短信 2008-03-01 RI19
实现 原创 普通 查询短信 2008-03-02 RI20
实现 原创 普通 费用管理 2008-03-03 RI33
实现 原创 普通 集成到产品的其他功能中 2008-03-04 RI34

图 1-2-41　短信系统需求登记

④ 文档中心，如图 1-2-42 所示。

文档中心
实现 原创 普通 搜索 2008-02-20 RI44
实现 原创 普通 解锁 2008-02-21 RI24
实现 原创 普通 锁定 2008-02-21 RI43
实现 原创 普通 签入 2008-02-22 RI45
实现 原创 普通 剪贴 2008-02-23 RI25
实现 原创 普通 删除 2008-02-23 RI46
实现 原创 普通 安全 2008-02-24 RI66
实现 原创 普通 另存为 2008-02-24 RI47
实现 原创 普通 粘贴 2008-02-25 RI26

图 1-2-42　文档中心需求登记

⑤ 公文管理，如图 1-2-43 所示。

公文管理
实现 原创 重要 收文管理 2008-03-01 RI34
实现 原创 重要 发文管理 2008-03-02 RI33

图 1-2-43　公文管理需求登记

⑥ 事物办理，如图 1-2-44 所示。

事物办理
公文处理
实现 原创 重要 起草发文 2008-03-03 RI14
实现 原创 重要 处理公务 2008-03-04 RI12
办理
搜索
公务处理
实现 原创 重要 起草公务 2008-03-08 RI36
实现 原创 重要 处理公务 2008-03-10 RI38
个人事物
实现 原创 重要 起草事物 2008-02-25 RI34
实现 原创 重要 待办事物 2008-03-01 RI31
实现 原创 重要 交办事物 2008-03-02 RI32

图 1-2-44　事物办理需求登记

⑦ 系统管理，如图 1-2-45 所示。

系统管理
组织机构管理
实现 原创 重要 部门信息 2008-02-27 RI20
实现 原创 重要 用户信息 2008-02-27 RI21
流程模板管理
实现 原创 重要 模板分类 2008-02-28 RI22
实现 原创 重要 流程信息 2008-03-01 RI24
自动更新管理
实现 原创 重要 新增更新事务 2008-03-02 RI25
实现 原创 重要 已有更新事务所 2008-03-03 RI26
行政角色管理
短信管理
数据备份管理
实现 原创 重要 数据备份 2008-03-07 RI27
实现 原创 重要 数据恢复 2008-03-08 RI28

图 1-2-45　系统管理需求登记

2）在 SDM 中使用需求工具创建需求分析文档，窗口如图 1-2-46 所示。

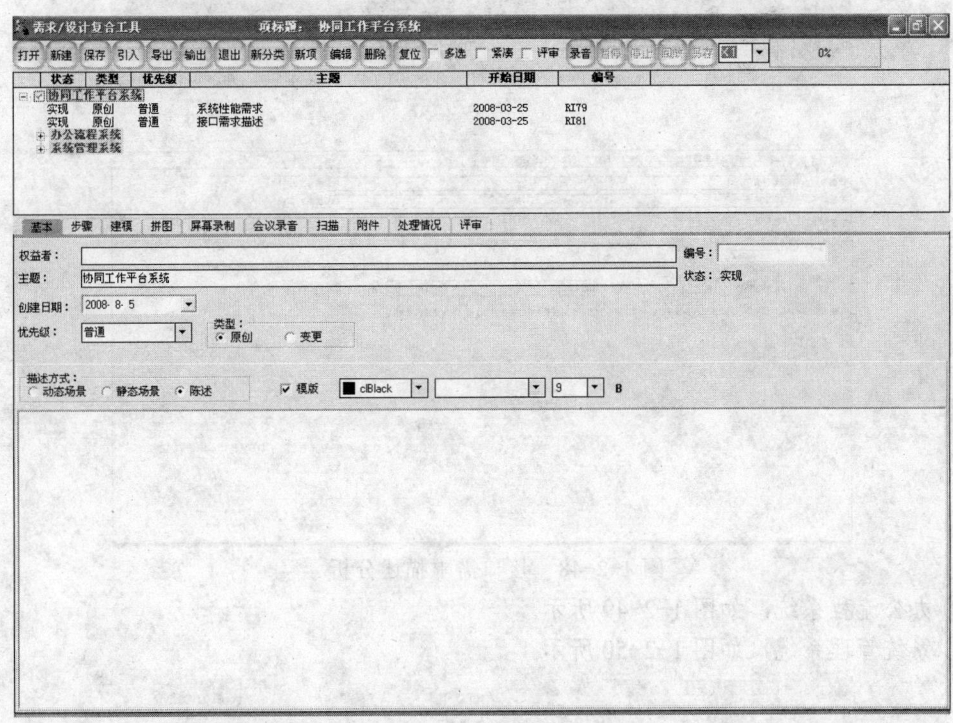

图 1-2-46　创建需求分析文档

① 系统性能需求，如图 1-2-47 所示。

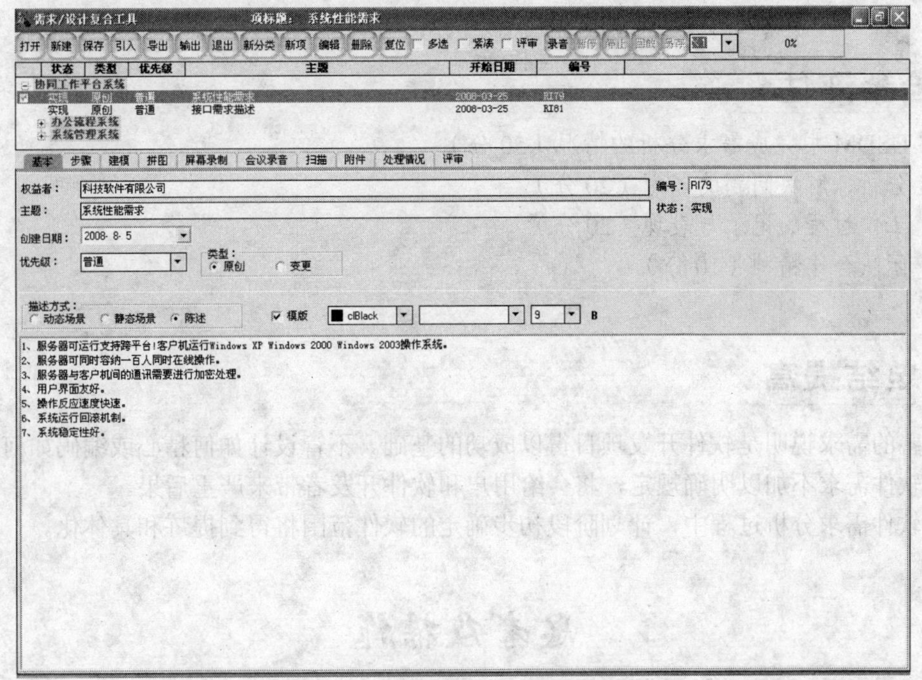

图 1-2-47　系统性能需求分析

② 接口需求描述，如图 1-2-48 所示。

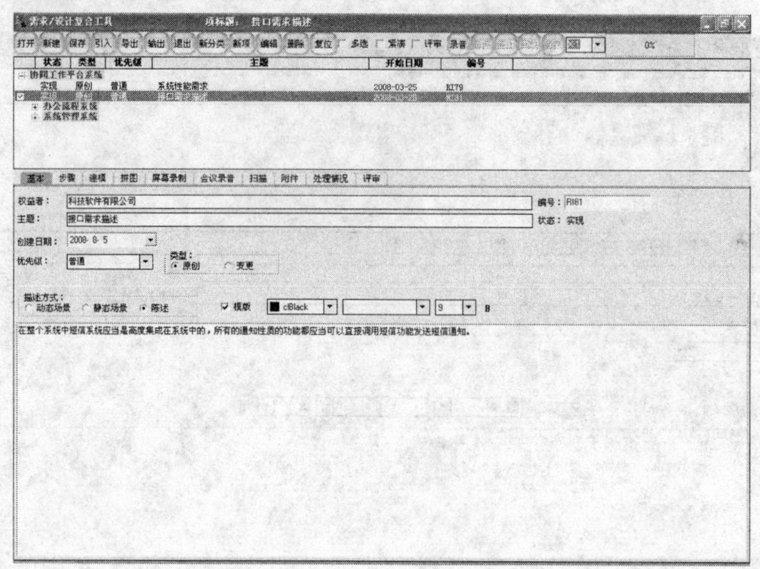

图 1-2-48　接口需求描述分析

③ 办公流程系统，如图 1-2-49 所示。

④ 系统管理系统，如图 1-2-50 所示。

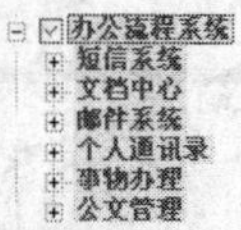

图 1-2-49　办公流程系统需求分析

图 1-2-50　系统管理系统需求分析

检查评估

1）USDM 中完成需求分析的情况（50 分）。

2）分析、解决问题的能力（20 分）。

3）工作过程的记录与表现（20 分）。

4）团队合作精神（10 分）。

总结提高

完善的需求说明是软件开发项目得以成功的基础。不管设计如何精心或编码如何巧妙，如果对软件需求不加以明确规定，将会给用户和软件开发者带来严重后果。

在软件需求分析过程中，计划阶段初步确定的软件范围将得到提炼和具体化。

思考及操作

进一步熟悉需求管理工具。

模块三　系统设计

任务一　编制技术解决方案

知识目标

1）学习如何编写多套技术解决方案。

2）学习如何分析及对比技术解决方案的优缺点。

技能目标

1）能编写多套技术解决方案。

2）分析总结对比各个技术解决方案间的优缺点。

任务导入

技术解决方案是要根据系统分析的要求和组织的实际情况，来对新系统的总体结构形式和可利用的资源进行大致的设计，是宏观上的规划。技术解决方案将会影响到用户或自身对项目投放的成本、效果、性能、法律问题等。所以编写多套的可选择性的技术解决方案，可更好地让自己及用户选择合适的技术解决方案来实现项目目标，从而降低成本及风险。

任务分析与示范引导

1．技术解决方案选择的标准

1）开发、制造、购买、维护与支持等活动的成本。

2）性能。

3）产品组件的复杂性与产品相关生命周期过程。

4）对产品运行、使用条件、运行模式、环境以及产品相关的生命周期过程变化的适应性。

5）产品扩展与升级。

6）技术限制。

7）对构建方法与资料的敏感性。

8）风险。

9）需求与技术的演变。

10）处理的复杂程度。

11）最终用户与操作人员的能力和限制。

12）中间件或外购组件的特性。

2．技术解决方案编写要素

1）系统所采用的架构方式。

2）系统对外部接口的要求。

3）明确所使用或引入的技术。

4）系统扩展性及系统维护性。

3．案例

【例 1-3-1】 OA 系统项目技术解决方案。

广电 OA 系统项目技术解决方案

目　　录

1.1　主题：项目背景分析

【基本情况】

（1）项目开发背景

1）软件系统的名称：办公自动化系统。

2）项目提出者：某广播电视信息网络股份有限公司分公司，以下简称广电。

3）项目开发者：某科技软件有限公司。

4）软件使用者：广电。

（2）现况分析

目前，广电的工作方式主要是采用有纸化办公，这种方式效率低，浪费资源；为了提高公司员工办公的效率，减少不必要的浪费，该公司提出开发一个既能提高员工的办公效率，也可以节约资源的办公系统，即办公自动化系统。

（3）准备条件

人员：项目经理 1 名，项目设计 3 名，编码开发 3 名，质量管理 1 名，美工 2 名，测试人员 3 名，配置管理 1 名。

开发资源：Windows2000/Windows Xp 操作系统，JBuilder 2006，测试用服务器 1 台。

（续）

1.2　**主题：项目概述**

【基本情况】

（1）项目目标

项目的目标包括：

1）在项目计划时间段内，开发完成稳定的办公自动化系统。

2）项目成本控制在 20000 元以内。

（2）需求概述

该系统采用模块化管理，分为以下几个模块：内部邮件系统，工作流程系统，档案管理系统，绩效考核管理系统，新闻管理系统。内部邮件主要用于用户公司内部员工及领导之间进行沟通、交流；工作流程主要是用户员工及领导处理日常工作提供系统化管理，从有纸化向无纸化的转变；档案管理主要对公司重要的档案，或者其他重要文档进行管理，可以把某个文档进行共享，这样方便员工及领导的查阅，提高工作效率；绩效考核主要对公司中上层领导进行工作情况的考核；新闻管理系统主要对公司内部的通知、重要实事等信息向所有员工进行通报。

（3）建设重点

该系统主要是提高用户办公的工作效率，同时节约公司的资源。系统的实用性，可操作性，接口的开发和设计是建设的重点，应保证系统符合用户的需求，用户操作简单，接口的可扩展性和灵活性。

（4）建设思路

1）界面美观。

2）接口完整，灵活。

3）B/S 结构。

4）前后台分离。

5）操作简单，易于用户使用。

6）功能完全，尽可能的完成用户办公的需要。

2.1　**主题：方案要素**

【基本情况】

（1）设计依据

本产品根据<<广电办公自动化需求登记.wjxq>>、<<广电办公自动化需求分析.wjxq>>和<<广电办公自动化概要设计.wjsj>>设计开发。

（2）设计原则

1）可用性。

① 由于本模块的最终使用者都是开发人员，所以无需安排时间进行专门培训，我们在产品交付时提供《系统使用说明书》。

② 本产品研发根据<<广电办公自动化需求分析.wjxq>>和<<广电办公自动化概要设计.wjsj>>。

2）安全性。

① 本系统注重用户的使用安全与数据安全，采用数据库加密方式。

② 本系统数据安全性主要受到以下几方面的威胁。

a．物理破坏：意外断电或者磁盘损坏等。

b．病毒程序：由于病毒的破坏使得数据的完整性或者可靠性等受到威胁。

c．系统崩溃：可能会造成数据的丢失。

③ 本产品未设置多个角色的管理，只设有管理员，管理员拥有所有权限。

（续）

3）可靠性。

① 可用性-可用时间百分比（64.3%）、全程测试不间断式。

② 平均故障间隔时间（MTBF）–由于工具的稳定性能好，估计平均故障间隔时间为 3 个月。

③ 平均修复时间（MTTR）–产品如果出现故障，通过客户反映，工作人员可以及时地修正程序。

④ 精确度–本产品的计算准确度达到 96%及以上，在同类产品中属于精确度很高的产品。

（3）设计思想

1）目的：提高该公司的办公效率，节省该公司的资源，让该公司员工方便、快速、高效地处理公司相关事务。

2）产品架构：产品采用 C/S 与 B/S 混合架构。

3）用户特点：开发人员，主要是对所提供的接口进行操作。

4）使用频率：办公自动化系统是公司管理进步的标志，它主要有方便、高效、节能等特点，所以公司员工的使用频率很高。

5）假设与依赖关系：本系统各个模块需要与用户及部门的相关数据信息进行关联。

2.2 **主题：解决方案及定型**

【基本情况】

（1）备用解决方案分析

方案一

1）系统构架：C++与 MySQL。

2）硬件。

① 处理器：Inter Pentium（R）4，CPU 为 2.80GHz（及以上），内存容量为 128M，硬盘容量为 10G。

② 软件。

a．C++与 Builder 6。

b．MySQL 5.0。

方案二

1）系统架构：JAVA+MySQL。

2）硬件。

① 处理器：Inter Pentium（R）4，CPU 为 2.80GHz（及以上），内存容量为 128M，硬盘容量为 10G。

② 软件。

a．JBuilder。

b．MySQL 与数据库开发工具。

（2）方案比较

方案优缺点比较表格：

比较项目	方案一	方案二
技术难度	中	低
效率	一般	高
经济性	低	高
人员技术掌握	一般	一般
可参考资料	一般	多
开发周期	长	短

（续）

（续）

比较项目	方案一	方案二
开发成本	高	低
环境搭建	难	简单

（3）建议解决方案

采用第二种解决方案。

（4）总体架构设计

开发环境：Windows XP SP2；JBuilder 2006。

（5）总体架构设计逻辑图

参见《广电办公自动化概要设计.wjsj》。

2.3 主题：系统应用及平台设计

【基本情况】

（1）设计内容

本系统设计的内容涉及内部邮件的发送和接收，工作流程的管理，中上层领导的绩效考核工作，公司重要文档的管理和公司内部新闻的管理。

（2）测试设计

1）测试数据单个或批量添加导入（可以从现正式运营的数据库中，导出数据作为测试数据）。

2）模拟用户工作的过程，检测系统运行稳定性与性能。

3）对测试结果数据的分析和统计。查看系统处理情况及计算精确度等。

4）外部设备连接与控制。

（3）系统应用支撑平台设计

1）设计内容

系统采用公司内部服务器。

2）现况分析

Sun Solaris 10、MySQL 5

3）原系统平台技术剖析

无

4）应用体系结构选择

无

5）应用支撑平台设计

无

6）应用中间件型

CP 中间件 1.0

2.4 主题：功能内容总体设计

【基本情况】

建模用列图如下：

（续）

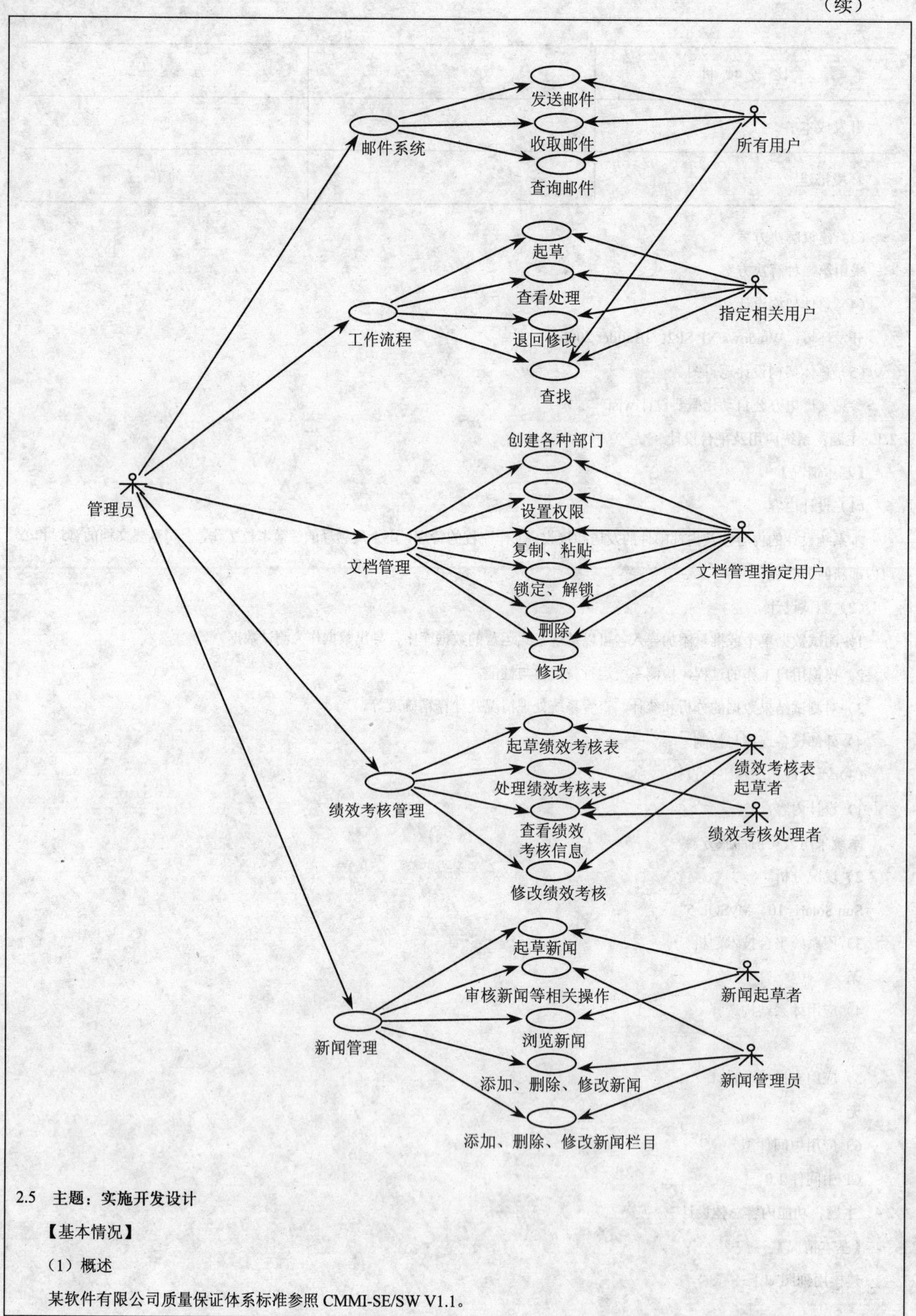

2.5 主题：实施开发设计

【基本情况】

（1）概述

某软件有限公司质量保证体系标准参照 CMMI-SE/SW V1.1。

（续）

（2）组织架构

部　门	任　务
技术开发部	整理业务需求、分析业务流程、协调各部门组织有关信息资料，提出系统需求，设计开发系统并负责系统维护
业务部	项目的监控

（3）开发组成员分工

序　号	姓　名	职　责	任务分配	备　注
1	鲍治	项目管理	对项目项目整体调度和分配，负责需求沟通与确认。	
2	李强	设计人员 配置管理员	对项目的整体开发框架的设计，编写概要设计及详细设计，配置管理。	
3	李强	开发人员	系统主要编码开发	
4	顾娟萍	测试人员	单元测试、集成测试	

（4）实施阶段过程划分

本系统的实施规划总体上分为四个阶段：实施前期任务、实施目标规划、实施过程管理、实施后期管理。

1）实施前期任务

本系统实施前期将对现接入网关运行状况进行详细的前期调研，并作出细致的分析，确定项目实施的总体范围和期望值，保证此期望值可以在短期内合理实现。移动部门与研发部对需求分析、实施内容和范围达成一致，对实施中必要的人力和财力投入达成共识。确保双方对今后项目实施过程中可能遇到的困难和阻力，要有充分的估计和对策。

为了保证实施后的数据准确反映业务逻辑，移动部门需要在项目实施前作好各类数据准备。而信息的流动来源于数据的集中和统一管理。前期的基础数据准备是保证系统正确运行的关键。各类数据可以概括地分为相对静态数据和动态数据，对于要录入计算机进行管理的每个数据都要进行分类和编码，以便今后的二次开发。

2）实施目标规划

建立本系统项目实施小组，规划实施各阶段的时间进度和阶段，定制达标标准方案，并与移动部门中的中高层领导讨论，制订最终的系统解决方案、项目实施方案以及软件系统的概要设计方案。

3）实施过程管理

根据前期调研和需求分析，参照实施目标规划，进行详细的项目实施过程，软件系统进行详细设计与编码，并完成本系统的单元测试和整体测试。

因为本系统项目实施是一项长期而细致的工作，依据需求分析将整个大项目拆分成阶段性的小任务，体现整体规划、分步实施的原则。并针对每个小阶段的需求，制订分步的解决方案。项目实施过程中定期召开阶段性的项目分析会，与相关领导保持经常性的、必要的信息沟通，制订下一阶段的项目实施方案，以便根据实际项目实施情况调整项目实施计划。

4）实施后期管理

对本系统进行安装调试，并试运行，参照最终确定的项目规划目标，比较项目实施后的各项技术指标和性能是否达标。若各项预期的参数指标均已达到既定需求标准，则进行系统的验收。验收通过后，整个系统可提供完整的接口以备使用。

（5）项目人员配置与责任

姓　名	Email/TEL	岗　位	职责描述
鲍治	611	DM	1. 负责协调其他部门的人力资源 2. 负责项目的进度与成本监督
鲍治	611	PM	1. 负责项目立项、分配项目角色 2. 项目实时跟踪、问题记载与人员调配
		IT	1. 集成测试

（续）

（续）

姓　名	Email/TEL	岗　位	职责描述
彭炜	635	QA	1．项目的进度、质量监控及控制
李强	604	SD	1．项目设计
		CM	1．配置管理
李强	604	SD	1．项目的程序设计 2．项目的编码
		UT	1．单元测试
顾娟萍	633	UT	1．单元测试
		IT	1．集成测试
		OT	1．用户培训
李强	604	UID	1．界面设计与制作
顾娟萍	633	ST	1．系统测试

（6）成果交付与验收

交付用户的成果包括：接口描述文档，系统集成说明书。此项目由广电与我公司组织验收。

（7）开发环境与管理

开发环境：Windows XP SP2，JBuilder 2006。

对于系统开发，统一使用 USDM 进行配置和管理。

（8）合作研发与管理

此项目由本公司自主开发。

（9）项目管理

该项目为 CMMI 试点项目，项目管理依据 CMMI 过程文件执行。

之所以有第一方案的介入，是因为公司已经有一个三层 C/S 办公自动化系统的成熟的解决方案，可以自动升级，并且可以通过自有的中间件 B/S 插件方式获得 B/S 的支持。第一方案还有速度和安全性的优势。

经过与甲方的协商和评估，最终选定方案二，主要是考虑到甲方的运行环境是要求覆盖总部和下属四个分部（散落在郊县，通过宽带接入），并且维护的方便和既有习惯的考虑。并且，经过优化可获得较好的速度和效率的提升，可弥补其不足。

模仿试做

1）小组设计人员编写多套符合要求的技术解决方案，然后由小组内部对其进行评审，根据选择标准选择出一套最合适项目的技术解决方案。

2）开讨论会，每个小组派出一名组员陈述小组的技术解决方案及解释为什么选择该技术解决方案。

检查评估

1）对常用软件开发技术的熟悉情况（20 分）。

2）技术解决方案的编制情况（30 分）。

3）分析、解决问题的能力（20分）。
4）工作过程的记录与表现（20分）。
5）团队合作精神（10分）。

总结提高

技术解决方案将会影响到用户或自身对项目投放的成本、效果、性能、法律问题等。所以编写多套可选择性的技术解决方案，可让自己或客户能选择更合适的技术解决方案来实现项目目标从而降低成本及风险。

思考及操作

上网查询技术解决方案的案例。

任务二　编写概要设计说明书

知识目标

1）学习如何编写概要设计说明书。
2）学习如何分析及对比技术解决定方案所确定的范围。

技能目标

1）能编写系统概要设计说明书。
2）可根据技术解决方案来确定开发所需要的环境等。

任务导入

确定了技术解决方案，则进入概要设计部分。

任务分析与示范引导

一、软件设计

需求分析阶段解决了“做什么”的问题，有些简单的系统开发一旦明确了系统需求，就可以马上开始编写程序。所以多数初学者认为软件开发的主要工作就是编写程序。其实这是一种误解，多数系统开发在完成需求分析之后，还要进行重要的一步——软件设计，才能进入到真正的开发阶段。系统设计是把需求转化为软件系统的最重要的环节，系统设计的优劣在根本上决定了软件系统质量的好坏。所以设计阶段主要是解决"怎么做"的问题。

一般情况下，设计阶段主要涉及系统设计、对象设计（或详细设计）、数据库设计和用户界面设计等活动。

二、软件设计原则

（一）功能分解

功能分解是指把大而复杂的问题分解成若干个简单的小问题，然后逐个解决。这种朴素的思想来源于人们生活与工作的经验，也完全适合于技术领域，诸如软件体系结构设计、模块化设计，都是分而治之的具体表现。

在系统设计中，将一个复杂的大系统分解成若干个相对简单的较小部分，称为子系统。子系统是一个定义明确的软件组件，它向其他子系统提供多种服务。一个服务是一组有着共同目标的相关操作，这些提供给其他子系统的操作形成了子系统接口。子系统接口只对外部提供操作的名称、参数、类型和返回值等，而对操作的实现进行了封装。因此在接口不变的情况下，子系统内部实现的修改对外部调用影响很小，从而增加了系统的可维护性。

（二）高内聚与低耦合

耦合度是表示两个子系统之间的关联程度。当一个子系统发生变化时对另一个子系统的影响很小，则称它们是松散耦合的；反之，如果影响很大时，则称它们是紧密耦合的。显然，耦合越低越好。耦合按从强到弱的顺序可分为以下几种类型。

（1）内容耦合　当一个模块直接修改或操作另一个模块的数据，或者直接转入另一个模块时，就发生了内容耦合。此时，被修改的模块完全依赖于修改它的模块。

（2）公共耦合　两个以上的模块共同引用一个全局数据项就称为公共耦合。

（3）外部耦合　一组模块都访问全局简单变量而不是同一全局数据结构，而且不是通过参数表传递该全局变量的信息，则称之为外部耦合。

（4）控制耦合　一个模块在界面上传递一个信号（如开关值、标志量等）控制另一个模块，接收信号的模块的动作根据信号值进行调整，称为控制耦合。

（5）标记耦合　模块间通过参数传递复杂的内部数据结构，称为标记耦合。此数据结构的变化将使相关的模块发生变化。

（6）数据耦合　模块间通过参数传递基本类型的数据，称为数据耦合。

（7）非直接耦合　模块间没有信息传递时，属于非直接耦合。

耦合度和模块独立性之间的关系如图 1-3-1 所示。

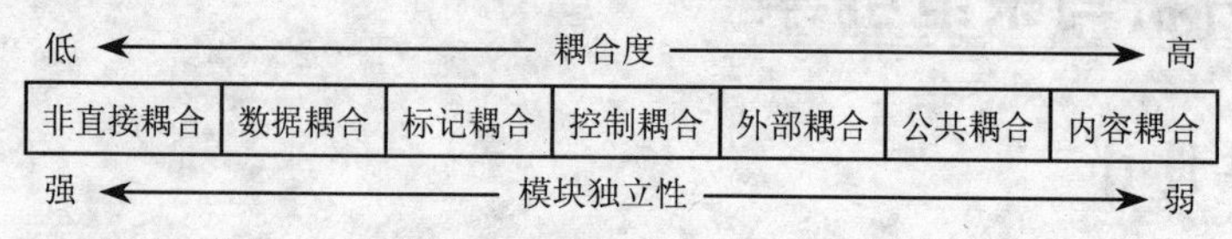

图 1-3-1　耦合度和模块独立性之间的关系

内聚性是子系统内部的相关程度。当子系统中彼此相关的多个对象执行类似的任务时，则认为该子系统是高内聚的；反之，当子系统内的多个对象彼此不相关时，则认为是低内聚的。显然，内聚越高越好。内聚按强度从低到高有以下几种类型。

（1）巧合内聚（偶然内聚）　如果一个模块的各成分之间毫无关系，则称为巧合内聚。

（2）逻辑内聚　几个逻辑上相关的功能被放在同一模块中，则称为逻辑内聚。例如，一个模块读取各种不同类型外设的输入。尽管逻辑内聚比偶然内聚合理一些，但逻辑内聚的模块各成分在功能上并无关系，即使局部功能的修改有时也会影响全局，因此这类模块的修改也比较困难。

（3）时间内聚（经典内聚）　如果一个模块完成的功能必须在同一时间内执行（如系统初始化），但这些功能只是因为时间因素关联在一起，则称为时间内聚。

（4）过程内聚　如果一个模块内部的处理成分是相关的，而且这些处理必须以特定的次序执行，则称为过程内聚。

（5）通信内聚　如果一个模块的所有成分都操作同一数据集或生成同一数据集，则称为通信内聚。

（6）信息内聚（顺序内聚）　如果一个模块的各个成分和同一个功能密切相关，而且一个成分的输出作为另一个成分的输入，则称为信息内聚。

（7）功能内聚　模块的所有成分对于完成单一的功能都是必需的，则称为功能内聚。内聚性和模块独立性之间的关系如图 1-3-2 所示。

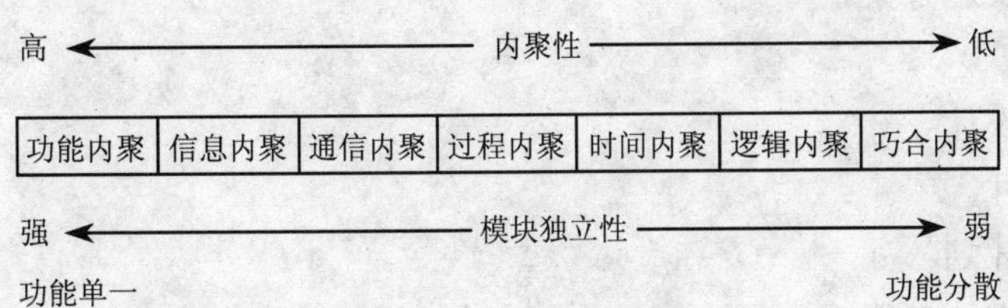

图 1-3-2　内聚性和模块独立性之间的关系

系统设计的目标是划分子系统并使子系统之间是高内聚、低耦合的，从而提高软件的可理解性和可维护性。

（三）软件复用

对于建立软件系统而言，所谓复用就是利用某些已开发的，对建立新系统有用的软件元素来生成新的软件系统。将具有一定集成度并可以重复使用的软件组成单元称为软构件，软件复用是直接使用已有的软构件通过可组装或合理地修改生成新的系统，如图 1-3-3 所示为利用软构件进行应用软件开发的过程。

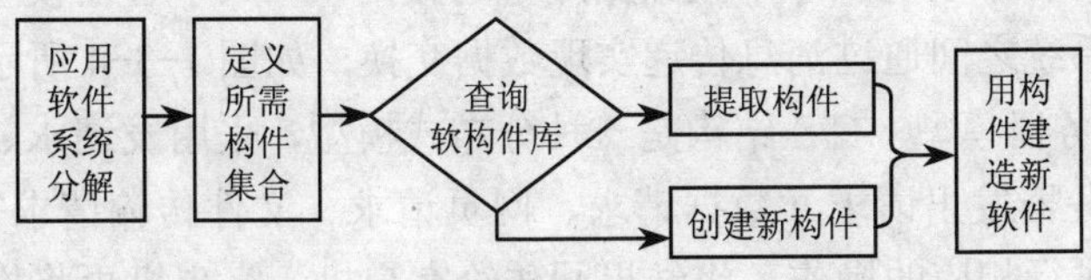

图 1-3-3　利用软构件进行应用软件开发

除此之外，设计模式也是一种复用，它通过为对象协作提供思想和范例来强调方法的复用，这些思想和范例是目前所知且被公认的一些最佳开发实践。

三、总体设计

（一）总体设计的基本概念

总体设计又称为概要设计，即确定系统的具体实现方案，给出软件的模块结构，编写总体设计说明书。在总体设计中有三个主要任务：

1）将系统划分为物理元素，即程序、文件、数据库和文档等。

2）设计软件结构，即将需求规格转换为体系结构，划分出程序的模块组成、模块间的相互关系。确定系统的数据结构、文件结构、数据库模式，确定测试方法与策略。

3）编写总体设计说明书、用户手册、测试计划，选用相关的软件工具来描述软件结构，结构图是经常使用的软件描述工具。

总体设计的过程：

1）设计供选择的方案。

2）选取一组合理的方案。

3）推荐最佳实施方案。

4）功能分解。

5）软件结构设计。

6）数据库设计。

7）制订测试计划。

8）编写概要设计文档。

9）审查与复审概要设计文档。

（二）体系结构设计

对于大型复杂系统而言，软件体系结构设计显得尤为重要，它的好坏往往会成为一个系统设计成败的关键。体系结构设计是软件设计的第一个阶段，该阶段侧重于系统宏观结构的设计，而不关心模块的内部算法。

软件系统从第一个模块划分开始便有了体系结构，有效的软件体系结构及其明确的描述和设计已经成为软件工程领域的一个重要方面。常见的体系结构主要包括以下几种。

（1）仓库模型　各子系统共享中央数据库中的数据——共享容器模型。各子系统可以有自己的数据库，子系统之间通过消息传递实现数据交换，如图 1-3-4 所示。

（2）客户机/服务器模型　C/S 结构是一种分布式模型，采用发请求、得结果的模式。其中客户机主要向服务器发出请求（数据请求、网页请求、文件传输请求等），服务器则响应客户机的请求，并进行相应的操作，将结果回传给客户机，客户机再将格式化后的结果呈现给用户，如图 1-3-5 所示。

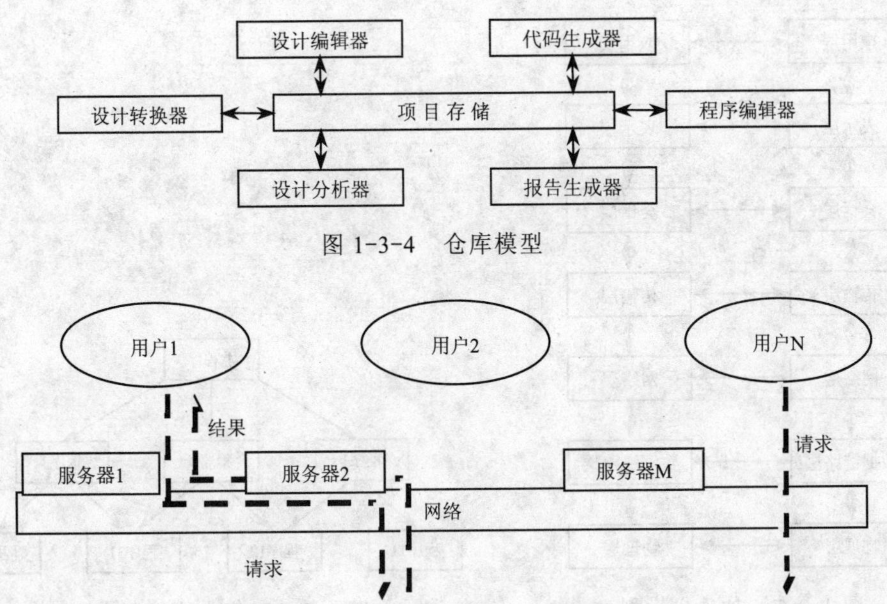

图 1-3-4　仓库模型

图 1-3-5　两层 Client/Server 结构

（3）分布式对象结构　“对象（Object）”——提供服务的系统组件（System Component）。每个对象在逻辑上是平等的，它们可以互相为对方提供所需的服务。提供服务的对象就是服务器，而提出服务请求的对象就是用户，如图 1-3-6 所示。

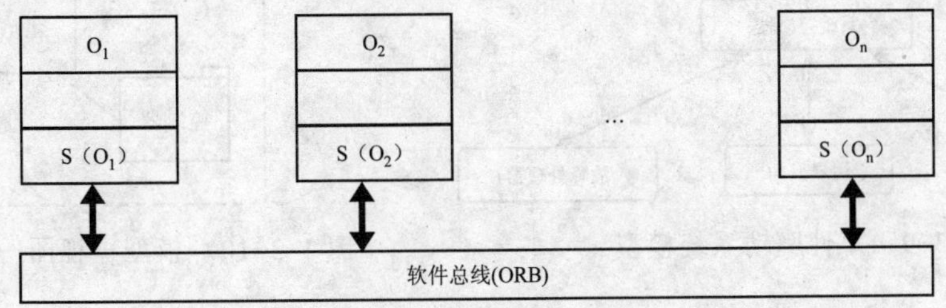

图 1-3-6　分布式对象结构

（4）抽象机模型（分层模型）　又称为分层模型，通常用于建立子系统的接口模型。每层提供一组服务，每层定义一个抽象机。典型的例子就是 ISO/OSI 开放系统互连参考模型，如图 1-3-7 所示。

（5）控制模型　考虑子系统之间的控制流，控制方式分为集中式控制和事件驱动系统两种，如图 1-3-8 和图 1-3-9 所示。

（6）模型－视图－控制器结构（MVC）　在模型－视图－控制器结构（图 1-3-10）中，子系统被划分成模型、视图和控制器三种类型，其中：

1）模型（Model）。代表应用领域中的业务实体和业务规则，其对象的变化通过事件处理通知给视图和控制器。

2）视图（View）。代表用户界面对象，它将模型中的数据以用户需要的格式展示出来。

3）控制器（Control）。负责管理与用户的交互控制。

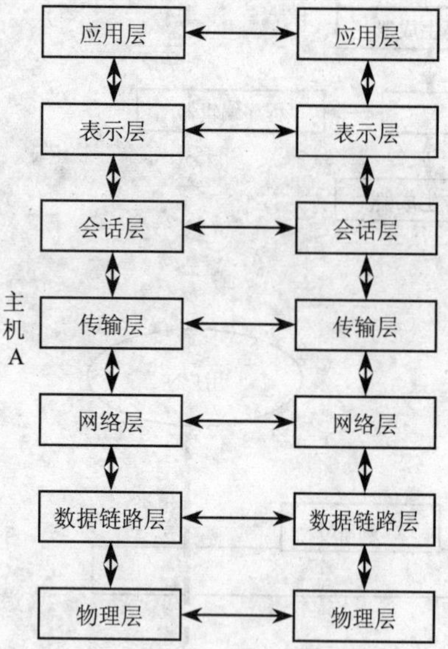

图 1-3-7 抽象机模型

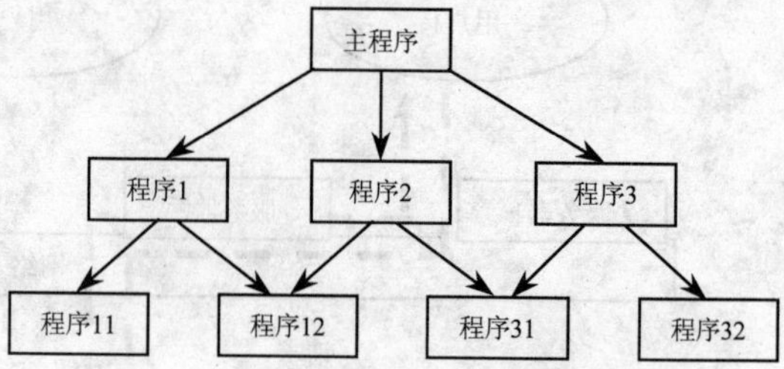

图 1-3-8 集中式控制模型

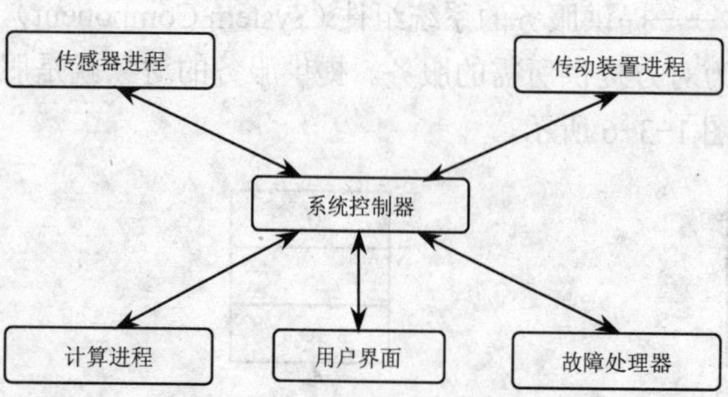

图 1-3-9 事件驱动系统模型

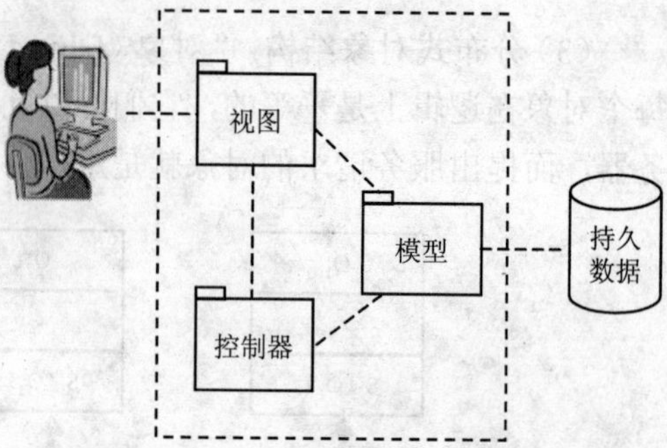

图 1-3-10 模型－视图－控制器结构

（三）总体设计的工具

1. 层次图（图 1-3-11）

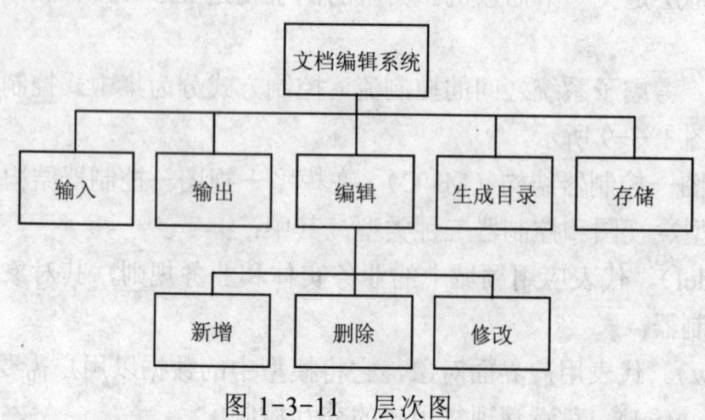

图 1-3-11 层次图

2. HIPO 图（图 1-3-12）

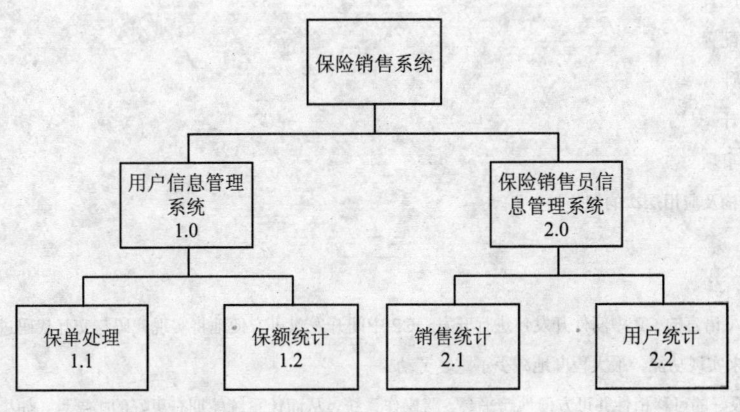

图 1-3-12 HIPO 图

3. 结构图（图 1-3-13）

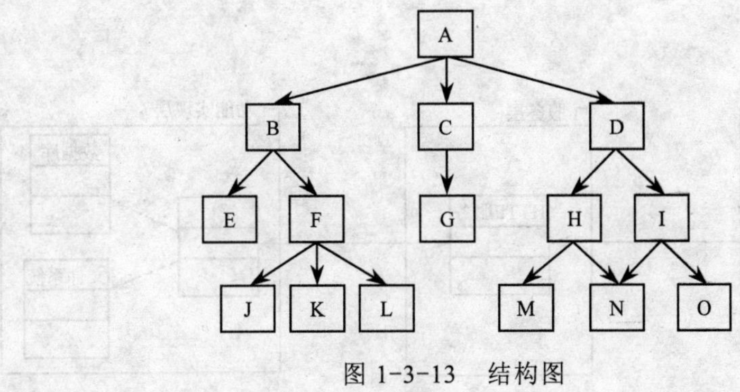

图 1-3-13 结构图

四、案例

【例 1-3-2】 广电 OA 系统项目概要设计说明书。

目　录

（续）

3.5（项）开发环境配置

3.6（项）运行环境配置

3.7（项）数据库设计

3.8（项）安全性设计

3.9（项）设计注意事项

1.1 **主题：系统结构及应用层次的划分**

【基本情况】

（1）系统架构

系统使用 JAVA 语言的 CP 中间件开发包进行开发，CP 中间开发包可方便地将实现代码与交互代码进行分离，可以使用同一个接口及代码来实现功能，最大程度地减少了重复劳动。

JAVA 语言有很好的可移植性并可方便地跨平台、跨操作系统，从而让系统能拥有更好的扩展性，如果是 C/S 架构的情况下，客户机也只需要使用 CP 中间件相应语言的开发包就可以方便地和 JAVA 语言所编写的服务端进行通信及操作。

（2）应用层次划分

应用层次划分为三层。

建模列表：

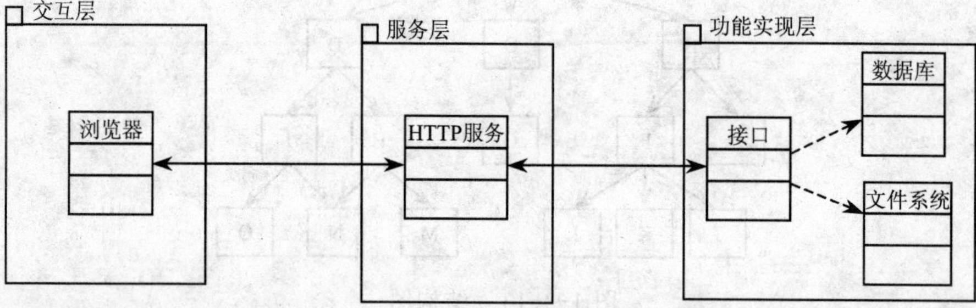

2.1 **主题：设计约束**

【基本情况】

（1）需求约束

1）本系统应当遵循的标准或规范。

2）服务端能在跨操作系统上运行。

3）界面简单、操作方便快捷。

4）具有较高的正确性、可靠性、性能、易用性、清晰性、安全性、可扩展性、兼容性、可移植性。

（2）隐含约束

1）中央处理器 CPU 主频 800MHz 以上，内存最小 128MB，硬盘最小 10G。

2）在基于 TCP/IP 网络协议的网络上运行。

2.2 **主题：设计策略**

【基本情况】

提示：体系结构设计人员根据产品的需求与发展战略，确定设计策略（Design Strategy）。

1）扩展策略。为提高系统的扩展性，系统中功能均采用模块化。

2）复用策略。只需改动少量标签标题便可重新利用作为其他类型管理系统，如，酒吧、超市等。

3）折中策略。以实际使用功能优先。

（续）

2.3　主题：运行环境

【基本情况】

（1）硬件环境

处理器 x86 Family 6 Model 8 Stepping 3 GenuineIntel ~664 MHz，物理内存总量 256MB，硬盘容量 40GB。

扩展框架 CP 中间件。

（2）软件环境

服务端操作系统 Windows、Linux、UNIX，客户机可根据需要进行扩展。

3.1　主题：基本设计概念

【基本情况】

本系统使用的数据库是 My SQL 5.0，采用 Java 进行开发，JDK 版本是 1.6，使用 CP 中间件。使用 Tomcat 作为服务器的引擎，Tomcat 的版本是 6.X 的。

建模列表：

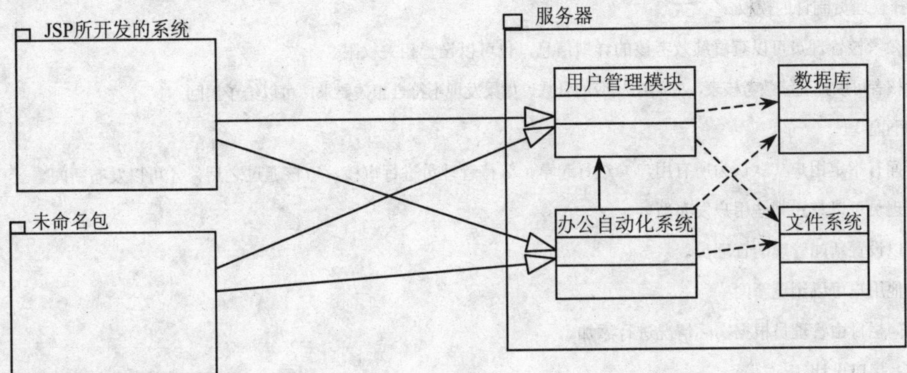

3.2　主题：具体功能设计

【基本情况】

（1）参考来源

文件名：某办公自动化需求分析.wjxq

（2）功能设计

本系统分前台及后台，后台提供各种功能接口，用来处理相关事情。前台界面使用 JSP JS HTML 开发。

（3）功能点

1）内部邮件系统

① 可以发送，收取邮件，并可以对收取到的邮件进行回复。

② 可以查看邮件内容，包括标题、发件人、邮件正文内容和附件。

③ 可以删除邮件。

④ 可以根据不同的条件查询与之相关的邮件。

2）工作流程

① 可以对公文进行登记、查看、删除、修改等操作。

② 可以处理公文，包括公文登记员的登记、分发、公文流程中涉及的人员进行批示等操作。

③ 可以对公司公务进行处理，有公务的发起者进行起草，然后开始流程，直至流程结束。

④ 公务主要是公司中有固定处理流程的事情，比如：请假需要先让部门领导批准，然后再让分管领导批准等（仅作参考）。

（续）

⑤ 可以处理自己的事务，由自己进行起草，并开始流程，直至流程结束。

⑥ 流程中涉及的人员可以对其相关公文进行处理批示，不符合条件可以予以退回操作。

3）文档管理

① 可以创建、删除、修改文件室、文件柜、文件夹，并可以设置不同的权限。

② 可以查看创建部门的相关属性信息。

③ 可以添加、删除文件。

④ 可以锁定文件室、文件柜、文件夹等部门。

⑤ 可以复制、粘贴文件。

⑥ 删除文件可以恢复。

⑦ 有不同权限的用户有不同的操作。

4）绩效考核

① 绩效考核表由绩效考核表起草者进行起草，该起草者由管理员进行设定；起草者可以自行起草绩效考核表中的内容，也可以选择管理员制订的模板。

② 绩效考核管理员可以查看绩效考核的详细信息，也可以设置相关权限。

③ 考核者可以处理绩效考核表，并给出相应的分数，如果发现不符合相关要求，可以给予退回。

5）新闻管理

① 新闻有指定用户（默认为所有用户）进行起草，等待管理员进行审核，审核通过之后，才可以发布新闻。

② 管理员可以禁止某些用户发布新闻。

③ 可以设置新闻管理的管理员。

④ 其他用户可以浏览新闻

⑤ 新闻栏目由管理员根据实际情况进行添加。

3.3 主题：接口设计

【基本情况】

本系统不提供外部接口，主要调用“用户管理模块”的用户及部门管理的公共接口，来实现用户及部门管理功能。

3.4 主题：性能指标

【基本情况】

数据统计或获取用时低于 0.050 秒。

其他操作用时低于 0.025 秒。

可同时支持 100 人以上调用。

3.5 主题：开发环境配置

【基本情况】

提示：本系统应当在什么样的环境下开发，有什么强制要求和建议？

类　别	标准配置	最低配置
计算机硬件	2G CPU 512M物理内存 80G硬盘空间	800MHz CPU 256M物理内存 10G硬盘空间
软件	Windows XP CP中间件 1.0 JAVA SDK 1.6	Windows 2000 CP中间件 1.0 JAVA SDK 1.6
网络通信	TCP/IP	TCP/IP
其他	JBuilder 2006	其他JSP开发工具

（续）

3.6 **主题：运行环境配置**

【基本情况】

提示：说明本系统应当在什么样的环境下运行，有什么强制要求和建议？

类　别	标准配置	最低配置
计算机硬件	2G CPU 512M物理内存 80G硬盘空间	800MHz CPU 256M物理内存 10G硬盘空间
软件	运行JAVA及JSP的操作系统 CP中间件 1.0 JAVA SDK 1.6 MySQL 4.5 Tomcat 5.0	Windows 2000 CP中间件 1.0 JAVA SDK 1.6 MySQL 5 Tomcat 6.X
网络通信	TCP/IP	TCP/IP

3.7 **主题：数据库设计**

【基本情况】

（1）数据库环境说明

数据库方面采用 MySQL，使用 JDBC 进行连接，JAVA 作为开发语言。

（2）数据库的命名规则

此数据库的表的命名规则为功能描述名称＝表名（以英文或是拼音）

3.8 **主题：安全性设计**

【基本情况】

所有用户密码都使用 DES 方式进行加密，加密过程在本地进行，密文传输到数据库后在二进制类型字段中进行保存，密码对比时明文也必须在本地先进行加密，然后把密文发送至服务器再进行对比。密码区分大小写。文档管理，绩效考核等都需要权限的管理，在权限不允许的情况下，不允许其用户使用。

3.9 **主题：设计注意事项**

【基本情况】

1）用户列表要按数字、字母、汉字排序，且按照 A～Z 的顺序（汉字是按照拼音）。

2）新闻栏目可以动态添加，也可以排序。

3）对于一些重要的信息，要有相关的友情提示。

4）首页中要设置滚动信息窗口。

5）整个系统中字体大小适中，颜色要鲜明。

6）页面布局要合理。

模仿试做

1）小组设计人员编写概要设计说明书，然后由小组内部对其进行评审。

2）开讨论会，每个小组派出一个组员陈述自己小组的概要设计说明书。

检查评估

1）对概要设计的熟悉情况（20 分）。

2）概要设计说明书的编写情况（30 分）。

3）分析、解决问题的能力（20 分）。

4）工作过程的记录与表现（20 分）。

5）团队合作精神（10 分）。

总结提高

概要设计部分，做了几件重要的事情：

（1）设计规则　设计规则实际是描述了设计以及后续编码实施的约定。在设计规则中，明确了详细设计必须遵循的条例以及制订编码规范。

（2）设计组件的划分　设计组件的划分包括子系统的构成以及它们之间的接口描述。它们是编码实施中工程划分的基础。本案例的子系统仅被划分为三个，用户端（IE 浏览器支持）、服务器和后台数据库三个子系统。因此，在后来的编码实施时，项目经理在 USDM 中创建两个工程组件以及数据库设计文件（用 USDM 的设计管理工具创建的数据库文件 db.wjsj），以管理代码的开发和维护。由于团队的组成原因，两个工程组件的编码组长都是一个人，即由项目经理兼任。

按照渐进式生命周期的特点，组件内容的划分是分若干次迭代实施的。每次均可以发布一个可运行版本。本案例中，分成三次迭代：①公告栏；②公文流转；③广电业务。

（3）其他　其他设计内容包括为实现需求规格包中的非功能需求、质量属性需求、环境需求等进行的设计。在本案例中，有性能、安全性和环境配置等方面的设计说明。

（4）编码规范　设计员根据构架内容，提供编码规范，要求后续的编码工作要遵循该规范要求。

思考及操作

1．概要设计阶段的主要任务是什么？

2．什么是耦合？什么是内聚？

任务三　编写详细设计说明书和数据库设计说明书

知识目标

1）学习如何编写详细设计说明书和数据库设计说明书。

2）学习如何细化功能及接口。

技能目标

1）能编写系统详细设计说明书。

2）能编写数据库设计说明书。

任务导入

软件详细设计是软件开发的重要阶段，软件详细设计细化了高层的概要设计，将软件结构中的主要部件划分为能独立编码、编译和测试的软件单元，并进行软件单元的设计，最终将影响软件的实现。优秀的详细设计在提高编码质量，保证开发周期，节约开发成本等各方面都起着非常重要的作用，是软件项目成功的关键保证。

任务分析与示范引导

在总体设计阶段，完成了对系统的体系结构的描述，还必须对系统结构作进一步的细化。详细设计阶段的任务是确定每个模块的实现算法和局部数据结构，用适当的方法表示算法和数据结构的细节。

一、详细设计中的算法设计

常用的描述工具有：传统的程序流程图、结构化流程图（N-S 图）、问题分析图（PAD 图）、判定表、PDL 语言等。

1．传统的程序流程图（图 1-3-14 和图 1-3-15）

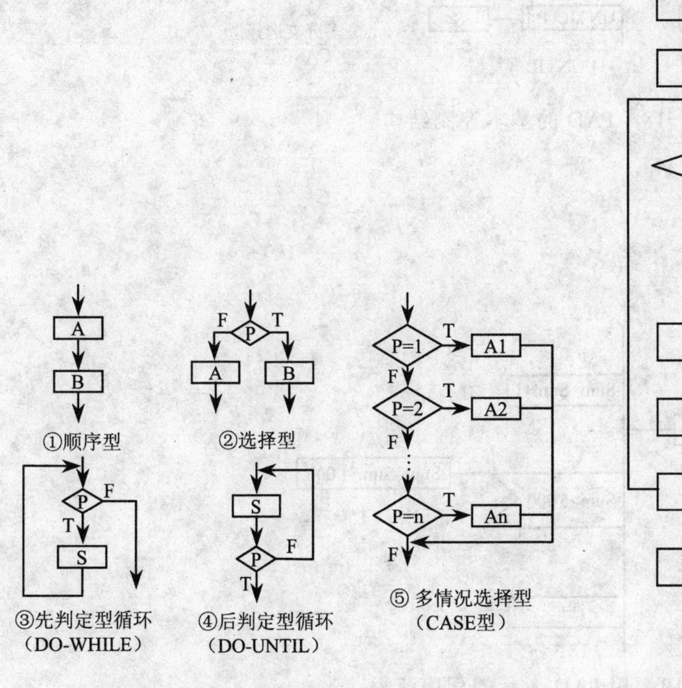

图 1-3-14　程序流程图的基本控制结构

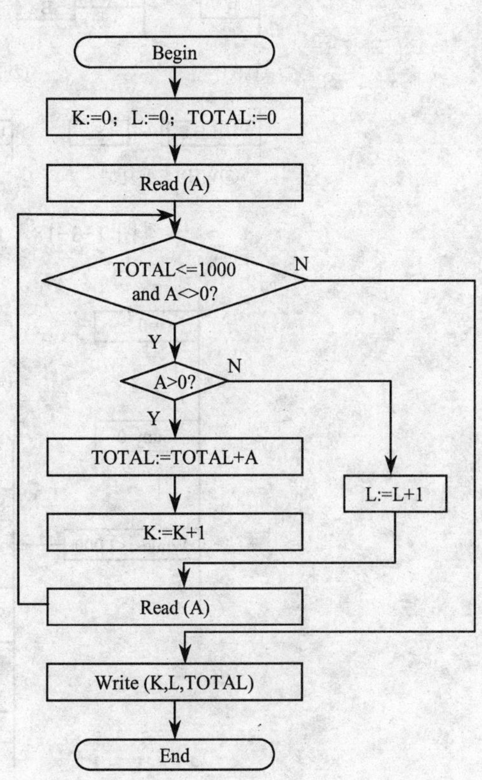

图 1-3-15　嵌套构成的流程图实例

2. N-S 图（图 1-3-16 和图 1-3-17）

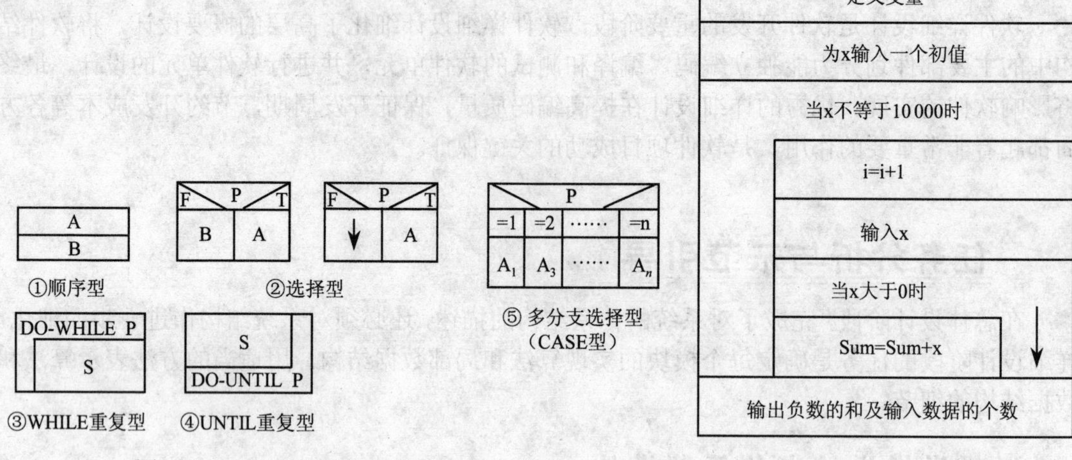

图 1-3-16 N-S 图的 5 种基本控制结构　　图 1-3-17 N-S 图的实例

3. PAD 图（图 1-3-18 和图 1-3-19）

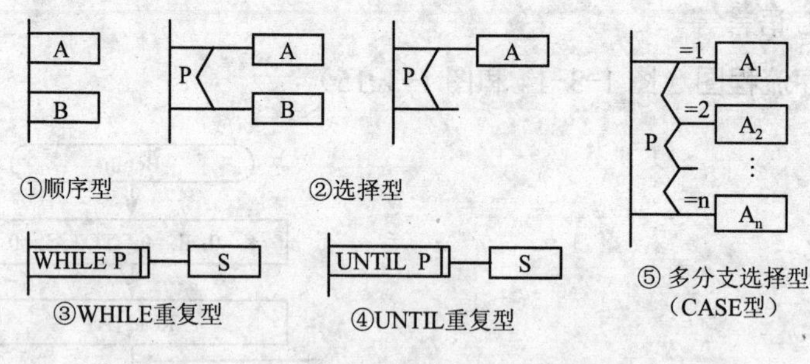

图 1-3-18 PAD 的基本控制结构

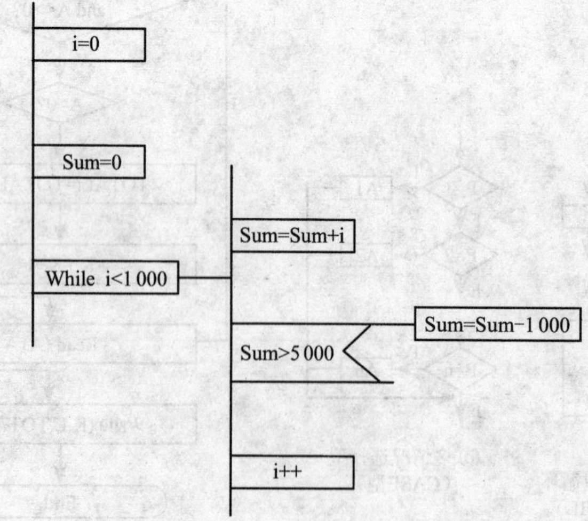

图 1-3-19 用 PAD 表示的程序流程

4. 判定表（表 1-3-1）

表 1-3-1 用判定表表示计算行李费的算法

机票种类和乘客类型	规则								
	1	2	3	4	5	6	7	8	9
国内乘客		T	T	T	T	F	F	F	F
头等舱		T	F	T	F	T	F	T	F
残疾乘客		F	F	T	T	F	F	T	T
行李重量 W<30 或 W=30	T	F	F	F	F	F	F	F	F
免费	×								
（W-30）×2				×					
（W-30）×3					×				
（W-30）×4		×						×	
（W-30）×6			×						×
（W-30）×8						×			
（W-30）×12							×		

5. PDL 语言

PDL 是一种用于描述功能模块的算法设计和加工细节的语言，也称为过程设计语言。它是一种伪码，是用正文形式表示数据和处理过程的设计工具。

【例 1-3-3】 用 PDL 描述查找错拼单词的程序。

```
PROCEDURE spellcheck IS
BEGIN
        split document into single words          把整个文档分离成单词
        look up words in dictionary               在字典中查这些单词
        display words which are not in dictionary 显示字典中查不到的单词
        create a new dictionary                   造一个新字典
END spellcheck
```

二、详细设计中的数据库设计

一般情况下，所有信息系统处理的数据都存储在数据库中。应用程序从数据库中获取数据，在程序内存中进行数据处理，并将数据的变化保存在数据库中。数据库具有数据容量大、可持久存储、允许多用户访问的特点，同时可以保证数据的可恢复性、一致性和可扩展性。在开发信息系统的过程中，必须对数据库进行详细设计。

关系数据库在整个数据库领域中占据主导地位，目前比较流行的关系数据库包括 Oracle、SQL Server、DB2 等产品。

1. 表与键

关系数据库模型建立在代数集合和谓词逻辑基础之上。表是一个代数集合，它包括一定数量的列和可变数量的行（或记录）。

一个键用于唯一标识关系表中的一行，它在关系表中可以有不同的使用方式：

1）主键是表设计时的一个预定义键，用“pk”表示。

2）次键是一种访问表中某行的候选方式，用“sk”表示。

3）外键是一个列的集合，它的值与另一个表中主键的值相对应，用“fk”表示。

在这里，主键不允许空值，使用外键可以将一个表中的记录与另一个表中的记录连接起来。

2．实体关系图

实体关系图（Entity-Relationship Diagram，ERD）作为数据建模的基础，描述数据对象及其关系。如图 1-3-20 所示教学管理系统中课程、学生、教师之间的实体关系图。其中，方框表示实体，椭圆表示属性，菱形表示实体之间的联系，连线表示实体之间或者实体与属性之间的联系实体。

实体关系图是最常用的概念数据库建模技术，它在较高的抽象层次上描述数据实体及其之间的关系，而与具体的数据库技术无关。

3．存储过程与索引

存储过程是一个存储在数据库中的程序，并且可以从数据库中被调用。在许多情况下，需要在数据库服务器中使用存储过程编写数据库的应用逻辑。

索引（Index）是一种数据结构，它与存储表记录的数据页相分离，并且包含一个由索引结点组成的层次树。

关系数据库不支持记录之间基于指针的导航路径，通过在数据库中使用索引可以提高搜索的性能。然而在数据发生变化时，数据库管理系统将自动进行索引重建。因此，对一个具有大量索引的数据库进行频繁修改，可能会降低应用程序的反应速度。

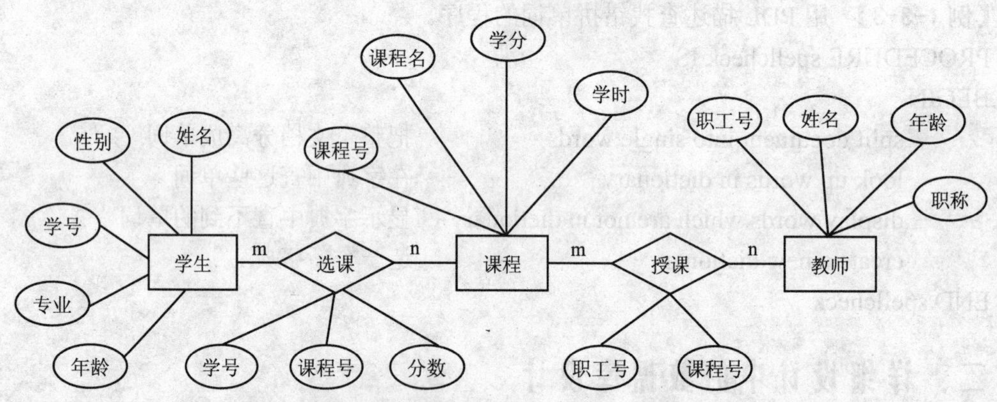

图 1-3-20　教学管理系统实体关系图

三、详细设计中的用户界面设计

1．用户界面设计原则

用户界面设计对于系统的成功是至关重要的。一个设计得很差的用户界面可能很容易导致用户产生错误，甚至让用户拒绝使用该系统。

用户界面设计是一项复杂的任务，它必须遵循一些“良好设计”的指导原则，以下介绍一些关键的用户界面设计原则。

（1）用户控制　用户应当感觉系统的运行在用户的控制之下。在图形界面或基于 Web 的界面中，用户指导程序的每一步执行。即使在程序进行某些处理或用户等待输出结果时，用户同样保持对控制的敏感度。

【例 1-3-4】 在用户执行网上购物系统的预订功能时，系统只允许用户直接输入所订资料的编号进行预订，用户会有什么感觉？

分析：在这种情况下，用户受制于程序的设计，无法按照自己的意愿控制程序的执行。除了直接输入资料编号的方式外，系统还允许用户查询资料，并在查询列表上直接指定有关资料进行预订，这样用户感觉会更好。

【例 1-3-5】 当程序进行某些需要占用较长时间的处理时，应该如何设计用户界面？

分析：在这种情况下，需要为用户提供及时的反馈信息，诸如一个沙漏、一个等待的指示器或其他类似的反馈信息。

（2）界面一致性　一致性要求用户界面遵循标准和常规的方式，让用户处在一个熟悉的和可预见的环境之中，这主要体现在命名、编码、缩写、布局以及菜单、按钮和键盘功能在内的控制使用等。

【例 1-3-6】 如何设计一个运行在 Windows 平台上的三维几何造型系统界面？

分析：应当采用 Windows 图形窗口的“外观和感觉”，与 Office 类型软件保持一致的界面风格和操作方式。

（3）界面容错性　一个好的界面应该以一种宽容的态度允许用户进行实验和出错，使用户在出现错误时能够方便地从错误中恢复。

【例 1-3-7】 在 Microsoft Word 系统中如何处理用户的误操作问题？

分析：系统允许撤销用户对文档的许多最近操作。

（4）界面美观性　界面美观性是视觉上的吸引力，主要体现在具有平衡和对称性，合适的色彩，各元素具有合理的对齐方式和间隔，相关元素适当分组，使用户可以方便地找到要操作的元素等。

【例 1-3-8】 如图 1-3-21 所示生产经营管理系统的 Web 界面，它在平衡和对称、色彩、元素分组、用户方便地查找信息等方面进行了良好的设计。

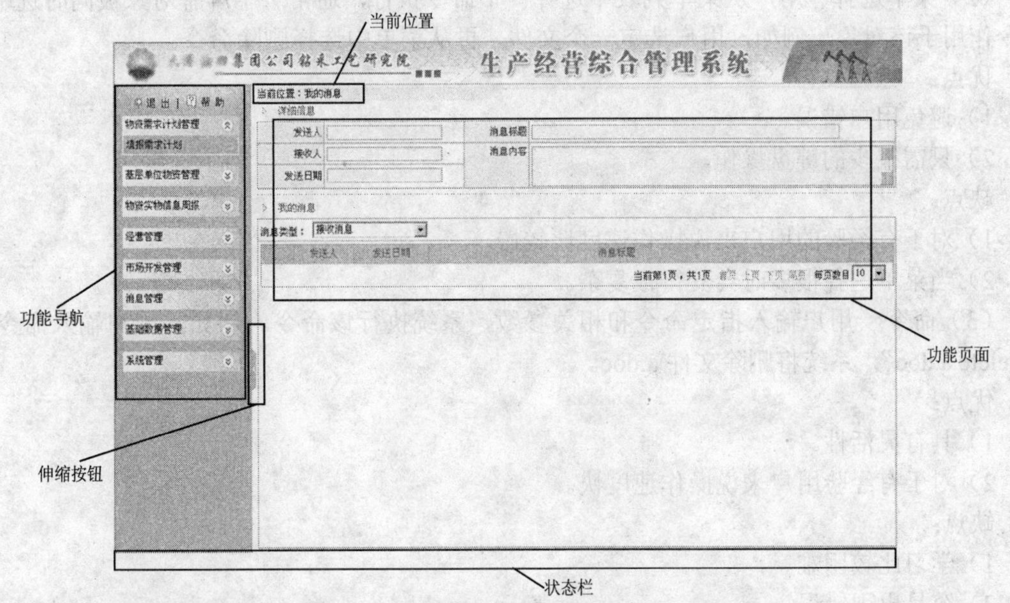

图 1-3-21　生产经营管理系统 Web 界面

（5）界面可适应性　界面可适应性是指用户界面应该根据用户的个性要求及其对界面的熟知程度而改变，即满足定制化和个性化的要求。所谓定制化，是在程序中声明用户的熟知程度，用户界面可以根据熟知程度改变外观和行为；所谓个性化，是用户按照自己的习惯和爱好设置用户界面元素。

【例 1-3-9】 如果系统需要供世界各地的用户使用，如何适应用户语言的变化问题？

分析：系统允许用户选择语言类型（中文、英文、意大利文等），并根据用户定制的语言类型显示不同语种的用户界面。

（6）命令排序　最常用的放在前面；按习惯工作步骤排序。

（7）极小化　尽量少用键盘组合命令，减少用户击键次数。

（8）广度和深度　由于受人记忆的局限性，层次不宜大于三层。

（9）显示提示信息　减少用户记忆内容。

2．用户交互方式

用户交互是用户将指令和相关数据传送给计算机，通常包括直接操作、菜单选择、命令、表格填写、自然语言等不同方式，每一种交互方式具有各自的优缺点，能够适应不同的应用类型和用户要求。

（1）直接操作　用户在屏幕上直接与对象进行交互。例如，用户删除一个文件时，直接将其拖入回收站中。

优点：

1）交互方式快速和直观。

2）容易学习。

缺点：

1）实现比较难。

2）只适合任务和对象有视觉隐喻的情况。

（2）菜单选择　用户从菜单列表中选择一个命令执行，通常一个屏幕对象被同时选中，命令作用于该对象。例如，用户选定一个文件，再从菜单中选择删除命令。

优点：

1）避免用户错误。

2）只需很少的键盘操作。

缺点：

1）对于有经验的用户来说操作速度比较慢。

2）当菜单选择很多时会变得很复杂。

（3）命令　用户输入指定命令和相关参数，系统执行该命令。例如，用户输入命令行“delete a.doc”，系统将删除文件 a.doc。

优点：

1）具有灵活性。

2）对于有经验用户来说操作速度快。

缺点：

1）学习比较困难。

2）容易出现错误。

（4）表格填写　屏幕上显示空白的表格输入项，用户直接填写信息，同时屏幕上可能有操作按钮。

优点：

1）数据输入简单。

2）容易学习。

缺点：

占用较大的屏幕空间。

（5）自然语言　用户使用自然语言发出命令，系统识别语言命令并执行。

优点：适合个别用户。

缺点：自然语言理解不可靠。

3. 信息显示

通常，系统中的信息需要用不同的形式呈现给用户。在典型的 MVC 结构中，系统的业务信息被封装在模型对象中，每个模型对象可以有多个视图对象与之关联，每个视图都是模型的一种显示表示方式。

开发人员进行用户界面设计时，应该选择最佳的方式来表示信息。一般情况下，信息的表示方式主要包括文本方式和图形方式，其中文本方式占据较少的屏幕空间，而图形方式所显示的内容比较直观。

【例 1-3-10】 某系统需要显示库存商品的名称、规格、单价、数量等信息，应该选择哪一种方式表示信息？

分析：在这种情况下，库存商品信息需要精确表示，并且在一段时间内不会发生变化，因此最好选择文本方式。

【例 1-3-11】 某系统需要按月汇总某个商品的销售情况，应该选择哪一种方式表示信息？

分析：在这种情况下，应该提供文本和图形两种方式。在查看精确数字时，可以选择文本方式显示信息；在研究销售趋势时，可以选择直方图显示信息。

【例 1-3-12】 某系统需要监控一个设备的压力和温度，应该选择哪一种方式表示信息？

分析：该设备的压力和温度是动态变化的，而不断变化的数字显示容易引起混乱，使用连续的图形模拟显示使人观察起来更加直观，如图 1-3-22 所示。

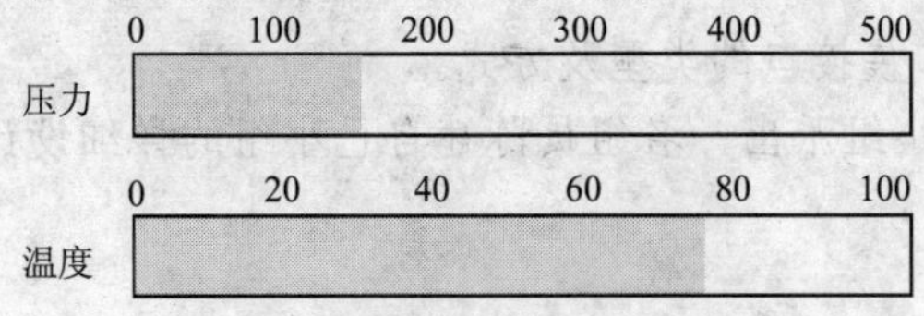

图 1-3-22　监控一个设备的压力和温度界面

4. 用户支持

用户界面应该提供清晰的系统提示和反馈信息，并提供某种形式的在线帮助。这些信息的描述需要认真地进行设计，应当考虑到上下文环境、用户的经验和水平、信息显示风格以及产品所在国家的语言文化等。

（1）错误信息　没有经验的新用户在使用系统时很可能会产生错误，系统应该给出明确易懂的错误提示。因此，开发人员设计错误信息时应该预见到用户的背景和经验，而且错误信息描述应当是简洁的、一致的和建设性的，表 1-3-2 给出了一些有问题的错误信息以及改正后的结果。

表 1-3-2　错误提示信息

有问题的错误信息	改正后的结果
输入无效	用户 ID 号应该是 5 位数字
语法错误	左括号不匹配
输入中有字母，重输！	输入项必须是数字，请重新输入
年份无效	年份必须在 1975～2011 之间

（2）帮助系统　用户在使用系统遇到问题时可以求助于帮助系统以获得更多的支持。一般来说，帮助系统具有复杂的网络结构，从其中的每一个帮助页面都可以访问其他的信息页面。需要说明的是帮助系统不应该是用户手册的简单复制，其文本内容、格式和风格都需要仔细地设计，以保证可以在任何大小的窗口中都是易读的。

模仿试做

1）编写要素及要点：编写所开发系统的详细设计和数据库设计说明书。

① 功能模块的细化。

② 确定功能模块的输入及输出。

③ 建立函数字典。

④ 明确输入输出接口的参数、返回值类型等特性。

⑤ 设计数据库表。

⑥ 设计数据库图表、储存过程。

⑦ 建立数据库表关系（使用 UML 进行数据库建模）。

⑧ 明确数据与模块间的关系（包括产出及接收）。

⑨ 设计特殊算法。

⑩ 设计外部接口或扩展接口的类型及方式。

2）开讨论会，每个小组派出一名组员陈述自己小组的详细设计说明书和数据库设计说明书。

检查评估

1）对详细设计的熟悉程度（20 分）。

2）详细设计说明书的编写情况（30 分）。

3）分析、解决问题的能力（20 分）。

4）工作过程的记录与表现（20 分）。

5）团队合作精神（10 分）。

总结提高

软件设计包括功能分解、高内聚低耦合、软件复用等基本原则。面向对象设计是根据已建立的系统分析模型，运用面向对象技术进行软件设计，通常包括系统设计和对象设计（或详细设计）两个层次。

软件设计既是过程又是模型。设计过程是一系列迭代的步骤，它们使设计者能够描述要构造的软件的所有方面。

思考及操作

一、思考题

1. 概要设计的步骤和任务是什么？
2. 软件设计有哪些原则？
3. 详细设计的工具有哪几类？试比较它们的优缺点。

二、选择题

1. 总体设计的目标是（　　）。

A．确定系统的功能与模块结构　　B．确定系统的费用

C．确定系统的算法　　D．确定开发系统使用的语言

2.（　　）系统设计的主要任务是细化分析模型，最终形成系统的设计模型。

A．真　　B．假

3.（　　）关系数据库可以完全支持面向对象的概念，面向对象设计中的类可以直接对应到关系数据库中的表。

A．真　　B．假

4.（　　）用户界面设计对于一个系统的成功是至关重要的，一个设计得很差的用户界面可能导致用户拒绝使用该系统。

A．真　　B．假

5. 内聚表示一个模块（　　）的程度，耦合表示一个模块（　　）的程度。

A．可以被更加细化　　B．仅关注在一件事情上

C．能够适时地完成其功能　　D．连接其他模块和外部世界

6. 良好设计的特征是（　　）。

A．模块之间呈现高耦合　　B．实现分析模型中的所有需求

C．包括所有组件的测试用例　　D．提供软件的完整描述

E．选项B和D　　F．选项B、C和D

7.（　　）是选择合适的解决方案策略，并将系统划分成若干子系统，从而建立整个系统的体系结构；（　　）细化原有的分析对象，确定一些新的对象、对每一个子系统接口和类进行准确详细的说明。

A．系统设计　　B．对象设计　　C．数据库设计　　D．用户界面设计

8. 下面的（　　）界面设计原则不允许用户保持对计算机交互的控制。

A．允许交互中断　　　　　　　　　　B．允许交互操作取消
C．对临时用户隐藏技术内部信息　　　D．只提供一种规定的方法完成任务

任务四　在 USDM 平台中完成系统设计

知识目标

1）掌握设计工具的使用。
2）学习如何在 USDM 平台中签入设计阶段文档。

技能目标

1）能够熟练使用 USDM 的设计工具。
2）能够在 USDM 平台中签入设计阶段文档。

任务导入

USDM 设计管理工具介绍。

任务分析与示范引导

1）USDM 的设计管理工具的使用。设计管理工具如图 1-3-23 所示。

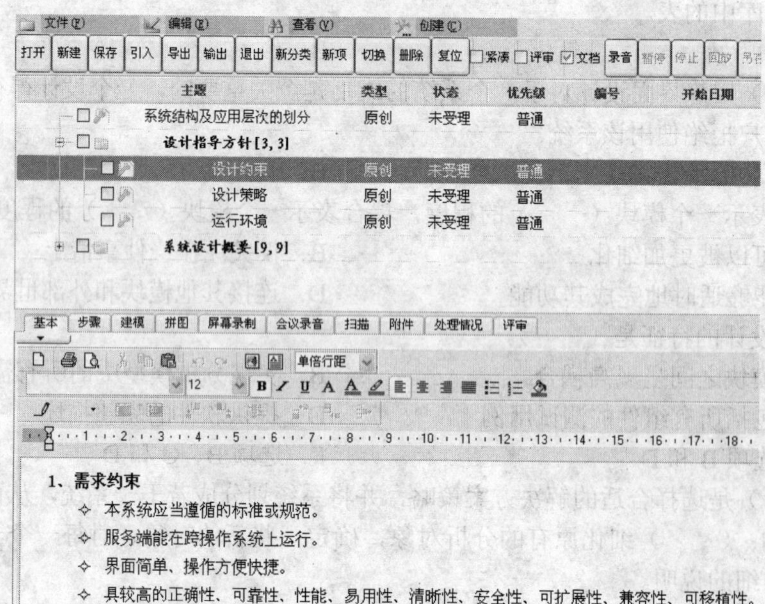

图 1-3-23　设计管理工具

2）在 USDM 中使用设计管理工具创建概要设计文档。窗口如图 1-3-24 所示。

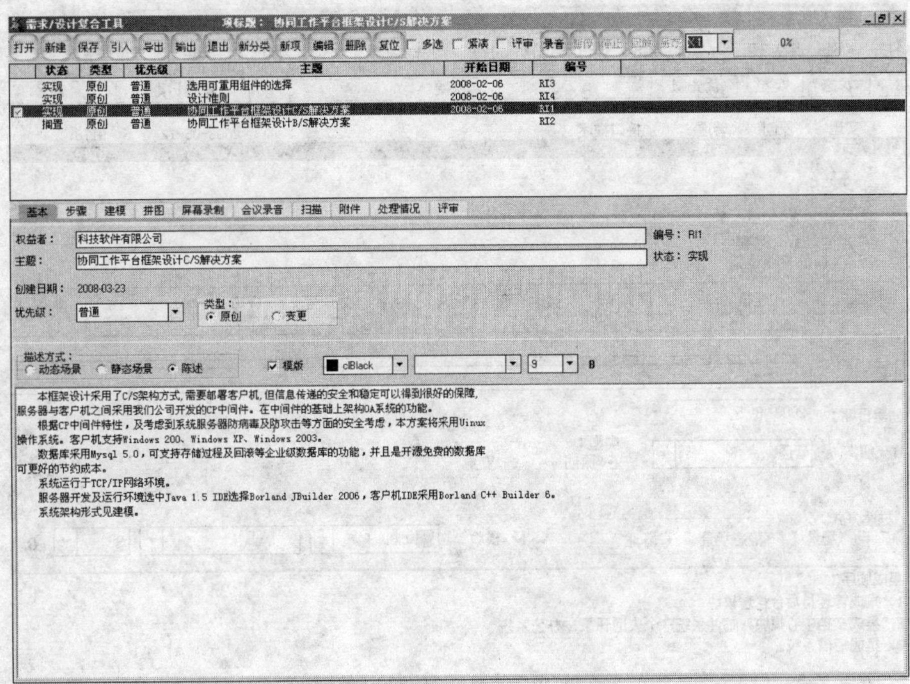

图 1-3-24　创建概要设计文档

3）将概要设计文件签入 USDM 中心。

4）在 USDM 中使用设计管理工具创建详细设计文档。

① 接口描述，如图 1-3-25 所示。

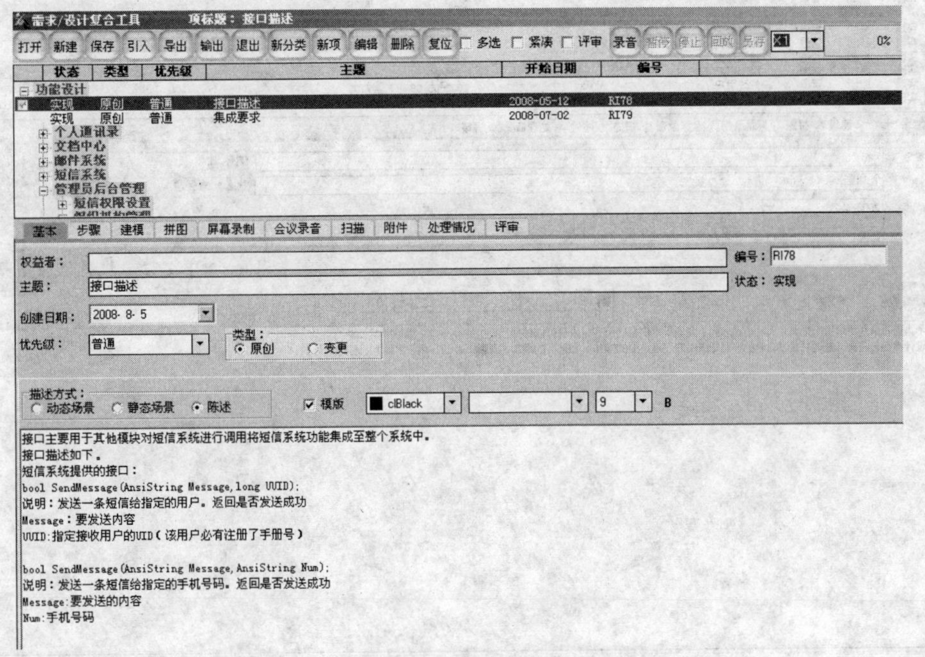

图 1-3-25　接口描述

② 集成要求，如图 1-3-26 所示。

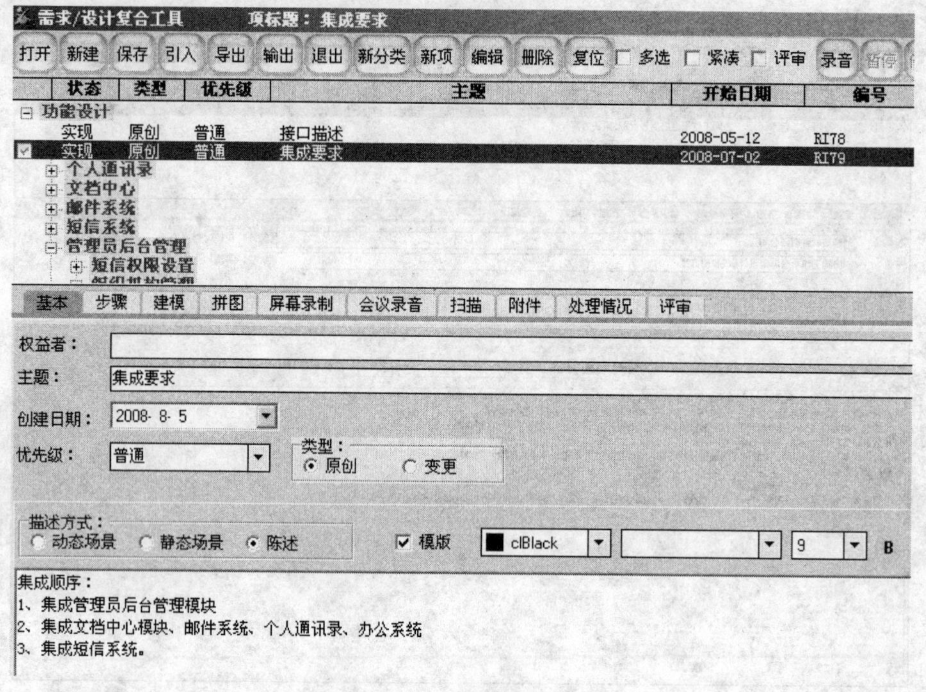

图 1-3-26　集成要求

③ 个人通讯录，如图 1-3-27～图 1-3-29 所示。

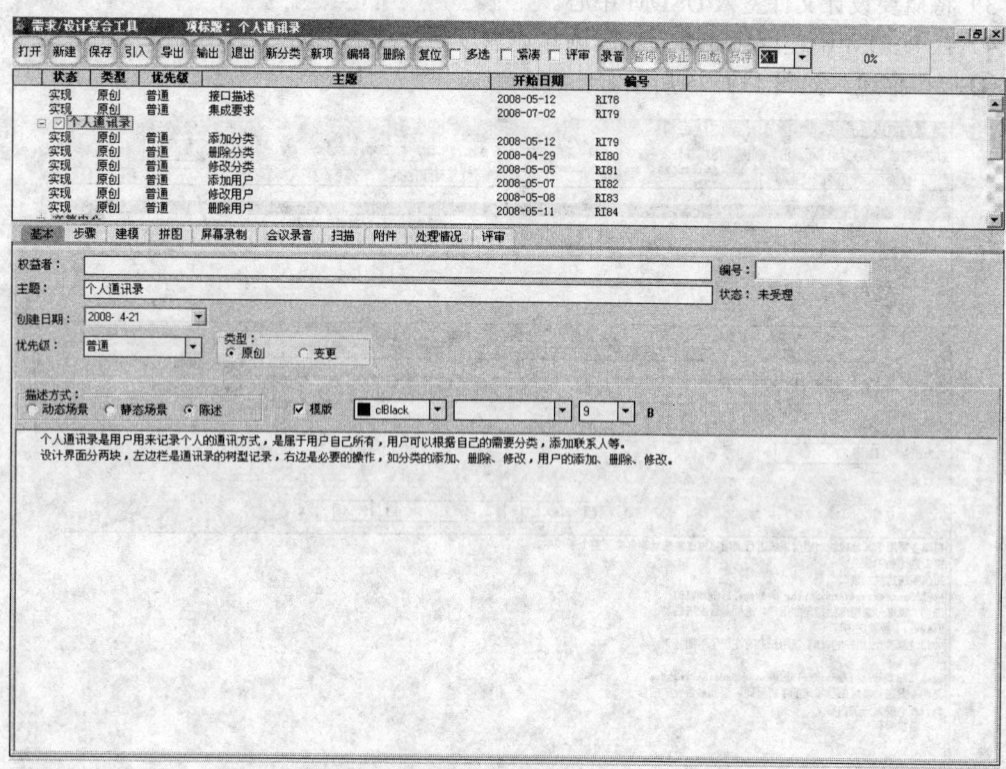

图 1-3-27　个人通讯录

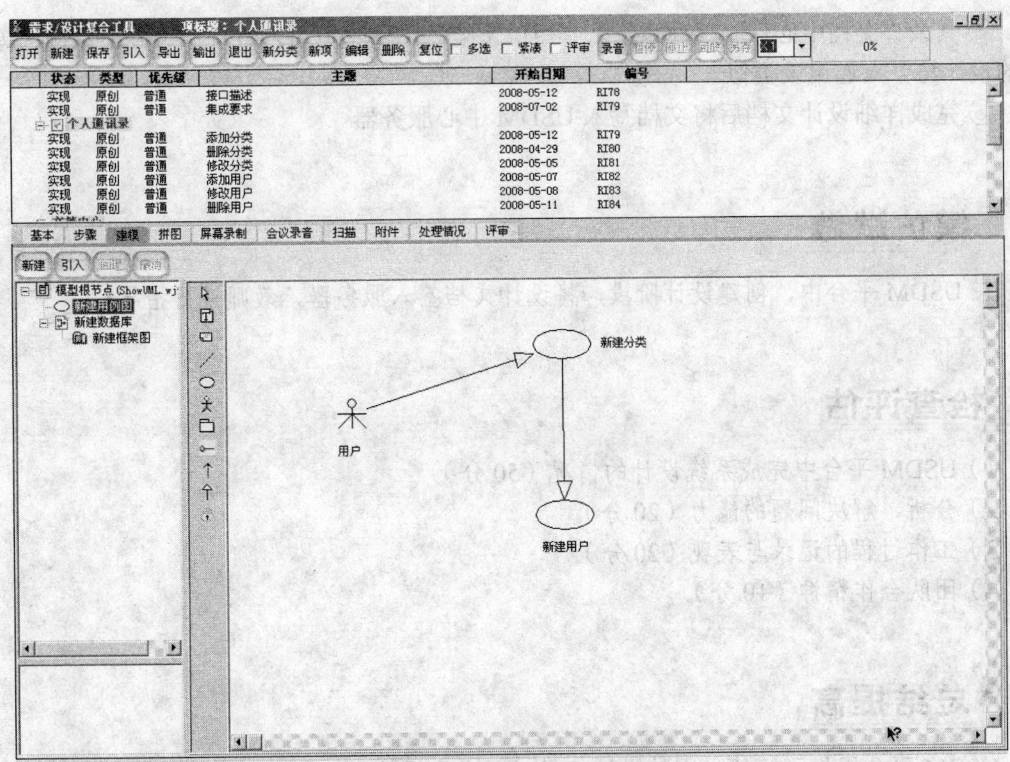

图 1-3-28　个人通讯录用例图

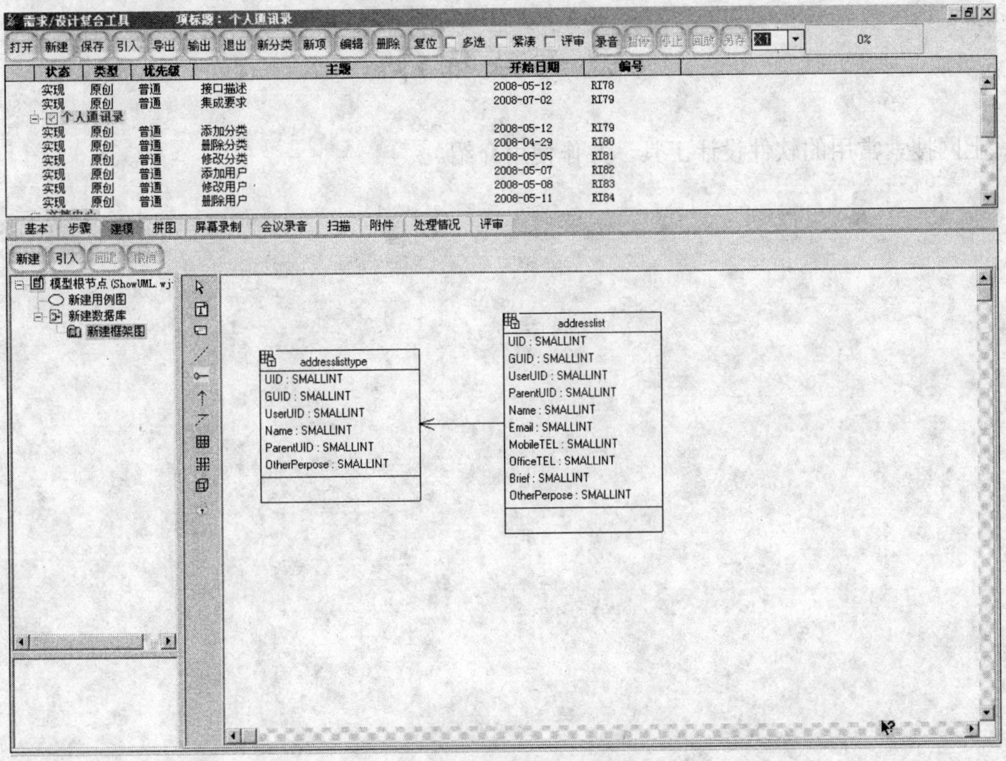

图 1-3-29　个人通讯录数据库设计图

④ 其余“文档中心”、“邮件系统”、“短信系统”、“管理员后台管理”、“办公系统”等模块的设计与个人通讯录类似。

⑤ 完成详细设计文档后将文档签入 USDM 中心服务器。

模仿试做

在 USDM 平台中，创建设计阶段，将设计文档签入服务器，教师进行指导。

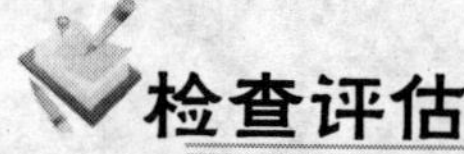

检查评估

1）USDM 平台中完成系统设计的情况（50 分）。
2）分析、解决问题的能力（20 分）。
3）工作过程的记录与表现（20 分）。
4）团队合作精神（10 分）。

总结提高

USDM 平台提供了简便易用的设计工具，对进行系统设计很有帮助。

思考及操作

上网搜索常用的软件设计工具，并作使用介绍。

模块四　系 统 编 码

任务一　新闻系统开发

知识目标

1）学习 JSP 编码规范。

2）学习 JSP 编程技巧。

技能目标

1）能够运用 JSP 技术进行新闻系统开发。

2）培养团队协作能力。

任务导入

新闻管理模块功能描述：

主要对公司的内部新闻（通知，重要事件）等进行发布与管理。对新闻可以分栏目进行管理，新闻的栏目由管理员进行添加、删除和修改，栏目在首页显示的位置可以根据需要进行手动排序，新闻栏目下也可以根据需要，添加幻灯片；管理员也可以对新闻栏目是否在首页，是否显示进行设置；系统所有成员可以起草发布新闻，起草发布的新闻需要等待新闻管理员或者系统管理员进行审核通过后，其他用户方可看到；用户可以根据需要对新闻进行检索，以利于快速查找到想要的新闻信息；管理员可以设置新闻系统的管理员，也可以设置黑名单中的用户（黑名单中的用户没有起草发布新闻的权力）。

任务分析与示范引导

一、软件编码

1. 什么是软件编码

软件实现是软件产品由概念到实体的一个关键过程，它将详细设计的结果翻译成用某种程序设计语言编写的并且最终可以运行的程序代码。虽然软件的质量取决于软件设计，但是规范的程序设计风格将会对后期的软件维护带来不可忽视的影响。

有人认为“软件编码是将软件设计模型机械地转换成源程序代码，这是一种低水平的、缺乏创造性的工作。”这种观点显然是错误的，软件编码是设计的继续，它将影响软件质量和可维护性。正确的观点是“软件编码是一个复杂而迭代的过程，它由设计模型和项目基础设施（诸如所选择的开发工具、标准、准则和过程）进行驱动，最终产生集成应用程序，并通过最终测试。”

2．软件编码过程

如图 1-4-1 所示软件编码的基本过程。除了编写代码之外，程序员还有大量的其他工作。建模人员一起理解软件模型，补充遗漏的或剩余的详细设计，设计程序代码的结构；检查程序设计结果，记录发现的设计缺陷；应用编码规范进行代码编写，而且所编写代码应该是易验证的；检查所写代码，记录发现的代码缺陷；编译代码，并修改代码的语法错误；对代码进行单元测试，并调试代码和修改错误；积极参与软件的集成和构建过程。

一个优秀的开发人员在开发过程中应该具有维护的思想，而不是局限于开发本身。在软件产品的生命周期中，维护和支持需要花费整个生命周期的 70%以上，这意味着应该在编程时充分考虑软件维护的要求，以便在软件投入使用之后能够容易地修改和更新。

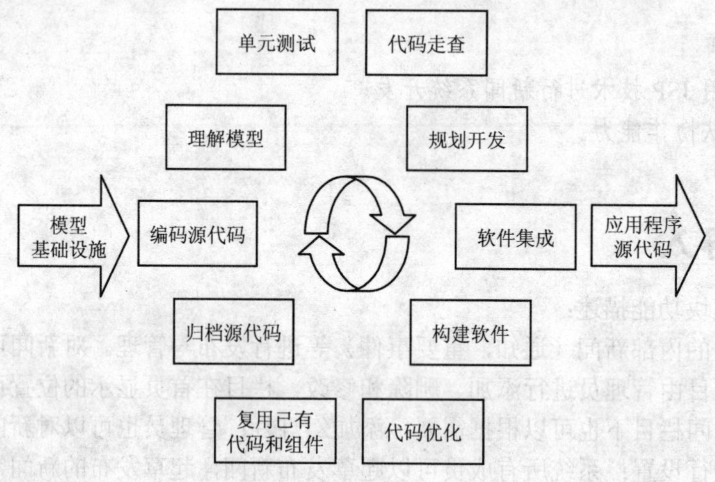

图 1-4-1　软件编码的基本过程

二、软件编码规范

1．建立编码风格

编码风格是指在不影响程序正确性和效率的前提下，有效编排和合理组织程序的基本原则。源程序的风格统一标志着可维护性、可读性、易测试性，是软件项目的一个重要组成部分。通过建立代码编写规范，形成开发小组的编码约定，可以提高程序的可靠性、可读性、可修改性、可维护性、可继承性和一致性，可以保证程序代码的质量，继承软件开发成果，充分利用资源，使开发人员之间的工作成果可以共享。

为了编写出可读性好、易测试、易维护且可靠性高的程序，软件开发人员必须重视编码的风格。编码风格主要体现在以下四个方面：源程序文档化，数据说明的方法，表达式和语句结构，输入/输出方法。力图从编码原则的角度提高程序的可读性，改善程序质量。

2. 源程序文档化

1）标识符的命名应反映它所代表的实际东西，应有一定实际意义。

例如，名字用Name表示，和用Sum表示，类型用Type表示等，尽量做到“见名知意”。名字不是越长越好，过长的名字会使程序的逻辑流程变得模糊，给修改带来困难。所以应当选择精炼的、意义明确的名字，改善对程序功能的理解，必要时可使用缩写名字，但缩写规则要一致，并且要给每一个名字加注释。在一个程序中，一个变量只应用于一种用途，也就是说，在同一个程序中一个变量不能“身兼”几种工作。

2）程序中的注释是程序员与日后的程序读者之间通信的重要手段。

正确的注释能够帮助读者理解程序，可为后续阶段进行测试和维护提供明确的指导。因此，注释绝不是可有可无的，大多数程序设计语言允许使用自然语言来写注释，这就给阅读程序带来很大的方便。注释主要有两种：序言性注释和功能性注释。

序言性注释通常置于每个程序模块的开头部分，它应当给出程序的整体说明，对于理解程序本身具有引导作用。有些软件开发部门对序言性注释作了明确而严格的规定，要求程序编制者逐项列出。有关项目包括：

1）程序标题。

2）有关本模块功能和目的的说明。

3）主要算法。

4）接口说明。它包括调用形式，参数描述，子程序清单。

5）有关数据描述。即重要的变量及其用途，约束或限制条件以及其他有关信息。

6）模块位置。即在哪一个源文件中，或隶属于哪一个软件包。

【例1-4-1】 一段程序的序言性注释的实例。

```
/*
* 文件名：SendFileStream.java
 * 标题: 文件发送类
 * 描述: 本类用于发送文件流
* Copyright: Copyright (c) 2009
 * 公司: 伍杰科技软件有限公司
 * 作者：  鲍治
 * 版本：Version 1.0
* 日期：2010年9月8日
*/
```

3）程序的视觉组织。

利用空格、空行和移行，提高程序的可视化程度。恰当地利用空格，可以突出运算的优先性，避免发生运算的错误。自然的程序段之间可用空行隔开，对于选择语句和循环语句，把其中的程序段语句向右做阶梯式移行，这样可使程序的逻辑结构更加清晰，层次更加分明。其中，缩排是一种最常用、最有效的技术，其通过版式展现程序的逻辑。正如下面例题所证明的，缩排的程序要比未缩排的程序更易于阅读。

【例1-4-2】 一段缩排的IF语句实例。

```
function DelPostCallBack() {
    if (xmlHttp.readyState == 4) {
```

```
        if(xmlHttp.responseText.Trim() =="0"){
            code = 0;
            PTD.parentNode.removeChild(PTD);
        }else{
            code = 1;
            alert("删除失败");
        }
    }
}
```

3. 数据说明

在详细设计阶段就已经确定了系统涉及数据结构的组织和复杂程度，但对数据进行说明是在编码时进行的。为了使数据说明便于理解和维护，必须注意下面几点：

1）数据说明的次序应规范。为方便阅读、理解和维护，数据说明的次序应规范化，使说明的先后次序固定，使数据属性容易查找。在类型说明中还可进一步要求，例如，可按整型量说明、实型量说明、字符量说明、逻辑量说明顺序排列。

2）当用一个语句说明多个变量名时，应当对这些变量按字母的顺序排列。

3）如果设计了一个复杂的数据结构，应当使用注释来说明在程序实现时这个数据结构的特点。

三、软件代码审查

1. 错误的严重性与类型

软件实现的目的是编写正确的源程序，那么，没有编译错误的源程序就是正确的代码吗？显然不是。首先，在语法上没有错误的程序模块，在语义上不一定是正确的；其次，即使没有编译错误，也可能存在某些功能上或性能上的不足。

代码走查被证明是一种有效的错误检测技术，它比使用程序测试发现错误要经济得多。代码走查是由编程人员组成一个走查小组，通过阅读代码，并进行提问和讨论，从而发现可能存在的缺陷、遗漏和矛盾的地方。

错误严重性是代码检查的基本特性，通过对其进行分类可以划定错误的优先顺序，以便理性地调度工作。在这里，给出了一种错误严重性的分类。

1）严重的：需求没有满足。

2）很小的：不影响运行和维护。

3）中等的：除了以上两种情况。

程序错误一般包括数据缺陷、控制缺陷、计算缺陷、接口缺陷、输入/输出缺陷、存储管理缺陷、异常处理缺陷等类型。

2. 代码检查清单

代码检查应该有程序员常见错误的核对清单，通常这个清单由开发团队中有经验的开发人员经过讨论而形成，并且随着开发的积累而不断修正和丰富。

代码检查清单与具体程序设计语言相关，每一个开发组织将针对不同的程序设计语言建立自己的代码检查清单。在这里，给出一个 JAVA 语言的代码检查清单。

[代码检查：类]

C1：类的命名是否与需求和设计相符？

C2：能否是抽象的？

C3：类的头部是否说明了该类的目的？

C4：类的头部是否引用了相关的需求和设计元素？

C5：是否说明了该类所从属的包？

C6：是否尽量地私有（Private）？

C7：应该是 Final（JAVA 语言）吗？

C8：是否已经应用了文档标准？

[代码检查：属性]

A1：该属性是否必要？

A2：能否是静态的（Static）？

A3：应该是 Final 吗？

A4：是否正确地应用了命名约定？

A5：是否尽量地私有（Private）？

A6：属性之间是尽可能地独立吗？

A7：初始化策略是否可理解？

说明时初始化？

使用构造函数初始化？

使用静态块 Static { }？

混合使用上述方法？如何初始化？

[代码检查：构造函数]

CO1：该构造函数是否必要？使用工厂方法是否更合适？

CO2：是否平衡已有的构造函数？（一种 JAVA 仅有的能力）

CO3：是否将所有的属性进行了初始化？

CO4：是否尽量地私有（Private）？

CO5：必要时，是否执行了继承的构造函数？

[代码检查：方法头]

MH1：该方法是否被适当地命名？是否与需求或设计一致？

MH2：是否尽量地私有（Private）？

MH3：能否是静态的（Static）？

MH4：应该是 Final 吗？

MH5：方法的头部是否描述了该方法的目的？

MH6：方法的头部是否引用了该方法满足的需求或设计部分？

MH7：是否说明了所有必要的变量？

MH8：是否说明了所有的前置条件？

MH9：是否说明了所有的后置条件？

MH10：是否应用了文档标准？

MH11：参数类型是否受限？

[代码检查：方法体]

MB1：算法是否与设计伪码或流程图相符？

MB2：代码假设只有前置条件吗？

MB3：代码是否产生了每一个后置条件？

MB4：代码是否遵守了所要求的不变式？

MB5：是否每一个循环都能够终止？

MB6：是否遵循了所要求的符号标准？

MB7：是否每一行都进行了彻底检查？

MB8：所有括号是否匹配？

MB9：是否考虑了所有非法参数？

MB10：代码是否返回了正确的类型？

MB11：代码是否被清楚地注释？

3．技术说明

以新闻起草页面为例，Jsp 页面采用表格进行布局，加上层叠样式表进行样式控制，页面中包含两个文本框、下拉列表、新闻内容编辑器、超链接和按钮等元素。文本框用于输入新闻名称和新闻发布日期；新闻编辑器是 FCKEditro（该编辑器是开源组件），使用 Jsp 标签加载；下拉列表用于选择新闻栏目；超链接用于添加附近信息。页面中还是用到 Ajax 技术，附件采用 COS 组件进行上传。具体代码如下。

Jsp 标签加载 Fckeditor 编辑器：

```
<%@ taglib uri="/WEB-INF/FCKeditor.tld" prefix="FCK" %>
<FCK:editor id="EditorDefault" basePath="FCKeditor/" height="350" width="750"></FCK:editor>
```

Ajax 实现新闻附件的删除，主要用在对新闻进行修改。

```
<script type="text/javascript" language="javascript">
    var xmlHttp;
    var PTD;
    function DelFile(TDId,FileUID){
        if(confirm('确定要删除此文件吗?')){
            code = 1;
            createXmlHttp();//创建 XMLHttpRequest 对象
            xmlHttp.onreadystatechange = DelPostCallBack; //设置回调函数
            xmlHttp.open("POST", "manage_main_write_DelFile.jsp", true); //发送 POST 请求
            //设置 POST 请求体类型
            xmlHttp.setRequestHeader("Content-type","application/x-www-form-urlencoded");
            xmlHttp.send("sid=" + encodeURI('<%=sid%>') +
                "&FileUID=" + encodeURI(FileUID) +
                "&uid=" + encodeURI('<%=uid%>') +
                "&msgDetailUID=" + encodeURI('<%=msgDetailUID%>'));
            var TD= document.getElementById(TDId);
            PTD = TD;
```

```
        }
    }

    function createXmlHttp() {
//根据 window.XMLHttpRequest 对象是否存在使用不同的创建方式
    if (window.XMLHttpRequest) {
        xmlHttp = new XMLHttpRequest();//FireFox、Opera 等浏览器支持的创建方式
    } else {
        xmlHttp = new ActiveXObject("Microsoft.XMLHTTP");//IE 浏览器支持的创建方式
    }
}
function DelPostCallBack() {
    if (xmlHttp.readyState == 4) {
        if(xmlHttp.responseText.Trim() =="0"){
            code = 0;
            PTD.parentNode.removeChild(PTD);
        }else{
            code = 1;
            alert("删除失败");
        }
    }
}
</script>
```

上传附件方法：

```
    public long[] UploadFile() throws ServletException, IOException {
        Vector UIDList = new Vector();
        String saveDirectory = "D:\\temp";//设定文件上传路径
        File uploadPath = new File(saveDirectory);
        if (!uploadPath.exists()) {//判断文件夹是否存在
            uploadPath.mkdir();
        }

        int maxPostSize = 1024 * 1024 * 1024;//最大上传文件的大小

        RandomFileRenamePolicy rfrp = new RandomFileRenamePolicy();//命名原则
        multi = new MultipartRequest(req, saveDirectory, maxPostSize, "gb2312", rfrp);//初始化上传组件并执行上传文件
        Enumeration filesname = multi.getFileNames();

        while (filesname.hasMoreElements()) {
            String name = (String) filesname.nextElement();
            String fileSystemName = multi.getFilesystemName(name);//获得系统命名的文件名
```

```
            String fileName = multi.getOriginalFileName(name);//获得原文件名
            File f = multi.getFile(name);
            long fileLen = f.length();//获得文件的大小
            String ContentType = multi.getContentType(name);//获得文件的类型

            long fuid = AddDataBase(fileName, fileSystemName, fileLen);
            if (fuid != -1) {
                UIDList.add(new Long(fuid));
            } else {
            }
        }
        long[] uids = new long[UIDList.size()];
        for (int i = 0; i < UIDList.size(); i++) {
            uids[i] = ((Long) UIDList.get(i));
        }
        return uids;
    }
```

新闻内容提交后，先上传附件，附件上传完毕后，系统处理提交的新闻表单信息，采用 CP 中间件进行处理，代码如下：

```
Property pp=new Property();
ResultSet rs=new ResultSet();//实例化 CP 中间件
pp.setFunName();//加载方法
pp.addString();//添加 String 类型参数
rs=exec.execCmd(pp);//执行
```

方法体代码如下，用来记录新闻内容。

```
package cpserver.MessageCentre.StorageProcess;

import cpKernel.InterfaceClass;
import cpKernel.GlobalDefine.ExecuteResult;
import cpKernel.DataStruct.ParameterDepictInfo;
import cpKernel.GlobalDefine.PublicFunction;
import cpserver.MessageCentre.Functions.HTMLConvert;

public class CreatemsgDetail extends InterfaceClass {

    public CreatemsgDetail() {
    }

    public void ExecMethod(ParameterDepictInfo p[]) {
        if (!VerifyParameter(p)) {
            ReturnExecuteResult(ExecuteResult.EXECUTE_ERROR_PARAME);
            return;
```

```
}

if (!this.jdbcConn.CreateConnect()) {
    ReturnExecuteResult(ExecuteResult.EXECUTE_ERROR_DATABASECONNECT); //返回数据库出错
    return;
}

String Title = (String) p[0].Values;
String CreateTime = (String) p[1].Values;
String Content = (String) p[2].Values;
int MsgTypeUID = (Integer) p[3].Values;
String action = (String) p[4].Values;
HTMLConvert HTMLConvert1 = new HTMLConvert(Content);
Content = HTMLConvert1.ConvertToText();
Content = jdbcConn.CheckSQL(Content);
int msgDetailUIDForedit = (Integer) p[5].Values;
String imgUrl = (String) p[6].Values;
//int slide=(Integer)p[7].Values;

if (action.equals("write")) {
    String GUID = PublicFunction.CreateGUID();
    String SQL = "";
    SQL = " insert into msgcentredetail (GUID,Title,ProvideUserUID,Content,CreateTime,MsgTypeUID) VALUES ('"
+ GUID + "','" + Title + "','" + this.UserUID + "','" + Content +
            "','" + CreateTime + "','" + MsgTypeUID + "')";
    if (!jdbcConn.ExecSQL(SQL)) {
        ReturnExecuteResult(ExecuteResult.EXECUTE_ERROR_SQL); //返回 SQL 语句出错
        return;
    }

    int msgDetailUid = PublicFunction.getGUID(jdbcConn, GUID, "msgcentredetail");
    String imgGUID = PublicFunction.CreateGUID();
    String imgSQL = "insert into `msgcenterimage` (`GUID`,`msgDetailUID`,`imageUrl`,`MsgTypeUID`) values('" +
imgGUID + "','" + msgDetailUid + "','" + imgUrl + "','" + MsgTypeUID + "')";
    if (!jdbcConn.ExecSQL(imgSQL)) {
        ReturnExecuteResult(ExecuteResult.EXECUTE_ERROR_SQL);//返回 SQL 语句出错
        return;
    }

    int FileNum = (Integer) p[7].Values;
    if (FileNum > 0) {
```

```
                int msgDetailUID = PublicFunction.getGUID(jdbcConn, GUID,
                        "msgcentredetail");
                for (int i = 7 + 1; i <= 7 + FileNum; i++) {
                    String GUIDFile = PublicFunction.CreateGUID();
                    String FileSQL =
                            " insert into msgcentrefile (GUID,msgDetailUID,FileUID) VALUES ('" + GUIDFile + "','" +
msgDetailUID + "','" + (Integer) p[i].Values +
                            "')";
                    if (!jdbcConn.ExecSQL(FileSQL)) {
                        ReturnExecuteResult(ExecuteResult.EXECUTE_ERROR_SQL); //返回 SQL 语句出错
                        return;
                    }
                }
            }
        } else if (action.equals("edit")) {
            String SQL = " update msgcentredetail set Title ='" + Title + "',Content = '" + Content + "',CreateTime = '" +
CreateTime + "',MsgTypeUID = '" + MsgTypeUID + "' where UID =" + msgDetailUIDForedit;
            if (!jdbcConn.ExecSQL(SQL)) {
                ReturnExecuteResult(ExecuteResult.EXECUTE_ERROR_SQL); //返回 SQL 语句出错
                return;
            }

            String imgSQL = " update `msgcenterimage` set `imageUrl` ='" + imgUrl + "',MsgTypeUID = '" + MsgTypeUID +
"' where msgDetailUID =" + msgDetailUIDForedit;
            if (!jdbcConn.ExecSQL(imgSQL)) {
                ReturnExecuteResult(ExecuteResult.EXECUTE_ERROR_SQL);//返回 SQL 语句出错
                return;
            }

            String GUID = PublicFunction.CreateGUID();
            int FileNum = (Integer) p[7].Values;
            if (FileNum > 0) {
                int msgDetailUID = msgDetailUIDForedit;
                for (int i = 7 + 1; i <= 7 + FileNum; i++) {
                    String GUIDFile = PublicFunction.CreateGUID();
                    String FileSQL =
                            " insert into msgcentrefile (GUID,msgDetailUID,FileUID) VALUES ('" + GUIDFile + "','" +
msgDetailUID + "','" + (Integer) p[i].Values +
                            "')";
                    if (!jdbcConn.ExecSQL(FileSQL)) {
```

```
                    ReturnExecuteResult(ExecuteResult.EXECUTE_ERROR_SQL); //返回 SQL 语句出错
                    return;
                }
            }
        }

    } else if (action.equals("update")) {
        String SQL = " update msgcentredetail set ValidStatus=0, Title ='" + Title + "',Content = '" + Content +
"',CreateTime = '" + CreateTime + "',MsgTypeUID = '" + MsgTypeUID + "' where UID =" + msgDetailUIDForedit;
        if (!jdbcConn.ExecSQL(SQL)) {
            ReturnExecuteResult(ExecuteResult.EXECUTE_ERROR_SQL); //返回 SQL 语句出错
            return;
        }

        String imgSQL = " update `msgcenterimage` set `imageUrl` ='" + imgUrl + "',MsgTypeUID = '" + MsgTypeUID +
"' where msgDetailUID =" + msgDetailUIDForedit;
        if (!jdbcConn.ExecSQL(imgSQL)) {
            ReturnExecuteResult(ExecuteResult.EXECUTE_ERROR_SQL);//返回 SQL 语句出错
            return;
        }

        String GUID = PublicFunction.CreateGUID();
        int FileNum = (Integer) p[7].Values;
        if (FileNum > 0) {
            int msgDetailUID = msgDetailUIDForedit;
            for (int i = 7 + 1; i <= 7 + FileNum; i++) {
                String GUIDFile = PublicFunction.CreateGUID();
                String FileSQL =
                        " insert into msgcentrefile (GUID,msgDetailUID,FileUID) VALUES ('" + GUIDFile + "','" +
msgDetailUID + "','" + (Integer) p[i].Values +
                        "')";
                if (!jdbcConn.ExecSQL(FileSQL)) {
                    ReturnExecuteResult(ExecuteResult.EXECUTE_ERROR_SQL); //返回 SQL 语句出错
                    return;
                }
            }
        }
    }

    if (!jdbcConn.Close()) {
```

```
                ReturnExecuteResult(ExecuteResult.EXECUTE_ERROR_SQL); //返回 SQL 语句出错
                return;
            }
            ReturnExecuteResult(ExecuteResult.EXECUTE_SUCCEED);
        }

        public boolean VerifyParameter(ParameterDepictInfo p[]) {
            if (p == null) {
                return false;
            } else {
                return true;
            }
        }
    }
```

限于篇幅，完整代码见课程网站源程序。

模仿试做

1）小组编码人员按功能模块的划分进行分工，各自负责一个子功能模块的代码编写。

2）开讨论会，每个小组派出一名组员陈述自己小组在编码过程中所遇到的问题。教师还可以抽查或检查所有小组或指定小组的代码质量，并加以点评。

检查评估

1）开发技术的熟练程度（20 分）。

2）代码编写的规范情况（30 分）。

3）功能完成的情况（20 分）。

4）工作过程的记录与表现（20 分）。

5）团队合作精神（10 分）。

总结提高

作为软件工程的一个阶段，软件编码是软件设计的必然结果。这个阶段的主要任务，是根据详细设计阶段产生的每个模块的详细设计说明书，使用某种程序设计语言编写源程序。

为了提高系统的可维护性，除了要求开发的源程序语法正确外，还要求较好的可读性、可靠性和可测试性。同时，编程语言的特性和程序的编写风格也会直接影响到软件的质量和可维护性。

思考及操作

一、选择题

1.（　　）在程序设计中使用括号以改善表达式的清晰性。

A．真　　B．假

2.（　　）在程序设计中应尽可能对程序代码进行优化。

A．真　　B．假

3.（　　）不要修补不好的程序，要重新写。

A．真　　B．假

4.（　　）程序中的注释是可有可无的。

A．真　　B．假

5．对建立良好的程序设计风格，下面描述正确的是（　　）。

A．程序应简单、清晰、可读性好　　B．符号名的命名只要符合语法

C．充分考虑程序的执行效率　　D．程序的注释可有可无

6．为了使程序能在不同的计算机上运行，程序应当具有较好的（　　）。

A．可移植性　　B．可重用性

C．可维护性　　D．可适用性

7．对于开发面向数据库应用的软件，应当选择的程序设计语言是（　　）。

A. C　　B. Pascal　　C. SQL　　D. JAVA

8．下面对提高程序编码效率没有影响的是（　　）。

A．选择良好的设计方法　　B．选择良好的算法

C．选择良好的数据结构　　D．变量名的使用

9．为了保证软件的质量，使其具有较好的可维护性，关键在于（　　）。

A．选择合适的程序设计语言

B．选择好的程序设计风格

C．具有好的数据结构

D．选择好的运行环境

10．下面的（　　）不是良好编码的原则。

A．在开始编码之前建立单元测试

B．建立一种有助于理解的直观布局

C．保持变量名简短以便代码紧凑

D．确保注释与代码完全一致

二、简答题

1．列出三种常见的专用程序设计语言，并说明它们的应用领域。

2．选择一种你认为最能满足软件工程要求的程序设计语言，并说明理由。

3．选择一种面向对象程序设计语言，总结其主要特性和特殊机制。

4．是否应该强制采用软件编码规范？列举出2～4个赞成的理由或1～3个反对的理由。

任务二　邮件系统开发

知识目标

1）学习 JSP 编码规范。
2）学习 JSP 编程技巧。

技能目标

1）能够运用 JSP 技术进行邮件系统开发。
2）培养团队协作能力。

任务导入

邮件系统功能描述：

邮件系统主要针对公司内部的，不能够对外进行发送和收取邮件。该模块主要的功能是方便员工之间的交流，员工可以与其他员工或者领导进行友好的沟通，提高工作效率。邮件的内容包括邮件的收件人、主题、内容和附件信息。附件的上传采用 COS 组件进行上传，与新闻管理系统中的附件上传一样，这里不作过多说明。

任务分析与示范引导

技术说明：主要采用 CP 中间件进行获取该用户的邮件信息。以邮件列表为例，如图 1-4-2 所示。

发件人	主题	日期	附件数
☐叶继革	省公司关于上报电缆、光缆等网络器材使用情况调查表的通知	2009-10-26 9:34:03	2
☐叶继革	省公司关于上报电缆、光缆等网络器材使用情况调查表的通知	2009-10-26 9:34:02	2
☐叶继革	有线数字电视系统验收测试方案	2009-9-9 11:03:30	1
☐叶继革	新OA系统幻灯片	2009-8-7 10:53:24	1

删 除　刷 新　　共1页4条　上一页　下一页　现在是第1页

图 1-4-2　邮件列表

邮件列表有多个，图 1-4-2 所示为已发送邮件列表，其实现原理都是一样。首先，需要获取该用户发给发件人的邮件信息，采用 CP 中间件进行获取。获取邮件内容时，考虑到新闻需要进行分页，所以根据每页显示的新闻数目和总的新闻数目，计算页数和每页新闻的开始数和结束数等信息。然后，根据这些信息进行分页处理。获取邮件列表信息代码如下。

```
package cpserver.InnerMail.Operation;
import cpKernel.*;
import cpKernel.DataStruct.*;
```

```
import cpKernel.GlobalDefine.*;
import cpKernel.DataBase.JDBCConnecter;
import cpserver.*;
import java.util.*;
import cpserver.InnerMail.*;
import java.sql.*;

public class getMailListAtUID extends InterfaceClass{
  public getMailListAtUID() {
  }
//--------------------------------------------------------------------------------
   public void ExecMethod(ParameterDepictInfo p[]){
     if (!VerifyParameter(p)) {
       ReturnExecuteResult(ExecuteResult.EXECUTE_ERROR_PARAME);
       return;
     }
     if (!this.jdbcConn.CreateConnect()) {
       ReturnExecuteResult(ExecuteResult.EXECUTE_ERROR_DATABASECONNECT); //返回数据库出错
       return;
     }
     int UID = ((Integer)p[0].Values).intValue();
     int Type = ((Integer)p[1].Values).intValue();
     int flag = ((Integer)p[2].Values).intValue();
     int Begin = ((Integer)p[3].Values).intValue();
     int End = ((Integer)p[4].Values).intValue();
     String SQL = "select * from mailinfo where ";
     switch(Type){
       case MailType.DRAFT:{
         SQL = SQL + "SenderUID=" + this.UserUID + " and senderflag=" + flag;
         break;
       }
       case MailType.RECMAIL:{
         if (UID != 0){
           SQL = SQL + "SenderUID=" + UID + " and RecipientsUID=" +
               this.UserUID + " and Recipientsflag=" + flag;
         }else{//所有
           SQL = SQL + "RecipientsUID=" +this.UserUID + " and Recipientsflag=" + flag;
         }
         break;
       }
```

```
        case MailType.SENTMMAIL:{
            if (UID != 0){
                SQL = SQL + "RecipientsUID=" + UID + " and SenderUID=" +
                        this.UserUID + " and senderflag=" + flag;
            }else{
                SQL = SQL + "SenderUID=" + this.UserUID + " and senderflag=" + flag;
            }
            break;
        }
    }
    java.sql.ResultSet sqlReSet = this.jdbcConn.OperationSQL(SQL);
    if (sqlReSet == null) {
        ReturnExecuteResult(ExecuteResult.EXECUTE_ERROR_SQL); //返回 SQL 语句出错
        return;
    }
    int num =PublicFunction.CountRowNum(sqlReSet);
    if (PublicFunction.CountRowNum(sqlReSet) <= 0) { //说明没找到
        ReturnExecuteResult(ExecuteResult.EXECUTE_SUCCEED_NOFIND);
        return;
    }
    try{
        ResultDepictInfo depInfo = new ResultDepictInfo(); //生成一个结果集对象
        depInfo.ExecRes = ExecuteResult.EXECUTE_SUCCEED; //执行成功
        depInfo.rFlag = ResultFlag.RESULT_MUSTER; //有结果集
        sqlReSet.last();
        int n = 1;
        do{
            if (n >= Begin){
                int MailUID = sqlReSet.getInt("UID");
                depInfo.putInt(MailUID); //邮件 UID
                depInfo.putInt(sqlReSet.getInt("SenderUID")); //发件人
                depInfo.putInt(sqlReSet.getInt("RecipientsUID")); //收件人
                depInfo.putString(sqlReSet.getString("title")); //标题
                depInfo.putInt(num); //多少封邮件
                Timestamp d = sqlReSet.getTimestamp("SendTime");
                depInfo.putString(d.toLocaleString()); //发送时间
                switch (Type) {
                    case MailType.DRAFT: {
                        depInfo.putInt(sqlReSet.getInt("SenderStatus"));
                        break;
```

```
        }
        case MailType.RECMAIL: {
            depInfo.putInt(sqlReSet.getInt("RecipientsStatus"));
            break;
        }
        case MailType.SENTMMAIL: {
            depInfo.putInt(sqlReSet.getInt("SenderStatus"));
            break;
        }
    }
    String SQL1 = "select FileUID from mailannex where MailUID=" + MailUID + "";
    java.sql.ResultSet sqlReSet1 = this.jdbcConn.OperationSQL(SQL1);
    if (sqlReSet1 == null) {
        ReturnExecuteResult(ExecuteResult.EXECUTE_ERROR_SQL); //返回 SQL 语句出错
        return;
    }
    int attnum = PublicFunction.CountRowNum(sqlReSet1);
    depInfo.putInt(attnum); //附件数
    String TmpSQL = " ";
    int i = 0;
    while (sqlReSet1.next()) {
        TmpSQL = TmpSQL + " UID = " + Integer.valueOf(sqlReSet1.getInt("FileUID"));
        i ++;
        if (i != attnum){
            TmpSQL = TmpSQL + " or ";
        }
    }
    if (attnum > 0){
    String SQL2   = "select * from fileinfo where " + TmpSQL + "";
     java.sql.ResultSet sqlReSet2 = this.jdbcConn.OperationSQL(SQL2);
     if (sqlReSet2 == null) {
        ReturnExecuteResult(ExecuteResult.EXECUTE_ERROR_SQL); //返回 SQL 语句出错
        return;
     }
     while (sqlReSet2.next()) {
        depInfo.putInt(sqlReSet2.getInt("UID")); //得到文件 UID
        depInfo.putString(sqlReSet2.getString("FileName"));
    depInfo.putInt(sqlReSet2.getInt("FileSize"));
     }
```

```
                }
                depInfo.addResultContent();
                n ++;
                if (n == End + 1){
                    break;
                }
            }else{
                n ++;
            }
        }while (sqlReSet.previous()) ;//end while
        depInfo.CreateResultMuster();

        if (!this.jdbcConn.Close()) { //关闭数据库连接出错
            ReturnExecuteResult(ExecuteResult.EXECUTE_ERROR_DATABASECONNECT); //返回数据连接错误给客户机
        }
        this.ReturnResult(depInfo);
      }catch(Exception e){
        ReturnExecuteResult(ExecuteResult.EXECUTE_ERROR_SQL); //返回 SQL 语句出错
        return;
      }

  }
//-----------------------------------------------------------------------------------
  public boolean VerifyParameter(ParameterDepictInfo p[]){
    if (p == null){
      return false;
    }
    if (p.length != 5){
      return false;
    }
    for (int i = 0;i < p.length;i ++){
      if (p[i].pType != DATA_TYPE.iINT){
        return false;
      }
    }
    return true;
  }
}
```

限于篇幅，完整代码见课程网站源程序。

模仿试做

1）小组编码人员按功能模块的划分进行分工，各自负责一个子功能模块的代码进行编写。

2）开讨论会，每个小组派出一名组员陈述自己小组在编码过程中所遇到的问题。教师还可以抽查或检查所有小组或指定小组的代码质量，并加以点评。

检查评估

1）开发技术的熟练程度（20分）。

2）代码编写的规范情况（30分）。

3）功能完成的情况（20分）。

4）工作过程的记录与表现（20分）。

5）团队合作精神（10分）。

总结提高

中间件是一种独立的系统软件或服务程序，分布式应用软件借助这种软件在不同的技术之间共享资源。中间件位于客户机/服务器的操作系统之上，管理计算机资源和网络通信，如图1-4-3所示。它是连接两个独立应用程序或独立系统的软件。相连接的系统，即使它们具有不同的接口，但通过中间件相互之间仍能交换信息。执行中间件的一个关键途径是信息传递。通过中间件，应用程序可以工作于多平台或OS环境。

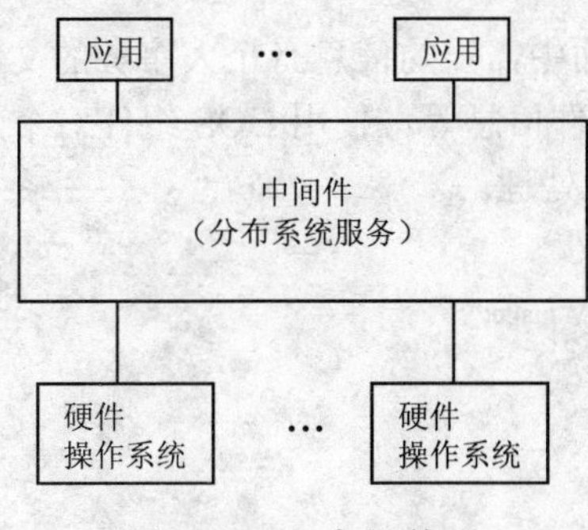

图1-4-3　中间件

思考及操作

1. 如何获取用户的邮件信息？
2. 附件如何上传？

任务三　工作流程系统开发

1）学习 JSP 编码规范。
2）学习 JSP 编程技巧。

技能目标

1）能够运用 JSP 技术进行工作流程系统开发。
2）培养团队协作能力。

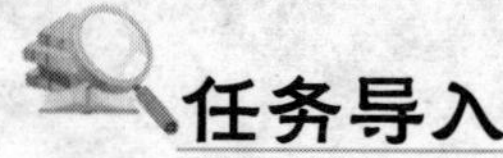

任务导入

工作流程系统功能描述：

工作流程系统分成两个子系统，分别是公文系统和事物管理系统。公文系统主要对上级、平级或者下级的公文进行分发处理。事物管理系统主要包括公文处理和个人事务，其中公文处理可以进行起草公文和处理公文，不过公文的起草需要有相关权限的用户才能够起草，公文的处理主要是处理与自己有关系的公文。个人事务主要是起草和处理个人的事情。

任务分析与示范引导

技术说明：

以起草个人事务为例，页面中需要的信息有个人事务的文稿、标题、流程信息列表（用户自己控制），公文的说明和附件信息等。使用 COS 组件对个人事务文档和附件进行上传，同时使用 CP 中间件对数据进行处理。

CP 中间件代码如下。

```
package cpserver.Flow.Flowing.ArchivesManage;
import cpKernel.*;
import cpKernel.DataStruct.*;
import cpKernel.GlobalDefine.*;
import java.util.*;
public class SendArchivesInternet extends InterfaceClass{
  public SendArchivesInternet() {
  }
  //-----------------------------------------------------------------------------
    public void ExecMethod(ParameterDepictInfo p[]) {
      ////System.out.println("SendArchives.java");
```

```
if (!VerifyParameter(p)) { //检查参数是否正确
    ReturnExecuteResult(ExecuteResult.EXECUTE_ERROR_PARAME);
    return;
}
if (!this.jdbcConn.CreateConnect()) {
    ReturnExecuteResult(ExecuteResult.EXECUTE_ERROR_DATABASECONNECT); //返回数据库出错
    return;
}
int FileUID = ( (Integer) p[0].Values).intValue();
int ArchiveType = ( (Integer) p[1].Values).intValue();
int UrgencyGrade = ( (Integer) p[2].Values).intValue();
int SecretGrade = ( (Integer) p[3].Values).intValue();
int DepUID = ( (Integer) p[4].Values).intValue();
int ReviseUserUID = ( (Integer) p[5].Values).intValue();
int ReviseDepUID = ( (Integer) p[6].Values).intValue();
int AnnexNum = ( (Integer) p[7].Values).intValue();
String FileTitle = (String) p[8].Values;
String Title = (String) p[9].Values;
String Brief = (String) p[10].Values;
String ArchivesSubject = (String) p[11].Values;
String CreateTime = (String) p[12].Values;
String GUID = PublicFunction.CreateGUID();

String SQL =
    "insert into flow (GUID,ReferUserUID,Status,ArchivesSource,FileUID,ArchiveType"
      + ",UrgencyGrade,SecretGrade,FileTitle,Title,Brief,CreateTime,DocEMFFileUID,type,"
    + "ArchivesSubject,AutomatismArchives,IsArchives,DepartmentUID) Values (\"" +
      GUID + "\"," + this.UserUID + ",0,1," + FileUID + "," + ArchiveType + "," +
      UrgencyGrade + "," + SecretGrade + ",\"" + FileTitle + "\",\"" + Title
      + "\",\"" + Brief + "\",\"" + CreateTime + "\",0,1,\""
      + ArchivesSubject + "\",0,0,"+DepUID+")";
if (!jdbcConn.ExecSQL(SQL)) {
  ReturnExecuteResult(ExecuteResult.EXECUTE_ERROR_SQL); //返回 SQL 语句出错
   return;
}

int UID = PublicFunction.getGUID(jdbcConn, GUID, "flow");

for (int i = 0; i < AnnexNum; i++) {
   String GUID1 = PublicFunction.CreateGUID();
```

```
            String sql = "insert into flowannex (GUID,FlowUID,FileUID) Values (\"" +
                GUID1 + "\"," + UID + "," + ( (Integer) p[13 + i].Values).intValue() +
                ")";

            if (!jdbcConn.ExecSQL(sql)) {
              ReturnExecuteResult(ExecuteResult.EXECUTE_ERROR_SQL); //返回 SQL 语句出错
              return;
            }

          }
          String guid = PublicFunction.CreateGUID();
          Date d = new Date(System.currentTimeMillis());
          String Time = d.toLocaleString();
          SQL = "insert into flowing (GUID,FlowingUID,Status,CreateTime,FlowUserUID,FlowActionUID,Step,DepartmentUID)
    Values (\"" +
              guid + "\"," + UID + ",1,\"" + Time + "\"," + ReviseUserUID + ",5,1,"+ReviseDepUID+")";

          if (!jdbcConn.ExecSQL(SQL)) {
            ReturnExecuteResult(ExecuteResult.EXECUTE_ERROR_SQL); //返回 SQL 语句出错
            return;
          }

          if (!jdbcConn.Close()) {
            ReturnExecuteResult(ExecuteResult.EXECUTE_ERROR_SQL); //返回 SQL 语句出错
            return;
          }
          this.ReturnExecuteResult(ExecuteResult.EXECUTE_SUCCEED);
      }

    //---------------------------------------------------------------------
      public boolean VerifyParameter(ParameterDepictInfo p[]) {
          if (p == null) {
            return false;
          }
          if (p.length < 12) { //标题，内容
            return false;
          }

          return true;
      }
    }
    }
```

完整代码见课程网站源程序。

模仿试做

1）小组编码人员按功能模块的划分进行分工，各自负责一个子功能模块的代码进行编写。

2）开讨论会，每个小组派出一个组员陈述自己小组在编码过程中所遇到的问题。教师还可以抽查或检查所有小组或指定小组的代码质量，并加以点评。

检查评估

1）开发技术的熟练程度（20分）。
2）代码编写的规范情况（30分）。
3）功能完成的情况（20分）。
4）工作过程的记录与表现（20分）。
5）团队合作精神（10分）。

总结提高

工作流程是指工作事项的活动流向顺序。工作流程包括实际工作过程中的工作环节、步骤和程序。工作流程中的组织系统中各项工作之间的逻辑关系，是一种动态关系。理解公文系统和事物管理工作流程对工作流程系统的开发会起到事半功倍的作用。

思考及操作

了解自己开发系统的业务流程，并进行相应模块的开发。

任务四　文档中心模块开发

知识目标

1）学习 JSP 编码规范。
2）学习 JSP 编程技巧。

技能目标

1）能够运用 JSP 技术进行文档中心模块开发。
2）培养团队协作能力。

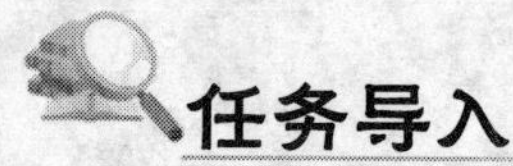

任务导入

文档中心功能描述：

文档中心主要是对公司的重要文件进行管理，文档中心包括文件室、文件柜、文件夹和文件。它们的逻辑关系是文件室—文件柜—文件夹—文件。管理员可以给它们设定不同的访问权限，也可以锁定它们。如果被锁定，锁定的文件室（文件柜，文件夹）就不能够进行相关操作；可以对其重命名、复制、粘贴、打开、权限设置、锁定与解锁等操作；其中操作权限设置的操作界面与 Windows 类似。

任务分析与示范引导

技术说明：

以文件室权限设置为例，页面中使用了 Html 中框架（Iframe），用来存放已经设置的用户权限信息，可以选择某个用户进行修改。设置与修改用户权限信息时，首先需要获取当前文档部门的类型，不同的文档类型，可以设置的文档部门的权限也不相同。然后选择用户，设置选择用户的权限。提交后，使用 CP 中间件对提交的数据进行处理，处理完成后刷新页面，在 Iframe 区域可以看到刚刚设置的用户权限信息。CP 中间件处理数据的代码如下。

```
package cpserver.DocumentInfo;
import cpKernel.InterfaceClass;
import cpKernel.DataStruct.ParameterDepictInfo;
import cpKernel.GlobalDefine.*;

public class SetDepartmentUserPopedomBS extends InterfaceClass{
  public SetDepartmentUserPopedomBS() {
  }

//---------------------------------------------------------------------------
  public boolean VerifyParameter(ParameterDepictInfo p[]) {
    if (p == null) {//如果传进的参数为空的时候错误
      return false;
    }
    if (p[0].pType != DATA_TYPE.iINT) {
        return false;
    }
    if (p[1].pType != DATA_TYPE.iINT) {
            return false;
    }
    if (p[2].pType != DATA_TYPE.iINT) {
```

```
            return false;
        }
        for (int i = 3;i < p.length ;i ++) {
            if (p[i].pType != DATA_TYPE.iINT) {
                return false;
            }
        }
        return true;
    }
//-----------------------------------------------------------------------------
    public void ExecMethod(ParameterDepictInfo p[]) {
        if (!VerifyParameter(p)) {
            ReturnExecuteResult(ExecuteResult.EXECUTE_ERROR_PARAME); //返回错误信息
            return;
        }
        if (!this.jdbcConn.CreateConnect()) {
            ReturnExecuteResult(ExecuteResult.EXECUTE_ERROR_DATABASECONNECT); //返回数据库出错
            return;
        }
        int DepartmentUid = ((Integer) p[0].Values).intValue();//读出传进的部门 UID
        int Departmenttype = ((Integer) p[1].Values).intValue();//读出传进的部门类型
        int ChileShare = ((Integer) p[2].Values).intValue();//子部门是否也是共享
        boolean childshare = true;
        if(ChileShare == 0){
            childshare = false;
        }
        if (!childshare){
            UpdataMyShare(DepartmentUid,1,0);
        }
        for (int i = 3; i < p.length; i ++ ){
            int UserUID = ( (Integer) p[i].Values).intValue();//读出权限值
            int DocRead = ( (Integer) p[i+1].Values).intValue();//读出权限值
            int DocWrite = ( (Integer) p[i+2].Values).intValue();//读出权限值
            int DocDel = ( (Integer) p[i+3].Values).intValue();//读出权限值
            int CreateCupboard = ( (Integer) p[i+4].Values).intValue();//读出权限值
            int CreateRoom = ( (Integer) p[i+5].Values).intValue();//读出权限值
            int ExpAuthority = ( (Integer) p[i+6].Values).intValue();//读出权限值
```

```
if (DocRead == 0 && DocWrite == 0 && DocDel == 0 && CreateCupboard == 0 && CreateRoom == 0 &&
ExpAuthority ==0){
    String SQL = "delete from usertodocdepartment where UserUID = "+UserUID+""
        +" and DepartmentUID = " + DepartmentUid;// + "; and DepartmentUID in "
        // +" (select UID from docdepartment where PossessionUserUID != "+UserUID+")";//创建 SQL 语句
    if (!jdbcConn.ExecSQL(SQL)) {
        ReturnExecuteResult(ExecuteResult.EXECUTE_ERROR_SQL); //返回 SQL 语句出错
        return;
    }
    if (childshare){ //是否设置把子文件夹也共享
        DelChileDepShare(UserUID, DepartmentUid,Departmenttype);
    }else{
        if (!DelChileFileShare(UserUID,DepartmentUid)){//删除共享的文件
            return;
        }
    }
}else{
    String SQL = "delete from usertodocdepartment where UserUID = "+UserUID+""
        +" and DepartmentUID = " + DepartmentUid;//创建 SQL 语句
    if (!jdbcConn.ExecSQL(SQL)) {
        ReturnExecuteResult(ExecuteResult.EXECUTE_ERROR_SQL); //返回 SQL 语句出错
        return;
    }
    String GUID = PublicFunction.CreateGUID();
    SQL = "insert into usertodocdepartment (UserUID,DepartmentUID,"
        +"DocRead,DocWrite,DocDel,DepType,GUID,CreateCupboard,CreateRoom,"
        +"ExpAuthority,isChileShare) values (" + UserUID + ","+ DepartmentUid + ","
        +""+DocRead+","+DocWrite+","+DocDel+","+ Departmenttype + ","
        +"\""+GUID+"\","+CreateCupboard+","+CreateRoom+","+ExpAuthority+","+ChileShare+")";//创建 SQL 语句
    if (!jdbcConn.ExecSQL(SQL)) {
        ReturnExecuteResult(ExecuteResult.EXECUTE_ERROR_SQL); //返回 SQL 语句出错
        return;
    }
    if (childshare){//是否把子文件夹也共享
        //设置子文件夹也是共享
        AddChileDepShare(UserUID, DepartmentUid, DocRead, DocWrite, DocDel,
                    Departmenttype,CreateCupboard,CreateRoom,ExpAuthority,ChileShare);
    }else{
        //设置这个目录下的文件
        AddChileFileShare(UserUID,DepartmentUid,DocRead,DocWrite,DocDel,ExpAuthority);
```

```
                }
            }
            i += 6;
        }
        if (!jdbcConn.Close()) {
            ReturnExecuteResult(ExecuteResult.EXECUTE_ERROR_SQL); //返回 SQL 语句出错
            return;
        }
        this.ReturnExecuteResult(ExecuteResult.EXECUTE_SUCCEED); //返回执行成功的信息
    }
//------------------------------------------------------------------------------
    private boolean AddChileDepShare(int UserUID,int DepUID,int DocRead,int DocWrite,int DocDel,int Type,int CreateCupboard,int CreateRoom,int ExpAuthority,int ChileShare){
        try{
            AddChileFileShare(UserUID,DepUID,DocRead,DocWrite,DocDel,ExpAuthority);
            String SQL = "select * from docdepartment where ParentUID = " + DepUID +" and Status != 2";
            java.sql.ResultSet sqlReSet = this.jdbcConn.OperationSQL(SQL); //执行 SQL 语句
            if (sqlReSet == null) {
                ReturnExecuteResult(ExecuteResult.EXECUTE_ERROR_SQL); //返回 SQL 语句出错
                return false;
            }
            if (PublicFunction.CountRowNum(sqlReSet) <= 0) { //说明没找到
                return true; //表示这个部门下没有子部门
            }
            while(sqlReSet.next()){
                DepUID = sqlReSet.getInt("UID");
                Type = sqlReSet.getInt("Type");
                SQL = "delete from usertodocdepartment where UserUID = "+UserUID+""
                    +" and DepartmentUID = " + DepUID;//创建 SQL 语句
                if (!jdbcConn.ExecSQL(SQL)) {
                    ReturnExecuteResult(ExecuteResult.EXECUTE_ERROR_SQL); //返回 SQL 语句出错
                    return false;
                }
                String GUID = PublicFunction.CreateGUID();
                SQL = "insert into usertodocdepartment (UserUID,DepartmentUID,"
                    +"DocRead,DocWrite,DocDel,DepType,GUID,CreateCupboard,CreateRoom,"
                    +"ExpAuthority,isChileShare) values (" + UserUID + ","+ DepUID + ","
                    +""+DocRead+","+DocWrite+","+DocDel+","+ Type + ","
                    +"\""+GUID+"\","+CreateCupboard+","+CreateRoom+","+ExpAuthority+","+ChileShare+")";//创建 SQL 语句
```

```
                UpdataMyShare(DepUID,1,1);
              if (!jdbcConn.ExecSQL(SQL)) {
                ReturnExecuteResult(ExecuteResult.EXECUTE_ERROR_SQL); //返回 SQL 语句出错
                return false;
              }

AddChileDepShare(UserUID,DepUID,DocRead,DocWrite,DocDel,Type,CreateCupboard,CreateRoom,ExpAuthority,ChileShare)
;//递归
          }
      }catch(Exception e){
        return false;
      }
      return true;
    }
    //-------------------------------------------------------------------------------------------------------
    private boolean AddChileFileShare(int UserUID,int DepUID,int DocRead,int DocWrite,int DocDel,int ExpAuthority){
        try{

          String SQL = "select FileUID from filetodepandother where DepartmentUID = " + DepUID + " and Status != 2";
          java.sql.ResultSet sqlReSet = this.jdbcConn.OperationSQL(SQL); //执行 SQL 语句
          if (sqlReSet == null) {
            ReturnExecuteResult(ExecuteResult.EXECUTE_ERROR_SQL); //返回 SQL 语句出错
            return false;
          }
          if (PublicFunction.CountRowNum(sqlReSet) <= 0) { //说明没找到
            return true; //表示这个部门下没有文件
          }

          while(sqlReSet.next()){
              int UID = sqlReSet.getInt("FileUID");
              SQL = "delete from usertodocfile where UserUID = "+UserUID+""
                    +" and FileUID = " + UID;//创建 SQL 语句
              if (!jdbcConn.ExecSQL(SQL)) {
                ReturnExecuteResult(ExecuteResult.EXECUTE_ERROR_SQL); //返回 SQL 语句出错
                return false;
              }
              String GUID = PublicFunction.CreateGUID();
              SQL = "insert into usertodocfile (UserUID,FileUID,"
               + "DocRead,DocWrite,DocDel,GUID,ExpAuthority) values (" + UserUID + ","
                + "" + UID + "," + DocRead + "," + DocWrite + "," + DocDel +",\""+GUID+"\","+ExpAuthority+")"; //创建
```

SQL 语句

```
            if (!jdbcConn.ExecSQL(SQL)) {
                ReturnExecuteResult(ExecuteResult.EXECUTE_ERROR_SQL); //返回 SQL 语句出错
                return false;
            }
        }

    }catch(Exception e){
        return false;
    }
    return true;
}
//------------------------------------------------------------------------------
private boolean DelChileDepShare(int UserUID,int DepUID,int Type){
    try{
        if (!DelChileFileShare(UserUID,DepUID)){
            return false;
        }
        String SQL = "select * from docdepartment where ParentUID = " + DepUID + " and Status != 2";
        java.sql.ResultSet sqlReSet = this.jdbcConn.OperationSQL(SQL); //执行 SQL 语句
        if (sqlReSet == null) {
            ReturnExecuteResult(ExecuteResult.EXECUTE_ERROR_SQL); //返回 SQL 语句出错
            return false;
        }
        if (PublicFunction.CountRowNum(sqlReSet) <= 0) { //说明没找到
            SQL = "delete from usertodocdepartment where UserUID = " +
                    UserUID + "" + " and DepartmentUID = " + DepUID; //创建 SQL 语句
            if (!jdbcConn.ExecSQL(SQL)) {
                ReturnExecuteResult(ExecuteResult.EXECUTE_ERROR_SQL); //返回 SQL 语句出错
                return false;
            }
            return true; //表示这个部门下没有子部门
        }
        while(sqlReSet.next()){
            DepUID = sqlReSet.getInt("UID");
            Type = sqlReSet.getInt("Type");
            int PUID = sqlReSet.getInt("PossessionUserUID");
            //if (PUID != UserUID){
                SQL = "delete from usertodocdepartment where UserUID = " +
                    UserUID + "" + " and DepartmentUID = " + DepUID; //创建 SQL 语句
```

```
            // }
            if (!jdbcConn.ExecSQL(SQL)) {
                ReturnExecuteResult(ExecuteResult.EXECUTE_ERROR_SQL); //返回 SQL 语句出错
                return false;
            }
            DelChileDepShare(UserUID,DepUID,Type);//递归
        }
    }catch(Exception e){
        return false;
    }
    return true;
}
//-----------------------------------------------------------------------------
private boolean DelChileFileShare(int UserUID,int DepUID){
    try{
        String SQL = "select FileUID from filetodepandother where DepartmentUID = " + DepUID + " and Status != 2";
        java.sql.ResultSet sqlReSet = this.jdbcConn.OperationSQL(SQL); //执行 SQL 语句
        if (sqlReSet == null) {
            ReturnExecuteResult(ExecuteResult.EXECUTE_ERROR_SQL); //返回 SQL 语句出错
            return false;
        }
        if (PublicFunction.CountRowNum(sqlReSet) <= 0) { //说明没找到
            return true; //表示这个部门下没有文件
        }

        while(sqlReSet.next()){
            int UID = sqlReSet.getInt("FileUID");
            SQL = "delete from usertodocfile where UserUID = "+UserUID+""
                +" and FileUID = " + UID;//创建 SQL 语句
            if (!jdbcConn.ExecSQL(SQL)) {
                ReturnExecuteResult(ExecuteResult.EXECUTE_ERROR_SQL); //返回 SQL 语句出错
                return false;
            }
        }

    }catch(Exception e){
        return false;
    }
    return true;
}
private void UpdataMyShare(int DepUID,int Share,int ShareChild){
    try {
        String SQL = "update docdepartment set Share = "+Share+" , ShareChild = "+ShareChild+" "
```

```
                +" where UID = " + DepUID;
            if (!jdbcConn.ExecSQL(SQL)) {
                ReturnExecuteResult(ExecuteResult.EXECUTE_ERROR_SQL); //返回 SQL 语句出错
                return;
            }

        }
        catch (Exception e) {
            ReturnExecuteResult(ExecuteResult.EXECUTE_ERROR_SQL); //返回 SQL 语句出错
            return ;
        }
    }
}
```

完整代码见课程网站源程序。

模仿试做

1）小组编码人员按功能模块的划分进行分工，各自负责一个子功能模块的代码进行编写。

2）开讨论会，每个小组派出一个组员陈述自己小组在编码过程中所遇到的问题。教师还可以抽查或检查所有小组或指定小组的代码质量，并加以点评。

检查评估

1）开发技术的熟练程度（20 分）。

2）代码编写的规范情况（30 分）。

3）功能完成的情况（20 分）。

4）工作过程的记录与表现（20 分）。

5）团队合作精神（10 分）。

总结提高

Iframe 元素也就是文档中的文档，或者好像浮动的框架（Frame）。Frames 集合提供了对 Iframe 内容的访问。使用 Frames 集合读写 Iframe 内包含的元素。

帮助记忆：

Frame 有骨架的意思而在其前面加个 i 构成了 Iframe 元素也就是文档中的文档。

思考及操作

了解自己开发系统的业务流程，并进行相应模块的开发。

任务五 绩效考核模块开发

知识目标

1）学习 JSP 编码规范。
2）学习 JSP 编程技巧。

技能目标

1）能够运用 JSP 技术进行绩效考核模块开发。
2）培养团队协作能力。

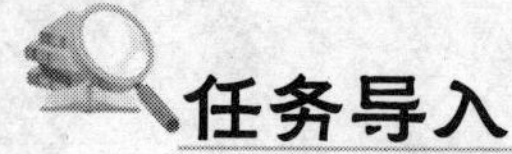

任务导入

绩效考核系统功能描述：

绩效考核系统主要是针对公司中上层领导的，按照公司要求的时间对公司中上层领导进行绩效考核。目前，系统所支持的考核时间方式有两种，一种是按月份进行考核，另外一种是按季度进行考核。考核表由绩效考核表起草者进行起草，起草完成后进行考核，系统对考核后的数据进行汇总，领导可以从汇总的结果中了解这个阶段的被考核人员的工作等情况。

任务分析与示范引导

技术说明：

以绩效考核表起草为例，绩效考核表的起草有两种方式，一种是由绩效考核表起草者直接进行起草，第二种是绩效考核管理员设定绩效考核模板，然后供绩效考核表起草者进行选择。这里主要说明第一种起草方式。

进入绩效考核表起草界面后，选择被考核者，利用 JAVA Script 自动生成该被考核者的职务信息，选择考核时间，之后填写考核内容。考核内容可以有多条，系统默认有一条，起草者可以根据需要进行添加、删除，该功能使用 Ajax 技术进行实现。考核内容填写完毕后，填写考核者信息，考核者可以有多位，系统默认是一位，起草者可以进行手动添加，删除。其实现技术与上面考核内容添加一样，可以添加附件信息，附件可以一次性上传多个，上传采用 COS 上传组件进行上传，然后把数据提交到服务器，使用 CP 中间件对数据进行处理。处理完成后，进入对选择的被考核者的考核阶段。

使用 Ajax 实现自动添加的功能代码如下。

```
<script type="text/javascript" language="javascript">
        var tmpSum=2;
        //动态添加表格。
        function AddRow()
```

```
{
    //添加一行
    var i =tab1.rows.length;
    var tmp=i;
    if(i<tmpSum){
        tmpSum=tmpSum+1;
        tmp=tmpSum-1;
    }else{
        tmpSum=i+1;
    }
    //tmpSum=i+1;
    var Nam="'div1'";
    var txt2="textarea"+tmp;
    var Cod="texttare"+tmp;
    var txt="textfield"+tmp;
    //alert(txt);
    var newTr = tab1.insertRow();
    //添加列
    var newTd0 = newTr.insertCell();
    var newTd1 = newTr.insertCell();
    var newTd2 = newTr.insertCell();
    //设置列内容和属性
    newTd0.innerHTML = '<textarea name='+txt2+' id='+txt2+' rows="5" cols="27" ></textarea>';
    newTd1.innerHTML = '<textarea name='+Cod+' id='+Cod+' rows="5" cols="25" ></textarea>';
    newTd2.innerHTML = '<input type="text" id='+txt+' name='+txt+'    size="15"
onkeypress=" a()" /><input type="checkbox" id="box1" name="box1"/>';
}

    //删除某行
function DelRow()
{
    //删除一行
    var shu=0;
    var cheCou=document.all("box1");
    for(var i=0;i<cheCou.length;i++)
    {
        if (cheCou[i].checked==true)
        {
            shu++;
        }
```

```
            }
            if(shu==cheCou.length)
            {
                alert('最少要添加一行！');
                return;
            }
            else   if(shu==0)
            {
                alert('选择要删除的信息');
                return;
            }
            else if(shu==1)
            {
                for(var i=0;i<cheCou.length;i++)
                {
                    if(cheCou[i].checked==true)
                    {
                        tab1.deleteRow(i+1);
                    }
                }
            }
            else if(shu>1)
            {
                for(var a=0;a<shu;a++)
                {
                    for(var i=0;i<cheCou.length;i++)
                    {
                        if(cheCou[i].checked==true)
                        {
                            tab1.deleteRow(i+1);
                            break;
                        }
                    }
                }
            }
        }
</script>
```

CP 中间件处理数据代码如下。

```
package cpserver.PerformanceAssess;
```

```
import cpKernel.*;
import cpKernel.DataStruct.*;
import cpKernel.GlobalDefine.*;
import java.util.*;
import java.text.*;
public class AddPerformanceAssess    extends InterfaceClass{
  public AddPerformanceAssess() {
  }
  //---------------------------------------------------------------------------
    public void ExecMethod(ParameterDepictInfo p[]) {
      if (!VerifyParameter(p)) { //检查参数是否正确
        ReturnExecuteResult(ExecuteResult.EXECUTE_ERROR_PARAME);
        return;
      }
      if (!this.jdbcConn.CreateConnect()) {
        ReturnExecuteResult(ExecuteResult.EXECUTE_ERROR_DATABASECONNECT); //返回数据库出错
        return;
      }
      int beiUserUID = ((Integer)p[0].Values).intValue();//被考核者的 UID
      String Department=((String)p[1].Values);//被考核者的岗位
      int Year = ((Integer)p[2].Values).intValue();//考核的年份
      int Month = ((Integer)p[3].Values).intValue();//考核的月份
      int UserUIDLen=((Integer)p[4].Values).intValue();//考核者的个数
     int PlanLen=((Integer)p[5+UserUIDLen+UserUIDLen].Values).intValue();//月计划行数
      int total=UserUIDLen*2+PlanLen*3;
      int fileList=((Integer)p[6+total].Values).intValue();//附件的个数


      String body4 = "";
      String body5 = "";
      String body6 = "";
      String body7 = "";
      String body8 = "";
      String body9 = "";
      String body10 = "";
      String body11 = "";
      String body12 = "";
      String body13 = "";
      String tmpMonth = "0";
      if (Month < 10){
```

```
        tmpMonth = tmpMonth + String.valueOf(Month);
    }else{
        tmpMonth = String.valueOf(Month);
    }
    String tmp = String.valueOf(Year);
    tmp = tmp + tmpMonth;
    int yearmonth = Integer.parseInt(tmp);
    Calendar cal = Calendar.getInstance();
    SimpleDateFormat formatter = new SimpleDateFormat("yyyy-MM-dd");
    String CreateTime = formatter.format(cal.getTime());
    String GUID = PublicFunction.CreateGUID();
    String SQL = "insert into jxperformanceassess
(GUID,Department,AssessYear,AssessMonth,CreateTime,UserUID,AssessYearMonth,drafterUID) Values (\"" + GUID + "\",\"" +
Department + "\"," + Year + ","+Month+",\"" + CreateTime + "\","+beiUserUID+","+yearmonth+","+this.UserUID+")";
    if (!jdbcConn.ExecSQL(SQL)) {
     ReturnExecuteResult(ExecuteResult.EXECUTE_ERROR_SQL); //返回 SQL 语句出错
        return;
    }
    SQL="insert into jxrole (GUID,UserUID) values(\"" + GUID + "\","+beiUserUID+")";
    if(!jdbcConn.ExecSQL(SQL)){
        ReturnExecuteResult(ExecuteResult.EXECUTE_ERROR_SQL);//返回 SQL 语句出错
        return;
    }
    int UID = PublicFunction.getGUID(jdbcConn, GUID, "jxperformanceassess");

    //添加表格初始值
    GUID = PublicFunction.CreateGUID();
    int index=6+UserUIDLen*2;
    for(int i=0;i<PlanLen;i++){
        String body1=((String)p[index].Values);
        index++;
        String body2=((String)p[index].Values);
        index++;
        String body3=((String)p[index].Values);
        String bodySQL="insert into jxuserbody
(GUID,AssessUID,UserUID,body1,body2,body3,body4,body5,body6,body7,body8,body9,body10,body11,body12,body13)"
        +" Values (\"" + GUID + "\","+UID+","+beiUserUID+",\"" + body1 + "\","
        +"\"" + body2 + "\",\"" + body3 + "\",\"" + body4 + "\","
        +"\"" + body5 + "\",\"" + body6 + "\",\"" + body7 + "\",\"" + body8 + "\","
        +"\"" + body9 + "\",\"" + body10 + "\",\"" + body11 + "\",\"" + body12 + "\","
```

```
            +"\"" + body13 + "\")";
            if(!jdbcConn.ExecSQL(bodySQL)){
                ReturnExecuteResult(ExecuteResult.EXECUTE_ERROR_SQL); //返回 SQL 语句出错。
                return;
            }
            index++;
        }

        int temp=7+total;
        for(int m=0;m<fileList;m++){
          int fileUID=((Integer)p[temp].Values).intValue();
          String fileSQL="insert into jxfile (GUID,jxPerUID,fileUID) values('"+GUID+"',' "+UID+"','"+fileUID+"')";
          if(!jdbcConn.ExecSQL(fileSQL)){
              ReturnExecuteResult(ExecuteResult.EXECUTE_ERROR_SQL);
              return;
          }
          temp++;
        }
        //添加考核者，并与被考核者相关联。
        int dex=5;
        for(int j=0;j<UserUIDLen;j++){
            int UserUIDs=((Integer)p[dex].Values).intValue();
            String insertSQL="insert into jxroletouser (GUID,UserUID,RoleUID,BodyUID) Values (\"" +GUID + "\"," +
beiUserUID + "," +UserUIDs+"," +UID+")";
            if(!jdbcConn.ExecSQL(insertSQL)){
                ReturnExecuteResult(ExecuteResult.EXECUTE_ERROR_SQL);
                return;
            }
            dex++;
            float Influence=((Float)p[dex].Values).floatValue();
            String InsertSQL="insert into jxinfluence (GUID,RoleUserUID,Influence, UserUID,AssessUID) Values (\"" +GUID
+ "\"," + UserUIDs + "," + Influence + ","+beiUserUID+", "+UID+")";
            if(!jdbcConn.ExecSQL(InsertSQL)){
                ReturnExecuteResult(ExecuteResult.EXECUTE_ERROR_SQL);
                return;
            }
            dex++;
        }
        addjxrole(beiUserUID,UID);//调用下面的函数
      if (!jdbcConn.Close()) {
        ReturnExecuteResult(ExecuteResult.EXECUTE_ERROR_SQL); //返回 SQL 语句出错
          return;
        }
```

```
        this.ReturnExecuteResult(ExecuteResult.EXECUTE_SUCCEED);
    }
//------------------------------------------------------------------------
    private void addjxrole(int UserUID,int UID){
        String SQL = "select * from jxroletouser where UserUID = " + UserUID+" and BodyUID="+UID;

        java.sql.ResultSet sqlReSet = this.jdbcConn.OperationSQL(SQL);

        if (sqlReSet == null) {
         ReturnExecuteResult(ExecuteResult.EXECUTE_ERROR_SQL); //返回 SQL 语句出错
            return;
        }
        if (PublicFunction.CountRowNum(sqlReSet) <= 0) {

            return;
        }

        try {
            Vector ver = new Vector();
            while (sqlReSet.next()){
                Integer Role= (Integer)sqlReSet.getInt("RoleUID");
                ver.add(Role);
            }
            for (int i = 0; i < ver.size();i ++){
                String GUID = PublicFunction.CreateGUID();

                int RoleUID = ((Integer)ver.get(i)).intValue();

                SQL = "insert into jxroleseebody (GUID,UserUID,BodyUID,RoleUID) Values (\"" + GUID + "\"," + UserUID +
","+UID+","+RoleUID+")";
                if (!jdbcConn.ExecSQL(SQL)) {
                    ReturnExecuteResult(ExecuteResult.EXECUTE_ERROR_SQL); //返回 SQL 语句出错
                    return;
                }


            }


        }
        catch (Exception e) {
            e.printStackTrace();
            ReturnExecuteResult(ExecuteResult.EXECUTE_ERROR_SQL); //返回 SQL 语句出错
            return;
```

```
            }

        }
//-----------------------------------------------------------------------

        public boolean VerifyParameter(ParameterDepictInfo p[]) {
            if (p == null) {
                return false;
            }
            return true;
        }
}
```

完整代码见课程网站源程序。

模仿试做

1）小组编码人员按功能模块的划分进行分工，各自负责一个子功能模块的代码进行编写。

2）开讨论会，每个小组派出一个组员陈述自己小组在编码过程中所遇到的问题。教师还可以抽查或检查所有小组或指定小组的代码质量，并加以点评。

检查评估

1）开发技术的熟练程度（20 分）。

2）代码编写的规范情况（30 分）。

3）功能完成的情况（20 分）。

4）工作过程的记录与表现（20 分）。

5）团队合作精神（10 分）。

总结提高

基于 XML 的异步 JAVA Script，简称 AJAX，是当前 Web 创新（称为 Web2.0）中的一个王冠。Web 应用的交互，如 Flickr, Backpack 在这方面已经有质的飞跃。这个术语源自描述从基于网页的 Web 应用到基于数据的应用的转换。在基于数据的应用中，用户需求的数据，如联系人列表，可以从独立于实际网页的服务端取得并且可以被动态地写入网页中，给缓慢的 Web 应用体验着色，使之像桌面应用一样。

思考及操作

了解所开发系统的业务流程，并进行相应模块的开发。

任务六　将代码签入 USDM 平台

知识目标

1）掌握工程组件的概念。

2）掌握在 USDM 中添加工程组件的方法。

技能目标

1）能够在 USDM 平台中添加工程组件。

2）能够将代码签入 USDM 平台。

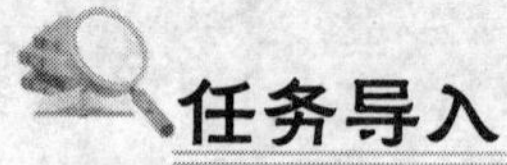

任务导入

创建工程组件：

编码的管理是在 USDM 环境中进行的。首先，项目经理根据设计文档中的组件划分，在 USDM 中的编码分类下创建工程组件。两个组件分别是客户端 OABClient 和 OABServer。然后，在其中指定编码组长。以后该组件的维护将由编码组长负责，编码组长将添加编码员并对工程组件负责维护。

任务分析与示范引导

一、编码组长负责编写工程组件的配置描述

1. 目录说明

1）CPClient：JSP 及页面源代码。

2）Src：CP 中间接口源代码。

3）DB：数据库生成脚本。

2. 编译环境说明

1）JAVA 版本：工程采用 JAVA 1.6 以上版本。

2）数据库：系统采用 Mysql 5.0 以上版本数据库，编码为 UTF8。

3）Http 服务器：Tomcat 6.0 或以上版本。

4）可使用 NetBean 或是 JB 等 Java 或 JSP 开发工具将 CPClient 目录下 JSP 页面及 SRC 目录下的接口源文件引入工程中。

5）维护工程组件的一致性：工程组件文件的增加或移走、更换文档责任人、版本的控制以及其他变更。

二、编码员负责的工作包括

1）对工程组件中分配的源代码文件进行编写和修改，并及时签入到 USDM 服务器中共享。

2）负责审核其他编码员的代码。

3）负责单元测试。

三、操作演示

1）添加工程组件。添加工程组件如图 1-4-4 所示。

2）签入代码。签入代码如图 1-4-5 所示。

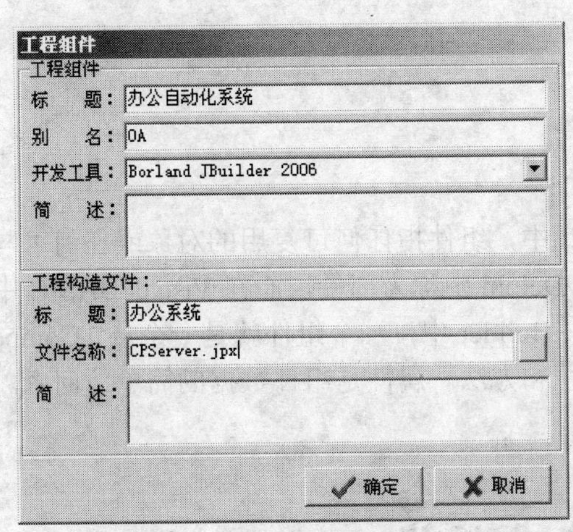

图 1-4-4　添加工程组件

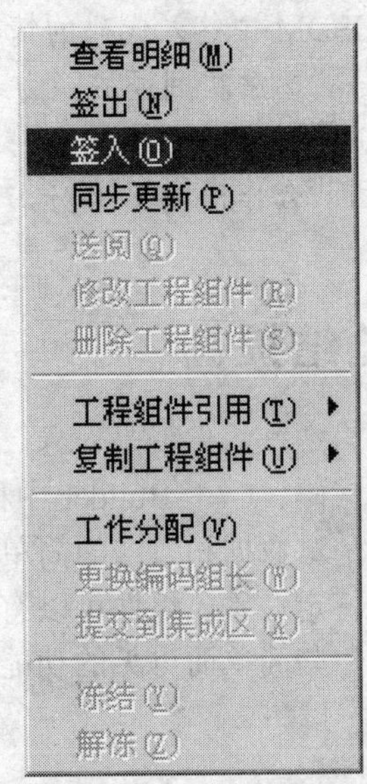

图 1-4-5　签入代码

3）工作任务分配。工作任务分配如图 1-4-6 所示。

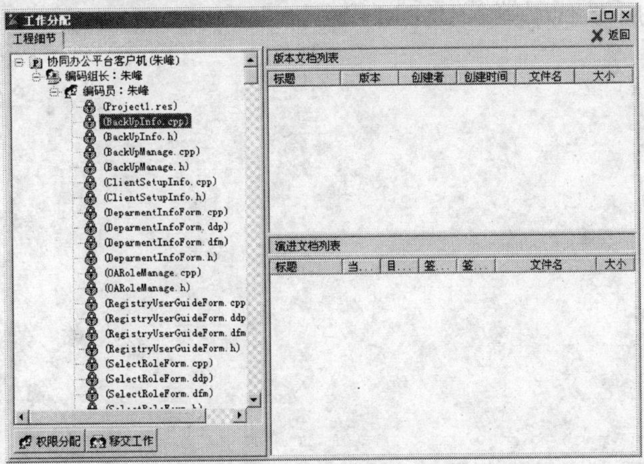

图 1-4-6　工作任务分配

4）签出。

5）同步更新。

模仿试做

1）小组人员按功能模块的划分进行分工，各自负责相关代码的签入工作。

2）开讨论会，每个小组派出一名组员陈述自己小组在签入过程中遇到的问题及处理方法。

检查评估

1）USDM 中签入代码的情况（50 分）。

2）分析、解决问题的能力（20 分）。

3）工作过程的记录与表现（20 分）。

4）团队合作精神（10 分）。

总结提高

简而言之，组件就是对象。在软件行话中，组件指任何可复用的对象或任何可与其他对象交互的代码。C++ Builder 中称为组件，Delphi 中称为部件，而在 Visual BASIC 中称为控件。组件是对数据和方法的简单封装。C++ Builder 中，一个组件就是一个从 TComponent 派生出来的特定对象。组件可以有自己的属性和方法。属性是组件数据的简单访问者。方法则是组件的一些简单而可见的功能。

思考及操作

将自己所开发的系统代码签入 USDM 平台。

模块五 系统测试

任务一 编制测试计划

知识目标

学习测试计划的要素要点。

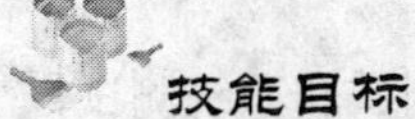

技能目标

能够编写测试计划。

任务导入

软件项目的测试计划是一份描述软件测试工作的目标、范围、方法和重点的文档。测试计划的准备过程是思考、检查并确认一个软件产品的可接受性的一种有用方法。完整的文档将帮助局外的人理解产品确认的“为什么”和“怎样”的问题。它应当足够完整，以使测试组外的人员获得帮助。

任务分析与示范引导

1．历史上的重大软件缺陷和故障案例

“千年虫”问题的根源始于20世纪60年代。当时计算机存储器的成本很高，如果用四位数字表示年份，就要多占用存储器空间，即使成本增加。因此为了节省存储空间，计算机系统的编程人员采用两位数字表示年份。随着计算机技术的迅猛发展，虽然后来存储器的价格降低了，但在计算机系统中使用两位数字来表示年份的做法，由于思维上的惯性而被沿袭下来。年复一年，直到21世纪即将来临之际，人们才突然意识到用两位数字表示年份将无法正确辨识公元2000年及其以后的年份。1997年，信息界开始拉起了“千年虫”警钟，并很快引起了全球关注。据不完全统计，从1998年初全球就开始进行“千年虫”问题的大检查，特别是金融、保险、军事、科学、商务等领域花费了大量的人力、物力对现有的各种各样的程序进行检查、修正和改正。

2．软件缺陷产生的原因

软件测试是在软件投入运行之前，对软件需求分析、设计规格说明和编码实现的最终审定。那为什么还会产生软件缺陷呢？经过软件测试专家们的研究，表现在程序中的故障并不一定是由编码过程引起的，即大多数的软件缺陷并非来自编码过程中的错误，从小项目到大项目都基本证明了这一点。大量的事实表明，导致软件缺陷的最大原因是软件产品说明书。

如图 1-5-1 是软件缺陷产生的原因分布图。在大多数情况下，软件产品说明书并没有写的明确、清楚或者描述全面；或者在软件开发过程中对需求、产品功能经常改动；或者开发小组人员之间没有很好地进行交流与沟通，没有很好地组织开发与测试流程。

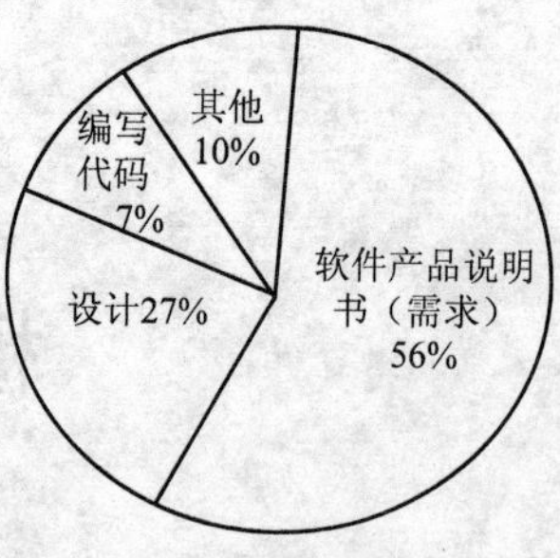

图 1-5-1　软件缺陷产生的原因分布图

3．进行软件测试的原因

1）测试是程序的执行过程，目的在于发现错误；不能证明程序的正确性，除非仅处理有限种情况。

2）检查系统是否满足需求也是测试的期望目标。

总之，软件测试的目标是，以最小的工作量和成本尽可能多地发现软件系统中潜在的各种错误和缺陷，以确保软件系统的正确性和可靠性。

4．软件测试的过程

软件产品在交付使用之前，一般需要经过单元测试、集成测试、确认测试和系统测试，具体步骤如图 1-5-2 所示。

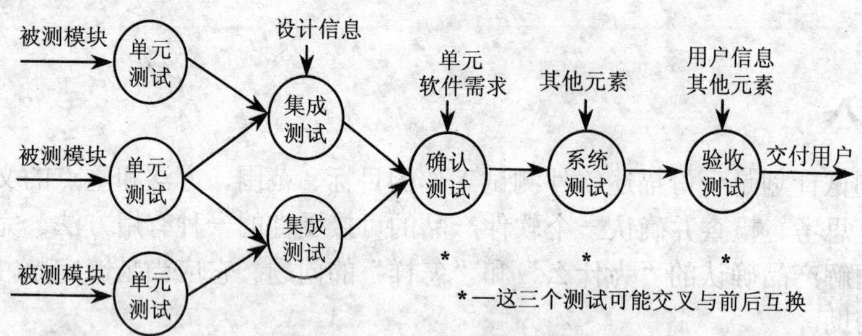

图 1-5-2　软件测试的过程流程

（1）单元测试　针对每个单元的测试，以确保每个模块能正常工作为目标。

（2）集成测试　对已测试过的模块进行组装，进行集成测试。目的在于检验与软件设计相关的程序结构问题。

（3）确认（有效性）测试　是检验所开发的软件能否满足所有功能和性能需求的最后手段。

（4）系统测试　检验软件产品能否与系统的其他部分（例如，硬件、数据库及操作人员）协调工作。

（5）验收（用户）测试　检验软件产品质量的最后一道工序。主要突出用户的作用，同时软件开发人员也应有一定程度的参与。

5．软件测试的方法

软件开发从获取需求、分析设计到编码实现，是自顶向下、逐步精化的过程。而软件测试过程却是自底向上，从局部到整体，逐步集成的过程。在开发的不同阶段，会出现不同类型的缺陷和错误，需要不同的测试技术和方法来发现这些缺陷。

（1）静态测试　静态测试不实际运行软件，主要是对软件的编程格式、结构等方面进行评估。静态测试包括：代码检查、静态结构分析、代码质量度量等。它可以由人工进行，也可以借助软件工具自动进行。静态测试方法也可利用计算机作为对被测程序进行特性分析的工具，但与人工测试方式有着根本区别。另一方面，因它并不真正运行被测程序，只进行特性分析，这又与动态方法不同。所以，静态方法常被称为“分析”，静态测试是对被测程序进行特性分析方法的总称。

（2）动态测试　动态方法的主要特征是计算机必须真正运行被测试的程序，通过输入测试用例，对其运行情况，即输入与输出的对应关系进行分析，以达到检测的目的。常用的动态测试方法包括：白盒测试和黑盒测试。

若测试规划是基于产品的功能，目的是检查程序各个功能是否能够实现，并检查其中的功能错误，则这种测试方法称为黑盒测试（Black-box Testing）方法。黑盒测试又称为功能测试、数据驱动测试和基于规格说明的测试。它是一种从用户观点出发的测试，一般被用来确认软件功能的正确性和可操作性。常用的黑盒测试技术方法包括，边界值分析法、等价类划分法、因果图法和决策表法。

若测试规划基于产品的内部结构进行测试，检查内部操作是否按规定执行，软件各个部分功能是否得到充分使用，则这种测试方法称为白盒测试（White-box Testing）方法。白盒测试又称为结构测试、逻辑驱动测试或基于程序的测试，一般用来分析程序的内部结构。常用的白盒测试技术方法包括，语句覆盖、判定覆盖、条件覆盖、判定/条件覆盖和路径覆盖。

6．软件测试实施步骤

1）选定软件测试人员。

2）编制软件测试文档。

3）选择合适的测试技术方法。

4）设计测试用例。

5）单元测试。

6）集成测试。

7）系统测试。

7．测试人员的分工

公司内部对产品的测试（称为α测试），需要开发人员与独立的测试小组共同参与。开发人员应该执行“白盒”测试，即测试源程序的逻辑结构以及实现细节（“白盒”是指看得见程序的内部结构）。而独立测试小组应该执行“黑盒”测试，即按照规格说明来测试程序是否符合要求（“黑盒”是指看不见程序的内部结构）。比如在测试一个模块时，“白盒”测试方法要对模块的所有代码进行单步跟踪测试。而“黑盒”测试方法只需测试模块的接口是否符合要求，它关心程序的外部表现而不是内部的实现细节。小型的软件公司可能没有条件设立独立的测试小组，也有可能测试小组人员不多而忙不过来。这时，可以让开发小组的成员相互测试对方的程序。这里要强调的是α测试不能依赖于开发人员或者测试小组中的任意一方，必须是双方共同参与。“白盒”测试必须由开发者执行，因为其他测试人员无法了解到程序的内部实现细节。而“黑盒”测试必须由独立的测试人员执行，因为开发者难以做到客观、公正。

开发者在测试自己的程序时存在一些弊病，即

1）开发者对自己的程序印象深刻，并总以为是正确的。倘若在设计时就存在理解错误，或因不良的编程习惯而留下隐患，那么开发者本人很难发现这类错误。

2）开发者对程序的功能、接口十分熟悉，几乎不可能因为使用不当而引发错误，这与

大众用户的情况不太相似，所以自己测试程序难以具备典型性。

3）程序设计有如艺术设计，开发者总是喜欢欣赏程序的成功之处，而不愿看到失败之处。让开发者去作“蓄意破坏”的测试，就像杀自己的孩子一样难以接受。即便开发者非常诚实，但“珍爱程序”的心理让他在测试时不知不觉地带有部分虚假成分。

软件产品正式发行前，在公司外部邀请一些用户对产品进行测试，称为β测试。β测试的涉及面最广，最能反映用户的真实愿望，但花费的时间最长，不好控制。一般地，软件公司与β测试人员之间有一种互利的协议，即β测试人员无偿地为软件公司作测试，定期递交测试报告，提出批评与建议。而软件公司将向β测试人员免费赠送或者以很大的优惠价格发行软件的正式版本。

另外，还有一点需要特别指明，测试工作是一个艰巨而复杂的过程，是保障软件质量的重要屏障，因此它对进行软件测试的人员提出了更加严格的要求。缺乏合格、积极的测试团队，其测试任务将无法完成。然而，在国内许多软件开发企业中，特别是一些小型的、不成熟的软件企业，对软件测试工作的重视程度不够，就是让熟练的开发人员去完成软件系统的分析、设计、实现等工作，而让开发经验最少或根本没有软件开发经验的人员去承担被认为相对次要的软件测试工作。这种做法是不合理、不科学的。对软件系统进行高效率、高质量的测试所需要的技能与经验其实并不比开发新软件需要的少。因此，在一些比较成熟的软件企业中，都将软件测试看作一项专业的技术工作，有意识地在开发团队中培训专门的软件测试人员，并在开发过程中及时地投入工作，以便完成高质量的软件测试。

8. 编制软件测试文档

软件测试是很复杂的过程，也会涉及软件开发其他阶段的一些工作，在保证软件的质量及其运行方面有着重要意义。因此，有必要把软件测试的要求、过程及测试结果以正式的文档形式写出来。

编写测试文档是测试工作规范化的组成部分，该文档应该描述要执行的软件测试及测试的结果，主要包括以下部分。

（1）测试计划　测试计划是测试工作的指导性文档，它规定测试活动的范围、方法、资源和进度，明确正在测试的项目，要测试的特性，要执行的测试任务，每个任务的负责人，以及与计划相关的风险。其主要内容包括测试目标、测试方法、测试范围、测试资源、测试环境和工具、测试体系结构、测试进度表等。

（2）测试用例　测试用例是数据输入和期望结果组成的对，其中“输入”是对被测软件接收外界数据的描述，“期望结果”是对于相应输入软件应该出现的输出结果的描述，测试用例还应明确指出使用具体测试案例产生的测试程序的任何限制。测试用例可以被组织成一个测试系列，即为实现某个特定的测试目的而设计的一组测试用例。

（3）缺陷报告　缺陷报告是编写在需要调查研究的测试过程期间发生的任何事件，即记录软件缺陷。其主要内容包括缺陷编号、题目、状态、提出、解决、所属项目、测试环境、缺陷报告执行步骤、期待结果、附件等。在报告缺陷时，一般要讲明缺陷的严重性和优先级。其中严重性表示软件的恶劣程度，反映其对产品和用户的影响；优先级表示修复缺陷的重要程度和应该何时修复。

（4）测试总结报告　该文档列出测试中发现的和需要调查的所有失败情况。从测试总结报告中，开发人员对每次失效进行分析并区分优先次序，进而为系统和模型中的变化进行设计。

9. 选择合适的测试技术方法

为了更大程度地减少测试遗留的缺陷，同时也为了最大限度地发现存在的缺陷，在测试实施之前，测试工程师必须确定将要采用的测试策略和测试方法，并以此为依据制订详细的测试方案。通常，合理的测试策略和测试方法必将给整个测试带来事半功倍的效果，从而充分利用有限的人力和物力资源，高效、高质量地完成测试。

如何才能确定合理的测试策略和测试方法呢？通常，在确定测试方法时，应该遵循以下原则：

1）根据程序的重要性和一旦发生故障将造成的损失来确定测试等级和测试重点。

2）认真选择测试策略，以便能尽可能少的使用测试用例，发现尽可能多的程序错误。因为一次完整的软件测试过后，如果程序中遗留的错误过多并且严重，则表明该次测试是不足的，而测试不足则意味着让用户承担隐藏错误带来的危险，但测试过度又会带来资源的浪费。因此测试需要找到一个平衡点，通常在确定测试策略时，有以下 5 条参考原则。

1）在任何情况下都必须采用边界值分析法，这种方法设计出的测试用例发现程序错误的能力最强。

2）必要时采用等价类划分法补充测试用例。

3）采用错误推断法再追加测试用例。

4）对照程序逻辑，检查已设计出的测试用例的逻辑覆盖程度。如果没有达到要求的覆盖标准，则应当再补充更多的测试用例。

5）如果程序的功能说明中含有输入条件的组合情况，则应在开始时就选用因果图法。

10. 编写测试计划的要素及要点

1）测试活动的范围。

2）测试要使用的方法。

3）测试需要占用的资源。

4）测试的进度。

5）测试的操作者和测试对象。

6）测试的粒度。

11. 测试计划案例

用户界面测试用于核实用户与软件之间的交互。测试的目标是确保用户界面会通过测试对象的功能来为用户提供相应的访问或浏览功能。另外，测试还可确保界面测试中的对象照预期的方式运行，见表 1-5-1。

表 1-5-1　用户界面测试计划

测试目标	窗口的对象和特征（例如，菜单、大小、位置、状态是否符合需求）
测试范围	用户操作页面
技术	为每个窗口创建或修改测试，以核实各个应用程序窗口和对象都可正确地进行浏览，并处于正常的对象状态
开始标准	
完成标准	成功地核实出各个窗口都与用户需求一致，或符合用户可接受标准
测试重点和优先级	1. 页面拼写 2. 页面显示位置，是否符合用户使用习惯 3. 图片能否显示，显示是否正确

模仿试做

1）小组测试人员按要求及规范编写测试计划，并提交小组共同评审。

2）开讨论会，每个小组派出一名组员陈述自己小组的测试计划及评审结果。

检查评估

1）对测试方法的熟悉程度（20 分）。

2）测试计划编写的情况（30 分）。

3）分析、解决问题的能力（20 分）。

4）工作过程的记录与表现（20 分）。

5）团队合作精神（10 分）。

总结提高

软件测试必须以合理的测试计划作为基础。尽管测试的每一个步骤都是独立的，但是必定要有起到框架结构作用的测试计划。测试的计划应该作为测试的起始步骤和重要环节。测试计划应包括：产品基本情况调研、测试需求说明、测试策略和记录、测试资源配置、计划表、问题跟踪报告、测试计划的评审和结果等。

思考及操作

编写自己开发系统的测试计划。

任务二　制作测试用例包

知识目标

1）学习编写测试用例。

2）学习掌握测试用例的粒度及范围。

技能目标

能够编写测试用例包。

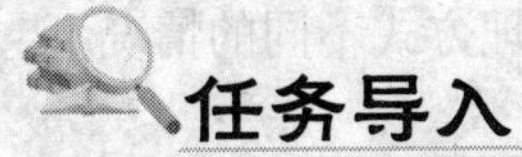

任务导入

软件测试的重要性是毋庸置疑的。以最少的人力、资源投入，在最短的时间内完成测试，发现软件系统的缺陷，保证软件的优良品质，是软件公司探索和追求的目标。每个软件产品或软件开发项目都需要有一套优秀的测试方案和测试方法。

任务分析与示范引导

影响软件测试的因素很多，例如，软件本身的复杂程度，开发人员（包括分析、设计、编程和测试的人员）的素质，测试方法和技术的运用等。有些因素是客观存在的，无法避免。有些因素则是波动的、不稳定的，例如，开发队伍是流动的，有经验的员工离职，新员工不断补充进来；操作者在工作时也可能受情绪等影响。如何保障软件测试质量的稳定？有了测试用例，无论是谁来测试，参照测试用例实施，都能保障测试的质量。这样可以把人为因素的影响减少到最低。即便最初的测试用例考虑不周全，随着测试的进行和软件版本更新，也可日趋完善。

因此测试用例的设计和编制是软件测试活动中最重要的。测试用例是测试工作的指导，是软件测试的必须遵守的准则，更是软件测试质量稳定的根本保障。

1. 编写测试用例的要素及要点

1）确定测试目标（被测试的某一操作或某一功能系列）。

2）根据输入数据，确定输出数据或是数据被处理后的预期结果。

3）根据功能实现的步骤来编排测试步骤（如登录后才可以操作某个功能）。

4）测试可能用到的测试脚本（包括采用自动化测试工具时的脚本）。

5）测试用例的粒度程度（如功能连续性及关联性）。

2. 设计测试举例

【例 1-5-1】 使用等价类划分法设计“三角形问题”的测试用例

分析：

1）采用等价类划分法设计测试用例，通常分两步进行，①确定等价类，列出等价类表。②确定测试用例。

而对等价类进行划分的依据如下。

① 按照区间划分。在输入条件规定了取值范围或值的个数的情况下，可以确定一个有效等价类和两个无效等价类。

② 按照数值划分。在规定了一组输入数据（假设包括 n 个输入值），并且程序要对每一个输入值分别进行处理的情况下，可确定 n 个有效等价类（每个值确定一个有效等价类）和一个无效等价类（所有不允许的输入值的集合）。

③ 按照数值集合划分。在输入条件规定了输入值的集合或规定了“必须如何”的条件下，可以确定一个有效等价类和一个无效等价类（该集合有效值之外）。

④ 按照限制条件或规则划分。在规定了输入数据必须遵守的规则或限制条件的情况下，

可确定一个有效等价类（符合规则）和若干个无效等价类（从不同角度违反规则）。

⑤ 细分等价类。在确知已划分的等价类中各元素，在程序中的处理方式不同的情况下，则应再将该等价类进一步划分为更小的等价类，并建立等价类表。

2）在使用等价类划分法设计测试用例时，应同时考虑有效等价类和无效等价类测试用例的设计。

根据已列出的等价类表可确定测试用例，具体过程如下。

① 首先为等价类表中的每一个等价类分别规定一个唯一的编号。

② 设计一个新的测试用例，使它能够尽量覆盖尚未覆盖的有效等价类。重复这个步骤，直到所有的有效等价类均被测试用例覆盖。

③ 设计一个新的测试用例，使它仅覆盖一个尚未覆盖的无效等价类。重复这一步骤，直到所有的无效等价类均被测试用例覆盖。

3）虽然在多数情况下，是从输入域划分等价类的，但并非不能从被测程序的输出域反过来定义等价类。事实上，这对于三角形问题却是最简单的划分方法。 在三角形问题中，有四种可能的输出：等边三角形、等腰三角形、一般三角形和非三角形。

利用这些信息能够确定下列输出（值域）等价类。

R1 = { <a,b,c>: 边为 a,b,c 的等边三角形 }

R2 = { <a,b,c>: 边为 a,b,c 的等腰三角形 }

R3 = { <a,b,c>: 边为 a,b,c 的一般三角形 }

R4 = { <a,b,c>: 边为 a,b,c 不能组成三角形 }

4）根据上面的等价类，可以得出表 1-5-2 所示的三角形问题的 4 个标准等价类测试用例：

表 1-5-2 等价类测试用例

测试用例	a	b	c	预期输出
Test1	10	10	10	等边三角形
Test2	10	10	5	等腰三角形
Test3	3	4	5	一般三角形
Test4	4	1	2	非三角形

【例 1-5-2】 使用边界值分析法设计“三角形问题”的测试用例

分析：

（1）使用边界值分析法 无数的测试实践表明，故障往往发生在输入定义域或输出值域的边界上，而不是在其内部。因此，针对各种边界情况设计测试用例，通常会取得很好的测试效果。

（2）用边界值分析法设计测试用例

1）首先确定边界情况。通常输入或输出等价类的边界就是应该着重测试的边界情况。

2）选取正好等于、刚刚大于或刚刚小于边界的值作为测试数据，而不是选取等价类中的典型值或任意值。

在三角形问题中，除了要求边长是整数外，没有给出其他的限制条件。这里假设边界上限为 100，下限为 1。表 1-5-3 给出了使用边界值分析法设计的测试用例。

表 1-5-3　边界值分析法设计的测试用例

测 试 用 例	a	b	c	预 期 输 出
Test1	60	60	1	等腰三角形
Test2	60	60	2	等腰三角形
Test3	60	60	60	等边三角形
Test4	50	50	99	等腰三角形
Test5	50	50	100	非三角形
Test6	60	1	60	等腰三角形
Test7	60	2	60	等腰三角形
Test8	50	99	50	等腰三角形
Test9	50	100	50	非三角形
Test10	1	60	60	等腰三角形
Test11	2	60	60	等腰三角形
Test12	99	50	50	等腰三角形
Test13	100	50	50	非三角形

【例 1-5-3】 使用因果图法为以下程序设计测试用例。

程序的规格说明要求：输入的第一个字符必须是#或*，第二个字符必须是一个数字，此情况下进行文件的修改；如果第一个字符不是#或*，则给出信息 N，如果第二个字符不是数字，则给出信息 M。

分析：

1）分析程序规格说明中的原因和结果见表 1-5-4。

表 1-5-4　原因和结果

原　因	结　果
c_1：第一个字符不是#	e_1：给出信息 N
c_2：第一个字符是*	e_2：修改文件
c_3：第二个字符不是一个数字	e_3：给出信息 M

2）画出因果图（编号为 10 的中间结点是导出结果的进一步原因），如图 1-5-3 所示。

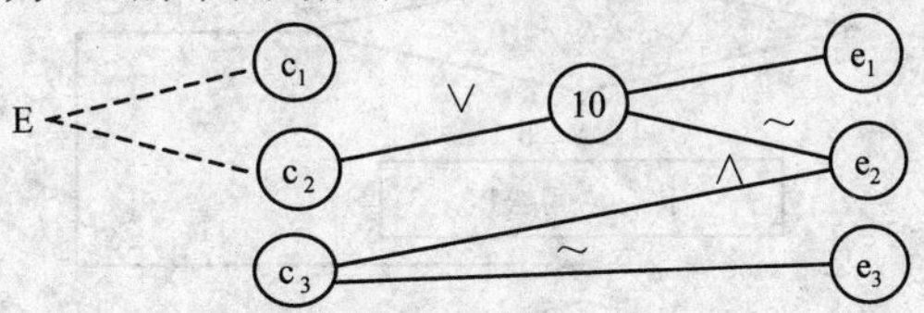

图 1-5-3　因果图

3）将因果图转换成表 1-5-5 所示的决策表。

表 1-5-5　决策表

选项 \ 规则	1	2	3	4	5	6	7	8
条件：								
c_1	1	[illegible]	1	1	0	0	0	0
c_2	1	[illegible]	0	0	1	1	0	0
c_3	1	0	1	0	1	0	1	0
10			1	1	1	1	0	0
动作：								
e_1								√
e_2							√	
e_3			√	√	√	√		√
不可能	√	√						
测试用例			#3	#A	*6	*B	A1	GT

4）根据 3）中的决策表，设计决策表中的每一列设计测试用例，见表 1-5-6。

表 1-5-6　例 1-5-3 的测试用例

测试用例编号	输入数据	预期结果
1	#3	修改文件
2	#A	给出信息 M
3	*6	修改文件
4	*B	给出信息 M
5	A1	给出信息 N
6	GT	给出信息 M 和信息 N

【例 1-5-4】 使用语句覆盖设计如下程序段测试用例。

```
void   DoWork (int x,int y,int z)
{
    int    k=0,j=0;
    if ( (x>3)&&(z<10) )
    {   k=x*y-1;
        j=sqrt(k);
    }                                              //语句块 1
    if ( (x==4)||(y>5) )
    {   j=x*y+10;    }                        //语句块 2
    j=j%3;                                         //语句块 3
}
```

分析：

1）其程序流程图如图 1-5-4 所示。

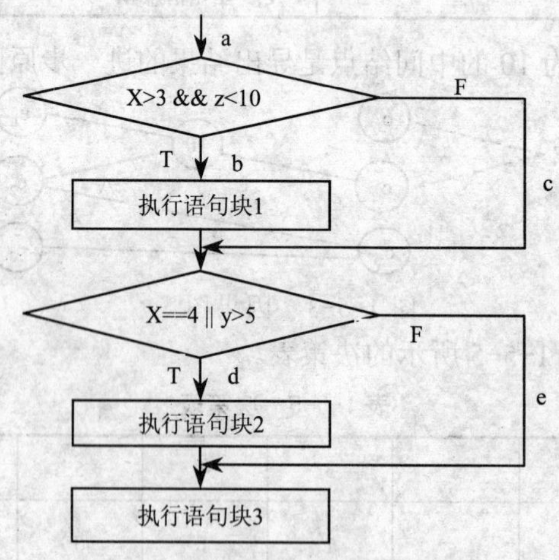

图 1-5-4　程序流程图

2）要实现 DoWork 函数的语句覆盖，只需设计一个测试用例就可以覆盖程序中的所有可执行语句。

测试用例输入为{ x=4，y=5，z=5 }。

程序执行的路径是 abd。

注意：语句覆盖可以保证程序中的每个语句都得到执行，但发现不了判定中逻辑运算的错误，即它并不是一种充分的检验方法。例如，在第一个判定“(x>3)&&(z<10)”中把“&&”错误的写成了“||”，这时使用该测试用例，则程序仍会按照流程图上的路径 abd 执行。可以说语句覆盖是最弱的逻辑覆盖准则。

【例 1-5-5】 使用判定覆盖设计例 1-5-4 中程序段的测试用例。

分析：

要实现 DoWork 函数的判定覆盖，需要设计两个测试用例。

测试用例的输入为{x=4，y=5，z=5}；{x=2，y=5，z=5}。

程序执行的路径分别是 abd；ace。

例 1-5-4 和例 1-5-5 的两个测试用例不仅满足了判定覆盖，同时还做到语句覆盖。从这点看似乎判定覆盖比语句覆盖更强一些，但仍然无法确定判定内部条件的错误。例如，把第二个判定中的条件 y>5 误写为 y<5，使用上述测试用例，照样能按原路径执行而不影响结果。因此，需要有更强的逻辑覆盖准则去检验判定内的条件。

【例 1-5-6】 使用条件覆盖设计例 1-5-4 中程序段的测试用例。

分析：

1）在实际程序代码中，一个判定中通常都包含若干条件。条件覆盖的目的是设计若干测试用例，在执行被测程序后，要使每个判定中每个条件的可能值至少满足一次。

2）对 DoWork 函数各个判定的各种条件取值加以标记。

第一个判定((x>3)&&(z<10))：

条件 x>3　　取真值记为 T1，取假值记为 −T1；

条件 z<10　取真值记为 T2，取假值记为−T2。

第二个判定((x==4)||(y>5))：

条件 x==4　取真值记为 T3，取假值记为−T3；

条件 y>5　取真值记为 T4，取假值记为−T4。

3）根据条件覆盖的基本思想，要使上述 4 个条件可能产生的 8 种情况至少满足一次，设计测试用例见表 1-5-7。

表 1-5-7　例 1-5-6 的测试用例

测试用例	执行路径	覆盖条件	覆盖分支
x=4、y=6、z=5	abd	T1、T2、T3、T4	bd
x=2、y=5、z=15	ace	−T1、−T2、−T3、−T4	ce

注：1. 上面这组测试用例不但覆盖了 4 个条件的 8 种情况，而且将两个判定的 4 个分支 b、c、d、e 也同时覆盖了，即同时达到了条件覆盖和判定覆盖。

2. 虽然这组测试用例同时达到了条件覆盖和判定覆盖，但是，并不是说满足条件覆盖就一定能满足判定覆盖。

【例 1-5-7】 使用判定/条件覆盖设计例 1-5-4 中程序段的测试用例

分析：

1）判定/条件覆盖实际上是将判定覆盖和条件覆盖结合起来的一种方法，即设计足够的测试用例，使得判定中每个条件的所有可能取值至少满足一次，同时每个判定的可能结果也至少出现一次。

2）根据判定/条件覆盖的基本思想，只需设计以下两个测试用例便可以覆盖 4 个条件的

8 种取值以及 4 个判定分支，测试用例见表 1-5-8。

表 1-5-8　例 1-5-7 的测试用例

测试用例	执行路径	覆盖条件	覆盖分支
x=4、y=6、z=5	abd	T1、T2、T3、T4	bd
x=2、y=5、 z=15	ace	-T1、-T2、-T3、-T4	ce

【例 1-5-8】 办公自动化系统测试用例（表 1-5-9）。

表 1-5-9　例 1-5-8 的测试用例

序号	入口条件	操作	预期结果	实际结果
1	进入发送邮件界面	什么也不填，直接发送	提示“至少要添加一个收件人”	符合预期
2	进入发送邮件界面	选择多个收件人，然后添加	邮件收件人列表出现选择的用户名称，并且用逗号分隔	符合预期
3	进入发送邮件界面	选择收件人后，直接发送	提示主题不能为空	符合预期
4	进入发送邮件界面	选择收件人，填写邮件标题后，发送邮件	提示邮件发送成功	符合预期
5	进入发送邮件界面	选择收件人，填写标题，填写内容，内容的字符数大于 2000	提示正文长度不能超过 2000	符合预期
6	进入发送邮件页面	填写以上信息后，单击“添加附件”按钮，不选择附件后发送邮件	跳转到错误页面	符合预期
7	进入发送邮件页面	填写全部信息后，添加的附件超过 200MB，发送邮件	提示每个附件不能超过 200MB	符合预期
8	进入发送邮件界面	填写全部符合要求的数据	提示邮件发送成功	符合预期
9	进入发送邮件界面	单击系统“关闭”按钮	关闭系统	符合预期（这里经真实的测试后再填写真实的结果）

模仿试做

1）小组测试人员按要求及规范编写测试用例包，并提交小组共同评审。

2）开讨论会，每个小组派出一个组员陈述自己小组的测试用例包及评审结果。

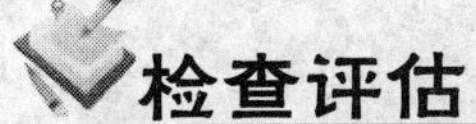

检查评估

1）测试技术的熟练程度（20分）。
2）测试用例包的制作情况（30分）。
3）分析、解决问题的能力（20分）。
4）工作过程的记录与表现（20分）。
5）团队合作精神（10分）。

总结提高

测试用例（Test Case）是将软件测试的行为活动作科学化的组织归纳。目的是能够将软件测试的行为转化成可管理的模式；同时测试用例也是将测试具体量化的方法之一。

每种测试用例设计方法都有其各自的特点。等价类测试利用等价关系划分被测试域并从中选出代表作为测试用例以进行完备而无冗余的测试。边界值测试是一种简单高效的测试用例设计方法，它关注被测域的临界点，通常作为其他测试用例设计方法的补充。决策表是基于被测对象逻辑关系设计测试用例的一种方法，因此当被测对象的逻辑关系比较复杂时，运用决策表设计测试用例是一个不错的选择。

值得注意的是，在实际的测试设计活动中，被测对象的测试用例是综合运用多种测试用例设计方法的结果。

思考及操作

制作自己的开发系统的测试用例。

任务三　实施测试

知识目标

学习测试的过程。

技能目标

能够根据测试用例对测试对象进行测试并记录对比结果。

任务导入

黑箱的功能测试，需要严格按照测试用例的要求及顺序进行相应的测试，并在测试后记录下真实的测试结果，对照测试用例的预期结果来判断该用例测试是否通过。在测试结果与预期结果不相符的情况下还要判断不相符的程度是否影响系统功能的实现。

任务分析与示范引导

一、单元测试

1. 单元测试的任务

单元测试的任务是测试构造软件系统的模块，即对象是子系统。

一般来说，单元测试主要测试各个模型的以下部分。

（1）模块接口测试　主要检查数据能否正确地通过模块。

（2）局部数据结构测试　检查局部数据结构，保证临时存储在模块内的数据在程序执行过程中完整和正确。

（3）重要执行路径测试　应对模块中的每一条独立执行路径进行测试，保证模块中每条语句至少执行一次，以便发现因错误计算、不正确的比较和不适当的控制流造成的错误。

（4）错误处理测试　合理的设计应能预见各种出错条件，并预设各种出错处理通路，出错处理通路同样需要认真测试。

（5）边界条件测试　软件经常在边界上出现失效，边界条件测试是单元测试中一项重要的任务。

2. 单元测试环境

被测试的模块往往不是独立的程序，它处于整个软件结构的某一层上，被其他模块调用或调用其他模块，其本身不能单独运行，因此在单元测试时，应为测试模块开发一个驱动模块（Driver）和（或）若干个桩模块（Stub），图 1-5-5 所示为一般单元测试的环境。

驱动模块的作用是用来模拟被测模块的上级调用模块，功能要比真正的上级模块简单得多，它接收测试数据并将这些数据传递到被测试模块，被测试模块被调用后，打印“进入—退出”消息。桩模块用来代替被测模块调用的模块，用以返回被测模块需要的信息。

Junit 是支持 JAVA 程序单元测试的工具，它提供创建测试用例、创建测试套件并且运行它们的框架，其结构如图 1-5-6 所示。

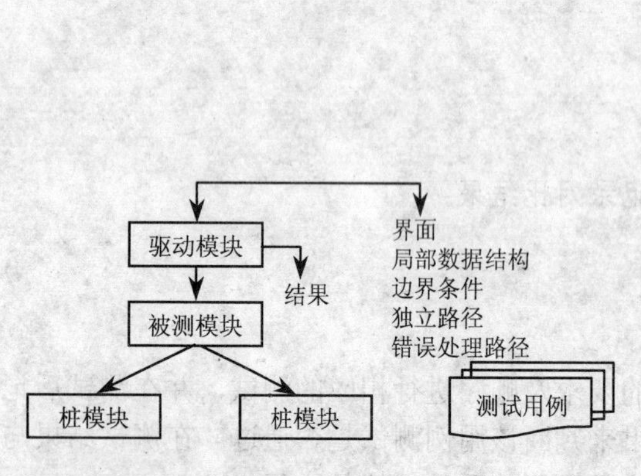

图 1-5-5　一般单元测试环境

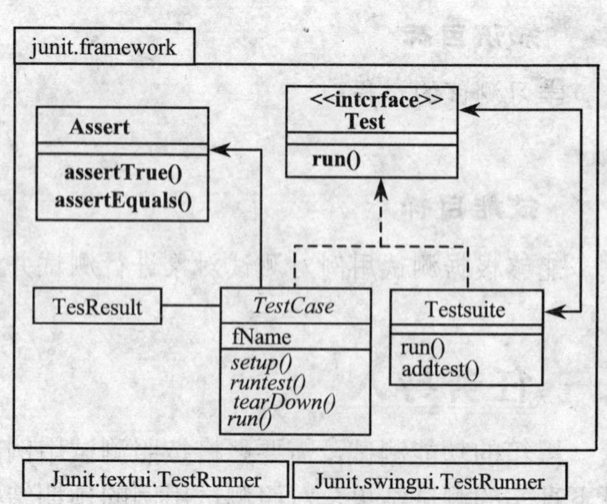

图 1-5-6　Junit 结构图

如果编写 A 类的测试类 ATest，则将其定义为 TestCase 类的子类。Setup（）用于初始化测试类 ATest 需要的上下文环境；tearDown（）用于清除建立的上下文目标；runTest（）用于调用期望的测试用例来运行测试单元。Junit 可以支持静态模式和动态模式来运行测试用例，下面以测试类 ATest 为例加以说明。

方法 1：TestCase 类的 runTest（）方法

这是一种静态模式，当被 Junit 框架中任何一个 TestRunner 类调用时，runTest（）方法就会调用其中的测试用例。

```
public class ATest extends TestCase {
    public ATest(String testName) {
        super(testName);
    }
    public void testA1() {
        ...
    }
    public void testA2() {
        ...
    }
    public void runTest() {
        testA1();
        testA2();
    }
}
```

方法 2：匿名内部类的 runTest（）方法

这是另一种静态模式，如果 runTest（）方法没有包括在 Atest 类中，那么可以将其定义在一个匿名内部类中，它可以引入实现新的测试用例。例如，testA3（）。另外，测试单元可以在文本窗口中运行，也可以在 GUI（Swing）窗口中运行。

```
public class XTest extends TestCase {
    public static Test suite() {
        TestSuite suite = new TestSuite();
        TestCase test = new ATest("X test") {
            public void runTest() {
                testA1();
                testA2();
                testA3();
            }
            public void testA3() {
                ...
            }
        };
        suite.addTest(test);
        suite.addTest(new XTest("another test"));
        return suite;
    }
    public static void main(String arqs[]){
        junit.textui.TestRunner.run(suite());
        //junit.swinqui. TestRunner.run(suite());
    }
}
```

方法 3：动态实现的 runTest（）方法

这是一种动态模式，它利用 JAVA 反射来实现 runTest（）方法。反射是一种机制，允许在运行时发现类和方法的信息，并且提供创建和执行对象的能力。

```
public static Test suite() {
    TestSuite suite = new TestSuite();
    TestCase testA1 = new ATest("test 1");
    TestCase testA2 = new ATest("test 2");
    suite.addTest(testA1);
    suite.addTest(testA2);
    return suite;
}
public static void main(String args[]) {
    junit.textui.TestRunner.run(suite());
}
```

二、集成测试

单元测试集中考虑单个模块，纠正每个模块中的错误，这是否意味着模块可以正常工作了？单个模块正常工作并不意味着所有模块集成在一起就可以正常工作，其原因在于模块相互调用时接口会引入许多新问题，而单元测试是无法找出这类错误的。

集成测试是组装软件的系统测试技术，按设计要求把通过单元测试的各个模块组装在一起后，进行综合测试以便发现与接口有关的各种错误。集成测试策略包括一次性组装、自顶向下集成、自底向上集成等方法。

1. 一次性组装

一次性组装测试又称为非增量测试。即假设所有的组件都经过单独测试，然后把所有组件按设计要求一次全部组装起来，再进行整体测试，如图 1-5-7 所示。

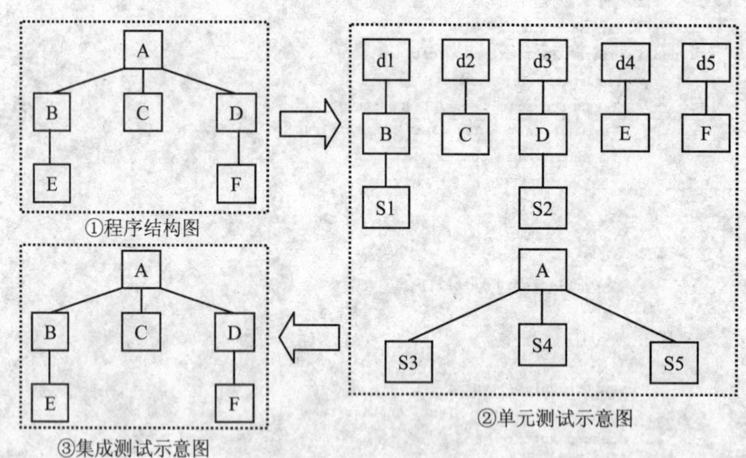

图 1-5-7　非增量测试

这种方法的优点在于不需要任何附加的驱动模块和桩模块，但容易出现混乱，很难确定导致故障的位置，也很难区分是接口故障还是组件内部故障。

2. 自顶向下集成

自顶向下集成是构造程序结构的一种增量式方式，它从主控模块开始，按照软件的控制层次结构，以深度优先或广度优先的策略，逐步把各个模块集成在一起。

自顶向下集成测试的步骤为

1）以主控模块作为测试驱动模块，把对主控模块进行单元测试时引入的所有桩模块用实际模块替代。

2）依据所选的集成策略（深度优先或广度优先），每次只替代一个桩模块。

3）每集成一个模块立即测试一遍。

4）只有每组测试完成后，才着手替换下一个桩模块。

5）循环执行上述步骤 2）～4），直至整个程序构造完毕。

广度优先的自顶向下的集成方式如图 1-5-8 所示。深度优先的自顶向下集成方式如图 1-5-9 所示。

自顶向下集成的优点是能尽早地对程序的主要控制和决策机制进行检验，因此可较早地发现错误。缺点是在测试较高层模块时，低层处理采用桩模块替代，不能反映真实情况，重要数据不能及时回送到上层模块，因此测试并不充分。

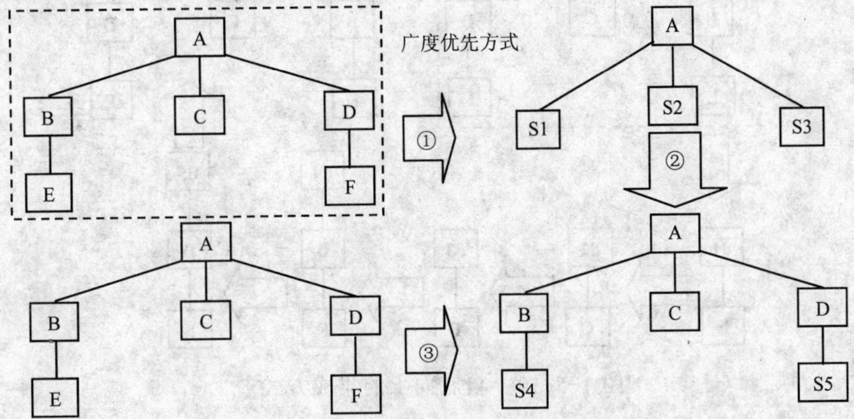

图 1-5-8　广度优先的自顶向下的集成方式

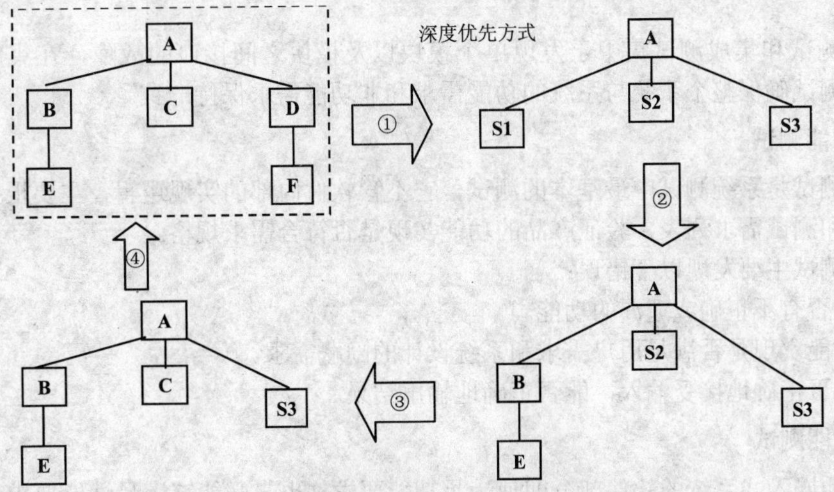

图 1-5-9　深度优先的自顶向下集成方式

3. 自底向上集成

自底向上集成是从软件结构最底层的模块开始组装测试，因测试到较高层模块时，所需的下层模块功能均已具备，所以不再需要桩模块。

自底向上综合测试的步骤分为

1）把低层模块组织成实现某个子功能的模块群（Cluster）。

2）开发一个测试驱动模块，控制测试数据的输入和测试结果的输出。

3）对每个模块群进行测试。

4）删除测试用的驱动模块，用较高层模块把模块群组织成为完成更大功能的新模块群。

5）循环执行上述各步骤，直至整个程序构造完毕。

自底向上的集成方式如图 1-5-10 所示。自底向上集成方法不用桩模块，测试用例的设计亦相对简单，但缺点是程序最后一个模块加入时才具有整体形象，它与自顶向综合测试方法优缺点正好相反。

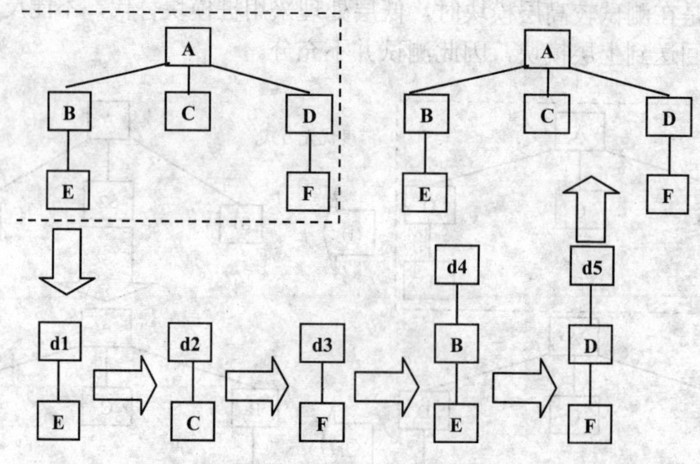

图 1-5-10 自底向上的集成方式

三、系统测试

单元测试和集成测试集中于发现单个模块以及模块之间接口的故障，在集成测试完成后，系统测试确保整个系统与系统的功能需求和非功能需求保持一致。

1. 功能测试

功能测试是系统测试中最基本的测试，它不管软件内部的实现逻辑，主要根据软件需求规格说明和测试需求列表，验证产品的功能实现是否符合需求规格。

功能测试主要发现以下错误：

1）是否有不正确或遗漏的功能。

2）功能实现是否满足用户需求和系统设计的隐藏需求。

3）能否正确地接受输入，能否正确地输出结果。

2. 性能测试

实时和嵌入式系统的软件部分即使满足功能要求，也未必能够满足性能要求，虽然从单元测试起，每一测试步骤都包含性能测试，但只有当系统真正集成之后，在真实环境中才能全面、可靠地测试运行性能，系统性能测试是为了完成这一任务。性能测试有时与强度测试相结合，经常需要其他软硬件的配套支持。

3．压力测试

压力测试是检查系统在资源超负荷情况下的表现，特别是对系统处理时间的影响。

下面列举一些压力测试的例子：

1）当中断的正常频率为（1～2）h/s 时，运行每秒产生十个中断的测试用例。

2）定量地增长数据输入率，检查输入子功能的反应能力。

3）运行需要最大存储空间（或其他资源）的测试用例。

4）运行可能导致虚存操作系统崩溃或磁盘数据剧烈抖动的测试用例。

4．安全测试

安全测试检查系统对非法侵入的防范能力。安全测试期间，测试人员假扮非法入侵者，采用各种办法试图突破防线。

下面列举一些安全性测试的例子：

1）想方设法截取或破译口令。

2）专门定做软件破坏系统的保护机制。

3）故意导致系统失败，企图趁恢复之机非法进入。

4）试图通过浏览非保密数据，推导所需信息。

5．恢复测试

恢复测试是检验系统从软件或者硬件失败中恢复的能力，即采用各种人工干预方式使软件出错，而不能正常工作，从而检验系统的恢复能力。

下面列举一些恢复测试的例子：

1）供电出现问题时的恢复。

2）恢复程序的执行。

3）对选择的文件和数据进行恢复。

4）恢复处理日志方面的能力。

5）通过切换到一个并行系统来进行恢复。

6．安装测试

系统验收之后，需要在目标环境中进行安装。安装测试的目的是保证应用程序能够被成功地安装，它重点考虑以下方面：

1）应用程序是否可以成功地安装在以前从未安装过的环境中。

2）应用程序是否可以成功地安装在以前已有的环境中。

3）配置信息定义是否正确。

4）是否考虑到以前的配置信息。

5）在线文档的安装是否正确。

6）安装应用程序是否会影响其他的应用程序。

7）对于该应用程序来说，计算机资源是否充足，安装程序是否可以检测到资源的情况并作出适当的反应。

7．测试过程

1）根据测试用例顺序对测试对象进行测试。

2）记录每个测试用例的最终结果。

3）对照预期结果，判断测试用例是否通过测试。

模仿试做

1）小组测试人员根据测试用例包对测试对象进行测试，并提交小组共同评审。

2）开讨论会，每个小组派出一名组员陈述自己小组的测试及评审结果。

检查评估

1）测试知识的熟练程度（20 分）。

2）实施测试的情况（30 分）。

3）分析、解决问题的能力（20 分）。

4）工作过程的记录与表现（20 分）。

5）团队合作精神（10 分）。

总结提高

随着软件工程的大规模和大范围的发展，实现单一程式的方法变得越来越多。各种可能路径的组合爆炸很容易就达到数以亿计甚至更多，如此一来，要想完全测试的可能性就变得微乎其微了。软件模块之间的动态交互，以及经过修改之后的哪些功能需要重新测试的问题。再者，程序员经常都是极不情愿去做测试工作的，而且，大量的研究表明，无论如何开发人员都不应该测试自己写出来的程序。因此，独立的测试团队应运而生。

思考及操作

按照测试计划，使用测试用例对自己开发的系统进行测试。

任务四　编写测试报告并签入 USDM 平台

知识目标

1）学习测试报告的内容。

2）学习 USDM 测试工具的使用以及文档签入。

技能目标

能够编写测试报告并将测试文档签入 USDM 平台。

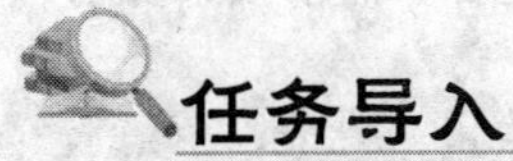

任务导入

测试报告是依据测试计划和测试用例包实施的测试验证工作。测试员将测试的结果填写到测试用例或步骤的结果栏目中，并最后给出测试的基本结论。

任务分析与示范引导

1. 测试管理

测试管理可以编辑测试计划同时也可以离线使用。单击主菜单上的“测试管理”按钮即可进入测试管理模块，如图 1-5-11 所示。

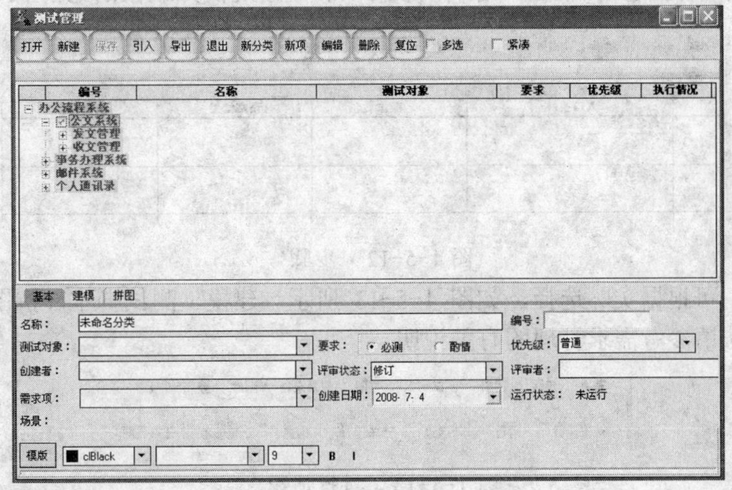

图 1-5-11　测试管理

菜单包括：“打开”、“新建”、“保存”、“导出”、“退出”、“新分类”、“新项”、“编辑”、“删除”和“复位”按钮。

“打开”：打开一个保存过的测试文件。

“新建”：新建立一个测试文件。

“保存”：保存当前在编辑的测试文件。

“导出”：导出一个指定的测试文件。

“退出”：退出测试管理模块。

“新分类”：新建一个分类。

“新项”：新建一个具体的测试计划。

“编辑”：对当前的测试文件进行编辑。

“删除”：删除选中的测试条目。

“复位”：将文件恢复到最后一次保存后的状态，若是新建的文件未保存则会将内容全部清空。

对一个新建的项还有以下操作：基本、步骤、建模、测试脚本、拼图、屏幕录制、附件和执行情况。

基本：是填写该测试计划的基本情况，包括名称、测试对象、创建者、需求项、要求、评审状态、创建日期、优先级、评审者和运行状态。

① 名称：该测试计划的名称，根据实际情况填写。

② 测试对象：此测试计划的测试对象，根据实际情况填写。

③ 创建者：此测试计划的创建者，根据实际情况填写。

④ 需求项：与该需求相对应的需求计划，根据实际情况填写。

⑤ 要求：根据实际情况选择是必测还是酌情。

⑥ 评审状态：根据实际情况选择是修订、未评审或者已评审。

⑦ 创建日期：根据实际情况选择。

⑧ 优先级：根据实际情况选择重要、十分重要、普通、次要、十分次要。

⑨ 评审者：根据实际情况填写。

步骤：主要具体描述测试的入口条件、操作、预期结果和实际结果，如图 1-5-12 所示。

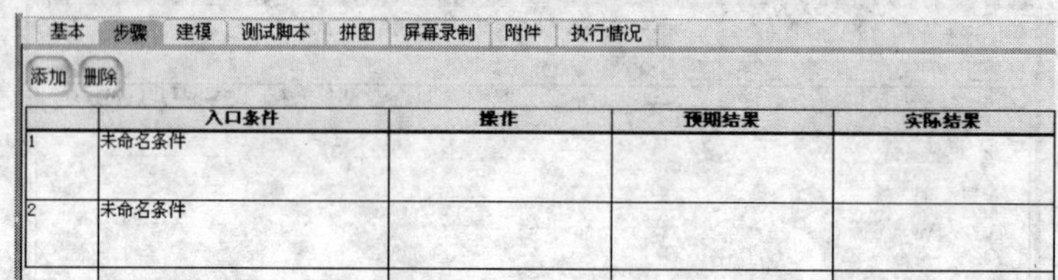

图 1-5-12　步骤

执行情况：可根据实际选择，如图 1-5-13 所示。建模、测试脚本、拼图、屏幕录制、附件的使用方法请参考需求管理的有关说明。

图 1-5-13　执行情况

2．操作步骤

1）单击测试管理窗口中“新项”按钮，添加如下测试计划如图 1-5-14 所示。

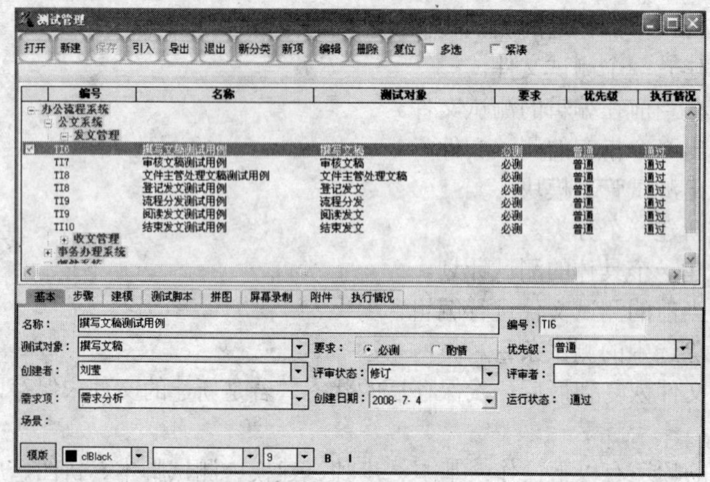

图 1-5-14　添加测试计划

2）单击“测试管理”窗口中 “步骤”按钮，系统出现如图 1-5-15 所示选项卡。

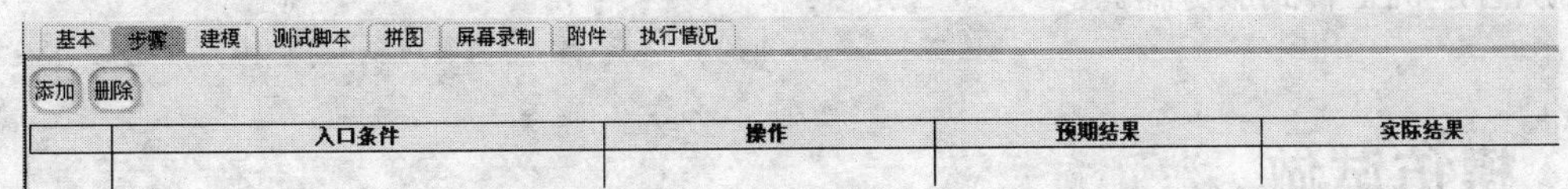

图 1-5-15 “步骤”选项卡

3）单击“添加”按钮，为撰写文稿测试用例编写“入口条件”、“操作”、“预期结果”以及“实际结果”，如图 1-5-16 所示。

基本　步骤　建模　测试脚本　拼图　屏幕录制　附件　执行情况

添加　删除

	入口条件	操作	预期结果	实际结果
1	用户使用word起草发文	选择文稿为空，其他信息正确	系统提示选择一份文稿	系统提示选择一份文稿
2	用户使用word起草发文	选择文稿为超过1024字节的文档，其他信息正确	成功提交公文	成功提交公文
3	用户使用word起草发文	选择标准的文稿，其他信息正确	提交公文成功	提交公文成功
4	用户使用word起草发文	选择发文日期为前一年或者更早的时间，其他信息标准	提交公文不能正常进行	提交公文不能正常进行
5	用户使用word起草发文	选择发文日期正确，其他信息正确	成功提交公文	成功提交公文
6	用户使用word起草发文	选择部门核稿人为自己，其他信息正确	成功提交公文	成功提交公文
7	用户使用word起草发文	选择部门核稿人为其他部门的用户，其他信息正确	提示提交公文失败	提示提交公文失败

图 1-5-16　添加测试用例

4）签入测试计划。单击主菜单上的“管理工具”按钮，进入“SDM 客户机”窗口，如图 1-5-17 所示。展开“实施阶段”→测试→测试数据，如图 1-5-18 所示。

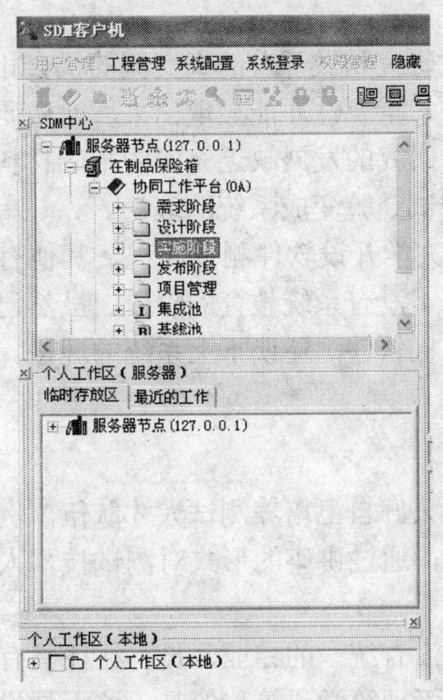

图 1-5-17　SDM 客户机

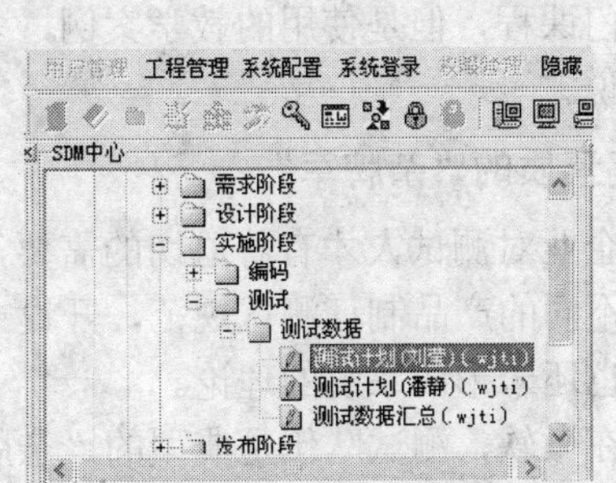

图 1-5-18　编辑测试计划

5）选中“测试计划（刘莹）”，右击，在弹出的菜单中选择“签出编辑”命令，将测试文档从客户机上传到服务器。

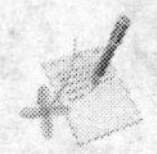

模仿试做

1）建立测试阶段。

2）将测试文档签入 USDM 平台中。

检查评估

1）测试技术的熟练程度（20 分）。

2）软件测试报告的编写情况（30 分）。

3）分析、解决问题的能力（20 分）。

4）工作过程的记录与表现（20 分）。

5）团队合作精神（10 分）。

总结提高

“从我在微软工作的经历来看，软件测试绝对不是开发活动完成后的收尾工作，很多大型的开发项目，测试会占据项目周期一半以上的时间。以 IE4.0 为例，代码开发时间为 6 个月，而稳定程序花去了 8 个月的时间。”前微软亚洲研究院博士、软件测试专家陈宏刚谈道。从投入的资金、人力和物力来看，测试、使产品稳定和修改花去的时间可能占到全部时间的 80%。

1. 还处在婴儿期

软件测试之所以发展相对缓慢，一个原因是做研究和做开发的人交流的机会相对少。只有做大型系统工程的人才会对测试提出较高的要求，重要性才能显现出来，而做研究和教学的人没有大型系统工程案例，所以造成了测试理论研究的发展缺乏充实的基础材料。真正做大型系统开发的工程师，又没有时间将第一手的测试经验变成系统的理论。

“在美国，佛罗里达州和华盛顿州分别有一所大学开设软件测试课程，其他有正规课程的学校不是很多。软件测试正停留在没有学科系统、没有系统教育的阶段。虽然已经有学校开设了这门课程，但是使用的教学案例，多半是单机软件，还谈不上系统的理论。”陈宏刚博士介绍说。

2. 高素质的“杂牌军”

由于企业对测试人才有着迫切的需要，因此，只好自己培养测试人才队伍。例如，微软公司，对不同的产品制订测试规范，开设一些课程，通过讲座的形式对测试技术人员进行培训，但是也还未形成系统的理论。

即使在微软，测试队伍是典型的“杂牌军”，没有统一的专业，员工往往具有不同专业背景，如语言学、数学、物理学、计算机、工程、管理等学科等。但是，这不是说随便什么人都可以做测试工作。

3．认识需再提高

IBM 和微软公司属于领先的大公司，对测试的认识也经历了一个过程。开始的时候，也是开发人员兼职做测试，但是，后来的结果表明，花在软件修补上面的费用太高。这个时候，增加测试队伍的规模，提高测试队伍的素质，是十分必要的。

还有一个问题，是很多工程师不愿意做测试。他们认为这是一种打下手的工作，没有前途，这也是国内部分软件企业面临的问题。所以，企业从上到下普遍自觉和不自觉地只重视技术，不重视质量，后果是产品在市场上竞争力不高，产品售后维护和服务费用偏高。

4．巨大反差

微软的开发工程师与测试工程师的比例是 1:2，一般国内公司是 6:1。而且，致命的问题是没有哪个机构专门培养测试工程师。这个矛盾提示我们，不能等到实际的需求和人力资源矛盾十分尖锐的时候，再谈培养问题；也不能等到产品质量成为产业阻碍的时候再来提高软件业的测试水平。测试工作不能靠手工劳动来完成，更多的情况是要使用工具软件和编写测试程序来完成，培养全面的测试专业人才是项任重道远的工作。

思考及操作

将自己开发的系统测试文档签入 USDM 平台。

模块六 系统发布

任务一 在 USDM 平台中建立发布基线

知识目标

1）学习基线在项目工程中所起到的作用。
2）学习在 USDM 使用基线功能。
3）学习分析合同要求并整理出发布产品列表。

技能目标

1）理解掌握基线的意义。
2）使用 USDM 的基线功能。

任务导入

基线是软件文档或源码（或其他产出物）的一个稳定版本，它是进一步开发的基础。所以，当基线形成后，项目负责人需要通知相关人员基线已经形成，并且告知基线版本的具体位置。

任务分析与示范引导

基线是项目储存库中每个工件版本在特定时期的一个“快照”。它提供一个正式标准，随后的工作基于此标准，并且只有经过授权后才能变更这个标准。建立一个初始基线后，以后每次对其进行的变更都将记录为一个差值，直到建成下一个基线。

参与项目的开发人员将基线所代表的各版本的目录和文件填入他们的工作区。随着工作的进展，基线将合并自从上次建立基线以来开发人员已经交付的工作。变更一旦并入基线，开发人员就采用新的基线，与项目中的变更保持同步。调整基线将把集成工作区中的文件并入开发工作区。

建立基线的三大原因是重现性、可追踪性和报告。

重现性是指及时返回并重新生成软件系统给定发布版的能力，或者是在项目中的早些时候重新生成开发环境的能力。可追踪性建立项目工件之间的前后继承关系。其目的在于确保设计满足要求、代码实施设计以及用正确代码编译可执行文件。报告来源于一个基线内容同另一个基线内容的比较。基线比较有助于调试并生成发布说明。

综上所述，在 USDM 中建立发布基线的步骤如下。

1）在 USDM 中创建发布基线（发布基线主要包括合同中要求提交客户的所有生产产品）。

2）检查并通知所有需要发布的生产产品的负责人基线创建并要求纳入其工作产品。

3）当基线内所有生产产品都已经形成版本则可将演进基线升级为版本基线。

4）当版本基线形成后可进行发布或下一阶段活动。

5）要维护每次发布时，其特性和功能与当前源代码的一致性，需要将当前发布时对应的源代码纳入基线中进行管理。一旦发布并形成基线版本，这些内容将被冻结。

模仿试做

1）小组发布员根据合同要求确定需要发布的所有生产产品列表，并提交列表给小组评审。

2）在 USDM 中创建发布基线，并通知小组成员发布基线已经创建，将已经存在的需要发布的产品纳入基线中。

3）开讨论会，每个小组派出一名组员陈述自己小组对于基线配置管理的过程。

检查评估

1）对基本知识的熟悉程度（20 分）。

2）建立发布基线的情况（30 分）。

3）分析、解决问题的能力（20 分）。

4）工作过程的记录与表现（20 分）。

5）团队合作精神（10 分）。

总结提高

一般项目结束时要完成三项内容：发布程序、用户手册、用户培训。这就要求使用相关的计算机知识进行设计和制作。即

1）制作一个发布程序。

2）编写一个软件的使用手册。

3）使用 PPT 做一个用户培训讲座。

思考及操作

建立自己开发系统的发布基线。

任务二 搭建系统部署环境

知识目标

1）学习部署现场的协调能力。
2）学习部署前的准备工作。

技能目标

能够协调技术人员及客户对系统进行部署。

任务导入

软件虽然开发完成了，但交付到用户手中之前还有不少工作要做，是因为用户最终希望得到的是一套运转正常的软件系统。软件部署环节就是负责将软件项目本身能在用户的硬件网络环境下正常运行并提供服务。

任务分析与示范引导

一、任务分析

1. 检查用户网络及硬件环境

1）检查服务器配置是否符合设计要求。
2）检查网络连接是否正常。
3）检查客户机硬件配置是否符合设计要求。

2. 检查用户软件环境

1）检查服务器操作系统的安装是否符合要求。
2）检查客户机的软件及操作系统安装是否符合要求（B/S 系统还需要检查浏览器）。
3）检查在用户的软件环境中是否存在有冲突的软件或系统。

3. 部署准备工作

1）检查系统安装程序是否就位。
2）检查系统所需要的第三方或其他组件是否就位（包括版本）。

4. 部署及调试

1）在服务器上安装系统及架设服务，并确定运行正常（包括安装第三方支持软件或组件，如数据库）。

2）在客户机上安装客户端软件并对服务器进行访问，调试客户机与服务器的通信。

3）检查运行系统中的每个功能模块是否都正常运行。

二、示范引导（办公自动化系统案例）

1．系统安装环境要求

1）JAVA 版本：工程采用 JAVA 1.6 以上版本。

2）数据库：系统采用 Mysql 5.0 以上版本数据库，编码为 UTF8。

3）Http 服务器：Tomcat 6.0 或以上版本。

2．系统搭建

把工程编译成.war 文件或者把.java 文件全部编译成.class 文件，然后，把编译好的源文件及其 B/S 界面包（CPCient）复制到 Tomcat 的 Webapp 的 ROOT 目录下，启动 Tomcat 服务器，打开浏览器，在浏览器中输入 http://127.0.0.1:8080/即可访问系统。如果想使用系统默认端口 80，可以修改 Tomcat 服务器的配置文件。即在 Tomcat 安装目录下 Conf 目录中有个 server.xml 文件，把默认端口改成 80 即可，这里不作描述。

3．具体步骤

1）将要发布的.class 文件和部署描述文件等放在 WEB-INF 目录中。

2）把静态文件放在相应的目录中。

3）通过命令 jar–cvf 文件名.WAR*生成 WAR 文件。

4）把生成的 WAR 文件复制到 TOMCAT\WEB-APP\目录下。

5）通过浏览器访问该项目。

模仿试做

1）小组发布员根据合同要求确定需要发布的所有生产产品列表，并提交列表给小组评审。

2）小组成员在计算机上实施部署过程。

检查评估

1）对基本知识的熟练程度（20 分）。

2）系统部署环境的搭建情况（30 分）。

3）分析、解决问题的能力（20 分）。

4）工作过程的记录与表现（20 分）。

5）团队合作精神（10 分）。

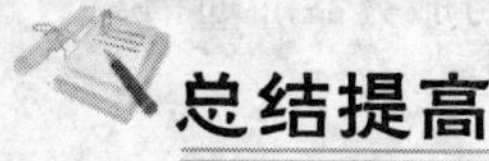

总结提高

部署的具体作用就是为了方便用户浏览 WEB 页面信息。大部分人浏览网页都是用 Microsoft 的 IE 浏览器，其实这浏览器也是个软件，有其局限，只能显示 html 等专属的语言。但是 JAVA 代码 IE 是读不懂的。这样就需要把代码转换成 Html 语言或者其他 IE 能识别的语言。所以，转换这一步其实就是部署的作用。把生成的文件放到可供用户访问的机器上，转换和提供给服务器一个可以被访问的系统就是部署。

思考及操作

搭建自己开发系统的部署环境。

任务三　编写用户说明书

知识目标

学习用户说明书的要素及要点。

技能目标

能够编写用户说明书。

任务导入

用户说明书是产品组成的重要部分，是传递产品技术、服务信息的一种有效工具，是有效实现产品转化为用户价值的重要保障。

任务分析与示范引导

一、编写用户说明书的要素

（1）形式　用户在打开说明书之前就已经感受到一个公司的产品质量、服务水平甚至公司的管理水平。仅从说明书的装订质量、印刷水平、封面设计甚至是电子文档的格式，都会影响用户对公司的印象。

（2）功能流程　对已经比较熟悉的产品，用户很少会细看产品的功能和流程，不过对于专业化产品，就必须让用户在“知其然的同时，知其所以然”。这个部分就像一个商场的导航图。

（3）常见问题　用户常见问题是说明书中重要的一部分，因为 20%的常见问题困扰了 80%的客户，占用了 80%的服务时间。常见问题的索引和答案需要便捷而细致，让用户找得方便，用得清楚。

（4）服务扩展　说明书是提供用户服务的一部分，即它不能满足每一个用户的技术需求，也不能取代一对一的服务和沟通。因此，在说明书中要注明服务的扩展，让用户能够方便地联系到客服人员。

用户说明书格式可以有三种格式：DOC、CHM 和 PDF 格式。内容为

1．引言

1.1　**编写目的**（阐明编写手册的目的，指明读者对象）

1.2　**项目背景**（说明项目来源、委托单位、开发单位及主管部门）

1.3　**专门术语和缩写词**（列出手册中使用的专门术语的定义和缩写词的原意）

1.4　**参考资料**（列出有关资料的作者、标题、编号、发表日期、出版单位或资料来源，可包括：a．项目的计划任务书、合同或批文；b．项目开发计划；c．需求规格说明书；d．概要设计说明书；e．详细设计说明书；f．测试计划；g．手册中引用的其他资料、采用的软件工程标准或软件工程规范。）

2．软件概述

2.1　目标

2.2　功能

2.3　性能

a．数据精确度（包括输入、输出及处理数据的精度）。

b．时间特性（如响应时间、处理时间、数据传输时间等）。

c．灵活性（在操作方式、运行环境需做某些变更时软件的适应能力）。

3．运行环境

3.1　**硬件**（列出软件系统运行时所需的硬件最小配置，如 a．计算机型号、主存容量；b．外存储器、媒体、记录格式、设备型号及数量；c．输入、输出设备；d．数据传输设备及数据转换设备的型号及数量）

3.2　**支持软件**（如 a．操作系统名称及版本号；b．语言编译系统或汇编系统的名称及版本号；c．数据库管理系统的名称及版本号；d．其他必要的支持软件）

4．使用说明

4.1　**安装和初始化**（给出程序的存储形式、操作命令、反馈信息及其含意、表明安装完成的测试实例以及安装所需的软件工具等）

4.2　**输入**（给出输入数据或参数的要求）

4.2.1　**数据背景**（说明数据来源、存储媒体、出现频度、限制和质量管理等）

（续）

4.2.2 **数据格式**（如 a．长度；b．格式基准；c．标号；d．顺序；e．分隔符；f．词汇表；g．省略和重复；h．控制）

4.2.3 **输入举例**

4.3 **输出**（给出每项输出数据的说明）

4.3.1 **数据背景**（说明输出数据的去向使用频度、存放媒体及质量管理等）

4.3.2 **数据格式**（详细阐明每一输出数据的格式，如首部、主体和尾部的具体形式）

4.3.3 **举例**

4.4 **出错和恢复**（给出：a．出错信息及其含意；b．用户应采取的措施，如修改、恢复、再启动）

4.5 **求助查询**（说明如何操作）

5．**运行说明**

5.1 **运行表**（列出每种可能的运行情况，说明其运行目的）

5.2 **运行步骤**（按顺序说明每种运行的步骤）

5.2.1 **运行控制**

5.2.2 **操作信息**

a．运行目的；b．操作要求；c．启动方法；d．预计运行时间；e．操作命令格式及格式说明；f．其他事项。

5.2.3 **输入/输出文件**（给出建立或更新文件的有关信息）

a．文件的名称及编号；b．记录媒体；c．存留的目录；d．文件的支配

（说明确定保留文件或废弃文件的准则，分发文件的对象，占用硬件的优先级及保密控制等）。

5.2.4 **启动或恢复过程**

6．**非常规过程**

（提供应急或非常规操作的必要信息及操作步骤，如出错处理操作，向后备系统切换操作以及维护人员须知的操作和注意事项）

7．**操作命令一览表**

（按字母顺序逐个列出全部操作命令的格式、功能及参数说明）

8．**程序文件（或命令文件）和数据文件一览表**

（按文件名字母顺序或按功能与模块分类顺序逐个列出文件名称、标识符及说明）

9．**用户操作举例**

二、示范引导（办公自动化系统案例）

1．办公自动化系统的用户说明书的编写

1）以 WORD 格式，第一章为例的说明书。其前言如图 1-6-1 所示。

2）目录如图 1-6-2 所示。

3）正文第一章内容如图 1-6-3 所示。

4）依次编写各章节内容即可。

前　言

今天，我们正处于一个信息时代，计算机已经无所不在，进入了各行各业，软件的功能不断强大、简单化、人性化的特点在不断增强。信息以文件方式传递、处理、以及网上的文字处理。电子表格、数据库等辅助工具的应用，已经融进了人们的工作和学习中，使人与人之间的交流更为简洁方便。

“伍杰协同工作平台系统软件”就是一款由办公自动化、业务管理系统、短信收发系统、内部邮件系统、同步交流系统等相结合的办公软件。

一体化、网络化的办公自动化系统是一个开放式的系统。它包括更广泛的意义，即包括网络化的大规模信息处理系统。其优点是：不仅在本单位内可以使办公信息的运转更为紧凑有效，而且也有利于和外界的信息沟通。使信息通信的范围更广，能更方便、快捷地建立远距离的办公机构间的信息通信，并且有可能融入世界范围内的信息资源共享。其目的是尽可能充分利用信息资源，提高办公质量和办公效率。

“伍杰协同工作平台系统软件”与其他即时通信软件的功能类似。除了可以在平台上聊天视频，还可以相互收发短信、收发邮件等。此外，还可以通过各类管理系统进行信息交流。为了使用户更好的熟悉和运用“伍杰协同工作平台系统软件”这一软件，对此做了详细的分类和说明，使其一目了然。为初次使用“伍杰协同工作平台系统软件”的用户更快地入门，从而为公司创造出更大的效益。

图 1-6-1　前言

目　录

图 1-6-2　目录

第一章　进入"伍杰协同工作平台系统软件"

双击桌面"伍杰协同工作平台系统软件"的图标或单击"开始"→"程序"→"伍杰协同工作平台系统软件"→"伍杰协同工作平台系统软件"，进入登录界面。(如图 1-1 所示)

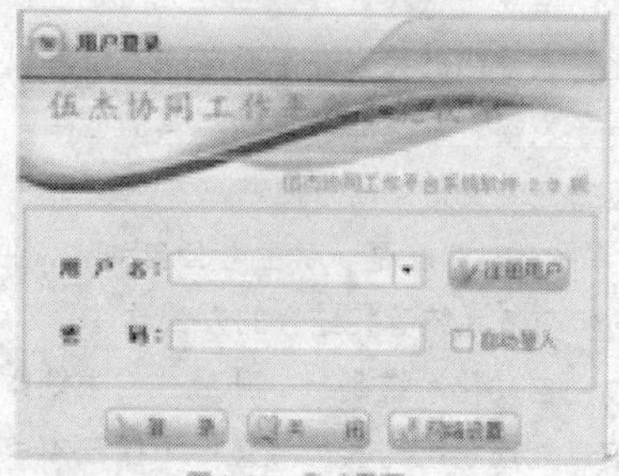

图 1-1　登录界面

系统默认的管理员是 admin。

1.1 注册用户

注册新用户有 2 种方法，其一是通过系统管理员直接添加；其二是是用户自己申请，经过管理员批准成为正式用户。

管理员直接添加方法如下：管理员进入系统后，点击主菜单中的"系统设置"如

图 1-6-3　正文第一章内容

2．撰写用户培训材料

1）用户培训材料可以用 PPT 来做，如图 1-6-4～图 1-6-7 所示。

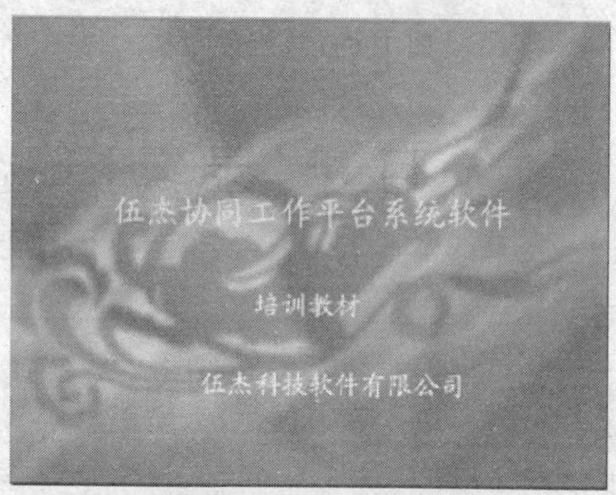

图 1-6-4　培训材料首页

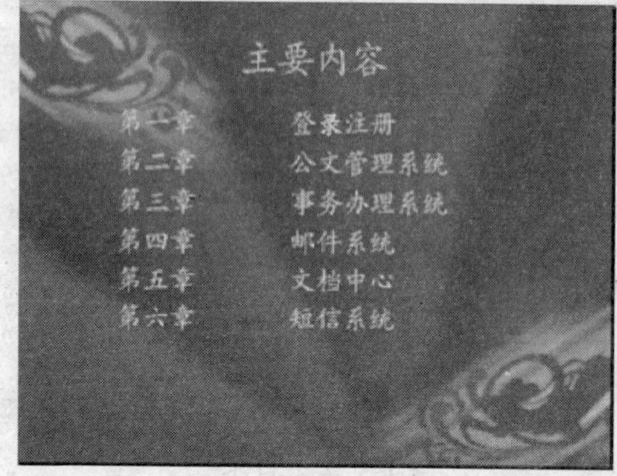

图 1-6-5　培训材料主要内容

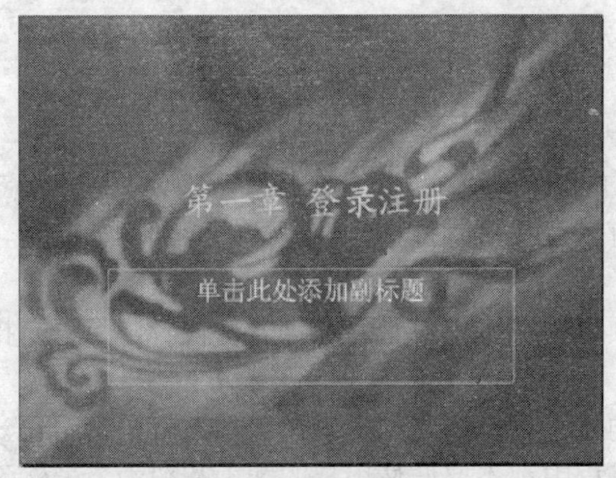

图 1-6-6　第一章标题

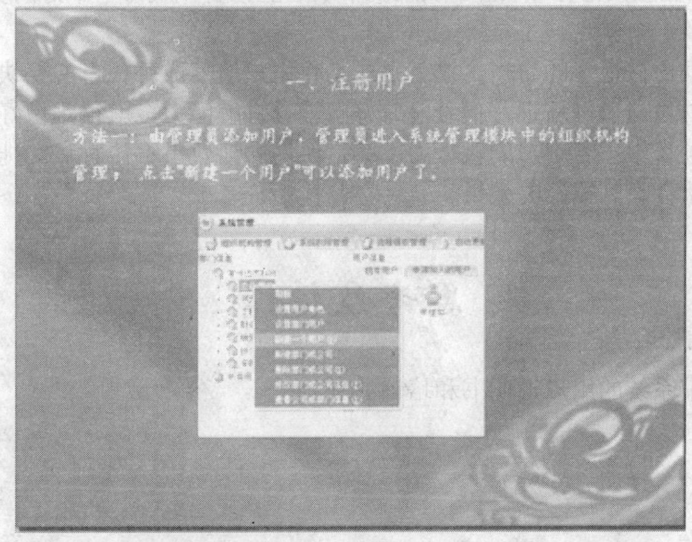

图 1-6-7　第一章内容

2）将做好的 PPT 签入 USDM 服务器即可。

模仿试做

小组成员按要求编写用户说明，并由全体小组成员进行评审。

检查评估

1）基本知识的熟练程度（20 分）。
2）用户说明书的编写情况（30 分）。
3）分析、解决问题的能力（20 分）。
4）工作过程的记录与表现（20 分）。
5）团队合作精神（10 分）。

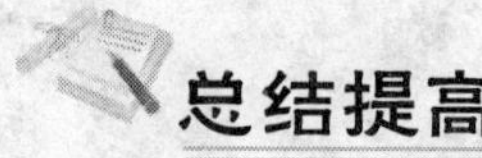

总结提高

IT 项目经理必须明白一个事实：一个人在一段时间内只能负责有限个项目。

当企业自己本身没有或者找不到推动一件事情的内部动力的话，很难想象软件公司在现场能有多大的作用。

项目经理管理多个项目的根本出路是企业培养替代者，而不是指望软件公司配置大量实施人员替代资源。

实施人员对培训目的要有一个清楚的认识：帮别人就是帮自己。

任何人在项目实施过程中都不要低估用户的智力和毅力。虽然不是所有项目的用户都具有被培养的潜力，但在大部分项目中，从来就不缺乏能够培养成为一个好的实施人员的用户，而且这样的人只要一个就足够了。

在最短的时间内做最多的事情，这就是成功将用户培养成替代者的秘诀。

没有好的教材也能做好培训；但若没有好的辅导讲解能力，就很难做好培训。

在一些大型项目中，若用户的执行力不够，现场培训效果不佳时，安排一次紧凑的、合理的总部培训一般会收到很好的效果。

思考及操作

完善自己所编系统的用户说明书和培训 PPT。

模块七　系 统 验 收

任务一　撰写项目实施总结

知识目标

1）学习如何对项目过程进行分析及总结。

2）学习如何发现问题及解决问题。

技能目标

1）能够对项目全程进行分析及总结。

2）能够发现问题及解决问题。

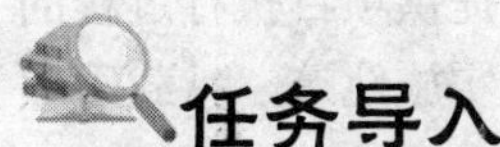

任务导入

项目总结的目的和意义在于总结经验教训，防止犯同样的错误，评估项目团队，为绩效考核积累数据以及考察是否达到阶段性目标等。项目管理机构应在项目结束前对项目进行正式评审，其重点是确保能够为其他项目提供可利用的经验，另外还有可能引申出用户新的需求而进一步拓展市场。

任务分析与示范引导

项目具有独有性、时间性，在编写项目总结报告时，首先应该明确编写的目的，同时也应简述项目概况、项目背景和项目进展情况。这样项目总结的内容才能够更具有针对性、时效性和持续改进的意义。

项目实施总结的内容

（1）项目进度　按照项目整体计划或项目滚动计划编写的计划工期与实际工期之间差距和原因分析。

（2）项目质量　项目的最终交付物与用户实际需求的符合度。需要注意的是“用户”，可以是一般意义上的外部用户，也可以指内部的用户。项目质量管理不但包括对项目本身的质量管理，也包括对项目生产的产品进行的质量管理。具体可以从质量计划、质量控制、质量保证入手，以保证项目质量的持续改进，也可以采用 CMMI 质量保证体系。

(3) 项目成本　就计划成本、实际成本对比成本构成明细的差距和原因分析及建议，也包括项目合同款执行情况的分析总结。IT 项目经理一般可控制的成本主要是人工费，对于未建立项目级核算的组织，可以用加权人天数表示，对不同级别的人员（项目经理、高级工程师、一般工程师）赋予不同的权重。

(4) 项目风险　就风险识别、风险分析和风险应对中的经验和教训进行总结，包括项目中事先识别的风险和没有预料到而发生的风险等的应对措施的分析和总结，也可以包括项目中发生的变更和项目中发生问题的分析统计的总结。

(5) 项目资源　项目资源不但包括人力资源情况，而且还包括设备、材料等其他资源的合理使用、开发情况。特别是项目成员的绩效统计分析和评价，以便更加有效地开发和利用人力资源。

(6) 项目范围　项目范围包括产品范围和项目范围。其中，产品范围定义了产品或服务所包含的特性和功能；项目范围定义了为交付具有规定特性和功能的产品或服务所必须完成的工作。合同中所规定的产品范围和项目范围以及用户确认的计划等都属于项目中要控制的范畴，另外还包括实际执行情况的差距和原因分析。

(7) 项目沟通　沟通是人员、技术、信息之间的关键纽带，是项目成功所必需的。在国内，不少项目经理对沟通不够重视，或者不知如何做好项目中的沟通工作，这都需要各级项目管理人员对其加以重视。在项目总结时，可以就项目过程中的内部、外部沟通交流是否充分，以及因为沟通而对项目产生的影响等方面进行总结。

(8) 项目文档　项目文档包括硬拷贝文档和电子文档，都应该收集、整理、编制、控制和移交，以便统一归档保存和进一步开发利用。文档是过程的踪迹，它提供项目执行过程的客观证据，同时也是对项目有效实施的真实记录。项目文档记录了项目实施轨迹，承载了项目实施及更改过程，并为项目交接与维护提供便利。此外，项目文档还是项目实施和管理的工具，用来理清工作条理、检查工作完成情况，提高项目工作效率。所以每个项目都应建立文档管理体系，并做到制作及时、归档及时，同时文档信息要真实有效，文档格式和填写必须规范，符合标准。

(9) 项目评价　项目评价是对项目交付物的生产率，产品质量，采用的新技术、新方法、项目特点等的总结。另外还应该包括用户满意度收集统计和分析。用户满意度调查内容不但包括项目管理或流程层面，也应包括技术层面。同时，有必要说明本项目与以往项目相比的特别之处。例如，特殊的需求、特殊的环境、资源供应、新技术、新工艺等，总之是具有挑战性的、独特的事件以及关键的解决方案和实施过程。

(10) 遗留亟待解决的问题　说明项目有无遗留亟待解决的问题。如果有，必须针对这些问题进行深入分析，明确责任，提出解决方案。

(11) 经验教训及建议　不断将实施过的项目中的技术经验、管理经验以及教训等进行总结，积累起来就可以成为公司的财富。

模仿试做

1）小组成员按要求编写项目验收报告，并由全体小组成员进行评审。

2）开讨论会，每个小组派出一名组员陈述自己小组编写项目总结的过程及所遇到的问题。

检查评估

1）项目总结的编写情况（50分）。
2）分析、解决问题的能力（20分）。
3）工作过程的记录与表现（20分）。
4）团队合作精神（10分）。

总结提高

在项目进行的过程中，要不断地整理自己的工作情况和作好总结。在长期的积累下，无论是个人能力，还是团队的能力都会有很大的提高。

思考及操作

完善项目实施总结。

任务二　撰写验收报告

知识目标

学习验收报告内容。

技能目标

能够编写验收报告。

任务导入

项目验收在项目整个生命周期内是一个非常重要的里程碑。一般来说，用户同意召开验收会，就是对项目已基本认可，需要召集项目相关各方及专家来达成共识。因此，验收会不仅对乙方，而且对甲方也非常重要，双方都希望组织一个准备充分、进展顺利的验收会。为了准备好这个会议，项目组需要提前准备至少一份项目验收报告，以总结项目实施的所有情况，并与合同及用户的要求进行对比。

任务分析与示范引导

项目验收报告的要素：

1）项目竣工后的性能指标与合同或用户所要求的性能指标是否相符。如不相符，写明原因。

2）系统完工后的功能模块与用户所提出的需求是否相符。

3）整体系统功能是否都与用户需求相符。

4）系统运行稳定性是否达到用户要求。

5）系统发布的完整性是否达到用户要求（如说明书等是否都已经移交用户）。

6）第三方验收组织或机构的验收意见。

7）公司内部的验收意见。

8）用户的验收意见。

9）还有待解决的问题。

模仿试做

1）小组成员按要求编写项目验收报告，并由全体小组成员进行评审。

2）开讨论会，每个小组派出一名组员陈述自己小组编写项目总结的过程及所遇到的问题。

检查评估

1）验收报告的撰写情况（50 分）。

2）分析、解决问题的能力（20 分）。

3）工作过程的记录与表现（20 分）。

4）团队合作精神（10 分）。

总结提高

验收报告的制订是非常重要的工作。验收报告正是对软件系统做的最终测试报告，它的完成也宣告系统开发的工作顺利完成。验收报告还为系统的后继实施提供了基础资料。

思考及操作

完善验收报告。

任务三 完成项目汇报

知识目标

学习如何精炼项目实施过程总结报告的内容，并汇报。

技能目标

编写汇报时使用的项目总结汇报文档。

任务导入

当项目实施过程结束后，项目小组应当向领导汇报项目进行的结果及过程。并提出公司对于项目实施过程中可能存在的问题，及解决这些问题的办法和建议。

任务分析与示范引导

项目实施汇报编写要素：

1）项目竣工后用户验收的情况。

2）项目实施过程中成本预算及实际成本间的差异和原因。

3）项目实施进度计划与实际进度的差异及原因。

4）项目实施过程中发生的比效严重的问题，以及问题最后解决的结果。

5）项目实施过程中需要改进的地方，及改进的意见。

6）项目费用收支情况明细。

模仿试做

1）小组成员按要求编写项目验收报告，并由全体小组成员进行评审。小组成员按要求编写项目总结汇报文档（PPT），并由全体小组成员进行评审。

2）开讨论会，每个小组派出一名组员陈述自己小组编写项目总结的过程及所遇到的问题。

检查评估

1）项目汇报的情况（50分）。

2）分析、解决问题的能力（20分）。

3）工作过程的记录与表现（20分）。

4）团队合作精神（10分）。

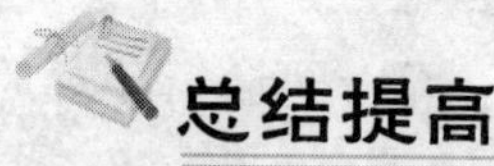

总结提高

通过项目实施，学到的经验和教训要好好总结，以便于在今后的项目开发和实施中借鉴和避免重犯错误。

思考及操作

完善项目汇报材料。

任务四　制订用户培训方案

知识目标

学习如何组织培训活动及编写培训方案。

技能目标

1）能编写用户培训方案。

2）能与用户沟通并组织用户培训活动。

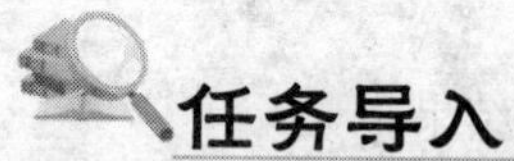

任务导入

系统建设并部署完成后，将是用户的使用过程，而系统的好坏都是由用户来评判的，所以用户对系统使用的熟悉程度是用户合理、科学地使用系统的关键。如果用户对系统使用不够熟悉将导致用户无法使用系统或是觉得系统无法使用，最终系统在用户处无法发挥其应有的作用。

任务分析与示范引导

客户培训方案编写要素：

1）确定培训讲师。

2）确定培训的时间、地点、参加培训的人员等情况（与客户沟通协商后确定）。

3）分析用户的系统使用人员对计算机软件的操作素质及水平，以确定培训材料的粒度粗细。

4）分析不同功能在用户处使用人群的情况，考虑是否需要分批、分重点的对用户进行培训。

5）准备培训材料，如 PPT、说明书等。

6）培训结束后对培训效果进行考评。

7）对特殊人群实施特殊培训（如对年龄偏大的员工或无法参加统一培训的人员进行单独培训）。

模仿试做

1）小组成员按要求编写培训方案及培训材料，并由全体小组成员进行评审。

2）每个小组选出一名成员陈述编写培训方案及培训材料的过程，小组间相互组织培训活动。

检查评估

1）用户培训方案的制订情况（50 分）。

2）分析、解决问题的能力（20 分）。

3）工作过程的记录与表现（20 分）。

4）团队合作精神（10 分）。

总结提高

用户培训的目的是让业务操作人员，能够熟练掌握日常业务在系统上线后的操作过程，为后续的系统上线作好充足的准备。

思考及操作

完善用户培训方案。

项目二

邦国技术学院网络升级管理

任务一 项 目 计 划

知识目标

学习如何制订项目计划

技能目标

1）能够在 Project 2007 中制订项目计划。

2）能够在给定的模板中完成项目计划的制订。

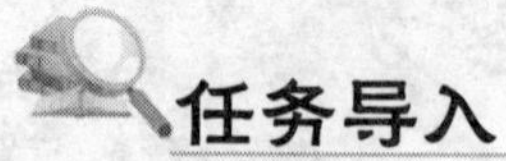

任务导入

今后的五年间，邦国技术学院将要完成一个网络升级项目，即将学院内所有的建筑都接入校园宽带网络。

这个网络使用以星形联结的 10G/1G 光纤主干网，将放置在网络中心的核心交换机与设置在每个楼的工作组交换机相连。这些工作组交换机再通过 UTP 电缆连接楼中的点，大部分楼宇中的点也包括无线接入点。

项目的下一个阶段是将楼宇 E3、E4、E5、E6 联入现有网络，使用光纤骨干网连接到网络中心的核心交换机，每个楼宇内用 Cat6 UTP 相连。

任务分析与示范引导

项目的需求是：

1）实际的工作（执行阶段）必须在四周之内完成。

2）项目必须使用 MS Project 2007 完成计划、监控和结束。

3）所有的安装工作将由外部供应商完成。项目经理的职责就是选择和监督供应商。

4）必须作出预算和时间安排，提交两个文件：Project 文件和 Word 格式的项目大纲（使用邦国技术学院大纲模板）。

5）本项目只连接 E3、E4、E5 和 E6。

6）四栋楼要完成同样的工作。

① 使用经过认证的 UTP 供应商，在每个楼中安装 23mm×24mm 的机柜和合适的面板。这项工作要在启动会议之后进行。

② 安排有操作资格证的电工在机柜中安装电源。这项工作要在启动会议之后进行，电源可在机柜安装之前或之后安装。

③ 使用经过认证的光缆供应商，在通往网络中心的地下数据通道中敷设光缆。这项工作

要在①完成之后才能开始（通往每个楼的距离都不同）。

④ 两端的光缆使用经过认证的光缆供应商熔接。这项工作要在③完成之后开始。

⑤ 使用经过认证的光缆供应商测试光缆和熔接。这项工作要在④完成之后开始。

⑥ 使用经过认证的 UTP 电缆供应商在每个楼中安装 UTP 电缆。这项工作要在①完成之后开始。

⑦ 使用经过认证的 UTP 电缆供应商熔接和测试每个楼中安装的 UTP 电缆。这项工作要在⑥完成之后开始。

⑧ 当以上步骤都完成后可以将每个楼标为“完成”。

7）管理这个项目的其他条件，包括：

① 每种类型（如光缆或 UTP 电缆）的供应商可以选择多个，以便可以同时工作，但是雇用的供应商要在这个项目中至少有 25h 的工作时间。

② 若只有一个供应商可以被分配 6）中的所有任务。

③ 项目计划只需要包含项目的执行阶段。

④ 项目计划必须以 2h 的启动会议开始，在任何工作可能开始之前，项目组的成员都要参加。

⑤ 所有供应商都要参加的每周 1h 的进度会议。

⑥ 两周一次的简报（需要项目经理作 4h）

⑦ 不需要安装任何相关的电子设备，如交换机、无线接入点和 UPS 等。

⑧ 保证项目计划有足够的时间以应付执行阶段可能发生不可预见的事件。可以集中 3 周完成项目，留出 1 周处理突发事件。

⑨ 时间是不可变的约束项，如项目的计划时间最多是 4 周。只有经项目主办方负责人的同意才能延长时间。

⑩ 成本是可变的。作为项目经理，可以同意项目大纲变更控制表中提到的成本增加，可以决定的预算应该少于 70000 元。

⑪ 范围是可变的，增加范围会受到时间和成本的限制；减小范围必须要经过负责人的批准。

表 2-1-1 给出了项目主要责任人。

表 2-1-1 项目主要责任人

姓 名	邮 箱	职 务	所需信息	影响/控制
潘伟	Pw@126.Com	CEO	信息综述，范围、时间或成本发生变化时的请求信息	项目负责人
葛林（greg）	gl@126.Com	财务总监	信息综述，时间或成本发生变化时的请求信息	财务负责人
（沙丽）Sally Manning	sl@163.com	校长	进度报告，任何范围和时间的变更信息	主要客户
（倪克）Nic Bollinger	nk@126.com	网络中心主任	项目进度的详细报告和问题	直接领导，项目共同负责人
（沈海）Shane Heard	sh@126.Com	安全部主任	认证供应商详细信息和进入楼宇的通行证	无

（续）

姓　名	邮　箱	职　务	所需信息	影响/控制
（凯文）Kevin Rogers	kw@126.com	卫生部主任	经核准的供应商详细资料和完工后需清洁的详细资料	无
（网络中心成员）ICT staff	it@126.com	团队成员	简报	无
教师	Teachers@126.com	教师	简报	无
供应商	见表 2-2	完成工作	简报、入口和时间的变更	无

经过核准的供应商列表

项目可以使用有相应资质的供应商。如一个 UTP 电缆供应商不能分配去做光缆。经核准的光缆供应商，见表 2-1-2。

经过核准的电工

学院有自己的电工李伟可以做所有与电相关的工作。如果想使用其他电工则需要倪克的批准。电工李伟的工资是 112.5 元/h，加班工资是 168.75 元。安装一个机柜电源的时间是 4h。他的工作时间是每周一早 8 点到 12 点，下午 1 点到 5 点。

表 2-1-2　经核准的光缆供应商

公司名称	极速光缆	大成网络	数据光缆	腾飞网络
供应商姓名	张腾	达成	唐云	朱莉
联系方式	zt@brs.com	dac@ fa.com	ty@dataf.net	zl@fibrecomms.com
铺设成本/（元/m）	10	12	10	14
铺设时间[在现有的管道中铺设光缆每米需要的时间/（min/m）]	3	4	3	5
熔接成本/（元/楼）	230	240	230	240
熔接时间/（min/楼）	2	3	2	3
测试成本/（元/楼）	200	250	200	250
测试时间/（h/楼）	2	3	2	3
工作时间	周一至周五：8:00-5:00	周一至周五：8:00-5:00	周一至周五：8:00-5:00	周一至周五：8:00-5:00
非工作时间可用性	紧急情况可以，工资加倍	不可以	可以，工资加倍	可以，工资为 2.5 倍
备注	同时为其他用户服务，有可能被紧急叫去服务	妻子身体不好，有时回家照顾	已经为学校安装了许多光缆	员工多，在相同的时间内可完成双倍的工作
参考	技术好，但有时质量不好	优秀，质量高	优秀，质量高	优秀，质量高，尽管有些贵

经核准的 UTP 电缆供应商见表 2-1-3。

表 2-1-3　经核准的 UTP 电缆供应商

公 司 名 称	捷达公司	ABC 电缆	UTP 专家	迅捷公司
供应商姓名	沙婷	罗杰	付德	唐敏
供应商联系方式	st@dc.com	lj@abcc.com	fd@utps.com	tm@cru.com
机柜安装成本/元	2400	2500	2400	3000
机柜安装时间/h	4	5	4	6
UTP 点安装成本/元	50	50	45	55
UTP 点安装时间/min	35	40	35	45
UTP 点测试和熔接成本/元	25	30	25	30
UTP 点测试和熔接时间/min	5	7	5	7
工作时间	周一至周五：8:00-5:00	周一至周五：8:00-5:00	周一至周五：8:00-5:00	周一至周五：8:00-5:00
非工作时间可用性	紧急情况可以，工资加倍	不可以	可以，工资加倍	可以，工资为 2.5 倍
备注	同时为其他客户服务，有可能被紧急叫去服务	面谈时表现很有能力	已经为学校安装了许多 UTP 点	员工多，在相同的时间内可完成双倍的工作
参考	优秀，质量高	还未用过，未知	优秀，质量高	优秀，质量高

校园内建筑的网络配置情况见表 2-1-4。

表 2-1-4　校园内建筑的网络配置情况

楼房	光纤距离/m	UTP 点	无线接入点
E3	255	52	1
E4	450	156	1
E5	400	156	1
E6	430	52	1

模仿试做

1）根据任务安排，在 Project 2007 中完成项目计划，如图 2-1-1 所示。

	ℹ	Task Name	Duration	Start	Finish	Predecessors	Resource Names
1		⊟ **邦国技术学院网络项目**	**4.25 days?**	**Mon 10-8-9**	**Fri 10-8-13**		
2		启动会议	2 hrs	Mon 10-8-9	Mon 10-8-9		
3		⊟ **Building E3**	**4 days?**	**Mon 10-8-9**	**Fri 10-8-13**		
4		安装机柜	1 day?	Mon 10-8-9	Tue 10-8-10	2	
5		安装电源	1 day?	Mon 10-8-9	Tue 10-8-10	2	
6		安装光纤	1 day?	Tue 10-8-10	Wed 10-8-11	4	
7		熔接光缆	1 day?	Wed 10-8-11	Thu 10-8-12	6	
8		测试光缆	1 day?	Thu 10-8-12	Fri 10-8-13	7	
9		UTP 安装	1 day?	Tue 10-8-10	Wed 10-8-11	4	
10		UTP 熔接和测试	1 day?	Wed 10-8-11	Thu 10-8-12	9	
11		E3 结束	0 days	Fri 10-8-13	Fri 10-8-13	10,8	

图 2-1-1　项目计划

2）根据项目计划，完成项目计划大纲，模板如下所示。

项目计划大纲

1．项目概述

项目名称	E3、E4、E5 和 E6 网络更新
项目主办方	
● 项目主办单位	网络中心
● 项目主办方	邦国技术学院院长 潘伟
● 项目资助方	网络中心主任 倪克
项目日期	输入项目开始的财政年度
版本	每一个主要变更都应有唯一的版本号
建议的日期	输入日期，格式：月/日/年
作者	输入作者姓名

2．项目责任人

姓名	联系方式	作用	影响/控制

3．邦国技术学院员工信息

姓名	系部	要完成的工作	所需时间（%）

4．供应商

供应商	联系方式	要完成的工作	总时间

5．项目/服务描述

项目目的	
目标（以业务术语描述）	目标用于从成本、时间和范围来衡量项目（如“工作时间从 200h 减少到 30h”或“企业将节省 200 000 元”）
可交付使用的产品	包括项目范围的列表
清楚地说明项目不包括的内容	例如，该项目只包括硬件的购买和安装，不包括任何软件的开发
项目里程碑	项目建议开始和结束时间。列出主要的工作节点和完成时间，这些工作节点必须在MS Projec 2007中体现出来
成本	提供一个大致的初步估算
范围灵活性	指出哪些范围是可变和不可变的，为什么
时间灵活性	指出哪些时间是可变和不可变的，为什么
成本灵活性	指出哪些成本是可变和不可变的，为什么

（续）

6．风险分析

风险	影响	可能性	对项目的总的风险	控制措施
	描述等级　如 4	说明可能性　如 3	4×3=12　高风险	
	灾难性的=4	非常可能=4		
	有原因的=3	可能=3		
	极少的=2	不太可能的=2		
	无足轻重的=1	几乎不可能=1		

注：13～16=决定性的，9～12=高，5～8=中等，1～4=低。

7．沟通计划

项目责任人	所需信息	频率	形式
潘伟	进度报告	至少每周一次	面谈、电话或 Email
	成本或时间的变更	根据需要	Email 或电话
	简报	两周	Email
葛林	进度报告	每周	面谈、电话或 Email
	成本、时间变更	根据需要	电话或 Email
	简报	两周	Email
沙丽	进度报告	至少每周一次	面谈、电话或 Email
	进度或时间变更	根据需要	Email 或电话
	简报	两周	Email
倪克	进度报告	至少每周一次	面谈、电话或 Email
	进度或时间变更	根据需要	Email 或电话
	简报	两周	Email
沈海	供应商进入楼房申请	根据需要	
	简报	两周	Email
凯文	特殊的清洁要求	根据需要	
	简报	两周	Email
IT 职员	简报	两周	Email
教师	简报	两周	Email
供应商	时间变更	根据需要	电话、短信或 Email
	供应商会议	两周	面对面
	简报	两周	Email

（续）

8．变更控制计划

	成　本	范　围	时　间	备　注
项目主办方	有批准成本增加或减少的决定权。必须了解所有的成本变更	有批准范围增加或减少的决定权。必须了解所有的范围变更	唯一的可以变更项目完成时间的人	必须了解所有时间、成本和服范围的变更
主办部门	无需 CEO 批准，可以批准不超过项目预算 20%的变更	可以批准对成本和时间的改善。未经 CEO 批准可以同意无风险的减少项目范围	不能延长项目完工时间，但可以调整内部工作节点时间	如果项目还没有进行到一半时已发生了 4 个变更，CEO 要对项目的可行性进行决策
项目经理	可以批准成本稍有增加，但增加的成本一旦超过 8%，则需要主办方的批准	可以批准对成本和时间的改善。不能批准对范围的任何减小	可做内部的时间变更但不能更改工作节点和项目完成时间	可对成本进行小的改善，但所有的变更都要记录在事件管理报告中
项目团队成员/供应商	只可以进行内部的变更，并且不影响任务的总成本	不允许	只可以进行内部的变更，并且不影响任务的总时间	一般的变更有需要项目经理的批准

9．签名

项目主办方		日期：
资助部门		日期：
项目经理		日期：

10．备注

附件：MS Project 2007 信息

1．MS Project 2007 文件信息

项目名称：	项目计划的文件名
版本	MS Project 文件版本
日期	文件日期
作者	

2．MS Project 2007 概况报告

概况报告	Reports: Overview / Project Summary

将以上的报告粘贴在这里

3．MS Project 2007 成本报告

成本报告	Reports: Costs / Budget

将以上的报告粘贴在这里

4．MS Project 2007 资源报告

资源报告	Reports: Assignment / Who does what

将以上的报告粘贴在这里

检查评估

任务一的考核要点见表 2-1-5。

表 2-1-5　任务一考核要点

MS Project 文档	项目文档
项目计划使用了 MS project 2007	第 1-4 部分 ① 使用了给定的模板 ② 项目责任人/职责 ③ 供应商/成本
任务： ① 顺序 ② 分级 ③ 时间分配正确 ④ 包含 2 个里程碑	第 5 部分 ① 目标和提供的产物 ② 灵活性和成本
会议和报告： 在项目计划中包含会议和报告时间	第 6 部分　风险计划 ① 指出最少 3 个风险 ② 缓解计划
包含成本计算： ① 合理 ② 计算正确	第 7-8 部分　变更控制计划 任何变化都是适当的
包含资源： ① 提供了所使用的供应商 ② 没有过度使用 ③ 给出最小时间	3 个总报告概况、成本和资源

总结提高

1. 项目计划

项目计划应当完成的任务通常会包括：

1）开始阶段的范围通常需要进一步完善。

2）完成项目所需的工作要被分成一些简单的任务。

3）制订详细的时间表，包括开始和完成的日期。重大的工程还应包括重要的工作节点。

4）制订详细的预算。

5）完成采购货物的计划。

6）必须设计变更控制程序。

7）启动时期的风险，沟通和质量计划要进一步完善。

2. 项目任务

（1）工作分解结构　工作分解结构（WBS）就是让项目组明白要做完这个项目，到底有哪些工作要做。它是项目组在项目实施期间要完成的工作或要开展活动的一种层次性、树状的项目活动描述。在项目工作分解获得的工作分解结构给出了项目需要完成全部工作的整体描述。在项目工作分解的基础上，通过运用项目活动分解的方法，将一个项目的工作分解成更小、更容易控制的许多部分和具体活动，以便能对其进行更好的管理。工作分解结构如图 2-1-2 所示。

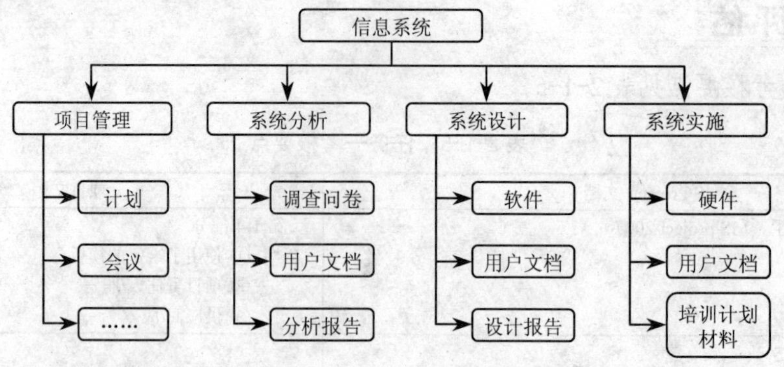

图 2-1-2　工作分解结构

（2）甘特图　甘特图是代替工作分解结构的另一种方法。大多数的软件包用甘特图格式显示工作分解结构。甘特图可以监测任务完成情况，也可以跟踪项目。甘特图如图 2-1-3 所示。

Gantt Chart - Project Schedule

Task Name	ID	Start	Finish	Duration	January
Task 1	1	1/2/2002	1/6/2002	5 days	
Task 2	2	1/9/2002	1/13/2002	5 days	
Task 3	3	1/14/2002	1/18/2002	5 days	
Task 4	4	1/8/2002	1/12/2002	5 days	
Task 5	5	1/8/2002	1/25/2002	18 days	

图 2-1-3　甘特图

（3）PERT 图或网络图　对于只有一些任务的项目，网络图比甘特图更加容易理解。网络图会使有许多任务的项目变得很复杂、很详细。PERT 图如图 2-1-4 所示。

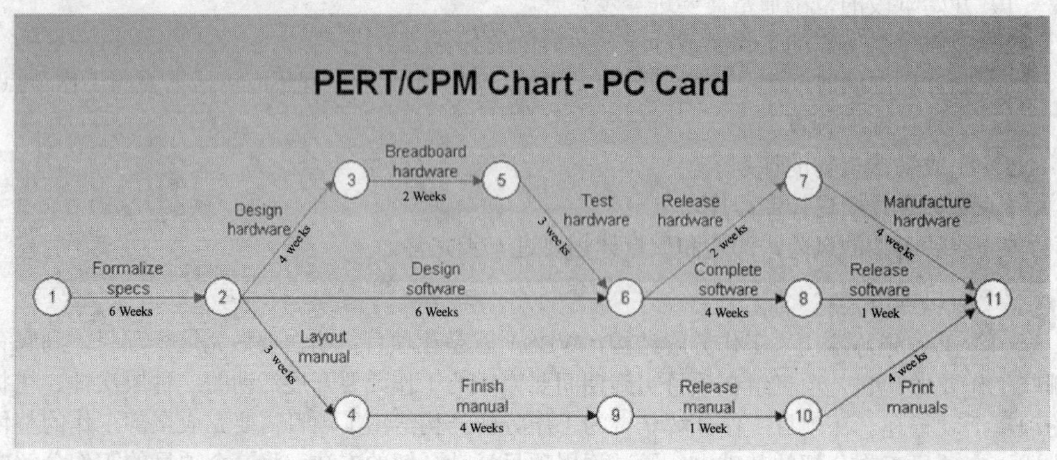

图 2-1-4　PERT 图

在 PERT 图中，确定关键路径是最有效的，可以使项目在最短时间内完成。

在这个例子中的关键路径为①→②→③→⑤→⑥→⑦→⑪，共是 21 周。关键路径都是通过以下评价的。

1）在图上可以找到所有不同的路径。从开始时的最低数目，通过箭头的方向移动到最高数字的地方就是一个路径。

2）将路程上所有任务的时间加起来。时间最长的为关键路径。

网络图的积累见表 2-1-6。

表 2-1-6　路径计算

路径序号	路径路由	任务的总和	总时间/周
1	1，2，3，5，6，7，11	6+4+2+3+2+4	21
2	1，2，3，5，6，8，11	6+4+2+3+4+1	20
3	1，2，6，7，11	6+6+2+4	18
4	1，2，6，8，11	6+6+4+1	17
5	1，2，4，9，10，11	6+3+4+1+4	18

因为路径 1 的最长时间是 21，所以这是关键路径，即完成任务至少需要 21 周。

3. 沟通计划

一个项目中的沟通是重要的。项目责任人需要随时了解项目的进程，但不是所有的项目责任人都需要相同的信息。一个沟通计划包含了所有这些变化。

沟通计划的主要部分是和项目责任人联系，通常在启动阶段就开始了。

沟通计划的 4 个关键部分是：

1）项目责任人。

2）要求的信息。

3）频率。

4）形式。

形式可以是报告、可行性、预测、教训、网页、会议、电话、电子邮件、甘特图、合同操作手册、工作指示和短信等。

4. 质量计划

质量计划的主要部分应该是在启动阶段完成的。质量计划概述了用于项目的最低规格的材料以及完成工作必须遵循的标准。

一个质量计划大纲必须有对不同部分的不同要求，包括对整个项目进行质量审核程序。

5. 变更控制计划

关于变更的旧观点是强烈地抵制在计划阶段已经完成后的任何变化。认为在这个阶段的改变会危害项目并且会导致失去控制。这种方法的不足就是虽然项目可在规定的时间和预算内完成，但是不能达到最好的结果。

现代的观点是在实施阶段允许改变，可以充分、合理并且适当的变更。允许变化的种类和方法需要在计划阶段清晰的定义。它确保了实施阶段的变化是严格控制的，而成本、时间和项目的范围在任何时间仍然是明确的。其次，它允许规划中的疏忽可以在项目的进行中被修改，以适应市场或经营在计划完成后的突发状况。

该项目变更控制计划必须包括：

1）接受变更。

2）组建“变更控制委员会”，负责调查和批准项目中大的变化。正式处理大变化的制度需要被建立。变更控制委员会必须有权批准、修改或拒绝建议的更改。这也意味着成本的修订和时间表必须予以通过。

3）定义需及时作出决定、批准以及处理的、临时的小改变。哪些团队成员有权利去处理变更？

4）大变更和小变更的定义。

5）计划的程序需确保所有的改变都是交流过的。

6）有程序确保所有的变更都有被批准的程序，并记录在案。

7）确保项目计划随时更新，包含已经批准的改变。

思考及操作

1. 在邦国技术学院的网络建设中可能出现的风险是什么？有哪些可以有效地减轻这些风险的计划？

2. 学院准备新增一个打印/文件服务器，做项目计划并分配相应资源。

任务二　项　目　监　控

知识目标

学习如何进行项目的监控。

技能目标

1）能够根据项目变更情况，修订计划。

2）能够根据项目变更情况，对项目进行管理。

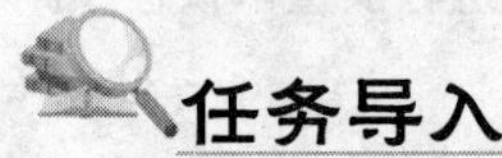

任务导入

在邦国技术学院的网络升级项目开始时，需要保证项目的最终 MS Project 计划已经作为基线被保存，并用它去监控项目的进展。项目必须在四周之内完成，而且每周都有可能发生一些意想不到的事件，这时应根据这些变化，修改计划，对项目进行积极的管理，并且在 Project 文档中留下修改的痕迹。

任务分析与示范引导

要完成的任务如下。

1）在实际项目开始执行之前，一定要保存“基线”，之后才能开始修改计划。

2）按照沟通计划准备相应的文档和邮件。

3）如果通知中的事件会影响到项目计划，则必须完成下述任务：

① 决定这些事件将会怎样影响项目计划。

② 调整计划适应变化。

③ 按照变更控制计划确定下一步该如何做（自己能够决定变化还是需要上级批准）。

④ 如果需要征得上级的批准，则必须准备书面报告，写明解决方案并征得领导的同意。

⑤ 每周变化的任务名用不同的颜色标识。

⑥ 按照沟通计划要求，通知相应的项目责任人项目的变化。

⑦ 每一件事件的完成都有一份事件报告。

通　知

第一周事件：

由于第一周事件的影响导致 MS Project 中任务的变更或增加，这些任务名的字体改成蓝色。

E6 楼下的光纤地下通道遭到破坏或者满了，不能在里面铺设新光缆了。现在有两种解决方案，只能选择其中之一。

解决方案一　在受到影响的部分铺设一条新光缆。

包含任务见表 2-2-1。

表 2-2-1　解决方案一包含任务

任　务	成本/元	时　间	供应商
1. 挖沟	800	8 h	大力神建筑公司
2. 铺设新管道	400	4 h	大力神建筑公司
3. 回填土方	200	3 h	大力神建筑公司
4. 修复花园和小路等	600	3 d	学校园丁，必须在项目完工时间内完成

E6 楼铺设光纤必须在任务 1～3 完成后才能开始。铺设光纤的成本和时间不改变，附加的任务也不能影响其他楼房的项目进行。

解决方案二　通过 E5 楼变更路线。

现在 E5 和 E6 间有一个通道，可以通过它将 E5 和 E6 连接起来。E6 和 E5 间的距离是 50m。

其他附加的任务和时间是：附加的光缆熔接、连接成本和时间分别为 800 元和 1h。

铺设 50m 光缆：铺设时间是正常的 4 倍，铺设成本是正常的 2 倍。

第二周事件：

由于第二周事件的影响导致 MS Project 中任务的变更或增加，将这些任务名的字体改成绿色。

1）光纤供应商张腾赶往另一个工地进行紧急修理。第二周的周二和周三不能赶回来工作。因此，这段时间他的工作或改期或分配给其他供应商来做。

2）光缆供应商达成的妻子病了，他需要在家照顾妻子。他的所有第二周的工作或改期或分配给其他供应商来做。

3）付德做的 UTP 未能通过测试，因此他第一周和第二周做的 UTP 电缆都需重做。重新检测的时间是原来时间的一半。例如，Fred 原来做 UTP 花了 4h，那必须再给他 2h 重新检测，但没有工资。

4）唐敏第二周的周三到周五受到病毒感染。这段时间他的工作或改期或分配给其他供应商来做。

第三周事件：

由于第三周事件的影响导致 MS Project 中任务的变更或增加，这些任务名的字体改成红色。

沙丽（学校校长）要求在 E3 楼增加 25 个 UTP 点。因为她收到捐赠的硬件设备，但是没有足够的 UTP 点将此设备联入网络。

安装这些附加的 UTP 点的成本和时间与计划的相同，所以项目时间不能延长。

第四周事件：

由于第四周事件的影响导致 MS Project 中任务的变更或增加，这些任务名的字体改成紫色。

发现 E4 楼的光缆不起作用了，经测试发现光缆被老鼠咬断。这时要找供应商来修理光缆，这包括两项任务。

1）重新连接光缆。需要时间为 8h，费用为 1500 元。

2）重新测试光缆，成本与使用的供应商的成本相同。

模仿试做

1）根据四周不同的通知内容，在 Project 2007 中修改或增加相应任务，并用不同的字体颜色表示出来。

2）根据项目监控情况，完成项目事件管理报告，模板如下。

<table>
<tr><th colspan="6">项目事件管理报告</th></tr>
<tr><td colspan="3">项目名称：</td><td colspan="3">项目经理：</td></tr>
<tr><td colspan="3">事件名称：</td><td colspan="3">日期：</td></tr>
<tr><td colspan="6">事件描述：</td></tr>
<tr><td colspan="6">建议的方案：（指出这个问题的可选解决方案，并提出推荐方案）</td></tr>
<tr><td colspan="6">对项目的详细影响：</td></tr>
<tr><td colspan="2">成本</td><td colspan="2">时间</td><td colspan="2">范围</td></tr>
<tr><td colspan="2"></td><td colspan="2"></td><td colspan="2"></td></tr>
<tr><td colspan="4">报告批准人：</td><td colspan="2">日期：</td></tr>
<tr><td colspan="3">要通知的项目责任人</td><td colspan="3">通知的形式</td></tr>
<tr><td colspan="3"></td><td colspan="3">如：电话，Email，简报等</td></tr>
<tr><td colspan="4">项目计划更新人：</td><td colspan="2">日期：</td></tr>
</table>

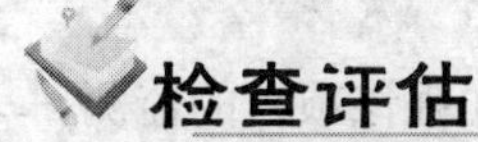

检查评估

任务二考核要点见表 2-2-2。

表 2-2-2　任务二考核要点

MS Project 文档	项目文档
在 MS Project 文档中进行监控 ① 改变项目的基线 ② 根据事件改变任务（使用不同的颜色） ③ 项目按时完成 ④ 所有任务 100%完成	1. 变更 ① 合理的解决方案 ② 遵循变更控制计划 2. 沟通 ① 包含两个简报 ② 文档 ③ 每周事件管理报告 ④ 内容完整

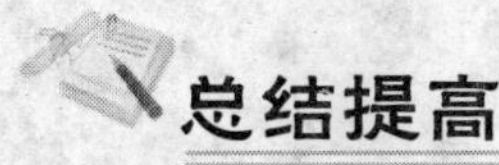

总结提高

一、项目执行

项目一旦进入实施阶段，项目小组和必要的资源必须到位，随时准备执行项目任务。该 MS Project 计划应该已经完成，并作为基线保存。项目小组特别是项目经理的关注焦点从计划转移到项目参与、观察和分析。在这个阶段，风险、沟通、采购、变更控制和质量计划也一直被密切监察，用于指导项目的进展。

二、项目经理的角色

1）一旦该项目的计划工作完成，项目经理的责任就不会停止，因为一个项目经理对内部和外部利益相关者，项目小组，供应商，执行管理等都要负责。

2）作为项目经理，避免纠结于一些小问题，这在项目执行，特别是大型项目执行期间是很重要的。这将使项目经理侧重于项目计划、流程和管理的实施并满足用户和股东的期望。

3）在项目执行期间，项目经理应注意与各方保持联系，告知项目状态。处理采购和合同管理问题、团队的管理问题，帮助质量控制和监测项目的风险。虽然控制这些因素的程序大部分是在项目控制阶段讨论的，但项目经理在项目进行中给予关注意识是非常重要和必要的。

4）团队成员的每日互动和反馈将对项目的成功有重要的影响。项目小组成员也应该在更有实际功能的层次协助、管理项目。对项目团队来说，最关键的项目管理因素是对项目状态提供监控。

三、MS Project

通过 MS Project，项目经理通常更改跟踪方式，不断更新任务，以加强该项目的监测。根据不同情况也可以监控项目的进度并生成报告，通知项目责任人该项目的进度。

四、项目管理

项目管理最初被定义为在项目计划制订阶段和在项目的执行阶段中，项目计划被实施，并在必要时进行修改。项目计划的修改可能是因为以下原因：

1）对正在进行的工作的新估计（生成关于出色工作的更详尽的资料）。

2）最终产品范围和功能的变化。

3）资源变化。

4）不可预见的情况。

为了保持计划正确可行，项目管理还涉及掌控各个执行阶段的任务（而且酌情加入他们），把握风险，报告状态，审查、授权必要的项目变动。

以下是在确认引起项目问题的原因和采取措施解决问题时可能有帮助的文件和步骤列表：

1）矫正的、预防性的行动步骤。

2）团队成员在项目任务上跟踪观察。

3）记录过程的时间表。

4）时间表形式。

5）团队成员进行状态报告。

6）对管理层进行工程状态报告。

五、风险预测

若想成功地完成项目，风险鉴别、监控和解决是关键方法。在执行阶段控制项目的一部分工作是建立既定的风险管理流程。作为项目规划的一部分，这个过程已经开始，而且必须坚持到项目结束。

这个过程的关键元素有：

1）创建中央存储库，存储风险信息和相关风险条款的文件资料和解决策略。

2）总结风险形式的信息。

3）将风险总结包括在常规的项目进展会议中。

4）对风险条款提供不断发展的评估。

5）风险策略包括鉴定风险；评估风险；明确解决方法。

六、风险会议

风险管理（包括风险控制作为其一部分），是一个涉及项目团队的所有成员的过程，并且贯穿在整个项目管理阶段。风险会议是风险鉴定的一部分，并且有助于风险的处理。

（1）风险鉴别会议　对当前风险列表的审查和更新。

（2）执行审查会议 包括对这个项目中最高风险条款的总结。总结应该不超过一页 A4 纸，并且列出风险，陈述确定的解决方法并反映当前状态。

（3）项目进展会议 在常规基础上，风险的个人责任对于当前的项目风险状态应该报告给项目进展组。

七、持续的风险识别

初期的风险列表随着项目的开始而初成，将随着时间的推移逐渐完善。为了保证风险列表的有效性应该开风险识别会议。会议多久开一次取决于项目的大小和项目团队的观念以及关键的风险共同承担者。

这些会议的形式应当是开放的和互动的，能促进对风险领域的广泛考虑。对会议形式的建议包括：

1）集体研讨。

2）分组会议。

3）其他会议途径，鼓励信息的自由流通。

最有可能发生的风险数为 5～10 个，必须保证优先解决关键风险。

八、沟通

在项目执行阶段，项目沟通计划是重要的因素。项目经理的很大一部分责任就是保持风险共同承担者对项目进展状态的了解。

联合项目审查是对项目的所有领域带来可见性的好方法，随着各方面信息的输入，可提供机会讨论重要问题并对项目作出管理决定。

联合项目审查涉及项目经理、项目团队成员、项目风险承担者和代理机构管理，这取决于正在讨论的问题。

这些会议的频率和主题应该拟在沟通计划的提纲里。

九、进展审查的优点

1）“那些看起来不可能完成的东西就不能被完成”——成就的可见性是至关重要的，联合审查让所有有关系的伙伴知道并且证明里程碑式的成就。

2）伙伴们必须对这个审查结果和任何审查之后的行动达成一致（如认可、不认可、视条件而定的认可），达成一致最好的方法就是让所有的伙伴以正式的有计划的方式聚在一起。

3）所有信息必须作为沟通计划的提纲来给这些风险共同承担者进行沟通讨论。

十、进展报告

进展报告是工程管理过程中不可缺少的部分，是风险共同承担者和执行经理一直了解进展的方法，也是成功完成这个项目所要求的关键活动。

进展报告的目的，就像进展会议一样，是为建立正式交流项目进展信息的标准格式。状态报告应该简单明了的表述这个项目，同时这个团队的形式都应相同。

进展报告应该包括项目团队准备的详细活动、成就、里程碑、识别议题和问题。进展报告模型应该报告如下的关键信息。

1）当前进展（状态）。

2）这一时期的有重大意义的成就。

3）日程活动。

4）议题。

进展报表上应加上：

1）更新甘特图表。

2）没有写在时间表上的活动回复计划。

3）对预料到的问题进行纠正的措施计划。

4）对分配任务的解决方法。

十一、小结

项目执行的关键点包括：

1）项目经理在执行阶段有全部责任。

2）对项目计划进行不断的测试。

3）让利益相关者随时了解项目情况。

4）对于任何被要求的改变，按照变更控制的要求做。

5）持续的风险监控。

6）管理项目团队。

思考及操作

将上一个任务的作业保存为基线，且需要保存现有项目计划作为一个基准，用 MS Project 监控这个项目进展。假定这个项目在预算之内并按照时间表进行，除了以下列出的事件。

事件 1：装备的运输推迟了 4 天（加到项目中）。

事件 2：测试防火墙时出现了问题，要求作进一步的工作去解决问题。已经找到两种可能的解决方法。

1）换防火墙的时间通常要 1 天，而“测试防火墙/入侵检测系统”任务通常要 3 天。任务完成之前不能进行训练。

2）安全工程方式仍然可以被使用，尽管“测试防火墙/入侵检测系统”会延长到 5 天。任务完成之前不能进行训练。

以上解决方法都需要测试，通过完成事件管理报告为这些变化作正式建议。

事件 3：在“服务器/网络操作系统的培训”任务开始的前一天，徐丽、王云和赵君都在一起汽车交通事故中受伤了，并且 14 天不能工作。

在项目完成的时候通过 MS Project 作报告，同时显示时间表和预算中所发生的情况。

任务三　项　目　结　束

知识目标

学习如何结束项目。

技能目标

能够结束和评价项目。

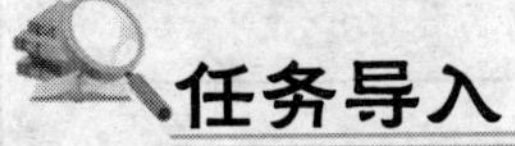

任务导入

邦国技术学院的网络升级项目已经胜利完工，现在要交付产品，完成所有管理任务，评估项目并庆祝成功。

任务分析与示范引导

项目经理要完成的任务如下。

1）获得签收的交付产品。用户（甚至是内部人员）必须签署文件说明该项目已完成。如果适用，用户便可付款。

2）提供最新的项目计划给负责后续工作及支持的团队领导。直到有人接管新系统，这项工作才能停止。

3）需要给管理部项目团队计划，削减人员并重新赋予他们其他职责。

4）写针对所有项目相关人员的人事变动备忘录，并交代项目的最新情况和新的联系人。备忘录需要发给每一个收到项目章程副本的人。

5）确保所有的管理特别是财务工作能够圆满完成。

6）项目组、用户、供应商和管理部门一起完成项目完成后的审查。项目经理需要得到所有项目责任人的反馈信息。审查的重点是：

① 在项目中哪些行之有效？

② 在项目中哪些无效？

③ 今后的工作中，需要哪些改善？

7）依据最终表现数据和事后的审查更新这个项目历史记录的文件，然后将这份文件存储并整理好以便在项目组、用户、供应今后的项目中利用。

8）反馈个人的信息，即反馈审查绩效给每个团队成员。假使团队成员从另一位经理那收到年度审查表，需将个人绩效反馈递交给本项目经理。

9）注销项目账户并最后确定所有的账单。如果需要，可以审计并缩减项目预算。

10）庆祝成功。

模仿试做

完成项目报告以便在今后的项目中借鉴，模板如下：

项目回顾和结束报告

项目信息	
项目名称	
项目主办方	
● 主办本项目的部门	网络中心
● 项目主办方	邦国技术学院 CEO 潘伟 1
● 项目赞助方	网络中心主任倪克
项目日期	项目开始日期
版本	
建议的日期	报告日期
作者	

1．综合报告

1.1 背景

快速综述项目的范围、预算和时间，可以直接从项目计划大纲中提取。

1.2 结束项目的理由

陈述项目要结束的理由。这通常是因为项目已经成功完成，达到了目的或结束时间已到或者是预算已经超支。项目结束也可能是其他的原因，如政策发生变化、没有资金或是到了最后期限。

1.3 亮点和创新

1.4 总的建议

2．项目情况

对照项目计划概述项目的实际完成情况。

2.1 范围

所有目标都完成了吗？质量如何？如果有未完成的，谁负责检查和报告进度？ 别忘了在第 3 周改变了项目的范围。

2.2 进度

描述项目实际进度。

2.3 预算

描述实际成本。如果超支则需列出来并且解释为什么。

2.4 建议

在将来类似的项目中如何减少范围、时间和预算的误差，应有哪些改进。

3．经验教训

3.1 哪些工作做得好。

3.2 哪些工作需要改善。

3.3 供应商怎样。

3.4 建议

（续）

4．结束活动 4.1 项目成员 4.2 问题管理 4.3 资金管理 4.4 设置职责 4.5 建议 5．附录 粘贴所有100%完成的任务的MS Project产生的报告（包括里程碑任务、会议和报告）。 5.1 项目总览 插入报告（步骤：View/reports/Project Overview / Project summary） 5.2 Project tasks 插入报告（步骤：View/reports/Current activities / Completed tasks） 5.3 Project budget 插入报告（步骤：View/reports/Costs / budget ）

检查评估

任务完成后需考核的要点见表2-3-1。

表2-3-1 任务三考核要点

提交的报告	附录中有来自于MS Project的报告
1）Submitted on "BIT project closure template" 2）All italic sections removed and replaced with relevant text	模板部分 1）综述 大约1页，建议来自于其他部分 2）项目情况 范围、预算和时间有效 3）经验教训 4）包含对供应商的评价 结束活动

总结提高

1．项目结束

这个阶段是移交已完成的阶段，并汇报执行情况。

这个阶段也可以被称为移交、收尾、最后批准或者说是第四阶段。

这一阶段包括：

1）交付项目目标，最终结果或产品。

2）完成所有管理任务。

3）评估项目。

4）庆祝成功。

所有新项目最终会产生以下结果之一，见表 2-3-2。

表 2-3-2 项目结果

结果	说明
被终止	一项决定同意终止项目——无论它成功与否
被迫结束	通常，高级行政部门的晋升与合并，可以在无任何明显迹象预示项目即将终止的情况下突然结束项目
被合并	项目作为原本支持它的母机构的一部分，是被“制度化”的。曾经的一个项目也许会变成一个部门，一个分支或是一个子公司
被整合	一些基本组成部分（版权、设备、人员等）连同项目成果被分配到母机构已有的职能部门，成为整个母机构运营系统中普通的一个部分
被迫中止	典型的是预算慢慢削减使项目终止，这常常掩盖了它的终止

2. 项目完成清单

项目经理有责任处理交付的货物。根据项目种类，完成“任务分析与示范引导”中所述项目经理要完成的任务。

3. 项目组总结

通常一个项目小组被特别召集在一起完成一个项目。而一旦项目完成，这个小组便解散，其成员又被分配到其他的任务中去。

4. 团队总结会议

小组总结会议在项目完成后举行。出席会议的有项目经理和小组成员。会议目的是要结束这个项目并将工作中心向与此项目成果相关的后续工作转移。讨论包括：项目本身，确认下一个项目需要改进的地方，后续工作要求和未来有关此项目的工作。

5. 目的

1）项目小组正式结束项目。

2）项目小组审查项目结束报告。

3）确定在项目产品的持续维护或后续工作中的角色。

6. 项目介绍

1）向项目小组成员交代项目情况的变更。

2）提供产品从开发到售后服务的一个有序的过渡情况。

7. 小组调查

作为个人，有时很难在会议上提出问题，特别是当团队很大的时候。小组成员的反馈往往很有价值，这便可以通过调查获得。需要向小组成员取得的信息包括：

1）工作量适当吗？

2）是否所有的争端都能妥善的解决？

3）是否所有的决定都达成共识？

4）工作任务是否反映了工作者的能力水平？

5）如何描述所工作的项目环境？

6）如何描述为之工作的项目经理？

7）是否总是有足够的信息、时间、物力和财力来作出必须作的决定？

8）关于未来项目的设立和管理，有哪些改进的建议呢？

结果的总结应该包含在项目结束报告中。

8．关于项目结束的报告

这份报告是为包括较高级别的经理（IT 和商业）、项目参与人员、项目责任人、用户、指导委员会、应用以及提供技术支持的员工等在内的人员而编写的。

这份报告需要的信息包括：

1）用最终更新的项目资料报告来展示原始项目计划和实际项目完成的状况——包括目标、计划表、资源等。

2）关于最终产品或服务的描述。

3）从这个项目中学到的东西——技术方面、商业运作、管理等，在项目过程中，什么进展得顺利，什么阶段不顺利，有哪些内容在未来的项目进行中可以省去。

4）项目责任人从项目中获得的具体回馈。

5）指明更深层的项目文档——项目历史、用户文档、系统文档等。

有时候一个独立的报告只是为了记载整个项目的运作过程。这种形式的报告的首要目的是为了有利于未来项目的创立和管理。

9．管理的停止

下面列出的是作为项目完成阶段的一部分而需要完成的管理性任务。

1）确认终止步骤（根据路径图）已执行。

2）确认和解释杰出工作所需的行动。同意并确认正在进行的工作与责任。

3）确定检查项目收益的人选。

4）完成所有财务文件（付清所有工资，追回所有债务，准备财务报告）。

5）结束所有报告。

6）归还所有项目设备。

7）关闭所有项目的工地和办公场所。

8）解聘剩下的项目员工。

如果用到了外部供应商，必须检查以下各项：

1）工作必须按照要求的标准完成。

2）所有测试/报告文件已完成并归档。

3）所有忠实用户得到回报。

4）所有合同已签署。

10．团队聚会/酬谢

团队聚会是一种很好的完成和总结项目的方式，用来表示对出色工作的承认。在工作时间内的聚会（如午餐或下午聚会）可以显示出对队员们努力工作的赞赏。在特殊情况下，更多的奖励可能是适当的。例如，礼券或其他礼品，可以用来表扬项目团队成员的特殊贡献。

其目的有：

1）承认团队的工作。

2）奖励卓越的表现。

其优点有：

1）有团队有高昂的士气。

2）调动团队成员为下一个项目工作的积极性。

思考及操作

1. 完成打印/文件服务器项目的结束报告。
2. 制作项目总结 PPT，在班级展示。

项目三

服务管理系统开发与管理

模块一　项 目 启 动

任务一　搭建项目团队

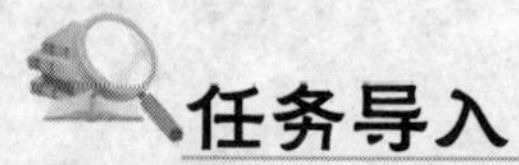

任务导入

现在的软件开发一般都是以“项目”驱动。睿智软件有限公司的总经理孙华获知：蓝天集团为了提高集团的办公效率和服务水平，需定制一套“服务管理系统”，而且已经发布招标书。孙华委托公司项目经理张峰根据蓝天集团发布的项目招标书制订了一套项目建设方案即投标书，结果成功中标。现在孙华和张峰的第一要务就是召开项目启动会，组建项目开发团队，成立项目小组，一起制订、审阅项目计划和立项可行性分析报告，并完成项目进度计划、项目风险管理计划和开发规范文档等。

1．项目背景

蓝天集团信息管理部为了提高工作效率，明确工作职责，方便工作统计，为管理和考核提供数据支持，目前迫切需要将信息管理部服务管理的方式由原先的纸质服务单改为网络方式。在此情况下，信息管理部提出了采用信息化手段来提升本单位员工的办公效率，借助专业团队的研发实力和实践经验，逐步完成信息管理部服务管理的信息化建设任务。

2．项目目标

服务管理系统的目标是针对本单位的二级部门——信息管理部的特点，利用现在成熟的计算机技术，以信息管理部设置的数据为基础，围绕服务人员、任务联络员、信息管理部领导（主任）的三级业务关系来实现服务的申请、实现、评价、完成，相关人员的工作量统计、综合查询等综合管理，以提高相关人员的办事效率，为集团领导及时跟踪服务情况和决策提供更有效的支持。

服务管理系统投入使用后，应当满足以下业务目标：

（1）及时、有效地监控日常服务情况　解决目前日常服务单、数据管理零散，数据归口不统一的现状。系统投入使用后，各单位数据按归口单位和规定的时间内及时录入到系统中，供相关人员及时查询。

（2）服务管理自动化　根据业务流程和业务关系，系统将各业务数据有机地联系起来，帮助管理人员及时发现服务中的问题。

（3）服务数据管理规范化　系统投入使用后，可以有效管理日常服务过程产生的大量数据，实现信息共享、高效查询和综合应用。将手工数据管理的过程规范化、自动化。通过对数据的规范化管理，高效综合利用数据；通过对数据进行统计分析等深加工，挖掘数据价值。

任务分析与示范引导

一、召开项目启动会

根据这个项目的背景、特点以及初步需要使用的技术等条件，在公司所有人员中筛选出符合条件的开发人员，组建项目开发团队。

项目经理张峰结合蓝天集团的服务管理系统的背景，根据40多名新老员工的开发经历，挑选合适的开发人员。然后召集相关人员准备召开项目启动会。

1．召开项目启动会的目的及参与人员

1）了解项目责任人及其利害关系。由于开发团队的组建是以项目来驱动的，因此有必要了解一下相关人员的背景和情况。应仔细翻阅所有项目开发人员的简历，详细了解每个开发人员的情况。

2）根据项目需求规格列出项目功能列表，并根据开发人员技术等情况创建WBS。根据项目时间、资源等情况规划项目初步开发计划（各里程碑时间点的粗略计划，每个时间段投入多少人力等）。

3）参与人员。项目经理、项目总监、全体项目组成员、其他主要项目责任人。

2．项目启动会议的目标

1）让整个项目组的成员相互认识。

2）建立项目的工作关系和沟通关系。

3）明确团队的工作目标。

4）了解项目的当前状态。

5）一起审阅项目计划。

6）找出项目的难点或可能出问题的环节。

7）分配小组和个人的角色与责任。

8）获得小组和个人的承诺。

二、项目角色制定

为保证项目的质量，本项目严格按软件工程规范进行管理，通过不同角色达到对整个项目不同阶段的有效控制，角色划分见表3-1-1。

表 3-1-1　项目角色划分表

编　号	角　色	人　数	职责描述
1	项目经理	1人	制订软件开发计划、组织项目实施
2	项目组长	1人	总体指导和协调
3	系统分析师	1人	需求分析、系统总体设计、数据库设计，指导系统设计师进行概要设计
4	系统设计师	1人	在系统分析员的指导下，进行系统概要设计和数据库逻辑、物理设计
5	界面设计师	1人	用户界面模型的分析和建立，用户界面具体实现
6	高级程序员	1人	详细设计、软件编码。指导程序员编写程序
7	程序员	3人	在高级程序员的指导下，完成编程工作
8	测试主管	1人	主持整个系统的测试工作，设计系统测试计划，设计功能测试的测试用例，参与系统的分析设计工作
9	测试人员	2人	编写测试用例、进行软件测试
10	软件配置管理	1人	软件配置管理，产品基线建立

三、项目人员分配

项目经理经过认真、周密的考虑，结合服务管理系统的研发周期短、任务紧等特点，为了保证项目能在规定的时间内顺利交付，决定把正在另外一个项目组的孙岩借调过来任项目组长一职。项目主要成员见表 3-1-2。

表 3-1-2　项目主要成员表

编　号	角　色	主要人员	协助人员
1	项目经理	张峰	孙华、孙岩
2	项目组长	孙岩	孙华林
3	系统分析师	孙华林	苏宝莉
4	系统设计师	苏宝莉	张学勇、孙华林、张凯
5	界面设计师	周杰龙	
6	高级程序员	张凯	孙华林
7	程序员	肖冰、蒋俊、王梅	张凯
8	测试主管	周彬	
9	测试人员	梁子、侯小艳	周彬
10	软件配置管理员	苏宝莉	

四、实施建议

对立项管理过程中产生的所有有价值的文档，如《立项建议书》、《立项调查报告》、《立项可行性分析报告》、《立项评审报告》进行配置管理。作好必要的保密工作。由于每个项目都要占用机构的资金和资源，所以立项评审一定要严格。建议对机构高层管理人员进行必要的立项管理培训。

任务二　编写项目计划

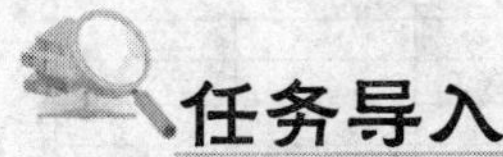

任务导入

项目开发团队成立后，摆在眼前的第一要务就是制订项目进度计划，包括：项目进度安排、进度甘特图、里程碑评审计划等。

任务分析与示范引导

一、项目进度安排

进度计划表见表 3-1-3。

表 3-1-3　进度计划表

工 作 内 容	时 间 跨 度	工期/天
系统开发研究	2009.09.01—2009.09.20	20
需求分析	2009.09.21—2009.10.15	25
方案设计	2009.10.16—2009.10.26	10
开发计划	2009.10.27—2009.10.30	3
概要设计	2009.11.01—2009.11.10	10
界面设计	2009.11.11—2009.11.20	10
数据库设计	2009.11.21—2009.11.30	10
详细设计	2009.12.01—2009.12.20	20
建立开发环境	2009.12.21—2009.12.23	3
编码	2009.12.24—2010.01.27	34
测试计划		
单元测试		
集成测试		
系统测试	2010.03.01—2010.03.05	5
用户手册	2010.03.06—2010.03.16	10
系统安装部署	2010.03.17—2010.03.18	2
验收准备	2010.03.19—2010.03.29	10
验收	2010.4.1	1

二、进度甘特图

进度甘特图如图 3-1-1 所示。

任务名称	开始时间	完成时间	2009年8月	2009年9月	2009年10月	2009年11月	2009年12月	2010年1月		2010年3月	2010年4月
系统开发研究	2009.09.01	2009.09.20									
需求分析	2009.09.21	2009.10.15									
方案设计	2009.10.16	2009.10.26									
开发计划	2009.10.27	2009.10.30									
概要设计	2009.11.01	2009.11.10									
界面设计	2009.11.11	2009.11.20									
数据库设计	2009.11.21	2009.11.30									
详细设计	2009.12.01	2009.12.20									
建立开发环境	2009.12.21	2009.12.23									
编码	2009.12.24	2010.01.27									
测试计划											
单元测试											
集成测试											
系统测试	2010.03.01	2010.03.05									
用户手册	2010.03.06	2010.03.16									
系统安装部署	2010.03.17	2010.03.18									
验收准备	2010.03.19	2010.03.29									
验收	2010.4.1	2010.4.1									

图 3-1-1　进度甘特图

三、工作节点评审计划

阶段评审计划表见表 3-1-4。

表 3-1-4　阶段评审计划表

阶段名称	评审日期	主持人	参与人	应提交文档
需求分析	2009-09-20	项目经理	项目组成员	用户需求报告
概要设计	2009-11-10	项目经理	项目组成员	概要设计说明书
数据库设计	2009-11-30	项目经理	项目组成员	概要设计说明书
详细设计	2009-12-20	项目经理	项目组成员	详细设计说明书
测试计划	2010-1-20	项目经理	项目组成员	测试计划书
系统测试	2010-3-5	项目经理	测试人员	测试报告
用户手册	20010-3-16	项目经理	项目组成员	用户操作手册

四、项目的风险分析和控制

1．风险分析

本项目专业性很强，数据繁多，数据之间的关系较复杂，因此，要成功实施本项目，必须对系统各个环节的全面理解。只有准确理解了系统各部分之间的关系，方可顺利开展系统的研发。

2．风险控制

针对以上风险，为了更有效地进行控制，可加强对开发过程的管理，在需求分析上投入充分的人力和时间，目的就是准确把握系统的每一个环节，保证系统开发成功。

五、项目实施准则

在项目的研发过程中，严格遵循以下准则：

1）按制定的规范运作。

2）严格按计划分阶段进行。

3）坚持阶段评审，评审不通过，不能进入下一个阶段。

4）严格版本控制，包括文档版本、程序代码版本，使其可追溯。

5）文档严格按要求完成，以结果能清楚审查为准。

6）项目成员互相阅读代码。

7）及时跟踪进度，按时提交项目周报、各阶段报告。

8）项目的质量控制。任务到人，责任到人，严格进行变更控制管理。

任务三　编写开发规范文档

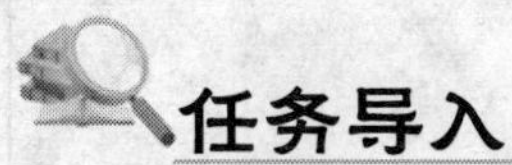

任务导入

当一个软件项目尝试着遵守公共一致的标准时，可以使参与项目的开发人员更容易了解项目中的代码、明白程序的状况。可以使新的参与者很快适应环境，防止部分参与者出于节省时间的需要，自创一套风格，导致其他人在阅读程序时浪费时间和精力。在一致的标准下，可以减少编码出错的机会。

规范和标准不是项目成功的关键，但是可以帮助项目组成员在团队协作中有更高的效率。

任务分析与示范引导

以下是睿智软件公司服务管理系统开发项目组制定出来的开发规范文档，项目组所有成员务必严格执行。服务管理系统代码编程规范如下。

服务管理系统代码编程规范

1. 规范制定原则

① 方便代码的交流和维护。② 不影响编码的效率，不与大众习惯冲突。③ 使代码更美观、阅读更方便。④ 使代码的逻辑更清晰、更易于理解。

2. 代码外观

2.1　列宽

代码列宽控制在 110 字符左右。

2.2　换行

当表达式超出或即将超出规定的列宽，遵循以下规则进行换行：

①在逗号后换行。

②在操作符前换行。

③规则。

a）优先于规则。

b）当以上规则会导致代码混乱的时候自己采取更灵活的换行规则。

2.3　缩进

缩进应该是每行一个 Tab（4 个空格），不要在代码中使用 Tab 字符。

Visual Studio.Net 设置：工具→选项→文本编辑器→C#→制表符→插入空格

2.4　空行

空行是为了将逻辑上相关联的代码分块，以便提高代码的可阅读性。

在以下情况下使用两个空行：

① 接口和类的定义之间。② 枚举和类的定义之间。③ 类与类的定义之间。

在以下情况下使用一个空行：

（续）

①方法与方法、属性与属性之间。②方法中变量声明与语句之间。③方法与方法之间。④方法中不同的逻辑块之间。⑤方法中的返回语句与其他的语句之间。⑥属性与方法、属性与字段、方法与字段之间。⑦注释与它注释的语句间不空行，但与其他的语句间空一行。

2.5 括号——()

1）左括号“(”不要紧靠关键字，中间用一个空格隔开。

2）左括号“(”与方法名之间不要添加任何空格。

3）没有必要的话不要在返回语句中使用（）。如

```
if (condition)
  Array.Remove(1)
  return 1
```

2.6 花括号——{}

1）左花括号“{”放于关键字或方法名的下一行并与之对齐。如

```
if (condition)
{
}
```

2）左花括号“{”要与相应的右花括号“}”对齐。

3）通常情况下左花括号“{”单独成行，不与任何语句并列一行。

3．程序注释

3.1 注释概述

1）修改代码时，总是使代码周围的注释保持最新。

2）在每个例程的开始，提供标准的注释样本以指示例程的用途、假设和限制很有帮助。注释样本应该是解释它为什么存在和可以做什么的简短介绍。

3）避免在代码行的末尾添加注释；行尾注释使代码更难阅读。不过在批注变量声明时，行尾注释是合适的；在这种情况下，将所有行尾注释在公共制表位处对齐。

4）避免杂乱的注释，如一整行星号。而是应该使用空白将注释同代码分开。

5）避免在块注释的周围加上印刷框。这样看起来可能很漂亮，但是难于维护。

6）在部署发布之前，移除所有临时或无关的注释，以避免在日后的维护工作中产生混乱。

7）如果需要用注释来解释复杂的代码节，检查此代码以确定是否应该重写。尽一切可能不注释难以理解的代码，而应该重写。尽管一般不应该为了使代码更简单以便于人们使用而牺牲性能，但必须保持性能和可维护性之间的平衡。

8）在编写注释时使用完整的句子。注释应该阐明代码，而不应该增加多义性。

9）在编写代码时就注释，因为以后很可能没有时间做。另外，如果有机会复查已编写的代码，在今天看来很明显的东西日后或许就不明显了。

10）避免多余的或不适当的注释，如幽默的不必要的备注。

11）使用注释来解释代码的意图。它们不应作为代码的联机翻译。

12）注释代码中不十分明显的任何内容。

13）为了防止问题反复出现，对错误修复和解决方法代码总是使用注释，尤其是在团队环境中。

14）对由循环和逻辑分支组成的代码使用注释。这些是帮助源代码读者的主要方面。

15）在整个应用程序中，使用具有一致的标点和结构的统一样式来构造注释。

16）用空白将注释同注释分隔符分开。在没有颜色提示的情况下查看注释时，这样做会使注释很明显且容易被找到。

17）在所有的代码修改处加上修改标识的注释。

（续）

3.2　文档型注释

该类注释采用.Net 已定义好的 Xml 标签来标记，在声明接口、类、方法、属性、字段都应该使用该类注释，以便代码完成后直接生成代码文档，让别人更好地了解代码的实现和接口。如

4．申明

4.1　每行声明数

一行建议只作一个声明，并按字母顺序排列。如

```
int level;    //推荐
int size;     //推荐
int x, y;     //不推荐
```

4.2　位置

变量建议置于块的开始处，不要总是在第一次使用它们的地方做声明。

类和接口的声明：

1）在方法名与其后的左括号间没有任何空格。

2）左花括号“{”出现在声明的下行并与之对齐，单独成行。

3）方法之间用一个空行隔开。

4.3　字段的声明

不要使用是 public 或 protected 的实例字段。如果避免将字段直接公开给开发人员，可以更轻松地对类进行版本控制，原因是在维护二进制兼容性时字段不能被更改为属性。考虑为字段提供 get 和 set 属性访问器，而不是使它们成为公共的。get 和 set 属性访问器中可执行代码的存在使得可以进行后续改进，如在使用属性或者得到属性更改通知时根据需要创建对象。下面的代码示例阐释带有 get 和 set 属性访问器的私有实例字段的正确使用。示例：

```
public class Control: Component
{
    private int handle;
    public  int Handle
    {
        get
        {
            return handle;
        }
    }
}
```

5．命名规范

5.1　命名概述

名称应该说明“什么”而不是“如何”。通过避免使用公开基础实现（它们会发生改变）的名称，可以保留简化复杂性的抽象层。例如，可以使用 GetNextStudent()，而不是 GetNextArrayElement()。

5.2　命名原则

即使对于可能仅出现在几个代码行中的生存期很短的变量，仍然使用有意义的名称。仅对于短循环索引使用单字母变量名，如 i 或 j。可能的情况下，尽量不要使用原义数字或原义字符串，例如，

For i = 1 To 7。而是使用命名常数，如 For i = 1 To NUM_DAYS_IN_WEEK 以便于维护和理解。

（续）

5.3　**大小写规则**

大写：

标识符中的所有字母都大写。仅对于由两个或者更少字母组成的标识符使用该约定。

缩写：

为了避免混淆和保证跨语言交互操作，遵循有关缩写的使用规则：

1）不要将缩写或缩略形式用作标识符名称的组成部分。例如，使用 GetWindow，而不要使用 GetWin。

2）不要使用计算机领域中未被普遍接受的缩写。

3）在适当的时候，使用众所周知的缩写替换冗长的词组名称。

4)在使用缩写时，对于超过两个字符长度的缩写使用 Pascal 大小写或 Camel 大小写。例如，使用 HtmlButton 或 HTMLButton。但是，应当大写仅有两个字符的缩写，例如，System.IO，而不是 System.Io。

5）不要在标识符或参数名称中使用缩写。如果必须使用缩写，那么由两个字符及以上所组成的缩写使用 Camel 大小写，虽然这和单词的标准缩写相冲突。

5.4　类

1）使用 Pascal 大小写。

2）用名词或名词短语命名类。

3）使用全称避免缩写，除非缩写已是一种公认的约定，如 URL、HTML。

4）不要使用类型前缀，如在类名称上对类使用 C 前缀。例如，使用类名称 FileStream，而不是 CFileStream。

5）不要使用下划线字符（_）。

6）有时候需要提供以字母 I 开始的类名称，虽然该类不是接口。只要 I 是作为类名称组成部分的整个单词的第一个字母，这便是适当的。例如，类名称 IdentityStore 是适当的。在适当的地方，使用复合单词命名派生的类。派生类名称的第二个部分应当是基类的名称。例如，ApplicationException 对于从名为 Exception 的类派生的类是适当的名称，原因 ApplicationException 是一种 Exception。请在应用该规则时进行合理的判断。例如，Button 对于从 Control 派生的类是适当的名称。尽管按钮是一种控件，但是将 Control 作为类名称的一部分将使名称不必要地加长，即

```
public class FileStream
public class Button
public class String
```

5.5　**接口**

以下规则概述接口的命名指南：

1）用名词或名词短语，或者描述行为的形容词命名接口。例如，接口名称 IComponent 使用描述性名词。接口名称 ICustomAttributeProvider 使用名词短语。名称 IPersistable 使用形容词。

2）使用 Pascal 大小写。

3）少用缩写。

4）给接口名称加上字母 I 前缀，以指示该类型为接口。在定义类/接口对（其中类是接口的标准实现）时使用相似的名称。两个名称的区别应该只是接口名称上有字母 I 前缀。

5）不要使用下划线字符（_）。

6）当类是接口的标准执行时，定义这一对类/接口组合就要使用相似的名称。两个名称的不同之处只是接口名前有一个 I 前缀。

5.6　**属性**（property）

以下规则概述属性的命名指南：

1）使用名词或名词短语命名属性。

2）使用 Pascal 大小写。

（续）

3）不要使用匈牙利语表示法。

4）考虑用与属性的基础类型相同的名称创建属性。例如，如果声明名为 Color 的属性，则属性的类型同样应该是 Color。

5.7　**事件**

以下规则概述事件的命名指南：

1）对事件处理程序名称使用 EventHandler 后缀。

2）指定两个名为 sender 和 e 的参数。sender 参数表示引发事件的对象。sender 参数始终是 object 类型的，即使在可以使用更为特定的类型时也如此。与事件相关联的状态封装在名为 e 的事件类的实例中。对 e 参数类型使用适当而特定的事件类。

3）用 EventArgs 后缀命名事件参数类。

4）考虑用动词命名事件。

5）使用动名词（动词的“ing”形式）创建表示事件前的概念的事件名称，用过去式表示事件后。例如，可以取消的 Close 事件应当具有 Closing 事件和 Closed 事件。不要使用 BeforeXxx/AfterXxx 命名模式。

6）不要在类型的事件声明上使用前缀或者后缀。例如，使用 Close，而不要使用 OnClose。

7）通常情况下，对于可以在派生类中重写的事件，应在类型上提供一个受保护的方法（称为 OnXxx）。此方法只应具有事件参数 e，因为发送方总是类型的实例。

5.8　**常量**（const）

以下规则概述常量的命名指南：

所有单词大写，多个单词之间用"_"隔开。如

```
public const string PAGE_TITLE = "Welcome";
```

6．控件命名规则

6.1　**命名方法**

控件名简写+英文描述，英文描述首字母大写

6.2　**主要控件名简写对照表**

控件名	简写	控件名	简 写
Label	lbl	TextBox	txt
Button	btn	LinkButton	lkb
ImageButton	imgb	DropDownList	ddl
ListBox	lst	DataGrid	dg
DataList	dl	CheckBox	chk
CheckBoxList	ckl	RadioButton	rb
RadioButtonList	rbl	Image	img
Panel	pnl	Calender	cld
AdRotator	ar	Table	tbl
RequiredFieldValidator	rfv	CompareValidator	cv
RangeValidator	rv	RegularExpressionValidator	rev
ValidatorSummary	vs	CrystalReportViewer	rptvew

模块二 需求分析

任务一 项目需求调研

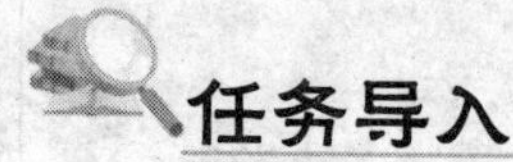

任务导入

为了控制“服务管理系统”开发的质量，使开发出的管理系统最大程度地满足蓝天集团的需要，睿智软件有限公司的研发团队成员将严格按照软件工程的科学方法和规范进行开发和管理。

需求调研是整个软件开发过程的首要环节，也是至关重要的一步，只有在对蓝天集团目前信息化建设情况以及引入软件管理后的期望目标明确的前提下，进行充分地调研、理解和分析后，睿智软件有限公司的研发团队成员才能设计出功能完整的软件系统。

任务分析与示范引导

为了保证需求调研的有效性和充分性，睿智软件有限公司将派具有丰富软件开发和管理经验的专业人员负责，同时，也需要蓝天集团相关部门和人员予以大力协助，主要包括项目协调人，精通业务管理和操作的人员，时间安排，业务相关的资料收集和整理。具体计划如下。

1．召开需求调研启动会

由蓝天集团主持，召集项目以及业务相关部门和人员。明确各自的职责以及时间安排，以确保睿智软件有限公司相关人员能在预定的时间与相关部门和人员对需求进行充分的确认。特别需要指定一名协调人员。

2．相关部门和人员整理资料

在双方确认需求之前，需要蓝天收集和整理以下资料：

1）服务管理的现状以及存在的不足或问题。包括手工管理和已有的软件系统管理的情况。以便睿智软件公司相关人员对现有的管理模式有个基本的了解。

2）开发服务管理系统的目标。通过开发服务管理系统预期要达到的目标。

3）目前使用的操作系统、数据库系统、计算机配置情况以及网络建设情况。这有助于睿智软件公司需求调研人员在进行系统设计时选择更合适的方案。

4）目前迫切需要解决的问题。就目前存在的问题或不足，提出迫切需要解决的问题。

5）组织机构构成情况。与服务管理业务有关的部门和岗位以及其相关业务和职责。

6）服务管理业务关系图。以流程图的方式描述现在的业务关系。这是一个很关键的任务，只有对业务关系正确理解了才能保证开发出来的软件系统是正确的。

7）业务描述。对各个业务涉及的部门、岗位、单据、报表、处理过程进行描述。这是一个很重要的任务，只有对业务进行了尽可能详尽的描述并正确地理解了才能保证设计出来的功能是有用的。

8）业务相关的资料。包括各种业务单据、表格、报表的格式，已有的部分数据（供睿智软件公司开发过程中测试使用），管理制度以及相关的文件资料。这些资料有助于程序员更准确地理解业务和设计系统。

9）其他特殊要求。对睿智软件公司所要设计的系统的特殊要求。

3．按部门或业务环节确定需求

睿智软件公司的需求调研人员将根据蓝天集团一方的人员和时间安排，按一定的先后顺序深入各部门或业务环节进行详细的需求调研，认真理解业务的本质及其关系，并收集相关资料。在这个过程需要精通业务的人员协助。

4．以一个服务管理为例讲解其完整的业务过程

帮助睿智软件公司的需求调研人员理解业务的完整过程。

5．分析需求

需求调研人员对获取的需求以及资料进行详细分析和整理。

6．编写需求报告

根据需求分析的结果，按软件工程的规范编写“蓝天集团服务管理系统用户需求报告”。

7．召集相关人员签字确认需求报告

召集相关人员对“用户需求报告”的内容进行确认和签字，将以此为基准进行软件系统的设计和开发。

任务二　项目需求分析

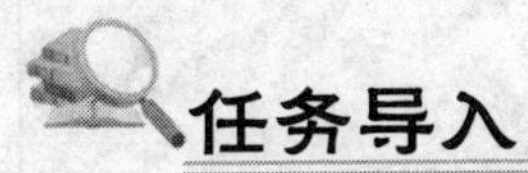

任务导入

睿智软件公司的需求调研员在和蓝天集团的相关业务部门及人员经过多次的接触、讨论和交流后，需求调研员基本清楚蓝天集团要实现的“服务管理系统”的业务流程和基本功能。之后需求调研员会根据蓝天集团的相关业务部门、人员的描述，形成一份详细的《服务管理系统需求规格说明书》。

任务分析与示范引导

需求规格说明书是软件开发的基础。因此这一过程必须做好，不能有任何马虎。下面给出蓝天集团服务管理系统需求规格说明书。

服务管理系统需求规格说明书

1. 引言

本文档是进一步分析用户需求报告的结果，同时也是进行系统设计的基础，是软件测试部门进行内部测试的依据。本需求规格说明书的读者为系统分析人员、设计人员、测试人员。

1.1 **项目名称**

项目全称：蓝天集团信息管理中心服务管理系统。

项目简称：服务管理系统。

1.2 **项目背景**

为了提高工作效率，明确工作职责，方便工作统计，为管理和考核提供数据支持，需要将信息管理部服务管理的方式由原先的纸质服务单改为网络方式。在此情况下，单位提出了采用信息化手段提升本单位员工的办公效率，借助包括机电职业技术学院信息工程系在内的专业团队的研发实力和实践经验，逐步完成信息管理部服务管理的信息化。

1.3 **项目目标**

服务管理系统的目标是针对本单位的二级部门——信息管理部的特点，利用现在成熟的计算机技术，以信息管理部设置的数据为基础，围绕服务人员、任务联络员、信息管理部领导（主任）的三级业务关系来实现服务的申请、实现、评价、完成，相关人员的工作量统计、综合查询等综合管理，以提高相关人员的办事效率，为集团领导及时跟踪服务情况和决策提供更有效的支持。

服务管理系统投入使用后，应当满足以下业务目标：

1）及时、有效监控日常服务情况。解决目前日常服务单或数据管理零散、数据归口不统一的现状。系统投入使用后，各单位数据按归口单位和规定的时间内及时录入到系统中，供相关人员及时查询。

2）服务管理自动化。根据业务流程和业务关系，系统将各业务数据有机的联系起来，帮助管理人员及时发现服务中的问题。

3）服务数据管理规范化。系统投入使用后，可以有效管理日常服务过程产生的大量数据，实现信息共享、高效查询和综合应用。将手工数据管理的过程规范化、自动化。通过对数据的规范化管理，高效综合利用数据；通过对数据进行统计分析等深加工，挖掘数据价值。

1.4 **软硬件现状**

1.4.1 **服务器**

（1）硬件

1）CPU：PIV 3.3G。

2）内存：1G。

3）硬盘：150G。

（2）软件

1）操作系统：Windows 2003 Server。

2）数据库：SQL Server。

（续）

1.4.2　**客户端**

（1）硬件

1）CPU：PIII 800M 以上。

2）内存：128M 以上。

3）硬盘：20G 以上。

4）17 in 液晶显示器：1024×768 分辨率。

（2）软件

1）操作系统：Windows XP，Windows 2000。

2）应用软件：Microsoft office 2003。

1.5　**系统功能结构**

服务管理系统包括核心功能——服务管理、基础数据管理、系统维护管理等三个模块子系统。其中：

（1）服务管理管理　该子系统实现了服务的申请、实现、评价、完成等业务操作流程以及相关综合查询和报表功能。

（2）基础数据管理　该子系统包括分区管理、任务分类管理、部门机构管理、部门人员设置等。

（3）系统维护管理　该子系统实现了用户权限管理、服务人员管理等操作。系统总体功能结构为

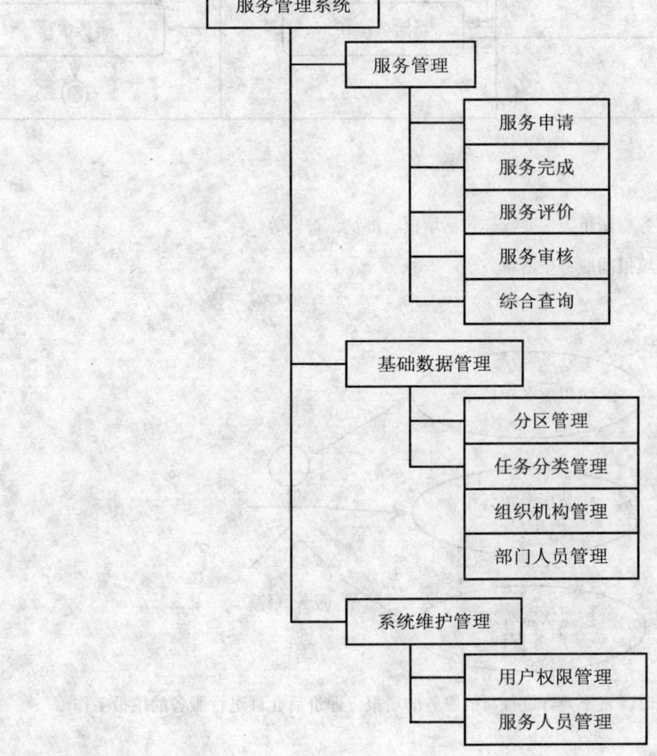

1.6　**相关资料**

系统设计说明书。

2．服务管理

服务管理模块：该子系统实现了服务申请、服务完成、服务评价、服务审核等业务操作流程以及相关综合查询和报表导出功能等部分内容。其业务流程图为

（续）

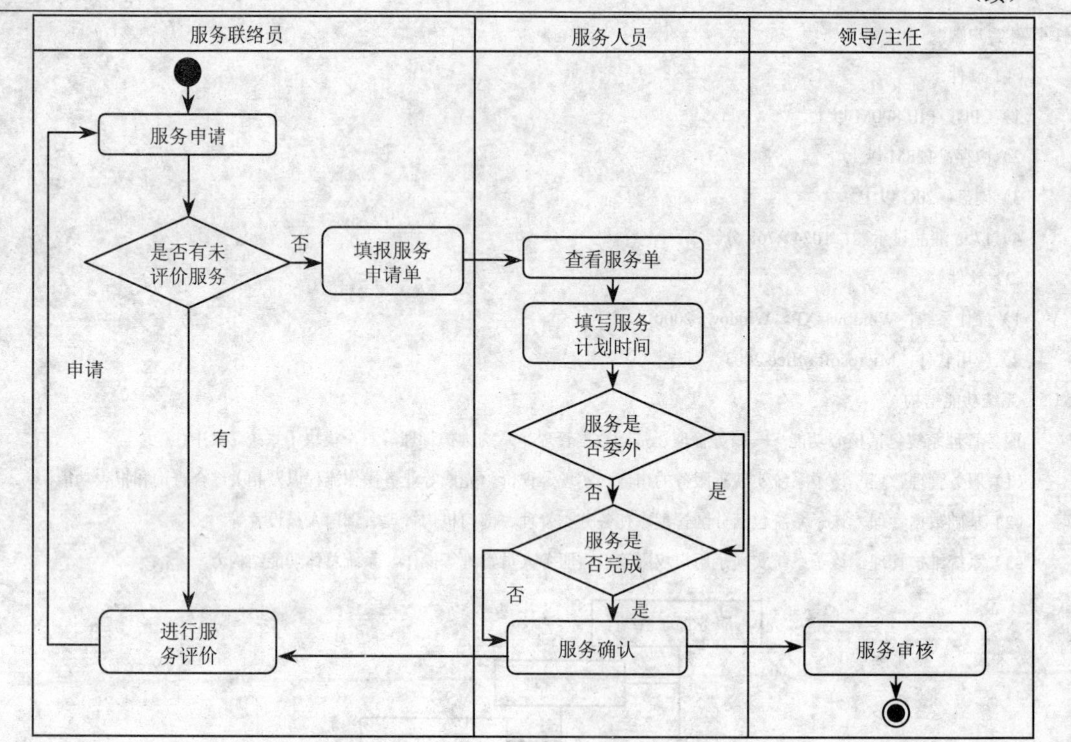

2.1　**服务申请管理**

2.1.1　**服务填报**

服务联络人负责填报本部门的服务申请单。主要操作包括填报、浏览、查询等。

服务联络员只能浏览或查询本人填报的服务申请单。

（1）用例图

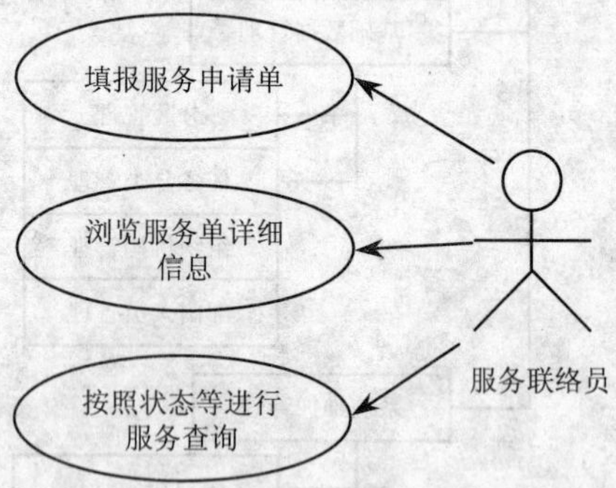

说明：当联络员有待评价的服务时，将不允许进行新的服务的填报，评价后允许进行服务的填报工作。

（2）E-R 图

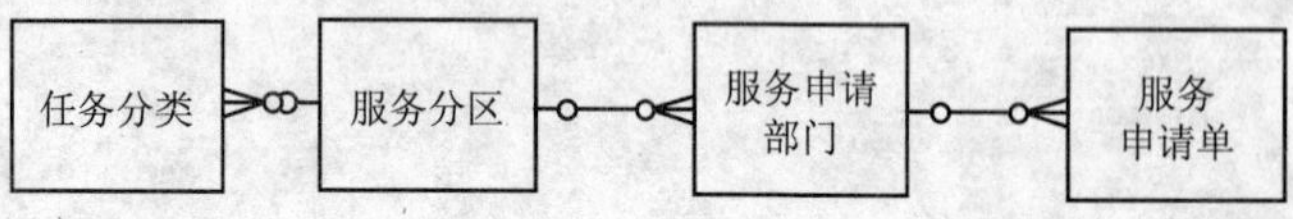

2.1.2　**服务查询**

根据指定的查询条件对服务进行查询。查询方式可以是单条件查询，也可以是多条件组合查询。对查询结果提供多种复合

（续）

数据项排序方式。

（1）查询条件

服务状态、部门、联络人。

（2）用例图

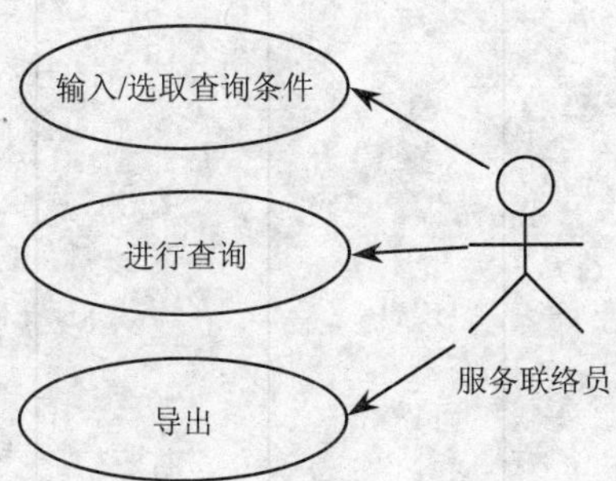

2.1.3 服务详细信息查看

服务联络员可以查看自己填报的服务的详细信息。

业务数据

序号	数据项名称	类型	是否唯一	是否可空	备注
1	服务单 ID	字符（50）	是		插入系统当前时间作为唯一的 ID
2	服务名称	字符（10）			可以用设备编号代替
3	申请部门	Bigint			
4	分区 ID	Bigint			
5	服务分类 ID	Bigint			
6	联络员	Bigint			
7	服务人 ID	Bigint			
8	服务内容	字符（500）			
9	填报日期	Datatime			自动对应当前系统日期
10	服务申请日期	Datatime			初始化当前系统日期，可修改
11	计划完成日期	Datatime			
12	服务申请时间	字符（8）			填报时当前时间
13	服务完成时间	Datatime			对应服务完成后提交时系统时间
14	服务是否完成	字符（1）			1—完成；0—未完成（由服务人员使用）
15	服务是否委外	字符（1）			1—委外，0—未委外（由服务人员使用）
16	服务完成情况	字符（500）			
17	服务满意度	字符（1）			1—非常满意；2—比较满意；3—还行；4—不满意（由联络员使用）
18	用户建议/意见	字符（500）			由联络员使用

（续）

序　号	数据项名称	类　型	是 否 唯 一	是 否 可 空	备　注
19	当前状态	字符（255）			
20	审批人	字符（1）			1—联络员申请填报状态（填报） 2—服务人员服务状态（服务中） 3—联络员确认状态（待评价） 4—任务管理员确认状态（完成）统称待审核状态 5—任务管理员确认状态（未完成）统称待审核状态 6—审核完成
21	审核日期	日期			自动对应当前系统日期
22	审核意见	字符（255）			
23	审核人	Bigint			

2.2　服务实现

服务人员登录系统后，可以查看到服务联络员为其分配的服务列表及其明细，当其查看服务明细后，将强制要求服务人员输入计划完成时间。

当服务完成后，服务人员必须尽快登录系统进行服务的确认，即填写相关服务情况。如是否完成，是否委外等情况。

具体数据可参见业务数据相关字段。

说明：

1）一个部门可能有一名或一名以上的联络员或服务员。

2）服务人员只能查看到联络员为本人分配的服务列表及明细。

2.3　服务评价

联络员登录系统，进行服务完工的确认以及填写服务满意度。

说明：

1）联络员只能对本人填报的服务进行满意度评价。

2）具体业务数据详见业务数据表。

2.4　服务审核

信息中心领导进行相关服务的审核。当指定的审核人员（领导）登录后，可以看到需要审核的服务列表及其详细信息。单击需要审核的服务列表查看详细相关内容并进行服务单的审核。

说明：

1）可以成批审核服务单。

2）可以查看某个服务单的详细信息并审核之。

3）审核时需要填写审核意见，以备为员工考核提供依据。

（续）

2.5　服务综合查询

根据指定的查询条件对服务进行综合查询。查询方式可以是单条件查询，也可以是多条件组合查询。对查询结果提供多种复合数据项排序方式。

（1）查询条件

1）按部门、服务完成时间、服务状态查询：部门名称、服务进度情况、服务完成日期上限、服务完成日期下限。

2）查询“计划完成日期”内完成的服务列表：部门名称、计划完成日期、服务状态。

3）查询超出“计划完成日期”但完成的服务列表：部门名称、计划完成日期、服务状态。

4）查询超出“计划完成日期”但未完成的服务列表：部门名称、计划完成日期、服务状态。

（2）用例图

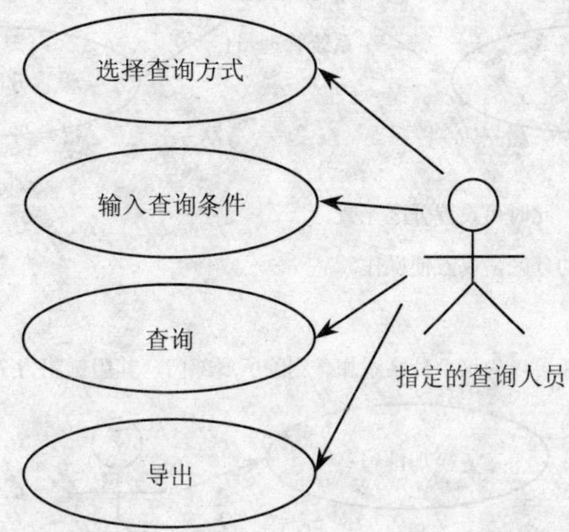

说明：

查询人员可根据分配的查询范围而定。

（3）业务数据

序号	数据项名称	类　型	是否唯一	是否可空	备　注
1	分类代码	字符（2）			
2	分类名称	字符（30）			
3	功能代码	字符（4）			不能为空
4	功能名称	字符（40）			
5	页面名称	字符（100）			
6	显示顺序	Int			
7	有效性	字符（1）			1—有效；0—无效

（4）报表样式

序号	服务名称	申请日期	时间	计划完成日期	完成日期	状态	申请部门	满意度	是否完成	是否委外	完成情况	意见建议

（续）

3．基础数据管理

3.1　分区管理

分区管理是由系统管理员进行操作。功能有分区的添加、删除、修改、设置分区有效性、上下移动分区、设置分区所属部门等。

（1）用例图

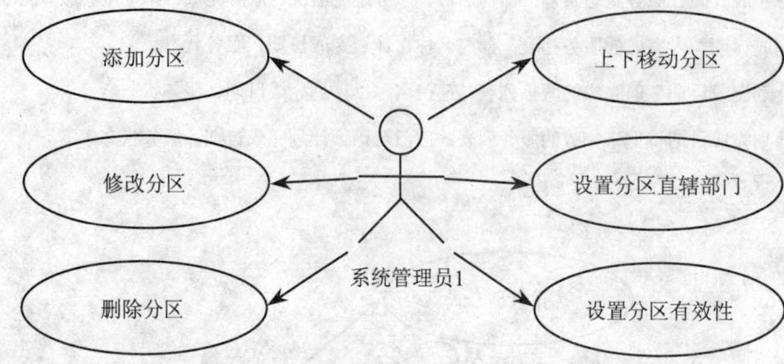

说明：

1）不能删除已经被引用的分区，此时可设置分区无效。

2）根据分区的使用频率上下移动分区，以方便操作。

3）一个分区下可直辖多个部门。

4）其中，设置分区直辖部门功能可以为这个分区添加、删除所属部门，其用例图为

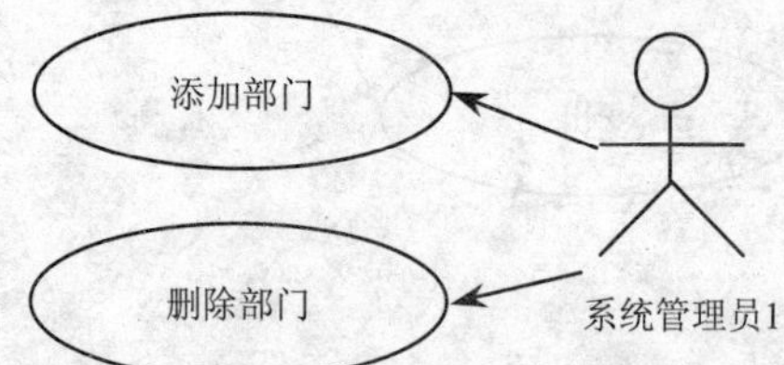

（2）业务数据

分区表

序号	数据项名称	类　型	是否唯一	是否可空	备　注
1	分区 ID	Bigint	是		自增量
2	分区名称	字符（50）			
3	有效性	字符（1）			1—有效；0—无效
4	显示顺序	Bigint			

分区明细表

序号	数据项名称	类　型	是否唯一	是否可空	备　注
1	明细 ID	Bigint	是		自增量
2	分区 ID	Bigint			
3	分区名称	字符（50）			
4	部门 ID	Bigint			
5	部门名称	字符（50）			

注意：分区表和分区明细表属于一对多关系。

（续）

3.2 任务分类管理

为每个分区设置任务或服务分类。任务分类包括的数据项有所属分区 ID、服务分类名称、有效性。任务分类管理包括添加、修改、删除某个分区的服务分类。

（1）用例图

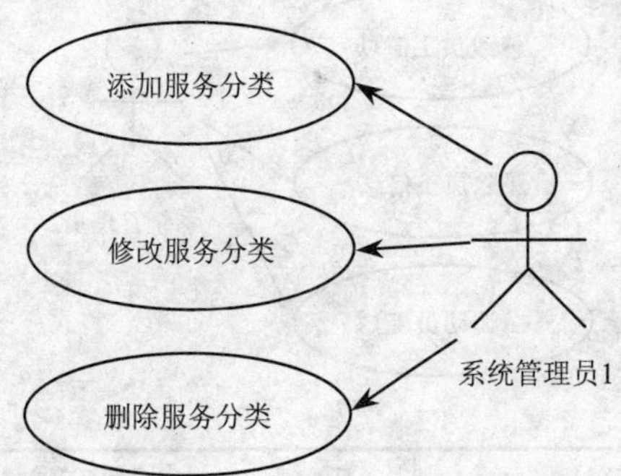

说明：不能删除已经被引用的服务分类。

（2）业务数据

序号	数据项名称	类　型	是否唯一	是否可空	备　注
1	任务分类 ID	Bigint	是		自增量
2	分区 ID				
3	任务分类名称	字符（50）			
4	有效性	字符（1）			1—有效；0—无效
5	显示顺序	Bigint			
6	服务人员	Bigint			

3.3 联络员管理

系统管理员指定每个分区下所有服务分类的服务人员。具体流程是首先选定分区，然后选定服务分类，接着选择从员工列表中选择服务人员。

4．系统维护

4.1 组织机构管理

部门机构采用树形结构体现出来。

组织机构管理包括新增部门、删除部门、修改部门信息。

业务数据

序号	数据项名称	类　型	是否唯一	是否可空	备　注
1	部门 ID	Bigint	是		自增量
2	部门名称	字符（50）			
3	缩写	字符（10）			
4	显示顺序	Bigint			
5	部门状态	字符（1）			1—有效；0—无效
6	上级部门 ID	Bigint			

4.2 员工管理

新增、修改、删除部门人员；部门之间员工相互调动。

（续）

（1）用例图

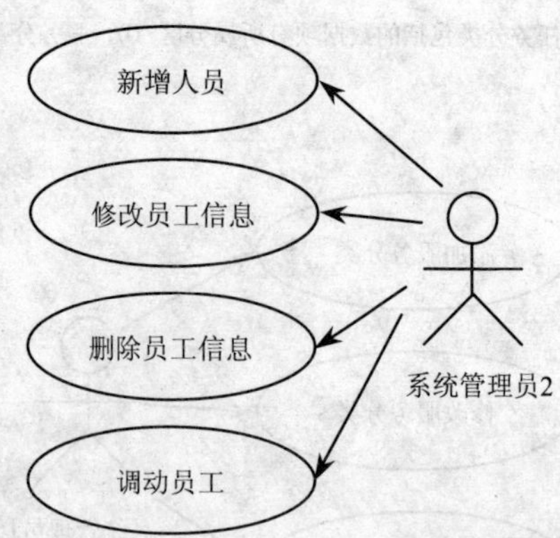

（2）业务数据

序号	数据项名称	类　型	是否唯一	是否可空	备　注
1	员工 ID	Bigint	是		自增量
2	部门 ID	字符（50）			
3	姓名	字符（10）			
4	年龄	Bigint			
5	职务	字符（10）			
6	电话	Bigint			
7	员工状态	字符（1）			1—有效；0—无效
8	账号	字符（20）			
9	密码	字符（50）			
10	账号状态	字符（1）			1—有效；0—无效

4.3　账号及权限管理

（1）账号管理

1）为无账号的员工添加账号。

2）删除指定的员工的账号。

3）停用指定员工的账号。

4）启用指定员工的账号。

5）员工密码重置。

（2）权限管理

1）指定部门的服务联络员。一个部门可以有多个联络员。

2）指定服务综合查询权限。可以任意指定人员；可以指定仅查询本人所在部门的服务信息；也可以指定查询所有部门的服务信息。

3）指定服务审核人员（此角色仅能指定一人）。

4.4　查看自己的权限

4.5　系统初始化

4.6　数据库备份

4.7　远程维护/升级维护

任务三　项目需求评审

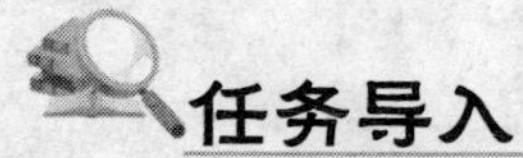

任务导入

当睿智软件公司的调研员们完成了需求说明书后，下一任务就是要蓝天集团的相关部门配合召开需求评审会，修订需求规格说明书中的不妥或错误，并最终得到蓝天集团相关部门的确认。

任务分析与示范引导

1．评审过程要素

1）参与的人员（分内部人员及外部人员，如外请专家或是客户代表）。

2）时间。

3）地点。

4）评审的对象（需求分析报告或其他需要评审的内容）。

5）评审过程中所提出的问题及问题最终的结果。

6）处理方法及处理计划。

2．评审过程的准备及要求

1）作书面笔记（评审过程要素）。

2）限制参与人数，并且坚持事先作准备。

3）为评审分配资源和时间。

4）对所有的评审者进行有针对性的培训。

5）会议时间的控制。

6）系统地表述需要评审的内容（前后关系等要明确）。

3．评审的注意事项

1）需求分析文档的所有内容必须经过蓝天集体的相关业务人员的确认并签字。

2）如果蓝天集体的相关业务员对需求分析文档中描述的功能有所争议，必须达成一致后重新修改或完善需求分析文档，最后得到相关业务员的签字确认。

模块三　系统设计

任务一　编制技术解决方案

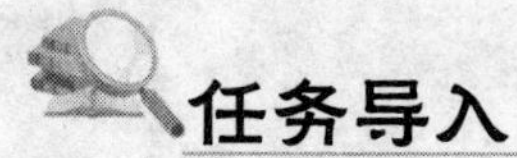

任务导入

当睿智软件公司的需求人员带着成果——服务管理系统需求分析说明书从蓝天集团归来后，需要立即召集项目组的所有成员，确定最终的技术解决方案。

任务分析与示范引导

服务管理系统项目组的所有成员，在需求人员的带领下，认真学习服务管理系统需求分析说明书，结合项目组成员的技术背景等情况最终确定服务管理系统的技术解决方案。

服务管理系统的技术解决方案

1．界面需求

显示风格：优美，朴素，IE 界面（B/S 结构）。

显示方式：1024×768。

2．技术需求

微软.net 开发应用平台：VS.NET2003。

使用的编程语言：C 编程语言。

相关技术：ASP.net 技术；ADO.net 数据库访问技术；JAVA Script 客户端脚本。

数据库建模工具：Power Designer 9.5；

项目开发过程管理：VSS。

3．运行环境需求

3.1　WEB 服务器

Microsoft Windows2000 Server/2003 Server 操作系统；

IIS5.0/IIS6.0 及以上 WEB 服务器；

Microsoft .net Framework 1.1 及其以上版本。

3.2　数据库服务器

Microsoft Windows 2000 /2003 Server 操作系统；

Microsoft SQL Server 2000；

3.3　客户机

Microsoft Windows 98/Me/2000/XP/2003　操作系统；

Internet Explorer 5.5 以上版本浏览器。

4．系统体系结构

整个体系结构分为三层，即表示层（web 层）、业务逻辑层和数据访问层。

（续）

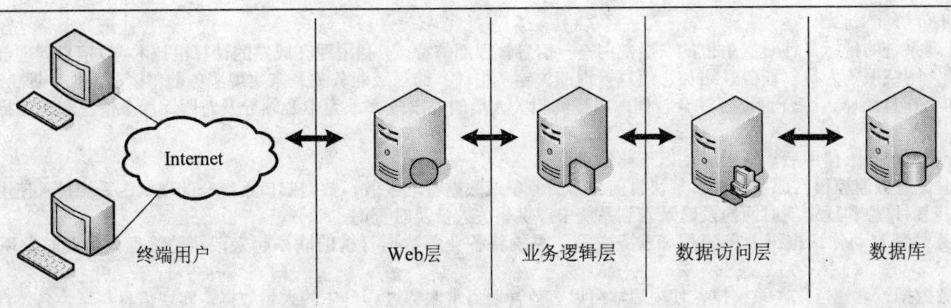

5．框架搭建部署

步骤：

1）新建空白解决方案 FWGL，其中包含 Common 和 Website 两个工程。

2）Common 工程（类库）：封装了系统的公共类（如分页类、数据访问模块类等）和方法。

3）Website 工程（ASP.NET Web）：具体的功能实现。

4）在 Common 工程中创建相关公共类文件。

① Microsoft.Web.UI.WebControls。

② Data Grid Pager.cs 类：Data Grid 自定义分页类。

③ Custom Control.cs 类：封装常用控件的一些操作。

④ Data Access.cs 类：数据访问模块，提供统一的数据访问接口。

⑤ AppGlobal 类：定义全局使用的变量，为表示层提供统一的操作接口。

任务二　编写概要设计说明书

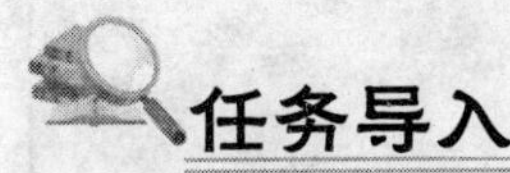

任务导入

确定了技术解决方案，则进入概要设计部分。概要设计部分需要确定每个模块的功能以及模块之间的关系。将输出服务管理系统概要设计说明书、数据概要设计模型（CDM）。

任务分析与示范引导

服务管理系统 V1.0 概要设计说明书

1．引言
本文档是在充分理解了“用户需求报告”基础上编写而成，是详细设计的基础，其中主要包含了系统功能结构设计、数据库设计、界面风格设计和接口设计四部分内容。
1.1　**项目名称**
项目全称：蓝天集团信息管理中心服务管理系统。 项目简称：服务管理系统。 项目编号：DGXM-090401-090601。
1.2　**项目背景**
为了提高工作效率，明确工作职责，方便工作统计，为管理和考核提供数据支持，需要将信息管理部服务管理的方式由原先的纸质服务单改为网络方式。在此情况下，单位提出了采用信息化手段提升本单位员工的办公效率，借助包括机电职业技术学院信息工程系在内的专业团队的研发实力和实践经验，逐步完成信息管理部服务管理的信息化。

（续）

1.3 项目目标

服务管理系统的目标是针对本单位的二级部门——信息管理部的特点，利用现在成熟的计算机技术，以信息管理部设置的数据为基础，围绕服务人员、任务联络员、信息管理部领导（主任）的三级业务关系来实现服务的申请、实现、评价、完成，相关人员的工作量统计、综合查询等综合管理，以提高相关人员的办事效率，为中心领导及时跟踪服务情况和决策提供更有效支持。

服务管理系统投入使用后，应当满足以下业务目标：

1）及时、有效监控日常服务情况。解决目前日常服务单或数据管理零散、数据归口不统一的现状。系统投入使用后，各单位数据按归口单位和规定的时间内及时录入到系统中，供相关人员及时查询。

2）服务管理自动化。根据业务流程和业务关系，系统将各业务数据有机的联系起来，帮助管理人员及时发现服务中的问题。

3）服务数据管理规范化。系统投入使用后，可以有效管理日常服务过程产生的大量数据，实现信息共享、高效查询和综合应用。将手工数据管理的过程规范化、自动化。通过对数据的规范化管理，有效利用数据；通过对数据进行统计分析等深加工，挖掘数据价值。

1.4 参考资料

2．功能结构设计

2.1 系统总体功能结构

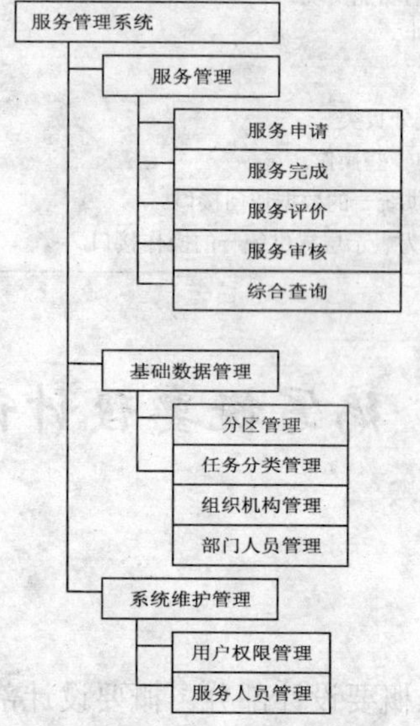

2.2 基础数据管理设计

编写人员	孙华林	编写日期	2009-9-28
修改人员		修改日期	
审核人员		审核日期	

基础数据管理部分是系统运行时必需的基本数据，这里包括分区管理管理和服务分类管理两个部分。

2.2.1 分区管理

“分区”指由一个或一个以上部门组成的组织结构，是为了更好地进行服务管理而设置的。分区包含以下功能操作：

1）浏览分区。

2）增加分区。

3）修改分区。

4）删除分区。

5）设置分区直辖部门。

2.2.1.1 功能操作

（1）浏览分区

1）描述：查看分区。

（续）

2）输入：无。

3）输出：分区列表。

4）约束条件：具备查看和管理权限的用户或系统管理员才能查看。

（2）增加分区

1）描述：增加一个分区。

2）输入：分区名称，设置有效性。

3）输出：无。

4）约束条件：具备管理权限的用户或系统管理员才能执行增加操作。

（3）修改分区

1）描述：修改一个分区。

2）输入：分区名称。

3）输出：无。

4）约束条件：具备管理权限的用户或系统管理员才能执行修改操作。

（4）删除分区

1）描述：删除一个分区。

2）输入：无。

3）输出：无。

4）约束条件：无

2.2.1.2　页面组织

由于专业分类的信息较少，可以在一个页面中实现浏览、增加、修改和删除所有操作。

页面内容：操作按钮、分区列表。

2.2.2　服务分类管理

“服务分类管理”指把所有的服务项目按照性质、功能进行划分管理。包含以下功能操作：

1）浏览。

2）增加。

3）修改。

4）删除。

2.2.2.1　功能操作

（1）浏览

1）描述：浏览服务分类信息。

2）输入：由于服务分类仅有几十种，因此浏览时不需要输入任何信息检索，直接显示出所有服务分类列表。

3）输出：以列表形式输出服务分类信息。

4）约束条件：仅系统管理员使用。

（2）增加

1）描述：增加一个服务分类信息。

2）输入：项目的基本信息：分区名称、服务分类名称、有效性等。

3）输出：无。

4）约束条件：具有服务分类管理权限的用户才能增加服务分类或系统管理员。

2.2.2.2　页面组织

概要信息如下。

1）描述：本页面是服务分类的主页面，主要显示服务概要信息列表。

2）页面内容：操作按钮、服务分类信息列表。

2.3　服务管理设计

编写人员	孙华林	编写日期	2009-9-29
修改人员		修改日期	
审核人员		审核日期	

2.3.1　**服务管理**

“服务管理”实现了服务申请、服务完成、服务评价、服务审核等业务操作流程以及相关综合查询和报表导出功能等服务过程管理。包含以下功能操作：

（续）

1）服务浏览。
2）服务申请。
3）服务完成或确认。
4）服务评价。
5）服务审核。

2.3.1.1　功能操作

（1）服务浏览

1）描述：查看服务单相关信息。
2）输入：浏览条件：服务申请人、服务状态。
3）输出：服务列表。
4）约束条件：
① 服务联络人仅能浏览本人申请的服务。
② 默认状态（浏览条件为空的情况）以列表形式显示所有服务信息。

（2）服务申请

1）描述：服务单申请由系统管理员指定的服务联络员申请。需要录入服务名称，或服务名称用设备号代替，选择服务分类后系统自动增加该服务的服务人员，还需要录入该服务的内容。
2）输入：基本信息：申请日期、申请部门、时间、申请人员、服务名称、服务分类、服务人员、服务内容。
3）输出：无。
4）约束条件：
① 申请日期对应当前系统日期。
② 当选中服务分类后系统将会为该服务自动指定服务人员。
③ 服务名称必须填写。

（3）服务完成和确认

1）描述：服务人员登录系统后，可以查看到服务联络员为其分配的服务列表及其明细，当其查看服务明细后，将强制要求服务人员输入计划完成时间。
当服务完成后，服务人员必须尽快再次登录系统进行服务的确认，即填写相关服务情况。如是否完成，是否委外等情况。
2）输入：计划完成时间、是否委外、是否完成、完成情况。
3）输出：无。
4）约束条件：服务人员第一次查看到该服务后系统强制其必须录入服务计划完成时间。

（4）服务评价

1）描述：服务联络员进行服务完工的确认以及填写服务满意度。
2）输入：服务满意度、用户建议或意见。
3）输出：无。
4）约束条件：服务满意度分 4 级：非常满意、比较满意、还行、不满意。

（5）服务审核

1）描述：信息中心领导进行相关服务的审核。当指定的审核人员（领导）登录后，可以看到需要审核的服务列表及其详细信息。单击需要审核的服务列表查看详细相关内容并进行服务单的审核。
2）输入：检索条件：服务状态。
3）输出：无。
4）约束条件：
① 审核提交前必须填写审核意见。
② 可以成批审核服务。

2.3.1.2　页面组织

（1）概要信息

1）描述：本页面是服务单信息的主页面，主要显示服务单的概要信息列表。
2）页面内容：操作按钮、浏览条件、服务单概要信息列表。

（2）详细信息

1）描述：本页面主要用于服务单详细信息的显示，单个服务单的审核操作等。
2）页面内容：查看操作按钮和服务单详细信息。

（续）

2.4 组织机构设计

编写人员	孙华林	编写日期	2009-9-30
修改人员		修改日期	
审核人员		审核日期	

组织机构管理包括部门、人员两个功能模块。部门具有层次关系，采用树形控件表示。组织结构的根节点由用户自行确定，因此，设立“添加顶级部门”按钮。

人员调换部门的操作，可以采用拖动或选取的方式进行。

2.5 用户管理设计

编写人员	孙华林	编写日期	2009-9-30
修改人员		修改日期	
审核人员		审核日期	

将用户账号管理和功能权限分配以及可访问的数据范围设置整合在一起，这样可方便操作和查看。

权限和数据范围的分配，可以建立日志记录。

2.6 综合查询设计

编写人员	孙华林	编写日期	2009-10-6
修改人员		修改日期	
审核人员		审核日期	

服务综合查询

1）描述：根据指定的查询条件对服务进行综合查询。查询方式可以是单条件查询，也可以是多条件组合查询。对查询结果提供多种复合数据项排序方式。

2）输入：

① 按部门、服务完成时间、服务状态查询为部门名称、服务进度情况、服务完成日期上限、服务完成日期下限。

② 查询“计划完成日期”内完成的服务列表为部门名称、计划完成日期、服务状态。

③ 查询超出“计划完成日期”但完成的服务列表为部门名称、计划完成日期、服务状态。

④ 查询超出“计划完成日期”但未完成的服务列表为部门名称、计划完成日期、服务状态。

3）输出：符合查询条件的记录；导出为 Excel。

4）约束条件：服务查询操作权限必须由系统管理员动态指定。

2.7 数据库备份和恢复

数据库的备份和恢复专门建立一个服务器端的应用程序。可通过设置参数实现无人值守备份。为了保证备份的有效性，至少保留 1 个月的备份结果。

对于恢复操作，特别在恢复之前先进行备份操作，以防误操作。

3．系统体系结构设计

本系统运行在蓝天集团内部局域网。

4．用户界面设计

系统界面大致分为 2 级：

1）第 1 级界面。本级界面分为两块，左边显示系统的子系统和各子系统的功能模块。右边显示相应功能模块的主界面。

2）第 2 级界面。本级界面实现功能模块的具体操作。

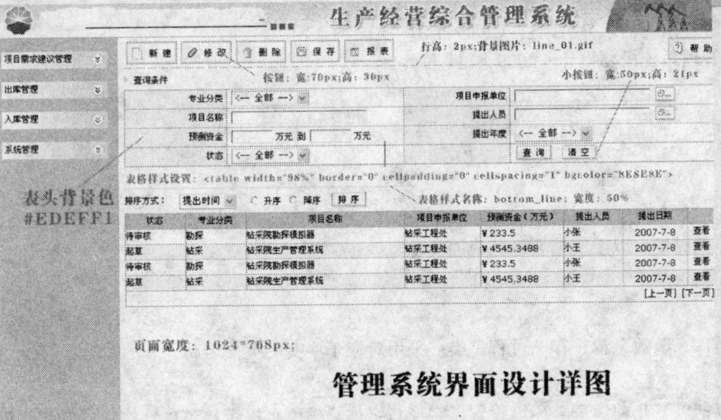

管理系统界面设计详图

任务三 编写详细设计说明书和数据库设计说明书

任务导入

服务管理系统的概要设计说明书出来之后，将需要对它进行细化，即进行详细设计。本阶段的输出文档有服务管理系统详细设计说明书以及数据物理设计模型（PDM）。

任务分析与示范引导

服务管理系统详细设计说明书

1．引言

本说明书确定系统的详细功能模块和数据结构，为下阶段开发工作提供依据。

1.1 系统名称

信息服务中心服务管理系统。

1.2 任务承接者和实施者

系统详细设计分为四部分：总体设计、界面详细设计、功能详细设计、页面和方法类复用设计，参与设计的人员清单见下表。

设计内容	人员名单	备注
总体设计	孙华林、苏宝莉	
界面设计	周杰龙	
功能设计	孙华林、张凯、蒋俊、王梅、肖冰	
页面复用设计	周杰龙	
方法类复用设计	孙华林、张凯	

1.3 术语定义

序号	术语名称	解释
1		
2		
3		

1.4 参考资料

1）信息中心服务管理系统需求分析报告（2009 年 10 月）。

2）信息中心服务管理系统概要设计（2009 年 11 月）。

1.5 相关文档

1）详细设计说明书。

2）源程序清单。

3）测试计划。

4）用户使用手册。

该说明书发生变更的时候，以上文档要做相应的变动。

2．设计原则

2.1 命名原则

页面名称、事件名称、函数名称、存储过程、类：采用对应于中文的英文名称。

2.2 界面设计原则

界面设计规范应包括以下几项：屏幕环境设置、字形与字体、颜色、提示、菜单、按钮、图标、列表框、常用键等。

（续）

3．系统功能结构

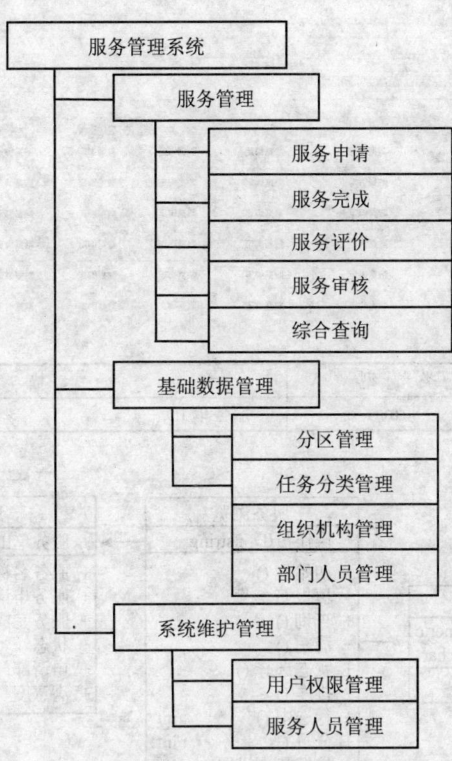

4．功能模块详细设计

4.1　服务管理

编写人员	张凯	编写日期	2009-12-1
修改人员		修改日期	
审核人员	孙华林	审核日期	

服务管理框架类图为

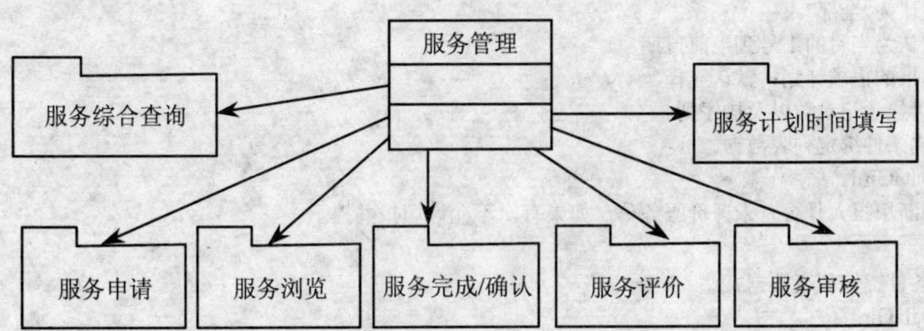

4.1.1　服务浏览

4.1.1.1　页面设计

1）页面名称：FWManage.aspx。

2）页面功能：根据条件，以列表方式查看服务的基本信息。并且可通过该页面进行服务的申请，还可以查看服务相信信息。

3）页面设计布局。

（续）

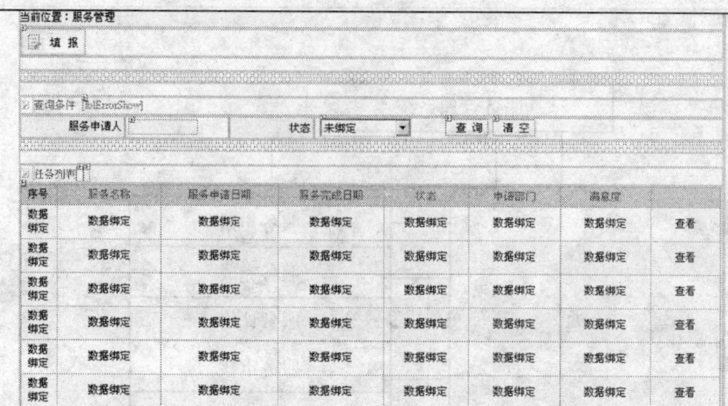

4）接收参数。

名　　称	类　　型	描　　述
查看	String	服务单 ID

5）返回参数。

4.1.1.2　类图

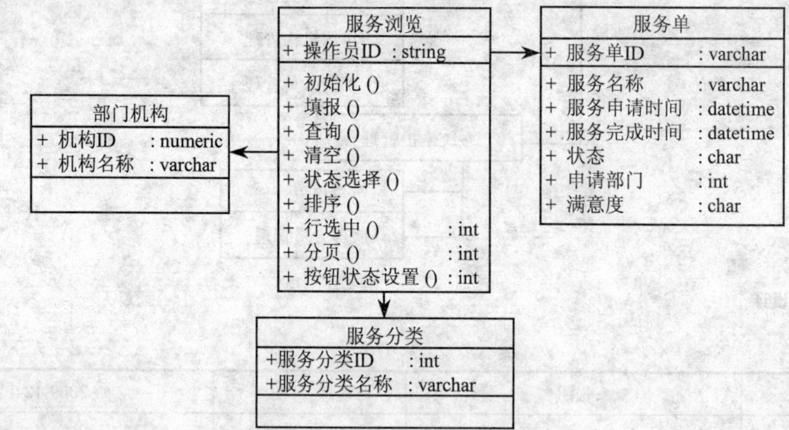

4.1.1.3　主要事件和方法

（1）初始化

1）加载页面。

2）初始化查询条件为

计划状态：默认为“全部”。

填报日期：默认为当月的 1 号到当前日期。

只显示本人填报的需求计划：默认选择。

3）设置每页可显示记录数以及排序列。

4）根据初始化条件绑定列表数据。

调用：绑定 DataGird。

（2）填报　判断填报人是否有未评价服务单，如果有，不允许填报并提示。

（3）查询

1）根据查询条件提取列表数据。

调用：绑定 DataGird

2）如果无查询结果，Label 提示内容：“查询结果为空！”。

（4）清空　清空各查询字段的值。

（5）排序

1）设置排序列及升降序属性。

2）重新绑定数据。

调用：绑定 DataGrid。

（6）行选中

调用：设置按钮。

（续）

（7）按钮设置

（8）分页

（9）查看

跳转到查看详细服务单页面，并传递“服务单 ID”参数

4.1.2　服务申请

编写人员	肖冰孙华林	编写日期	2009-12-4
修改人员		修改日期	
审核人员		审核日期	

服务联络员申请服务时，应先判断本服务联络员是否有未评价服务。如有，则提醒应先进行服务评价，然后才能进行新的服务的申请。

4.1.2.1　页面设计

1）页面名称：FWManage2.aspx。

2）页面功能：用于服务联络员进行新服务的申报。

3）页面设计布局。

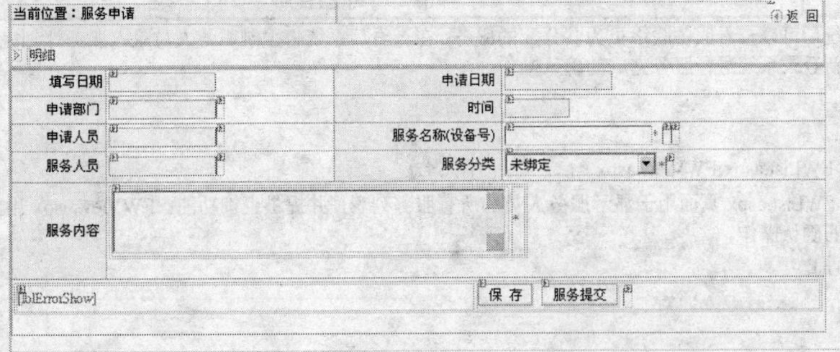

4）接收参数。

名　称	类　型	描　述
服务分类	String	服务分类 ID
分区	String	分区 ID

5）返回参数。

4.1.2.2　类图

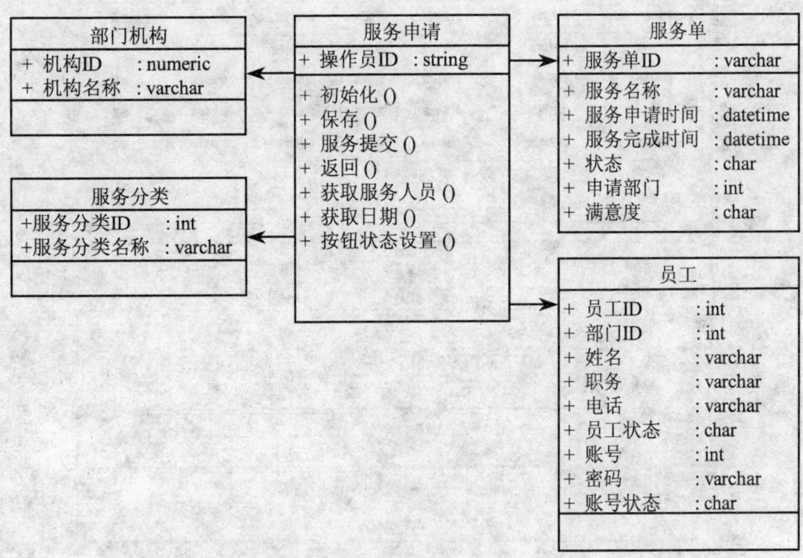

4.1.2.3　主要事件和方法

（续）

（1）初始化

1）加载页面。

2）获取服务人员。

根据所属分区和服务分类 ID，获取服务人员 ID，并把此服务人员的名称显示在本页面。

3）获取系统日期和时间填充填写日期、申请日期文本框。

（2）保存　判断是否有必须输入的数据没有输入的，如没有，把数据保存到数据库中相应的表格中。

（3）服务提交　将服务状态修改为待服务状态。

（4）返回　将页面跳转到服务主页面。

（5）获取系统日期排序

（6）按钮设置

4.1.2.4　服务确认

编写人员	孙华林	编写日期	2009-9-18
修改人员		修改日期	
审核人员		审核日期	

服务人登录系统后可以查看服务联络员为其分配的服务，在查看后系统将强制服务人员录入服务计划完成时间。当服务完成后，服务人员重新登录系统进行服务完成的确认操作。

4.1.3　**服务确认**

4.1.3.1　页面设计

1）页面名称：FWList.aspx;FWView.aspx。

2）页面功能：FWList.aspx 页面用于显示服务人员的所有服务列表，并提供查询功能；FWView.aspx 用于显示服务单的详细信息并完成服务的确认操作。

3）页面设计布局。

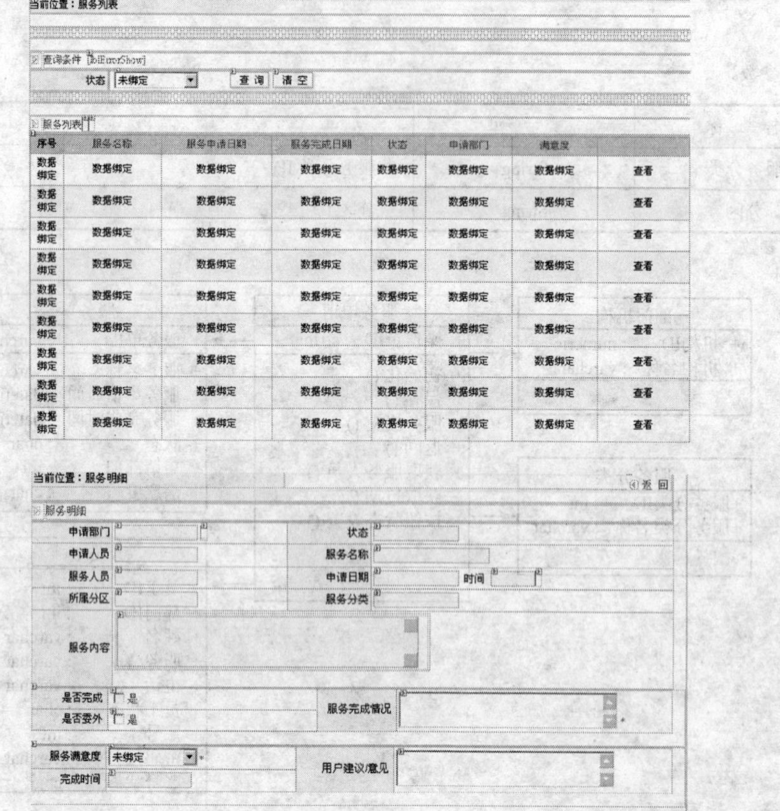

（续）

4）接收参数。

名　称	类　型	描　述
服务 ID	String	服务 ID

5）返回参数。

4.1.3.2　类图

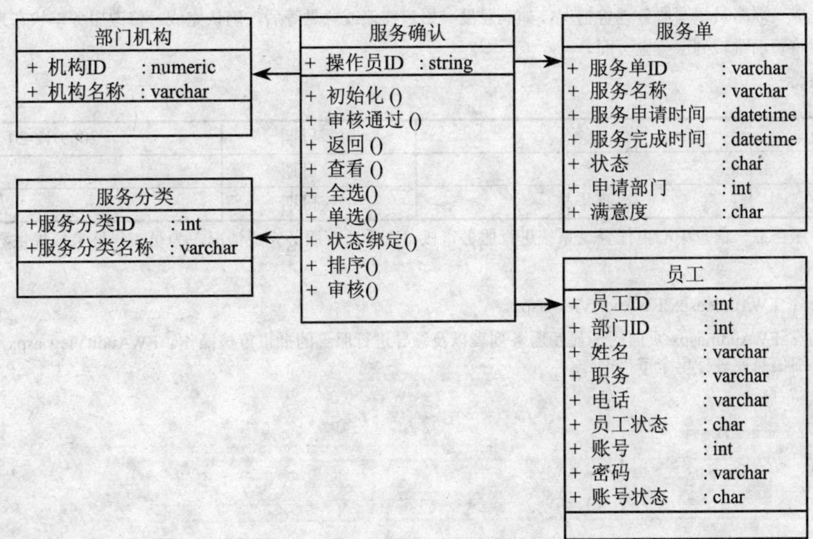

4.1.3.3　主要事件和方法

（1）初始化

1）加载页面。

2）获取服务人员。

根据所属分区和服务分类 ID，获取服务人员 ID，并把此服务人员的名称显示在本页面。

3）获取系统日期和时间填充填写日期、申请日期文本框。

（2）确认完成　服务人员填写服务完成情况，如是否服务委外、是否完成等，确认完成，修改服务单状态为完成状态。

（3）返回　将页面跳转到服务主页面。

（4）获取系统日期排序

（5）按钮设置

4.1.4　服务评价

编写人员	蒋俊	编写日期	2009-12-10
修改人员		修改日期	
审核人员	孙华林	审核日期	

服务人员确认服务完成后，联络员需要登录系统进行服务的评价操作。

4.1.4.1　页面设计

1）页面名称：FWView.aspx。

2）页面功能：FWView.aspx 页面用于服务联络员进行服务的评价操作。此页面和服务确认页面为同一个页面，仅通过面板的状态（显示或不显示）来进行控制，从而达到页面的共享。

3）页面设计布局（略）。

4）接收参数。

名　称	类　型	描　述
服务 ID	String	服务 ID

5）返回参数。

（续）

4.1.4.2 类图（略）

4.1.4.3 主要事件和方法

（1）初始化

1）加载页面。

2）获取服务人员。

根据所属分区和服务分类 ID，获取服务人员 ID，并把此服务人员的名称显示在本页面。

（2）确认完成 联络员填写服务评价情况，如满意度、用户建议或意见等后，确认完成，修改服务单状态为待审核状态。

（3）返回：将页面跳转到服务主页面。

4.1.5 **服务审核**

编写人员	王梅	编写日期	2009-12-20
修改人员		修改日期	
审核人员	孙华林	审核日期	

联络员评价服务后，信息中心主任登录系统进行服务审核，查看所有服务完成情况，为员工年终考核提供数据。

4.1.5.1 页面设计

1）页面名称：FWAudit.aspx;FWAuditView.aspx。

2）页面功能：FWAudit.aspx 页面用于显示服务列表以及领导进行服务的批量审核操作。FWAuditView.aspx 页面用于领导查看某服务的详细信息并进行单个审核操作。

3）页面设计布局。

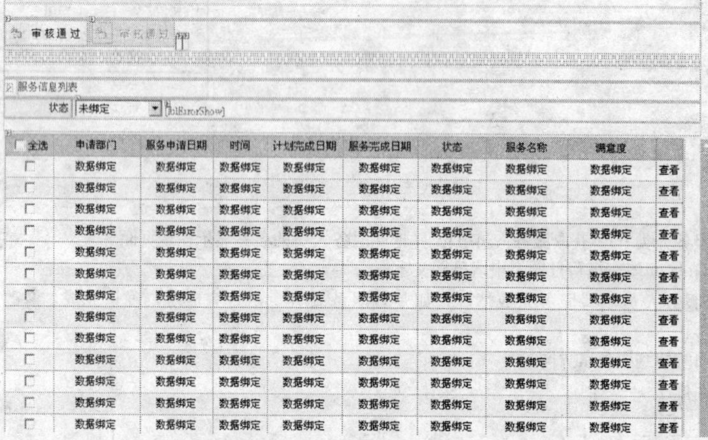

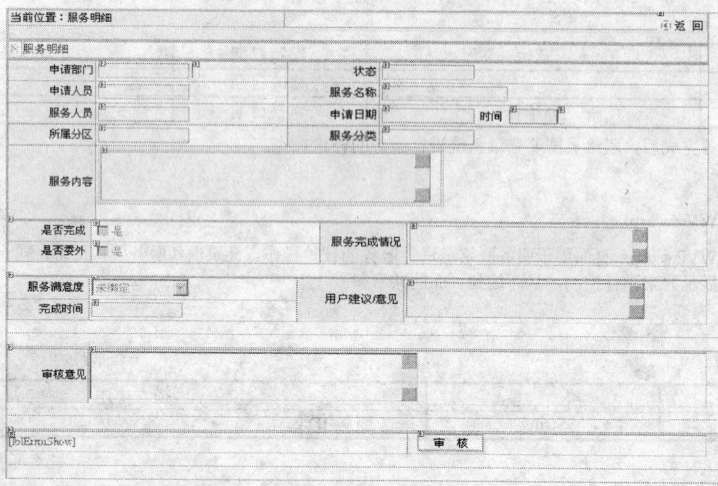

（续）

4）接收参数。

名　称	类　型	描　述
服务单 ID	String	服务单 ID

5）返回参数。

4.1.5.2　类图

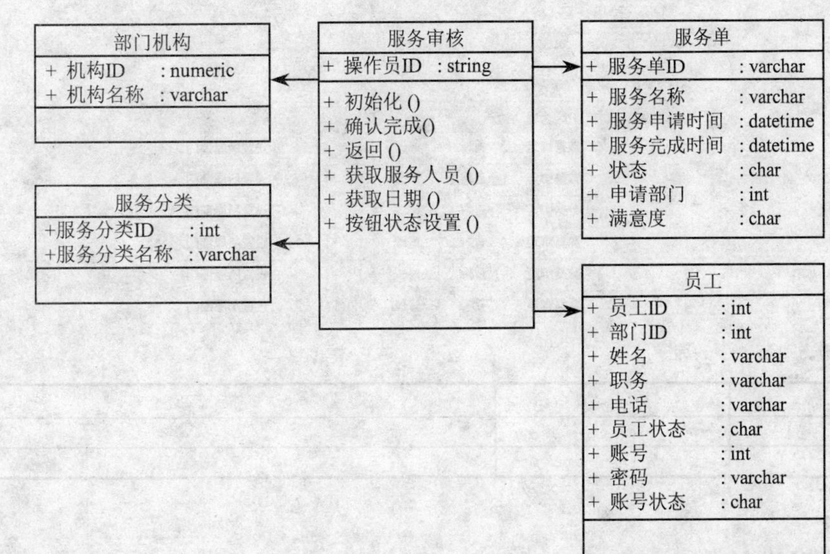

4.1.5.3　主要事件和方法

（1）初始化

1）加载页面。

2）获取服务人员。

根据所属分区和服务分类 ID，获取服务人员 ID，并把此服务人员的名称显示在本页面。

（2）审核通过　审核人员填写服务审核意见或由系统自动填入审核信息后批量进行审核操作。修改服务单的状态。

（3）返回　将页面跳转到服务主页面。

（4）查看　根据选中行的服务 ID，在服务明细页面中显示其详细信息。

（5）行选中　获取行选中服务 ID。

（6）全选　选中所有的服务单。

（7）单选　选中某一个服务单。

（8）状态绑定　在下拉列表框中列表显示所有服务状态：填报状态、服务中状态、待评价状态、待审核 1 状态（完成）、待审核 2 状态（未完成）、审核完成状态。

（9）排序　在服务列表中按照申请部门、服务申请日期、计划完成日期、服务完成日期、状态进行升序或降序排序。

（10）审核　进行单个服务的审核操作，修改服务单状态。

4.2　基础数据管理

编写人员	张凯	编写日期	2009-12-8
修改人员		修改日期	
审核人员	孙华林	审核日期	

4.2.1　分区管理

4.2.1.1　页面设计

1）页面名称：分区管理，FQManage.aspx。

2）页面功能：该页面完成对服务分区的浏览、添加、删除、修改操作。

3）页面设计布局。

（续）

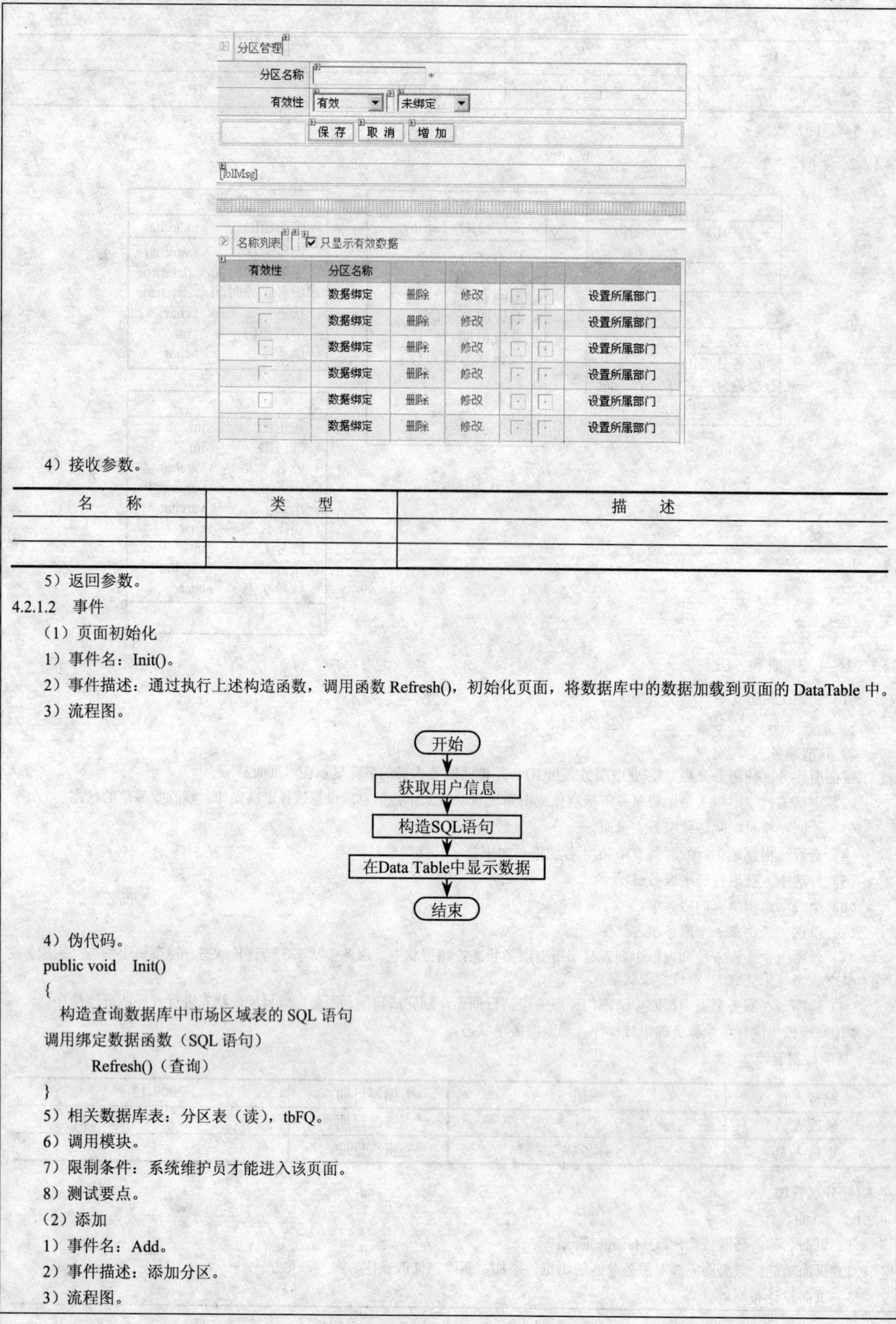

4）接收参数。

名　　称	类　　型	描　　述

5）返回参数。

4.2.1.2　事件

（1）页面初始化

1）事件名：Init()。

2）事件描述：通过执行上述构造函数，调用函数 Refresh()，初始化页面，将数据库中的数据加载到页面的 DataTable 中。

3）流程图。

4）伪代码。

```
public void   Init()
{
  构造查询数据库中市场区域表的 SQL 语句
调用绑定数据函数（SQL 语句）
      Refresh()（查询）
}
```

5）相关数据库表：分区表（读），tbFQ。

6）调用模块。

7）限制条件：系统维护员才能进入该页面。

8）测试要点。

（2）添加

1）事件名：Add。

2）事件描述：添加分区。

3）流程图。

（续）

4）伪代码。

```
public void    Add()
  {
        判断操作类型
      IsModify = false;
        设置分区编号和分区名称输入框的读写属性
      ScqybhDisabled = false;
      ScqymcDisabled = false;
  }
```

5）相关数据库表：分区（写），tbFQ。

6）调用模块。

7）限制条件：系统维护员才能执行该操作。

8）测试要点。

（3）删除

1）事件名：Delete。

2）事件描述：删除列表里选中的分区。

3）流程图。

4）伪代码。

```
public void Delete()
  {
        判断是否选中所要删除的数据行
if (CrntItemType ==null)
        {
            Common.PopInfo("selected row","TAreaManage.faces");
            return;
        }
      构造 HQL 语句
        创建 session
        事务开始
      执行 SQL 查询
        异常处理
      //刷新 DataTable
      Refresh();
  }
```

（续）

5）相关数据库表：分区表（写），tbFQ。

6）调用模块（无）。

7）限制条件：系统维护员才能执行该操作。

8）测试要点。

（4）修改

1）事件名：Modify。

2）事件描述：修改列表里选中的分区。

3）流程图。

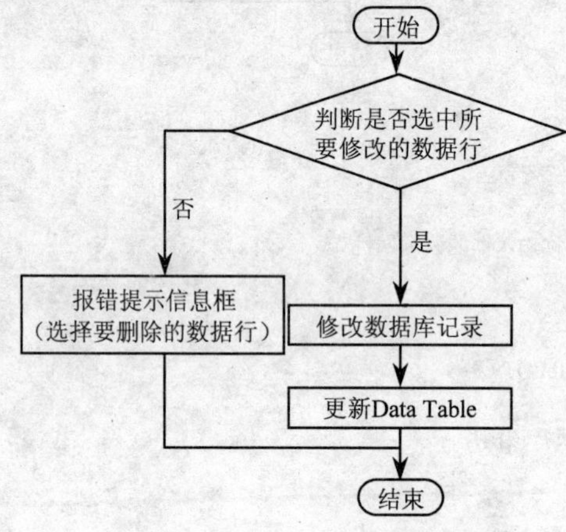

4）伪代码。

```
public void Modify()
  {
        判断操作类型
          IsModify = true;
        判断是否选中所要修改的数据行
          if (CrntAreaType == null)
          {
                Common.PopInfo("selected row","AreaManage.faces");
                return;
          }
        获取所要修改数据行的各字段值
设置输入框的读写属性
        更新 DataTable
        Refresh();
    }
```

5）相关数据库表：分区表表（读、写），tbFQ。

6）调用模块（无）。

7）限制条件：系统维护员才能执行该操作。

8）测试要点。

4.2.2　**用户管理**

编写人员	张凯	编写日期	2009-12-10
修改人员	孙华林	修改日期	
审核人员		审核日期	

1）页面名称：用户管理，DwptPerson.aspx。

2）页面功能：该页面完成对用户的浏览、添加、删除、修改、部门调动操作。

3）页面设计布局。

（续）

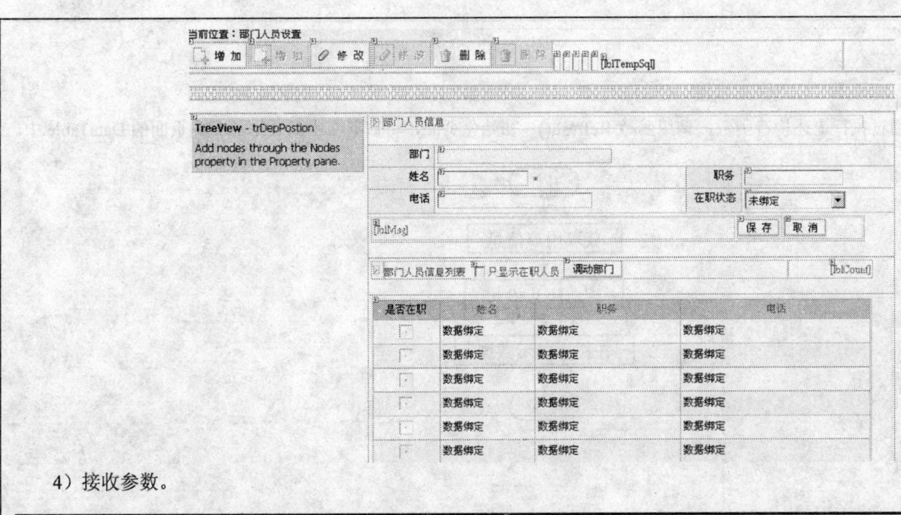

4）接收参数。

名　称	类　型	描　述
用户账号	Varchar	对该页面具有登录权限的用户账号

5）返回参数。

4.2.3 组织机构管理

编写人员	张凯	编写日期	2009-12-15
修改人员		修改日期	
审核人员	孙华林	审核日期	

4.2.3.1 页面设计

1）页面名称：组织机构管理，DeptOrgan.aspx。

2）页面功能：该页面完成对部门的浏览、添加、删除、修改操作。

3）页面设计布局。

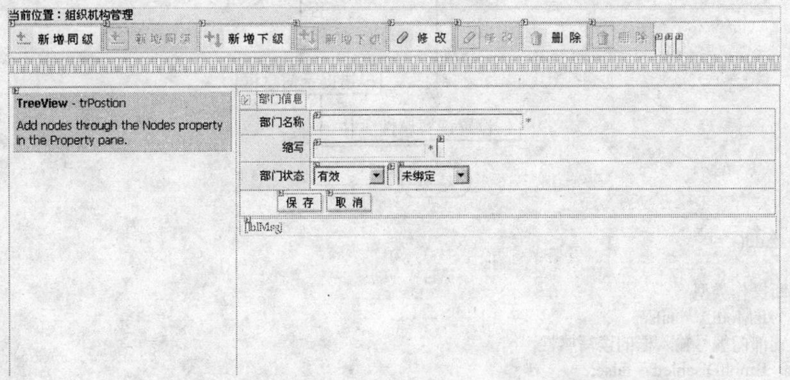

4）接收参数。

名　称	类　型	描　述

5）返回参数。

（续）

4.2.3.2　事件

（1）页面初始化

1）事件名：Init()。

2）事件描述：通过执行上述构造函数，调用函数 Refresh()，初始化页面，将数据库中的数据加载到页面的 DataTable 中。

3）流程图。

开始 → 获取用户信息 → 构造HQL语句 → 在树中显示数据 → 结束

4）伪代码。

```
public void   Init()
{
  构造查询数据库中组织机构的 SQL 语句
调用绑定数据函数（SQL 语句）
        Refresh()（单表查询）
}
```

5）相关数据库表：组织机构（读），tblBMJG。

6）调用模块（无）。

7）限制条件：系统维护员才能进入该页面。

8）测试要点。

（2）添加

1）事件名：Add。

2）事件描述：添加部门。

3）流程图。

开始 → 判断操作类型参数是否为add —是→ 设置读写属性 → 结束；—否→ 报错提示信息框 → 结束

4）伪代码。

```
public void    Add()
        {
           判断操作类型
                IsModify = false;
           设置部门编号输入框的读写属性
                BmbhDisabled = false;
           }
```

5）相关数据库表：组织机构（写）。

6）调用模块（无）。

7）限制条件：系统维护员才能执行该操作。

8）测试要点。

（3）删除

1）事件名：Delete。

（续）

2）事件描述：删除列表里选中的部门。

3）流程图。

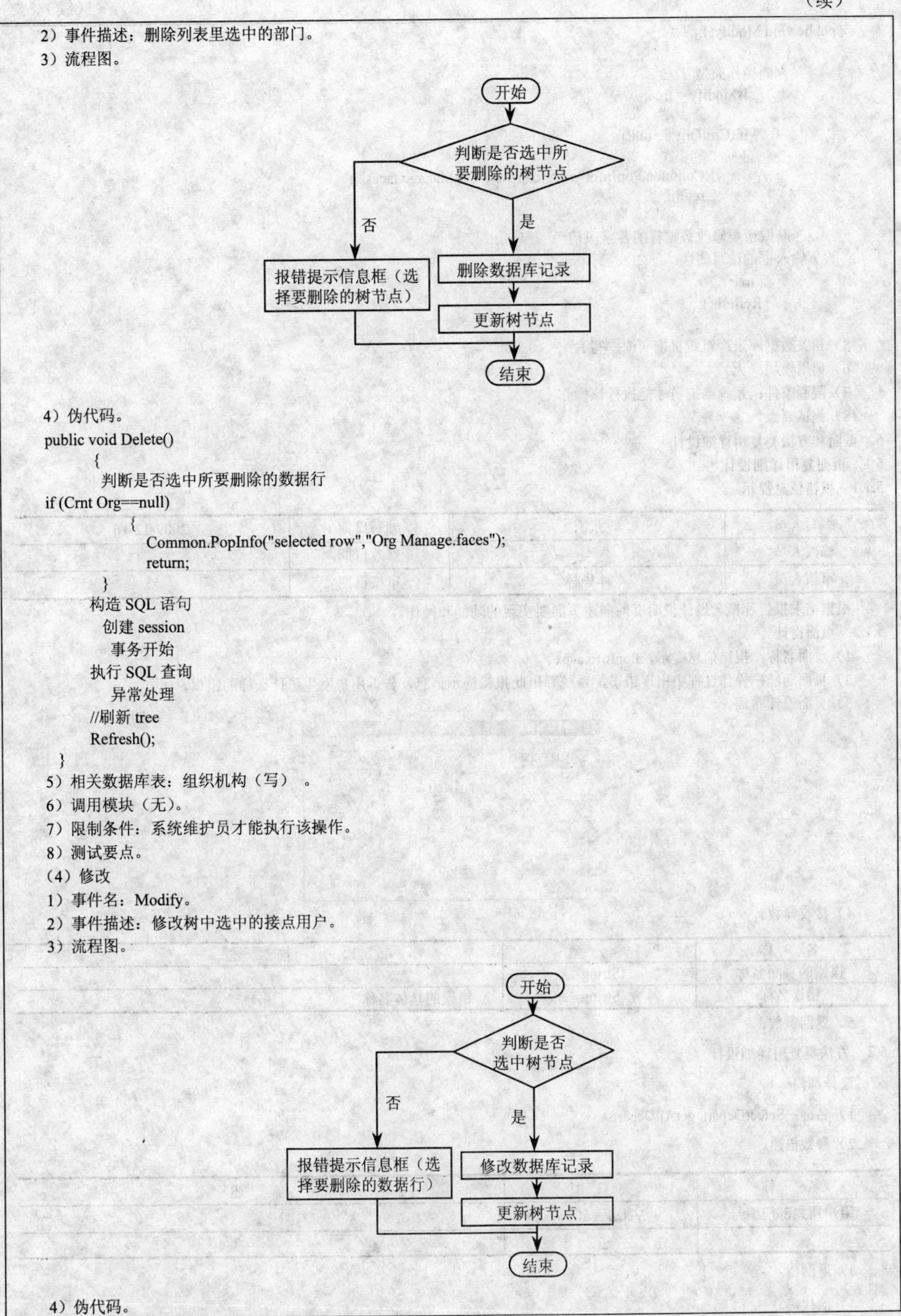

4）伪代码。

```
public void Delete()
        {
          判断是否选中所要删除的数据行
if (Crnt Org==null)
            {
                Common.PopInfo("selected row","Org Manage.faces");
                return;
            }
        构造 SQL 语句
          创建 session
            事务开始
        执行 SQL 查询
            异常处理
        //刷新 tree
        Refresh();
  }
```

5）相关数据库表：组织机构（写）。

6）调用模块（无）。

7）限制条件：系统维护员才能执行该操作。

8）测试要点。

（4）修改

1）事件名：Modify。

2）事件描述：修改树中选中的接点用户。

3）流程图。

4）伪代码。

（续）

```
public void Modify()
        {
        判断操作类型
              IsModify = true;

              if (CrntOrg == null)
              {
                    Common.PopInfo("selected row","OrgManage.faces");
                    return;
              }
        获取所要修改数据行的各字段值
  设置输入框的读写属性
        更新 tree
            Refresh();
    }
```

5）相关数据库表：组织机构（读、写）。

6）调用模块（无）。

7）限制条件：系统维护员才能执行该操作。

8）测试要点。

5．页面和方法类复用详细设计

5.1　页面复用详细设计

5.1.1　报错信息提示

编写人员	张凯	编写日期	2009-12-16
修改人员		修改日期	
审核人员	孙华林	审核日期	

根据需求报告和概念设计说明书，描述页面要实现的功能和操作。

5.1.2　页面设计

1）页面名称：报错信息提示，PopInfo.aspx。

2）页面功能：操作过程中出现错误，系统弹出此报错提示信息，告诉用户发生了什么样的错误。

3）页面设计布局。

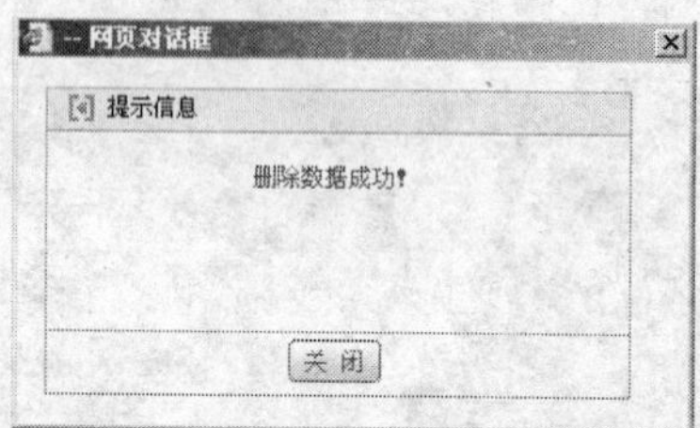

4）接收参数。

名　称	类　型	描　述
报错的页面名称	String	
错误名称	String	错误的具体名称

5）返回参数。

5.2　方法类复用详细设计

选择部门

1）名称：SelectDepart. getAllDeparts。

2）参数描述。

名　称	类　型	描　述
用户所属部门编号	Vchar（50）	

3）返回值。

4）伪代码。

（续）

```
public void    getAllDeparts()
{
    userInfo=获取用户信息;
    userDetartId=取出用户所属部门编号;
queryString=以 userDetartId 为条件构造 SQL 语句;
tx=开始一个事务;
//执行查询
把结果添加到 selectList 中;
}
```

5）相关数据库表如下。

用户表：tbYG;

组织机构表：tbbmjg。

6）调用模块：获取当前用户信息（）。

7）限制条件。

8）测试要点。

蓝天集团信息管理中心服务管理系统数据库设计说明如下。

1．概述

1.1　项目名称

项目全称：蓝天集团信息管理中心服务管理系统。

项目简称：服务管理系统。

1.2　数据库登录名称

本系统通过数据库登录名称“FWGL”访问数据。

1.3　数据库对象命名规则

数据库对象主要涉及数据库表、字段、视图等，其命名规则如下：

1）数据库表名由 tbl 开头，加上该表每个字的汉语拼音首字母。例如，部门机构表可命名为 tblBMJG。

2）字段名由该字段每个字的汉语拼音首字母构成。例如，部门名称字段可命名为 BMMC。

3）视图名由 vw 开头，加上该视图每个字的汉语拼音首字母构成。

2．数据库概念模型

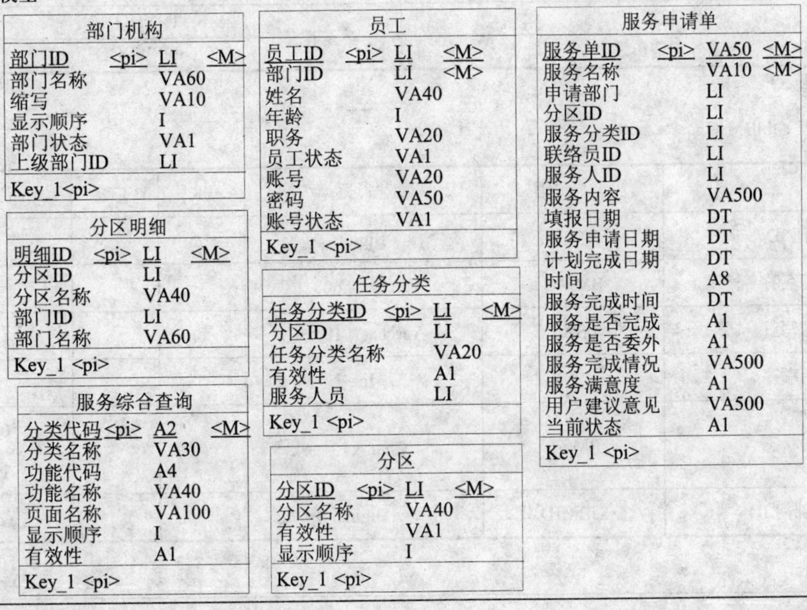

部门机构			
部门ID	<pi>	LI	<M>
部门名称		VA60	
缩写		VA10	
显示顺序		I	
部门状态		VA1	
上级部门ID		LI	
Key_1<pi>			

分区明细			
明细ID	<pi>	LI	<M>
分区ID		LI	
分区名称		VA40	
部门ID		LI	
部门名称		VA60	
Key_1 <pi>			

服务综合查询			
分类代码	<pi>	A2	<M>
分类名称		VA30	
功能代码		A4	
功能名称		VA40	
页面名称		VA100	
显示顺序		I	
有效性		A1	
Key_1 <pi>			

员工			
员工ID	<pi>	LI	<M>
部门ID		LI	<M>
姓名		VA40	
年龄		I	
职务		VA20	
员工状态		VA1	
账号		VA20	
密码		VA50	
账号状态		VA1	
Key_1 <pi>			

任务分类			
任务分类ID	<pi>	LI	<M>
分区ID		LI	
任务分类名称		VA20	
有效性		A1	
服务人员		LI	
Key_1 <pi>			

分区			
分区ID	<pi>	LI	<M>
分区名称		VA40	
有效性		VA1	
显示顺序		I	
Key_1 <pi>			

服务申请单			
服务单ID	<pi>	VA50	<M>
服务名称		VA10	<M>
申请部门		LI	
分区ID		LI	
服务分类ID		LI	
联络员ID		LI	
服务人ID		LI	
服务内容		VA500	
填报日期		DT	
服务申请日期		DT	
计划完成日期		DT	
时间		A8	
服务完成时间		DT	
服务是否完成		A1	
服务是否委外		A1	
服务完成情况		VA500	
服务满意度		A1	
用户建议意见		VA500	
当前状态		A1	
Key_1 <pi>			

（续）

3．数据库物理模型

部门机构		
部门ID	bigint	<pk>
部门名称	varchar(60)	
缩写	varchar(10)	
显示顺序	int	
部门状态	varchar(1)	
上级部门ID	bigint	

员工		
员工ID	bigint	<pk>
部门ID	bigint	
姓名	varchar(40)	
年龄	int	
职务	varchar(20)	
员工状态	varchar(1)	
账号	varchar(20)	
密码	varchar(50)	
账号状态	varchar(1)	

服务申请单		
服务单ID	varchar(50)	<pk>
服务名称	varchar(10)	
申请部门	bigint	
分区ID	bigint	
服务分类ID	bigint	
联络员ID	bigint	
服务人ID	bigint	
服务内容	varchar(500)	
填报日期	datetime	
服务申请日期	datetime	
计划完成日期	datetime	
时间	char(8)	
服务完成时间	datetime	
服务是否完成	char(1)	
服务是否委外	char(1)	
服务完成情况	varchar(500)	
服务满意度	char(1)	
用户建议意见	varchar(500)	
当前状态	char(1)	

分区明细		
明细ID	bigint	<pk>
分区ID	bigint	
分区名称	varchar(40)	
部门ID	bigint	
部门名称	varchar(60)	

任务分类		
任务分类ID	bigint	<pk>
分区ID	bigint	
任务分类名称	varchar(20)	
有效性	char(1)	
服务人员	bigint	

服务综合查询		
分类代码	char(2)	<pk>
分类名称	varchar(30)	
功能代码	char(4)	
功能名称	varchar(40)	
页面名称	varchar(100)	
显示顺序	int	
有效性	char(1)	

分区		
分区ID	bigint	<pk>
分区名称	varchar(40)	
有效性	varchar(1)	
显示顺序	INT	

4．数据库表

名　　称	代　　码
部门机构表	tblBMJG
员工表	tblYG
分区表	tblFQ
分区明细表	tblFQMX
任务分类表	tblRWFL
综合查询表	tblZHCX
用户权限表	tblYHQX
服务申请单表	tblFWSQD

5．数据库表字段

5.1　部门机构表（tblBMJG）

名　　称	代　　码	数 据 类 型	PK	FK	注　　释
部门 ID	BMID	Bigint	Y		
部门名称	BMMC	Varchar（60）			
缩写	SX	Varchar（10）			
显示顺序	XSSX	Int			
部门状态	BMZT	Char（1）			0—无效 1—有效
上级部门 ID	SJBMID	Bigint			

（续）

5.2　员工表（tblYG）

名　　称	代　　码	数 据 类 型	PK	FK	注　　释
员工 ID	YGID	Bigint	Y		
部门 ID	BMID	Bigint		Y	
姓名	XM	Varchar（40）			
职务	ZW	Varchar（20）			
电话	DH	varchar（40）			
员工状态	YGZT	Char（1）			0—无效 1—有效
账号	ZH	Varchar（20）			
密码	MM	Varchar（50）			
账号状态	ZHZT	Char（1）			1—有效 0—无效

5.3　分区表（tblFQ）

名　　称	代　　码	数 据 类 型	PK	FK	注　　释
分区 ID	FQID	Bigint	Y		
分区名称	FQMC	Varchar（30）			
有效性	YXX	Char（1）			1—有效，0—无效
显示顺序	XSSX	Int			
确认日期	QRRQ	Datetime			

5.4　分区明细表（tblFQMX）

名　　称	代　　码	数 据 类 型	PK	FK	注　　释
明细 ID	MXID	Bigint	Y		
分区 ID	FQID	Bigint		Y	
分区名称	FQMC	Varchar（30）			
部门 ID	BMID	Bigint			
部门名称	BMMC	Varchar（60）			

5.5　任务分类表（tblRWFL）

名　　称	代　　码	数 据 类 型	PK	FK	注　　释
任务分类 ID	RWFLID	Bigint	Y		
分区 ID	FQID	Bigint			
任务分类名称	RWFLMC	Varchar（20）			
有效性	YXX	Char（1）			1—有效，0—无效
显示顺序	XSSX	Int			
服务人员	FWRYID	Bigint			

5.6　综合查询表（tblZHCX）

名　　称	代　　码	数 据 类 型	PK	FK	注　　释
分类代码	FLDM	Char（2）			
分类名称	FLMC	Varchar（30）			
功能代码	GNDM	Char（4）	Y		
功能名称	GNMC	Varchar（40）			
页面名称	YMMC	Varchar（20）			
显示顺序	XSSX	Int			
有效性	YXX	Char（1）			0—无效 1—有效

（续）

5.7 用户权限表（tblYHQX）

名　称	代　码	数据类型	PK	FK	注　释
员工 ID	YGID	Bigint	Y	Y	
权限代码	QXDM	Char（4）	Y	Y	
数据范围	SSFW	Varchar（10）			全部（A）、指定单位（机构ID）

5.8 服务申请单（tblFWSQD）

名　称	代　码	数据类型	PK	FK	注　释
服务单 ID	FWDID	Varchar（50）	Y		插入系统当前时间作为唯一的 ID
服务名称	FWMC	Varchar（10）			
申请部门	BMID	Bigint			
分区 ID	FQID	Bigint			
服务分类 ID	RWFLID	Bigint			
服务请求人 ID（联络员）	LLYID	Bigint			
服务人 ID	FQRID	Bigint			
服务内容	FWNR	Varchar（500）			
填报日期	TBSJ	Datetime			
服务申请日期	SQSJ	Datetime			
计划完成日期	JHSJ	Datetime			后来追加
（服务申请时）时间	SJ	Cha（8）			后来追加
服务完成时间	WCSJ	Datetime			对应服务人员完成任务的时间
服务是否完成	SFWC	Char（1）			1—完成，0—未完成（由服务人员使用）
服务是否委外	SFWW	Char（1）			1—委外，0—未委外（由服务人员使用）
服务完成情况	WCQK	Varchar（500）			
服务满意度	MYD	Char（1）			1—非常满意；2—比较满意；3—还行；4—不满意（由联络员使用）
用户建议或意见	YJJY	Varchar（500）			由联络员使用
当前状态	DQZT	Char（1）			1—联络员申请填报状态（填报） 2—服务人员服务状态（服务中） 3—联络员确认状态（待评价） 4—任务管理员确认状态（完成）统称待审核状态 5—任务管理员确认状态（未完成）统称待审核状态 6—审核完成
审核意见	SHYJ	Varchar（500）			
审核人	SHRID	Bigint			
审核日期	SHRQ	Datetime			

（续）

6．数据库视图

系统参数（vwXTCS）

名　称	代　码	数据类型			
参数代码	CSDM	Varchar（10）			
参数值	CSZ	Varchar（100）			

7．存储过程

7.1　spQXPerSonQXCSXG

功能描述：只有单个复选框且需要向权限表插入数据，或者删除数据的存储过程。

7.2　spQXPerSonQXCSXGForFWAudit

功能描述：只有单个复选框且需要向权限表和参数表插入数据，或者删除数据的存储过程。

7.3　spQXXG

功能描述：适用于下拉菜单，但有三个权限参数。

8．附录、版本更新记录

原始版本：V1.0

版本号	变更者	变更日期	变更内容

创 建 者：孙华林

完成日期：2009-11-30

模块四　系统编码

任务一　公共模块开发

任务导入

功能模块在整个系统中将实现多次调用，引入公共模块实现了代码的重用。

公共模块 Common 工程中需要 4 个主要的公共类。

1）DataGridPager.cs 类：主要是 DataGrid 表格实现自定义分页功能。

2）CustomControl.cs 类：封装常用控件的一些操作。

3）DataAccess.cs 类：数据访问模块，提供统一的数据访问接口。

4）AppGlobal 类：定义全局使用的变量，为表示层提供统一的操作接口。

任务分析与示范引导

1. DataGridPager.cs 类的主要实现代码

```
//************************************************************
//  模块：
//  功能：分页
//  作者：孙　华　林
//  日期：2009-12-24
//************************************************************
namespace Common
{
    /// <summary>
    /// DataGridPager 的摘要说明。
    /// </summary>
    public delegate void DDLChangedHandler(object sender,System.EventArgs e); //定义一个委托事件
    public class DataGridPager
    {
        public DataGridPager()
        {                               }
```

```
public event DDLChangedHandler DDLChanged;
//在ItemCreate事件中创建自定义分页的链接按钮，并根据页数控制链接按钮的状态
public void DataGrid_ItemCreated(object sender,
System.Web.UI.WebControls.DataGridItemEventArgs e)
{
        DataGrid dataGrid = (DataGrid)sender;
        if(e.Item.ItemType == ListItemType.Pager)
        {
                dataGrid.AllowPaging = true;
                TableCell tc = e.Item.Cells[0];
                tc.HorizontalAlign = HorizontalAlign.Right;
                Label lblSpacer = new Label();
                lblSpacer.Width = 2;
                tc.Controls.AddAt(0,lblSpacer);
                DropDownList ddl = new DropDownList();
                ddl.AutoPostBack = true;
                ddl.Width = 45;
                ddl.ID="ddl";//添加，孙华林修改，2010-1-10
                ddl.Items.Add("");
                ddl.Items.Add("10");
                ddl.Items.Add("15");
                ddl.Items.Add("16");
                ddl.Items.Add("17");
                ddl.Items.Add("18");
                ddl.Items.Add("19");
                ddl.Items.Add("20");
                ddl.Items.Add("30");
                ddl.Items.Add("50");
                ddl.Items.Add("100");
                ddl.SelectedIndexChanged += new EventHandler(DDLChanged);
                ddl.SelectedItem.Text = dataGrid.PageSize.ToString();
                tc.Controls.AddAt(0,ddl);
                lblSpacer = new Label();
                lblSpacer.Width = 2;
                tc.Controls.AddAt(0,lblSpacer);
                lblSpacer = new Label();
                lblSpacer.Text = "每页数目";
                tc.Controls.AddAt(0,lblSpacer);
                lblSpacer = new Label();
                lblSpacer.Width = 10;
                tc.Controls.AddAt(0,lblSpacer);
```

```
LinkButton lbLast = new LinkButton();
lbLast.Text = "尾页";
lbLast.CommandName = "last";
if(dataGrid.CurrentPageIndex == dataGrid.PageCount -1)
{           lbLast.Enabled = false;                  }
else    {       lbLast.Enabled = true;                   }
tc.Controls.AddAt(0,lbLast);
lblSpacer = new Label();
lblSpacer.Text = "    ";
tc.Controls.AddAt(0,lblSpacer);
LinkButton lbNext = new LinkButton();
lbNext.Text = "下页";
lbNext.CommandName = "next";
if(dataGrid.CurrentPageIndex == dataGrid.PageCount -1)
{           lbNext.Enabled = false;  }
else
{       lbNext.Enabled = true;                 }
tc.Controls.AddAt(0,lbNext);
lblSpacer = new Label();
lblSpacer.Text = "    ";
tc.Controls.AddAt(0,lblSpacer);
LinkButton lbPrev = new LinkButton();
lbPrev.Text = "上页";
lbPrev.CommandName = "prev";
if(dataGrid.CurrentPageIndex == 0)
{       lbPrev.Enabled = false;                }
else
{       lbPrev.Enabled = true;                 }
tc.Controls.AddAt(0,lbPrev);
lblSpacer = new Label();
lblSpacer.Text = "   ";
tc.Controls.AddAt(0,lblSpacer);
LinkButton lbFirst = new LinkButton();
lbFirst.Text = "首页";
lbFirst.CommandName = "first";
if(dataGrid.CurrentPageIndex == 0)
{lbFirst.Enabled = false;              }
else
{           lbFirst.Enabled = true;                    }
tc.Controls.AddAt(0,lbFirst);
```

```
            lblSpacer = new Label();
            lblSpacer.Width = 10;
            tc.Controls.AddAt(0,lblSpacer);
            lblSpacer = new Label();
            lblSpacer.Text = "当前第" + (dataGrid.CurrentPageIndex + 1) + "页，共" + dataGrid.PageCount.ToString()+"页";
            tc.Controls.AddAt(0,lblSpacer);
            e.Item.Controls.AddAt(0,tc);
        }
}
//处理链接按钮事件
public void DataGrid_ItemCommand(object source, System.Web.UI.WebControls.DataGridCommandEventArgs e)
{
        DataGrid dataGrid = (DataGrid)source;
        string cmd = e.CommandName.ToString();
        switch(cmd)
        {
            case "next":
                dataGrid.CurrentPageIndex++;            break;
            case "prev":
                dataGrid.CurrentPageIndex--;                    break;
            case "first":
                dataGrid.CurrentPageIndex = 0;          break;
            case "last":
                dataGrid.CurrentPageIndex = dataGrid.PageCount - 1;  break;
            case "jump":  //（暂时没用）转到文本框中输入的页
                if(e.Item.ItemType == ListItemType.Pager)
                {
                    TextBox textBox = (TextBox)
                    e.Item.Cells[0].FindControl("tdJump");
                    try
                    {dataGrid.CurrentPageIndex = Int32.Parse(textBox.Text) - 1;}
                    catch
                    {           dataGrid.CurrentPageIndex = 0;          }
                }
                break;
        }
}

//处理鼠标Move事件
public void MouseMoveEffect(object sender, System.Web.UI.WebControls.DataGridItemEventArgs e)
{
```

```
            if(e.Item.ItemType == ListItemType.Item)
            {
e.Item.Attributes.Add("onmouseover","this.style.backgroundColor='#C8C7C7'");
e.Item.Attributes.Add("onmouseout","this.style.backgroundColor='#FFFFFF'");
            }
            if(e.Item.ItemType == ListItemType.AlternatingItem)
            {
e.Item.Attributes.Add("onmouseover","this.style.backgroundColor='#C8C7C7'");
e.Item.Attributes.Add("onmouseout","this.style.backgroundColor='#F2F2F9'");
            }
        }

        /******************************************************/
        /*功能：获取DataGrid各行选中CheckBox多对应的行主关键字*/
        /*作者：孙华林*/
        /*时间：2010-1-10*/
        /******************************************************/
        public string GetDataGridSelectId(DataGrid dg)
        {
            string key = "";
            foreach(DataGridItem dgi in dg.Items)
            {
                CheckBox chk = (CheckBox)dgi.FindControl("chkOne");
                if(chk.Checked)
                {
                    if(key == "")
                    {
                        key = dg.DataKeys[dgi.ItemIndex].ToString(); //记录选中表的主键每行的值。当然还要设置
DataGrid的DataKeyField为此表的主键，如<asp:datagrid class="font" id="dgDocList" runat="server" DataKeyField="DocId">
                    }
                    else
                    {
                        key = key + ", " + dg.DataKeys[dgi.ItemIndex].ToString(); //记录选中表的主键每行的值。
                    }
                }
            }
            return key;
        }
        /**************************************************/
        /*功能：获取DataGrid中Header列的全选按钮并将其返回*/
```

```
/*作者：孙华林*/
/*时间：2010-1-13*/
/****************************************************/
public CheckBox GetHeaderCheckBox(DataGrid grd)
{
        CheckBox chk = null;
        foreach (DataGridItem i in grd.Controls[0].Controls)
        {
                if(i.ItemType == ListItemType.Header)
                {
                        chk = (CheckBox)i.FindControl("chkAll");
                        break;
                }
        }
        return chk;
}

public void ConvergeSpan(DataGrid dg,int GroupColumn,int compareColumn)
{
        int i = 0;
        int j = 0;
        int iRowSpan;
        string strTemp = "";
        for(i=0;i<dg.Items.Count;i++)
        {
                iRowSpan = 1;
                strTemp = dg.Items[i].Cells[compareColumn].Text;
                for (j = i+1;j<dg.Items.Count;j++)
                {
                        if (string.Compare(strTemp,dg.Items[j].Cells[compareColumn].Text) ==
                        {
                                iRowSpan += 1;
                                dg.Items[i].Cells[GroupColumn].RowSpan = iRowSpan;
                                dg.Items[j].Cells[GroupColumn].Visible = false;
                        }
                        else
                        {
                                break;
                        }
                }
```

```
                i = j -1;
            }
        }
    }
}
```

2. DataAccess .cs 类的主要实现代码

```
//*****************************************************
//  模块：
//  功能：数据访问类
//  作者：孙华林
//  日期：2009.12.26
//*****************************************************
namespace Common
{
    /// <summary>
    /// DataAccess 的摘要说明。
    /// </summary>
    public class DataAccess
    {
        #region   类属性定义
        private SqlConnection mConn;
        private SqlCommand mCmd;
        private string mStrConn="";
        #endregion
        #region 构造函数
        public DataAccess()
        {
            mConn = new SqlConnection();
            mCmd = new SqlCommand();
        }
        #endregion
        #region 设置数据库连接字符串
        /// <summary>
        /// 设置数据库连接字符串
        /// </summary>
        /// <param name="strConn">数据库连接字符串</param>
        public void ConnectString(string strConn)
        {
```

```
        mConn.ConnectionString = strConn;
        mStrConn = strConn;
}
#endregion
#region  打开数据库连接
public void Open()
{
        try
        {
                if (mStrConn == "")
                {
                        throw new Exception("没有设置数据库连接信息,不能打开数据连接!");
                }
                if (mConn.State == ConnectionState.Closed)
                {
                        mConn.Open();
                        mCmd.Connection = mConn;
                }
        }
        catch(Exception ex)
        {
                string strErrMsg;
                strErrMsg = ex.Message.ToString();
                throw new Exception(strErrMsg);
        }
}
#endregion
#region  关闭数据库连接
public void Close()
{
        try
        {
                if(mConn == null) return;
                if(mConn.State != ConnectionState.Closed)
                {
                        mConn.Close();
                        mConn.Dispose();
                }
        }
        catch
```

```
        {
            mConn.Dispose();
            throw new Exception("关闭数据连接时出错!");
        }
}
#endregion
#region DataSet操作
/// <summary>
/// 执行一个Sql语句，并将查询出的结果通过DataSet返回
/// </summary>
/// <param name="ds">通过引用传递方式带回查询结果</param>
/// <param name="strSql">Sql语句字符串</param>
public void DataSelect(ref DataSet ds,string strSql)
{
    try
    {
        Open(); //打开数据库连接
        SqlDataAdapter adapter = new SqlDataAdapter(strSql,mConn);
        adapter.Fill(ds);
        adapter.Dispose();
    }
    catch(Exception ex)
    {
        throw ex;
    }
}

/// <summary>
/// 执行一个Sql语句，并将查询出的结果通过DataSet返回
///     </summary>
///     <param name="ds">通过引用传递方式带回查询结果</param>
///     <param name="strSql">Sql语句字符串</param>
///     <param name="strTableName">查询结果返回到DataSet时填充的表名</param>
public void DataSelect(ref DataSet ds,string strSql,string strTableName)
{
    try
    {
        Open(); //打开数据库连接
        SqlDataAdapter adapter = new SqlDataAdapter(strSql,mConn);
        adapter.Fill(ds,strTableName);
```

```
            adapter.Dispose();
        }
        catch(Exception ex)
        {
            throw ex;
        }
}

/// <summary>
/// 执行一个带参数的Sql语句或存储过程，并将查询出的结果通过DataSet返回
/// </summary>
/// <param name="ds">返回的数据集</param>
/// <param name="dParams">带参数的Sql</param>
public void DataSelect(ref DataSet ds,DataParamters dParams)
{
        mCmd.Connection = mConn;
        Open();
        mCmd.CommandType = dParams.Commandtype;
        mCmd.CommandText = dParams.CommandText;
        mCmd.Parameters.Clear();
        for (int i=0; i < dParams.Count; i++)
            mCmd.Parameters.Add(dParams[i]);
        SqlDataAdapter da = new SqlDataAdapter(mCmd);
        da.Fill(ds);
        mCmd.Parameters.Clear();
}
#endregion

#region 执行Sql语句
/// <summary>
/// 执行一个Sql语句，并返回受此Sql语句影响的行数
///     </summary>
///     <param name="strSql">Sql语句字符串</param>
public int ExeSql(string strSql)
{
        int iRet;
        try
        {
            Open(); //打开数据库连接
            mCmd.CommandType = CommandType.Text;
```

```
                mCmd.CommandText = strSql;
                iRet = mCmd.ExecuteNonQuery();
            }
            catch(Exception Ex)
            {
                iRet= -1;
                throw Ex;
            }

            return iRet;
        }

        public void ExeStoreProcedure(ref DataSet ds,string spName,string ParameterValue)
        {
            try
            {
                Open();
                SqlDataAdapter    da=new SqlDataAdapter();
                da.SelectCommand=new SqlCommand();
                da.SelectCommand.Connection=mConn;
                da.SelectCommand.CommandType=CommandType.StoredProcedure;
                da.SelectCommand.CommandText=spName;
                SqlParameter pa=new
        SqlParameter("@USERCODE",SqlDbType.VarChar,50);
                pa.Direction=ParameterDirection.Input;
                pa.Value=ParameterValue;
                da.SelectCommand.Parameters.Add(pa);
                da.Fill(ds);
            }
            catch(Exception e)
            {
                throw e;
            }
        }
        #endregion

        #region  其他常用的方法
        /// <summary>
        /// 返回记录中最大的编号(主要用于主细表操作，当增加主表后立即调用此方法返回主表ID供增加细表使用)
        ///     </summary>
        ///     <param name="strFieldName">要查询的表名</param>
```

```
///     <param name="strTableName">要查询的字段名</param>
public string GetMaxID(string strTableName,string strFieldName)
{
        string strResult,strSql;
        DataSet ds = new DataSet();
        strSql="select top 1 " +   strFieldName + " from " + strTableName + " order by " + strFieldName +" desc";
        DataSelect(ref ds,strSql);
        if (ds.Tables[0].Rows.Count == 0) //无数据
        {
                strResult = "";
        }
        else
        {
                strResult = ds.Tables[0].Rows[0][strFieldName].ToString();
        }

        ds.Dispose();
        return strResult;
}


/// <summary>
/// 执行一个Sql语句，第一行第一列的内容返回
///     </summary>
///     <param name="sSql">Sql语句字符串</param>
public string SelectOne(string sSql)
{
        string sRes="";
        try
        {
                Open(); //打开数据库连接
                mCmd.CommandType=CommandType.Text;
                mCmd.CommandText=sSql;
                sRes=(string)mCmd.ExecuteScalar();
        }
        catch(Exception ex)
        {
                throw ex;
        }
        return sRes;
```

```
        }

        /// <summary>
        /// 返回符合条件的数据记录总条数
        ///     </summary>
        ///     <param name="strSql">查询条件Sql语句</param>
        public int GetRowCount(string strSql)
        {
            DataSet ds = new DataSet();
            DataSelect(ref ds,strSql);
            try
            {
                int count = ds.Tables[0].Rows.Count;
                return count;
            }
            catch
            {
                return -1;
            }
        }
        #endregion
    }

    #region DataParamters类
    public class DataParamters : System.Collections.CollectionBase
    {
        private string mCommandText;
        private CommandType mCommandType;
        private SqlParameter ParamterItem = null;
        public DataParamters()
        {
            mCommandType = CommandType.Text; mCommandText = "";
        }
        public DataParamters(string strCommandText)
        {
            mCommandType = CommandType.Text;
            mCommandText = strCommandText;
        }
        public DataParamters(string strCommandText,CommandType cmdType)
        {
```

```
        mCommandType = cmdType;     mCommandText = strCommandText;
    }
    public string CommandText
    {
        get
        {       return mCommandText;            }
        set
        {       mCommandText = value;                   }
    }

    public CommandType Commandtype
    {
        get
        {       return mCommandType;                    }
        set
        {mCommandType=value;                    }
    }

    public void Add(SqlParameter paramter)
    {       List.Add(paramter);         }

    public void Add(SqlParameter paramter, object paramterValue)
    {
        if (paramterValue == null || paramterValue.ToString() == "")
            paramter.Value = DBNull.Value;
        else
            paramter.Value = paramterValue;
        List.Add(paramter);
    }

    public void Add(string paramterName, object paramterValue)
    {
        SqlParameter paramter = null;
        if(paramterValue == null || paramterValue.ToString() == "")
            paramter = new SqlParameter(paramterName,DBNull.Value);
        else
            paramter = new SqlParameter(paramterName,paramterValue);
        List.Add(paramter);
    }
```

```
public void Add(string paramterName, SqlDbType dbType, int size, object paramterValue)
{
        SqlParameter paramter = null;
        paramter = new SqlParameter(paramterName,dbType,size);
        paramter.Value = paramterValue;
        List.Add(paramter);
}

public void Remove(int index)
{
        if (index > -1 && index< Count)
                List.RemoveAt(index);
}

public void Remove(string paramterName)
{
        for(int i = 0;i < Count;i++)
        {
                if(this[i].ParameterName==paramterName)
                {       List.RemoveAt(i);           break; }
        }
}

public SqlParameter this [int index]
{
        get
        {       return (SqlParameter) List[index]; }
        set
        {       List[index] = value;                }
}

public SqlParameter this [string paramterName]
{
        get
        {
                if(ParamterItem == null || ParamterItem.ParameterName != paramterName)
                {
                        ParamterItem = null;

                        for(int i = 0;i < Count;i++)
```

```
                {
                    if(this[i].ParameterName == paramterName)
                    {       ParamterItem = (SqlParameter) List[i];     break; }
                }
            }
            return ParamterItem;
        }
        set
        {
            for(int i = 0;i < Count;i++)
            {
                if(this[i].ParameterName == paramterName)
                {       List[i] = value;        break;          }
            }
        }
    }
}
#endregion
}
```

限于篇幅，其他公共模块代码不在此介绍，完整代码见课程网站源程序。

任务二　系统权限管理开发

任务导入

系统权限管理模块在整个系统中很重要，包含强大的功能，可以：①添加账号。②停用账号。③启用账号。④修改选中的人员的权限。⑤重置选中的人员的密码为“111”。⑥只显示启用账号的用户列表，其中提供了账号、姓名和所属部门三个条件来检索人员。⑦可以设定指定人员为服务人员，或设定指定人员具有综合查询的权限，设定指定人员具有服务审核的权限。其中指定综合查询时可以指定查询所有部门或某个部门。

任务分析与示范引导

权限管理窗口如图 3-4-1 所示。

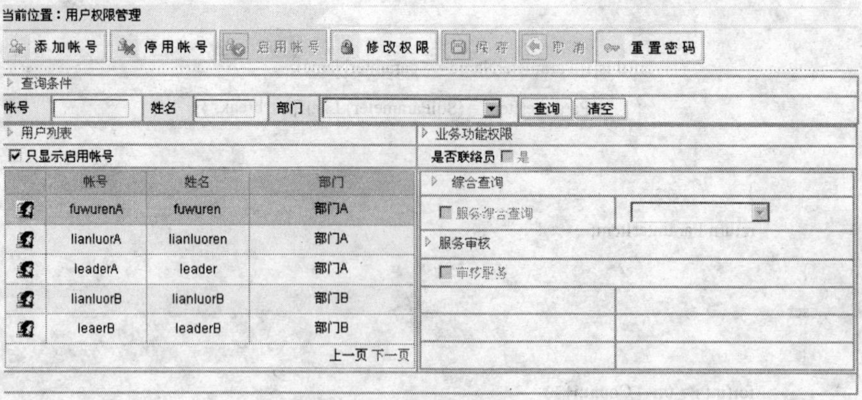

图 3-4-1　权限管理窗口

部分中间代码如下。

```
//**********************************************************
//  功能:
//  作者：孙华林
//  日期：2009-12-25
//**********************************************************
namespace WebSite.SysManage
{
    /// <summary>
    /// UserAndRight 的摘要说明。
    /// </summary>
    public class UserAndRight : System.Web.UI.Page
    {
        private void Page_Load(object sender, System.EventArgs e)
        {
            AppGlobal.DisposeSessionTimeOut(this);
            lblMessage.Text = "";
            if(IsPostBack)
            {           return;           }
            if (!IsPostBack)
            {
                ViewState["SortOrder"] = "YGID";
                ViewState["OrderDire"] = "ASC";       //设置排序的升降序
                BindData();                           //绑定数据
                SetButtonStatus();                    //屏蔽按钮函数
            }
        }

    #region  绑定所有数据
```

```
private void BindData()
{
    BindDDList();          //绑定各个下拉菜单数据
    BindUser();            //绑定DataGrid数据
}
#endregion

#region 为权限分配的下拉框绑定数据
//*******************************************************
//  函数：BindDDList()
//  功能：为权限分配的下拉框绑定数据，数据为部门和部门代码
//*******************************************************
private void  BindDDList()
{
    ddlBM.Items.Clear();
    ddlQJZHCX.Items.Clear();
    AppGlobal.AppControl.FillDeptForSelect(ddlBM);
    AppGlobal.AppControl.FillDeptForAllSelect(ddlQJZHCX);
}
#endregion

#region为DataGrid绑定数据
//*******************************************************
//  函数：BindUser()
//  功能：为DataGrid绑定数据
//*******************************************************
private void  BindUser()
{
    string strSql;
    string strZH;
    string strYGID;
    string strSort;
    DataSet ds = new DataSet();
    dgUser.SelectedIndex = -1;
    strSql =  "Select * From tblBMJG,tblYG "
              +"Where tblYG.YGZT=1 AND tblBMJG.BMZT = 1 AND tblYG.BMID=tblBMJG.BMID";
    if(txtZH.Value.Trim() != "")
    {
        strSql += " AND tblYG.ZH LIKE " + "'%" + txtZH.Value.Trim() + "%'";
    }
```

```
if(txtXM.Value.Trim() != "")
{
    strSql += " AND tblYG.XM LIKE " + "'%" + txtXM.Value.Trim() + "%'";
}
if(ddlBM.SelectedItem.Value.Trim() != "-1")
{
    strSql += " AND tblBMJG.BMMC= '"+ddlBM.SelectedItem.Text.Trim()+"'";
}

if(chkDisPlay.Checked)                          //只显示启用账号
{
    strSql += " AND tblYG.ZHZT=1";
}
else if(!chkDisPlay.Checked)                    //只显示未启用账号
{
    strSql += " AND tblYG.ZHZT=0";
}
AppGlobal.AppDataAccess.DataSelect(ref ds,strSql);
DataView view = ds.Tables[0].DefaultView;
strSort = (string)ViewState["SortOrder"] + " " + (string)ViewState["OrderDire"];
view.Sort = strSort;
dgUser.DataSource = view;
try
{    dgUser.DataBind(); }
catch
{    dgUser.CurrentPageIndex = 0;    dgUser.DataBind();    }
if(ds.Tables[0].Rows.Count > 0)
{
    gUser.ToolTip = "共有"+ds.Tables[0].Rows.Count.ToString()+"名用户";
dgUser.SelectedIndex = 0;
    strZH = dgUser.SelectedItem.Cells[7].Text.ToString();
    strYGID = dgUser.SelectedItem.Cells[1].Text.ToString();
    hidJGID.Value = dgUser.SelectedItem.Cells[0].Text.ToString();
    imgbStop.Attributes.Add("onclick"," if (confirm('确定要停用
“"+dgUser.SelectedItem.Cells[4].Text.Trim()+"”吗？ ') == false) return false;");
    imgbStart.Attributes.Add("onclick"," if (confirm('确定要启用
“"+dgUser.SelectedItem.Cells[4].Text.Trim()+"”吗？ ') == false) return false;");
    imgbSetPwd.Attributes.Add("onclick"," if (confirm('确定要重置
“"+dgUser.SelectedItem.Cells[4].Text.Trim()+"”的密码为“000”吗？ ') == false) return false;");
    GetFunRight(strYGID);                   //获取当前用户的功能权限
```

```
        }
        else
        {       dgUser.ToolTip = "暂无已分配账号的用户";    strZH = "";    }
}
#endregion

#region 设置按钮状态
//*******************************************************
//  函数：SetButtonStatus()
//  功能：设置按钮状态
//*******************************************************
private void SetButtonStatus()
{
        if(dgUser.Items.Count == 0) //无用户
        {
                imgbAdd.Visible = true;
                imgAdd.Visible = false;
                imgbStop.Visible = false;
                imgStop.Visible = true;
                imgbStart.Visible = false;
                imgStart.Visible = true;
                imgbModRight.Visible = false;
                imgModRight.Visible = true;
                imgbSave.Visible = false;
                imgSave.Visible = true;
                imgbCancel.Visible = false;
                imgCancel.Visible = true;
                imgbSetPwd.Visible = false;
                imgSetPwd.Visible = true;
        }
        else //有用户
        {
                if (dgUser.SelectedItem.Cells[3].Text =="1") //启用状态
                {
                        if(flag.Value == "1") //单击修改权限按钮时
                        {
                                imgbAdd.Visible = false;
                                imgAdd.Visible = true;
                                imgbStop.Visible = false;
                                imgStop.Visible = true;
```

```
            imgbStart.Visible = false;
            imgStart.Visible = true;
            imgbModRight.Visible = false;
            imgModRight.Visible = true;
            imgbSave.Visible = true;
            imgSave.Visible = false;
            imgbCancel.Visible = true;
            imgCancel.Visible = false;
            imgbSetPwd.Visible = false;
            imgSetPwd.Visible = true;
            btnCX.Disabled = true;
            btnClear.Disabled = true;
            txtZH.Disabled = true;
            txtXM.Disabled = true;
            ddlBM.Enabled = false;
            chkDisPlay.Enabled = false;
          chkLLY.Enabled = true;
            chkFWSH.Enabled = true;
            chkQJZHCX.Enabled = true;
            //设定行选择不可用
            for (int i = 0;i < dgUser.Items.Count; i++)
            {dgUser.Items[i].Attributes.Remove("onclick"); }
        }//endif(flag.Value == "1")
        else    //未单击修改权限按钮时
        {
            imgbAdd.Visible = true;
            imgAdd.Visible = false;
            imgbStop.Visible = true;
            imgStop.Visible = false;
            imgbStart.Visible = false;
            imgStart.Visible = true;
            imgbModRight.Visible = true;
            imgModRight.Visible = false;
            imgbSave.Visible = false;
            imgSave.Visible = true;
            imgbCancel.Visible = false;
            imgCancel.Visible = true;
            imgbSetPwd.Visible = true;
            imgSetPwd.Visible = false;
            btnCX.Disabled = false;
```

```
                    btnClear.Disabled = false;
                    txtZH.Disabled = false;
                    txtXM.Disabled = false;
                    ddlBM.Enabled = true;
                    chkDisPlay.Enabled = true;
                    chkLLY.Enabled = false;
                    chkFWSH.Enabled = false;
                    chkQJZHCX.Enabled = false;
                    //设定行选择可用
                    for (int i = 0;i < dgUser.Items.Count; i++)
                    {
dgUser.Items[i].Attributes.Add("onclick",GetPostBackEventReference(dgUser.Items[i].Cells[10].Controls[0]));
                    }
                }
            }//endif (dgUser.SelectedItem.Cells[3].Text == "1")
            else if(dgUser.SelectedItem.Cells[3].Text == "0")//账号停用状态
            {
                imgbAdd.Visible = true;
                imgAdd.Visible = false;
                imgbStop.Visible = false;
                imgStop.Visible = true;
                imgbStart.Visible = true;
                imgStart.Visible = false;
                imgbModRight.Visible = false;
                imgModRight.Visible = true;
                imgbSave.Visible = false;
                imgSave.Visible = true;
                imgbCancel.Visible = false ;
                imgCancel.Visible = true;
                imgbSetPwd.Visible = false;
                imgSetPwd.Visible = true;
            }
        }
        //设置权限复选框状态
        SetPanelStatus();
    }
    #endregion

    #region 获取选中员工的权限
    //************************************************************
```

```
//  函数：GetFunRight()
//  功能：获取选中员工的权限
//*****************************************************
private void GetFunRight(string strYGID)
{
        string strSql;
        string strQXDM;
        int count;
        DataSet ds = new DataSet();
        strSql = "Select * From tblYHQX"
                    +" where YGID = '"+strYGID+"' Order by QXDM";
        AppGlobal.AppDataAccess.DataSelect(ref ds,strSql);
 count = ds.Tables[0].Rows.Count;
        if(count > 0)
        {
                for(int i = 0;i < count;i++)
                {
                        strQXDM = ds.Tables[0].Rows[i]["QXDM"].ToString();
                        switch(strQXDM)
                        {
                                case AppGlobal.GNCZ_TXQJT:             //是否为联络员
                                        chkLLY.Checked = true;
                                         break;
                                case AppGlobal.GNCZ_QXFWCX:
                                        chkQJZHCX.Checked = true;  //服务综合查询
                                        FillDDList(ddlQJZHCX,ds,i);
                                        break;
                                case AppGlobal.GNCZ_FWSH:
                                        chkFWSH.Checked = true;  //服务
                                        break;
                        }   //end switch(strQXDM)
                }   //end for
        } //endif(count != 0)
}
#endregion

#region 添加账号按钮事件
private void imgbAdd_Click(object sender, System.Web.UI.ImageClickEventArgs e)
{       this.Response.Redirect("../SysManage/AddUserID.aspx");             }
#endregion
```

```
#region 设定账号停用、启用状态图标
public string GetImage(object oState)
{
    string sImagePath = "";
    switch (Convert.ToInt32(oState.ToString()))
    {
        case 0:          //停用状态
            sImagePath = "../Images/ZFZT_F.gif";          break;
        case 1:          //启用状态
            sImagePath = "../Images/ZFZT_T.gif";          break;
        default:              break;
    }
    return sImagePath;
}
#endregion

#region datagrid dgUser_SelectedIndexChanged事件
private void dgUser_SelectedIndexChanged(object sender, System.EventArgs e)
{
    string strYGID;
    if(dgUser.Items.Count>0)
    {
        hidJGID.Value = dgUser.SelectedItem.Cells[0].Text.ToString();
        strYGID = dgUser.SelectedItem.Cells[1].Text.ToString();
    }
    else
    {   hidJGID.Value = "";strYGID = ""; }
    AllCheckFalse();
    BindDDList();
    lblMessage.Text = "";
    GetFunRight(strYGID);    //获取功能权限
    imgbStop.Attributes.Add("onclick"," if (confirm('确定要停用"“+dgUser.SelectedItem.Cells[4].Text.ToString()+"”
吗？') == false) return false;");
    imgbStart.Attributes.Add("onclick"," if (confirm('确定要启用"“+dgUser.SelectedItem.Cells[4].Text.ToString()+"”
吗？') == false) return false;");
    imgbSetPwd.Attributes.Add("onclick"," if (confirm('确定要重置"“+dgUser.SelectedItem.Cells[4].Text.ToString()+"”
的密码为“000”吗？') == false) return false;");
        SetButtonStatus();
}
```

```
#endregion

#region 设置Panel内的CheckBox和DropDownList状态
//*******************************************************
//  函数：SetRightStatus()
//  功能：设置panel内控件的状态
//*******************************************************
private void SetPanelStatus()
{
    if (dgUser.Items.Count > 0)
    {
        if (imgbModRight.Visible == true)    //当前选中行未处于修改权限状态时，将
        {
            SetDDListFalse();
            dgUser.Enabled = true;
        }   //endif (imgbModRight.Visible == true)
        else
        {
            if(dgUser.SelectedItem.Cells[3].Text =="0")     //账号为停用状态时
            {
                SetDDListFalse();
            } //endif(dgUser.SelectedItem.Cells[3].Text =="0")
            else //账号为启用状态时
            {
                SetDDListTrue();
                dgUser.Enabled = false;
            }
        }
    } //endif (dgUser.Items.Count>0)
    else
    {           SetDDListFalse();           }
}
#endregion

#region 将所有的复选框改为未选中状态
//*******************************************************
//  函数：AllCheckFalse()
//  功能：将所有的复选框改为未选中状态
//*******************************************************
private void AllCheckFalse()
```

```
{
    chkQJZHCX.Checked = false;
    chkLLY.Checked = false;
    chkFWSH.Checked = false;

}
#endregion

#region设置Panel下拉菜单控件状态为全部可用
//*******************************************************
//  函数：SetDDListTrue()
//  功能：设置下拉菜单控件状态为全部可用
//*******************************************************
private void SetDDListTrue()
{
    ddlQJZHCX.Enabled = true;
}
#endregion

#region设置Panel内的DropDownList状态全为不可用
//*******************************************************
//  函数：SetDDListFalse()
//  功能：设置下拉菜单控件状态全为不可用
//*******************************************************
private void SetDDListFalse()
{            ddlQJZHCX.Enabled = false;            }
#endregion

#region  修改权限按钮事件            //修改
private void imgbModRight_Click(object sender, System.Web.UI.ImageClickEventArgs e)
{
    string strYGID;
    flag.Value = "1";            //单击修改权限按钮后将flag的值置为1
    strYGID = dgUser.SelectedItem.Cells[1].Text.ToString();    //获得当前用户ID
  BindDDList();
    GetFunRight(strYGID);
    SetButtonStatus();
}
#endregion
```

```
#region 停用账号按钮事件                    //停用
private void imgbStop_Click(object sender, System.Web.UI.ImageClickEventArgs e)
{
        string strSql;
        int iSelIndex;
        string strZH;
        string strYGID;
        string strXM;
        try
        {
                iSelIndex = dgUser.SelectedIndex;
                strZH = dgUser.SelectedItem.Cells[7].Text.Trim();        //获得当前选中用户账号
                strYGID = dgUser.SelectedItem.Cells[1].Text.Trim();   //获得当前选中用户ID
                strXM = dgUser.SelectedItem.Cells[4].Text.Trim();      //获得当前选中用户姓名
                strSql = "Update tblYG Set ZHZT=0 Where ZH='"+strZH+"'";
                AppGlobal.AppDataAccess.ExeSQL(strSql);
                BindUser();
                dgUser.SelectedIndex = iSelIndex - 1;
                imgbStop.Attributes.Add("onclick"," if (confirm('确定要停用“"+strXM+"”吗？ ') == false) return false;");
                imgbStart.Attributes.Add("onclick"," if (confirm('确定要启用“"+strXM+"”吗？ ') == false) return false;");
                imgbSetPwd.Attributes.Add("onclick"," if (confirm('确定要重置“"+strXM+"”的密码为“000”吗？ ') == false)
return false;");
                GetFunRight(strYGID);
                SetButtonStatus();
        }
        catch(Exception ex)
        {       lblMessage.Text = "停用账号失败!" + ex;                }
}
#endregion

#region 启用账号按钮事件          //启用
private void imgbStart_Click(object sender, System.Web.UI.ImageClickEventArgs e)
{
        string strSql;  string strZH;  string strXM; string strYGID;int iSelIndex;
        try
        {
                iSelIndex = dgUser.SelectedIndex;
                strZH = dgUser.SelectedItem.Cells[7].Text.Trim();
                strXM = dgUser.SelectedItem.Cells[4].Text.Trim();
                strYGID = dgUser.SelectedItem.Cells[1].Text.Trim();
```

```
                    strSql = "Update tblYG Set ZHZT=1 Where ZH='"+strZH+"'";
                    AppGlobal.AppDataAccess.ExeSQL(strSql);
                    BindUser();
                    dgUser.SelectedIndex = iSelIndex;
                    imgbStop.Attributes.Add("onclick"," if (confirm('确定要停用“"+strXM+"”吗？') ==  false) return false;");
                    imgbStart.Attributes.Add("onclick"," if (confirm('确定要启用“"+strXM+"”吗？') ==  false) return false;");
                    imgbSetPwd.Attributes.Add("onclick"," if (confirm('确定要重置“"+strXM+"”的密码为“000”吗？') == false)
return false;");
                    GetFunRight(strYGID);
                    SetButtonStatus();
                }
                catch
                {       lblMessage.Text = "启用账号失败!";          }
            }
            #endregion

            #region取消按钮事件
            //image取消按钮
            private void imgbCancel_Click(object sender, System.Web.UI.ImageClickEventArgs e)
            {
                flag.Value = "0";
                AllCheckFalse();
                BindData();
                SetButtonStatus();
            }
            #endregion

        #region 只显示启用账号CheckBox事件
            //只显示启用账号
            private void chkDisPlay_CheckedChanged(object sender, System.EventArgs e)
            {                BindUser();SetButtonStatus();          }
            #endregion

            #region 查询按钮事件
            //查询取消按钮
            private void btnCX_ServerClick(object sender, System.EventArgs e)
            {       BindUser();  SetButtonStatus();          }
        #endregion
```

```
#region 查询清空按钮事件
    //清空
    private void btnClear_ServerClick(object sender, System.EventArgs e)
    {
        txtZH.Value = "";
        txtXM.Value = "";
        ddlBM.Items.Clear();
        AppGlobal.AppControl.FillDeptForSelect(ddlBM);
        BindUser();
        SetButtonStatus();
    }
    #endregion

#region 重置密码按钮事件
    //重置密码
    private void imgbSetPwd_Click(object sender, System.Web.UI.ImageClickEventArgs e)
    {
        string strSql;
        string strPassword;
        string strZH;
        string strXM;
        string strYGID;
        int iSelIndex;
        imgbSetPwd.Attributes.Add("onclick"," if (confirm('确定要重置“"+dgUser.Items[0].Cells[4].Text.Trim()+"”的密码
为“000”吗？ ') == false) return false;");
        strPassword = MD5Encry("000");
        try
        {
            iSelIndex = dgUser.SelectedIndex;
            strZH = dgUser.SelectedItem.Cells[7].Text.Trim();
            strXM = dgUser.SelectedItem.Cells[4].Text.Trim();
            strYGID = dgUser.SelectedItem.Cells[1].Text.Trim();
            strSql = "Update tblYG Set MM='"+strPassword+"' Where ZH='"+strZH+"'";
            AppGlobal.AppDataAccess.ExeSQL(strSql);
            Response.Write("<script language='javascript'>alert('“"+strXM+"”的密码已置为“000”！ ');</script>");
            BindUser();
            dgUser.SelectedIndex = iSelIndex;
            imgbStop.Attributes.Add("onclick"," if (confirm('确定要停用“"+strXM+"”吗？ ') == false) return false;");
            imgbStart.Attributes.Add("onclick"," if (confirm('确定要启用“"+strXM+"”吗？ ') == false) return false;");
```

```
            imgbSetPwd.Attributes.Add("onclick"," if (confirm('确定要重置“"+strXM+"”的密码为“000”吗？') == false)
return false;");
            GetFunRight(strYGID); //获取功能权限
            SetButtonStatus();   //屏蔽按钮函数
        }
        catch
        {   lblMessage.Text = "重置密码失败！";   }
    }
    #endregion

  #region MD5加密算法
    //加密算法
    private string MD5Encry(string source)
    {
  return FormsAuthentication.HashPasswordForStoringInConfigFile(source,"md5");
    }
    #endregion

    #region 从数据库获取值并填充选中DropDownList
    private void FillDDList(DropDownList DDL,DataSet ds,int i)
    {
        DDL.SelectedIndex =
DDL.Items.IndexOf(DDL.Items.FindByValue(ds.Tables[0].Rows[i]["QXFW"].ToString().Trim()));//2009-9-7修改,添加trim()函数
    }
    #endregion

  #region 保存按钮事件       //保存
    private void imgbSave_Click(object sender, System.Web.UI.ImageClickEventArgs e)
    {
        string sZH;
        string strYGID;
        int iSelIndex;
        string sBMJG;        //下拉菜单当前选中的部门机构
        int ichkValue;           //获取复选框的选中情况，1为选中
        string sXM;
        DataSet ds = new DataSet();
        strYGID = dgUser.SelectedItem.Cells[1].Text.Trim();
        sZH = dgUser.SelectedItem.Cells[7].Text.Trim();
        iSelIndex = dgUser.SelectedIndex;
        try
        {
```

```
//将功能权限保存到用户功能权限表tblYHQX中
#region 为每个部门指定联络员
try
{
    sBMJG = dgUser.SelectedItem.Cells[0].Text.Trim();
    if(chkLLY.Checked == true)
    {        ichkValue = 1;        }
    else
    {        ichkValue = 0;        }
    string[] sReturn =
this.UpdateDelInsertOnlyRight(ichkValue,strYGID,AppGlobal.GNCZ_ZDLLR,null,null,sBMJG);
    if(sReturn[0].ToString() == "0")
    {    lblMessage.Text = "保存成功！";    }
    if(sReturn[1].ToString() == "1")
    {
        sXM = GetOnlyRightYGID(AppGlobal.GNCZ_ZDLLR,sBMJG);
        lblMessage.Text = "\"此部门的联络员身份\"已经分配给"+sXM+"!";
        return;
    }
}
catch
{        lblMessage.Text = "保存失败！";        }
#endregion

#region 指定服务审核人员
try
{
    //sBMJG = dgUser.SelectedItem.Cells[0].Text.Trim();
    if(chkFWSH.Checked == true)
    {        ichkValue = 1;        }
    else
    {        ichkValue = 0;        }
    string[] sReturn =
this.UpdateDelInsertOnlyRightForFWAudit(ichkValue,strYGID,AppGlobal.GNCZ_FWSH,null,null);
    if(sReturn[0].ToString() == "0")
    {lblMessage.Text = "保存成功！";        }
    if(sReturn[1].ToString() == "1")
    {
        sXM = GetOnlyRightYGIDForFWAudit(AppGlobal.GNCZ_FWSH);
        lblMessage.Text = "\"服务的审核人员身份\" 已经分配给"+sXM+"!";
```

```
                return;
            }
        }
        catch
        {       lblMessage.Text = "保存失败！";     }
        #endregion
        #region 服务综合查询

        try
        {
            sBMJG = ddlQJZHCX.SelectedItem.Value.ToString().Trim();//可以查询的部门
            if(chkQJZHCX.Checked == true)
            {           ichkValue = 1;      }
            else
            {       ichkValue = 0;          }
           string[] sReturn = UpdateDelInsert(ichkValue,strYGID,AppGlobal.GNCZ_QXFWCX,null,null,sBMJG);

            if(sReturn[0].ToString() == "0")
            {       lblMessage.Text = "保存成功！";     }
            if(sReturn[1].ToString() == "1")
            {
                lblMessage.Text = "\"服务查询\"必须设置部门";
                return;
            }
        }
        catch
        {   lblMessage.Text = "保存失败！";     }
        flag.Value = "0";       //重置flag=0，即未单击修改权限状态
        dgUser.SelectedIndex =iSelIndex; //获取当前选中行的索引
        GetFunRight(strYGID);                   //获取功能权限
        SetButtonStatus();
    }
    catch
    {   lblMessage.Text = "保存失败!";      }
}
#endregion

#region 调用函数更新权限数据库操作(适用于下拉菜单有三个权限参数)
private string[] UpdateDelInsert(int ichkValue,string strYGID,string strGNQX,string strGNQX1,string strGNQX2,string
sDQXZSSFW)
```

```
{
    int iCount;                 //ds中的数据行
    int iReturn;                //存储过程返回值
    int iDdpRtn;                //下拉列表框返回值，判断其是否被选中
    string sSSFW = "";          //当前用户数据库中的SSFW
    string sSql;
    DataSet ds = new DataSet();
    sSql = "Select * From tblYHQX Where YGID= "+strYGID+" And QXDM = '"+strGNQX+"'";    //获取所选账号的
功能权限代码
    AppGlobal.AppDataAccess.DataSelect(ref ds,sSql);
    iCount = ds.Tables[0].Rows.Count;
    if(iCount != 0)
    {sSSFW = ds.Tables[0].Rows[0]["QXFW"].ToString().Trim();     }
    else
    {     sSSFW = null;      }
    DataParamters paramters = new DataParamters();
    paramters.Commandtype = CommandType.StoredProcedure;
    paramters.CommandText = "spQXXG";
    paramters.Add(new SqlParameter("@ichkValue", SqlDbType.Int),ichkValue);
    paramters.Add(new SqlParameter("@iYGID", SqlDbType.BigInt),Convert.ToInt32(strYGID));
    paramters.Add(new SqlParameter("@sGNCZ", SqlDbType.VarChar, 20),strGNQX);
    paramters.Add(new SqlParameter("@sGNCZ1", SqlDbType.VarChar, 20),strGNQX1);
    paramters.Add(new SqlParameter("@sGNCZ2", SqlDbType.VarChar, 20),strGNQX2);
    paramters.Add(new SqlParameter("@sDQXZSSFW", SqlDbType.VarChar, 20),sDQXZSSFW);
    paramters.Add(new SqlParameter("@sSSFW", SqlDbType.VarChar, 20),sSSFW);
    paramters.Add(new SqlParameter("@iCount", SqlDbType.Int),iCount);
    SqlParameter   spRetVal1 = new SqlParameter("@iRtn",SqlDbType.Int,10);
    SqlParameter   spRetVal2 = new SqlParameter("@iDdpRtn",SqlDbType.Int,10);
    spRetVal1.Direction = ParameterDirection.Output;
    spRetVal2.Direction = ParameterDirection.Output;
    paramters.Add(spRetVal1);
    paramters.Add(spRetVal2);
    AppGlobal.AppDataAccess.ExeSQL(paramters);
    iReturn =(int)paramters["@iRtn"].Value;
    iDdpRtn =(int)paramters["@iDdpRtn"].Value;
    string ReturnValue = iReturn.ToString().Trim() + ","+ iDdpRtn.ToString().Trim();
    string[] str = ReturnValue.Split(',');
    ds.Clear();
    return str;
}
```

```
#endregion

#region 调用函数更新用户权限数据库操作(适用于单个复选框且需判断权限的唯一性)
private string[] UpdateDelInsertOnlyRight(int ichkValue,string strYGID,string pstrGNQX,string strGNQX1,string strGNQX2,
string sBMJG)
{
    int iCount;                 //ds中的数据行
    int iReturn;                //存储过程返回值
    int iQXCount;               //数据库中是否已经有权限记录
    int iDdpRtn;                //返回值判断权限是否唯一
    string sSql;
    DataSet dsYHQX = new DataSet();
    sSql = "Select * From tblYHQX Where QXDM = '"+pstrGNQX+"' AND QXFW = '" +sBMJG +"' And YGID <> "+strYGID;
    AppGlobal.AppDataAccess.DataSelect(ref dsYHQX,sSql);
    iQXCount = dsYHQX.Tables[0].Rows.Count;
     //获取所选账号的功能权限代码
    DataSet ds = new DataSet();
    sSql = "Select * From tblYHQX Where YGID= "+strYGID+" AND QXFW = '" +sBMJG +"' And QXDM = '"+pstrGNQX+"'";
    AppGlobal.AppDataAccess.DataSelect(ref ds,sSql);
    iCount = ds.Tables[0].Rows.Count;
    DataParamters paramters = new DataParamters();
    paramters.Commandtype = CommandType.StoredProcedure;
    paramters.CommandText = "spQXPerSonQXCSXG";
    paramters.Add(new SqlParameter("@ichkValue", SqlDbType.Int),ichkValue);
    paramters.Add(new SqlParameter("@iYGID", SqlDbType.BigInt),Convert.ToUInt32(strYGID));
    paramters.Add(new SqlParameter("@sGNCZ", SqlDbType.VarChar, 20),pstrGNQX);
    paramters.Add(new SqlParameter("@sGNCZ1", SqlDbType.VarChar, 20),strGNQX1);
    paramters.Add(new SqlParameter("@sGNCZ2", SqlDbType.VarChar, 20),strGNQX2);
    paramters.Add(new SqlParameter("@iQXCount", SqlDbType.Int),iQXCount);
    paramters.Add(new SqlParameter("@iCount", SqlDbType.Int),iCount);
    paramters.Add(new SqlParameter("@sBMJG", SqlDbType.Int),sBMJG);
    SqlParameter spRetVal1 = new SqlParameter("@iRtn",SqlDbType.Int,10);
    SqlParameter spRetVal2 = new SqlParameter("@iDdpRtn",SqlDbType.Int,10);
    spRetVal1.Direction = ParameterDirection.Output;
    spRetVal2.Direction = ParameterDirection.Output;
    paramters.Add(spRetVal1);
    paramters.Add(spRetVal2);
    AppGlobal.AppDataAccess.ExeSQL(paramters);
    iReturn =(int)paramters["@iRtn"].Value;
    iDdpRtn =(int)paramters["@iDdpRtn"].Value;
```

```
            string ReturnValue = iReturn.ToString().Trim() + ","+ iDdpRtn.ToString().Trim();
            string[] str = ReturnValue.Split(',');
            dsYHQX.Clear();
            ds.Clear();
            return str;
        }
        #endregion

        #region  调用函数更新用户权限数据库操作(适用于单个复选框)
        private int UpdateDelInsertOnlyCheckbox(int ichkValue,string strYGID,string strGNQX,string strGNQX1,string
strGNQX2,string strGNQX3)
        {
            int iCount;                   //ds中的数据行
            int iReturn;                  //存储过程返回值
            string sSql;
            DataSet ds = new DataSet();
            sSql = "Select * From tblYHQX Where YGID= "+strYGID+" And QXDM = '"+strGNQX+"'";  //获取所选账号的功能权限代码
            AppGlobal.AppDataAccess.DataSelect(ref ds,sSql);
            iCount = ds.Tables[0].Rows.Count;
            DataParamters paramters = new DataParamters();
            paramters.Commandtype = CommandType.StoredProcedure;
            paramters.CommandText = "spQXOnlyCheckbox";
            paramters.Add(new SqlParameter("@ichkValue", SqlDbType.Int),ichkValue);
            paramters.Add(new SqlParameter("@iYGID", SqlDbType.BigInt),Convert.ToUInt32(strYGID));
            paramters.Add(new SqlParameter("@sGNCZ", SqlDbType.VarChar, 20),strGNQX);
            paramters.Add(new SqlParameter("@sGNCZ1", SqlDbType.VarChar, 20),strGNQX1);
            paramters.Add(new SqlParameter("@sGNCZ2", SqlDbType.VarChar, 20),strGNQX2);
            paramters.Add(new SqlParameter("@sGNCZ3", SqlDbType.VarChar, 20),strGNQX3);
            paramters.Add(new SqlParameter("@iCount", SqlDbType.Int),iCount);
            SqlParameter spRetVal1 = new SqlParameter("@iRtn",SqlDbType.Int,10);
            spRetVal1.Direction = ParameterDirection.Output;
            paramters.Add(spRetVal1);
            AppGlobal.AppDataAccess.ExeSQL(paramters);
            iReturn =(int)paramters["@iRtn"].Value;
            ds.Clear();
            return iReturn;
        }
        #endregion

        #region  获取具有唯一权限的人员
```

```
private string GetOnlyRightYGID(string sGNQX,string sBMJG)
{
    string sSql;
    string sXM;
    DataSet ds = new DataSet();
    sSql = "Select * from tblYG Where YGID=(Select YGID From tblYHQX Where QXDM = '"+sGNQX+"'" +" AND QXFW = '" + sBMJG + "')";    //获取所选账号的功能权限代码
    AppGlobal.AppDataAccess.DataSelect(ref ds,sSql);
    sXM = ds.Tables[0].Rows[0]["XM"].ToString();
    return sXM;
}

private string GetOnlyRightYGIDForFWAudit(string sGNQX)
{
    string sSql;    string sXM;
    DataSet ds = new DataSet();
    sSql = "Select * from tblYG Where YGID=(Select YGID From tblYHQX Where QXDM = '"+sGNQX+"')";    //获取所选账号的功能权限代码
    AppGlobal.AppDataAccess.DataSelect(ref ds,sSql);
    sXM = ds.Tables[0].Rows[0]["XM"].ToString();
    return sXM;
}
#endregion
private void chkQJZHCX_CheckedChanged(object sender, System.EventArgs e)
{
    if(chkQJZHCX.Checked == false)
    {
        ddlQJZHCX.Items.Clear();
        AppGlobal.AppControl.FillDeptForAllSelect(ddlQJZHCX);
    }

    if(chkQJZHCX.Checked == true)
    {
        if (hidJGID.Value =="1")
        {    ddlQJZHCX.SelectedValue = "A";    }
        else
        {    ddlQJZHCX.SelectedValue = hidJGID.Value;  }
    }
}
```

```
private string[] UpdateDelInsertOnlyRightForFWAudit(int ichkValue,string strYGID,string pstrGNQX,string strGNQX1,string strGNQX2)
{
    int iCount;                    //ds中的数据行
    int iReturn;                   //存储过程返回值
    int iQXCount;                  //数据库中是否已经有权限记录
    int iDdpRtn;                   //返回值判断权限是否唯一
    string sSql;
    //string sQRQX;
    //sQRQX = GetQRQXDM(pstrGNQX);//获取非当前登录用户在权限表是否有权限
    DataSet dsYHQX = new DataSet();
    sSql = "Select * From tblYHQX Where QXDM = '"+pstrGNQX+"' AND YGID <> "+strYGID;
    AppGlobal.AppDataAccess.DataSelect(ref dsYHQX,sSql);
    iQXCount = dsYHQX.Tables[0].Rows.Count;
    //获取所选账号的功能权限代码
    DataSet ds = new DataSet();
    sSql = "Select * From tblYHQX Where YGID= "+strYGID+" AND QXDM = '"+pstrGNQX+"'";
    AppGlobal.AppDataAccess.DataSelect(ref ds,sSql);
    iCount = ds.Tables[0].Rows.Count;
    DataParamters paramters = new DataParamters();
    paramters.Commandtype = CommandType.StoredProcedure;
    paramters.CommandText = "spQXPerSonQXCSXGForFWAudit";
    paramters.Add(new SqlParameter("@ichkValue", SqlDbType.Int),ichkValue);
    paramters.Add(new SqlParameter("@iYGID", SqlDbType.BigInt),Convert.ToUInt32(strYGID));
    paramters.Add(new SqlParameter("@sGNCZ", SqlDbType.VarChar, 20),pstrGNQX);
    paramters.Add(new SqlParameter("@sGNCZ1", SqlDbType.VarChar, 20),strGNQX1);
    paramters.Add(new SqlParameter("@sGNCZ2", SqlDbType.VarChar, 20),strGNQX2);
    paramters.Add(new SqlParameter("@iQXCount", SqlDbType.Int),iQXCount);
    paramters.Add(new SqlParameter("@iCount", SqlDbType.Int),iCount);
    SqlParameter spRetVal1 = new SqlParameter("@iRtn",SqlDbType.Int,10);
    SqlParameter spRetVal2 = new SqlParameter("@iDdpRtn",SqlDbType.Int,10);
    spRetVal1.Direction = ParameterDirection.Output;
    spRetVal2.Direction = ParameterDirection.Output;
    paramters.Add(spRetVal1);
    paramters.Add(spRetVal2);
    AppGlobal.AppDataAccess.ExeSQL(paramters);
    iReturn =(int)paramters["@iRtn"].Value;
    iDdpRtn =(int)paramters["@iDdpRtn"].Value;
    string ReturnValue = iReturn.ToString().Trim() + ","+ iDdpRtn.ToString().Trim();
    string[] str = ReturnValue.Split(',');
```

```
                dsYHQX.Clear();
                ds.Clear();
                return str;
            }
        }
}
```

限于篇幅，其完整代码见课程网站项目三源程序。

任务三 服务管理模块开发

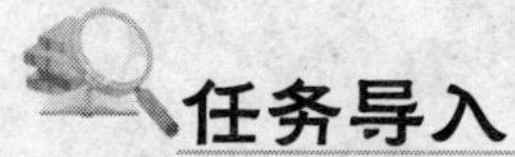

任务导入

服务管理模块是本系统的核心功能。它包括服务的申请、实现、评价、审核、已经服务的综合查询及导出等功能。

（1）服务的申请 当管理员（任务管理员）指定任务联络员后，任务联络员登录后将会有服务管理的相关权限功能。它包括申请服务，查看选中服务的详细信息，按照服务申请人或状态来查询符合条件的服务，按照服务日期、状态和所属部门等进行升序或降序排序。

（2）服务的实现 服务人员完成服务后，登录系统进行服务的确认，填写相关服务情况。

（3）服务的评价 任务联络员登录系统后进行服务完工的确认以及填写服务满意度。

（4）服务的审核 任务管理员进行服务的审核。

任务分析与示范引导

限于篇幅，下文仅以服务的审核为例进行讲解。任务管理员可以批量审核，也可以查看每个服务列表的详细信息后进行单个审核。

审核的部分功能代码如下。

```
namespace WebSite.FWManage
{
    /// <summary>
    /// FWAudit 的摘要说明。
    /// </summary>
    public class FWAudit : System.Web.UI.Page
    {
        private void Page_Load(object sender, System.EventArgs e)
        {
            // 在此处放置用户代码以初始化页面
```

```
                AppGlobal.DisposeSessionTimeOut(this);
                if(!this.IsPostBack)
                {       //绑定状态
                    ddlZT.Items.Add("待审核1");//4为任务联络员确认任务已经完成，ddlZT.Items[0].Value = "4";//5为任务联络员确认任务没有完成,统称为待审核2状态
                    ddlZT.Items.Add("待审核2");
                    ddlZT.Items[1].Value = "5";
                    ddlZT.Items.Add("审核完成");
                    ddlZT.Items[2].Value = "6";
                    ddlZT.SelectedIndex = 0;
                    BindGrid();
                    imgbSHTG.Attributes.Add("onclick"," if (confirm('请检查选中的服务记录，确定要进行审核吗？') == false) return false;");
                }
            }

            #region Web窗体设计器生成的代码
            override protected void OnInit(EventArgs e)
            {           InitializeComponent();      base.OnInit(e);     }

            /// <summary>
            /// 设计器支持所需的方法，不要使用代码编辑器修改
            /// 此方法的内容
            /// </summary>
            private void InitializeComponent()
            {
                this.imgbSHTG.Click += new System.Web.UI.ImageClickEventHandler(this.imgbSHTG_Click);
                this.ddlZT.SelectedIndexChanged += new System.EventHandler(this.ddlZT_SelectedIndexChanged);
                this.dgFW.ItemCreated += new System.Web.UI.WebControls.DataGridItemEventHandler(this.dgFW_ItemCreated);
                this.dgFW.ItemCommand += new System.Web.UI.WebControls.DataGridCommandEventHandler(this.dgFW_ItemCommand);
                this.dgFW.PageIndexChanged += new System.Web.UI.WebControls.DataGridPageChangedEventHandler(this.dgFW_PageIndexChanged);
                this.dgFW.ItemDataBound += new System.Web.UI.WebControls.DataGridItemEventHandler(this.dgFW_ItemDataBound);
                this.Load += new System.EventHandler(this.Page_Load);
            }
            #endregion
            #region   按钮设置
            private void SetButtonState()
            {
```

```
                if (dgFW.Items.Count == 0)            //无记录
                {
                    imgbSHTG.Visible = false;
                    dgFW.Columns[0].Visible = true;
                }
                else
                {
                    if(ddlZT.SelectedIndex == 1 )//确认未完成
                    {
                        imgbSHTG.Visible = true;
                        dgFW.Columns[0].Visible = true;
                    }
                    else if(ddlZT.SelectedIndex == 0 )//确认完成
                    {
                        imgbSHTG.Visible = true;
                        dgFW.Columns[0].Visible = true;
                    }
                    else if(ddlZT.SelectedIndex == 2 )//审核完成
                    {
                      imgbSHTG.Visible = true;
                      dgFW.Columns[0].Visible = false;
                    }
                }
                imgbSHTG_Dis.Visible = !imgbSHTG.Visible;
            }
            // ************************************
            // 根据输入条件构造Sql语句
            // ************************************
            private string GenerateSqlByInput()
            {
                string sSql;
                sYGID.Value = Session[AppGlobal.EMPLOYEEID].ToString();
                // 根据条件构造Sql
                sSql= "select A.FWDID AS FWDID, A.FWMC AS FWMC,A.BMID AS BMID,A.RWFLID AS RWFLID,A.LLYID
AS LLYID,A.FWRID AS FWRID, A.DQZT AS ZT, "
                        + " A.FWNR AS FWNR,A.SQSJ AS SQSJ,A.TBSJ AS TBSJ,isnull(convert(char(10),A.WCSJ,120),'---')  WCSJ,A.
WCQK AS WCQK,A.YJJY AS YJJY,A.SJ AS SJ, A.JHSJ AS JHSJ,A.SHYJ AS SHYJ,A.SHRQ AS SHRQ,   "
                        + " CASE WHEN A.DQZT='1'   THEN '填报' "
                        + "          WHEN A.DQZT='2'   THEN '服务中' "
                        + "          WHEN A.DQZT='3'   THEN '待评价' "
```

```
                + "        WHEN A.DQZT='4'    THEN '确认完成' "
                + "        WHEN A.DQZT='5'    THEN '确认未完成'    "
                + "        WHEN A.DQZT='6'    THEN '审核完成' END AS ZTMC, "+ " CASE WHEN A.MYD='1'    THEN
'非常满意' "
                + "        WHEN A.MYD='2'    THEN '比较满意' "
                + "        WHEN A.MYD='3'    THEN '还行' "
                + "        WHEN A.MYD='4'    THEN '不满意' "
                + "        WHEN isnull(convert(char(1),A.MYD,120),'')=''    THEN '---'    END AS MYD,"
                + " B.BMMC AS BMMC,C.RWFLMC AS RWFLMC "
                + " from tblFWSQD AS A,"
                + " tblBMJG AS B,tblRWFL AS C,tblYG AS D    where 1=1 ";
            if(ddlZT.SelectedValue == "4" || ddlZT.SelectedValue == "5"    || ddlZT.SelectedValue == "6")
            {
                sSql += " and A.DQZT= " + ddlZT.SelectedValue.Trim() ;
            }
            sSql = sSql +" and A.BMID=B.BMID AND A.LLYID= D.YGID AND A.RWFLID = C.RWFLID ";
            sSql += " ORDER BY A.FWDID ASC";
            return sSql;
        }

        // ****************************
        //初始化和查询时绑定数据
        // ****************************
        private void BindGrid()
        {
            // 构造Sql，创建数据集
            dgFW.SelectedIndex = -1;
            DataSet ds = new DataSet();
            AppGlobal.AppDataAccess.DataSelect(ref ds,GenerateSqlByInput());if(ds.Tables[0].Rows.Count==0)
            {
                dgFW.ToolTip="暂无服务数据";
            }
            else
            {
                dgFW.ToolTip="共有"+ds.Tables[0].Rows.Count.ToString()+"条服务数据";
            }
            dgFW.DataSource = ds.Tables[0];
            try
            {            dgFW.DataBind();        }
            catch
```

```
        {
            dgFW.CurrentPageIndex = 0;
            dgFW.DataBind();
        }
        SetButtonState();
}
//****************************************
//按照指定的相同列合并单元格,compareColumn为主表中的任意选的一个参照列
//****************************************
private void ConvergeSpan(DataGrid dg,int GroupColumn,int compareColumn)
{
        int i = 0;
        int j = 0;
        int iRowSpan;
        string strTemp = "";
        for(i=0;i<dg.Items.Count;i++)
        {
            iRowSpan = 1;
            strTemp = dg.Items[i].Cells[compareColumn].Text;
            for (j = i+1;j<dg.Items.Count;j++)
            {
                if (string.Compare(strTemp,dg.Items[j].Cells[compareColumn].Text) == 0)
                {       iRowSpan += 1;
                        dg.Items[i].Cells[GroupColumn].RowSpan = iRowSpan;
                        dg.Items[j].Cells[GroupColumn].Visible = false;
                }
                else
                {       break; }
            }
            i = j -1;
        }
}

private void dgFW_ItemCreated(object sender, System.Web.UI.WebControls.DataGridItemEventArgs e)
{       //处理全选事件
        if(e.Item.ItemType == ListItemType.Header)
        {
            CheckBox chk = (CheckBox)e.Item.FindControl("chkAll");
            // 给页眉上的CheckBox添加触发事件
            chk.CheckedChanged += new System.EventHandler(chk_CheckedChanged);
```

```
        }

        //注册分页控件
        DataGridPager pager = new DataGridPager();
        pager.DDLChanged += new    DDLChangedHandler(ddlPageSize_Changed);
        pager.DataGrid_ItemCreated(sender,e);
    }

    //遍历服务列表中的单选
    private void chk_CheckedChanged(object sender, System.EventArgs e)
    {
        CheckBox chk = this.GetHeaderCheckBox(this.dgFW);
        foreach (DataGridItem i in this.dgFW.Items)
        {
            CheckBox inChk = (CheckBox)i.FindControl("chkOne");
            inChk.Checked = chk.Checked;
        }
    }
    private CheckBox GetHeaderCheckBox(DataGrid grd)
    {
        CheckBox chk = null;
        foreach (DataGridItem i in grd.Controls[0].Controls)
        {
            if(i.ItemType == ListItemType.Header)
            {
                chk = (CheckBox)i.FindControl("chkAll");                break;
            }
        }
        return chk;
    }

    private void dgFW_ItemCommand(object source, System.Web.UI.WebControls.DataGridCommandEventArgs e)
    {
        //处理分页
        DataGridPager pager = new DataGridPager();
        pager.DataGrid_ItemCommand(source,e);
        dgFW.CurrentPageIndex=0;
        BindGrid();
    }
```

```
// 交替行颜色设置
private void dgFW_ItemDataBound(object sender, System.Web.UI.WebControls.DataGridItemEventArgs e)
{
    if((e.Item.ItemType == ListItemType.AlternatingItem || e.Item.ItemType == ListItemType.Item))
    {
        HyperLink btnLook = (HyperLink) e.Item.Cells[12].Controls[0]; btnLook.NavigateUrl = "../FWManage/FWAudit
View.aspx?sFWID=" + e.Item.Cells[1].Text;
    }
}

//处理每页数目变化事件
private void ddlPageSize_Changed(object sender,System.EventArgs e)
{
    DropDownList ddl = (DropDownList)sender;
    dgFW.PageSize = Int32.Parse(ddl.SelectedItem.Text);
    BindGrid();
}
#endregion
#region  功能操作

//根据查询条件。在DataGrid中显示相应的数据
private void ddlZT_SelectedIndexChanged(object sender, System.EventArgs e)
{       BindGrid();       lblErrorShow.Text="";     }

//审核通过
private void imgbSHTG_Click(object sender, System.Web.UI.ImageClickEventArgs e)
{
    string sFWDID;     string sSHYJ="";    string sSHRQ;      string sSHRID;
    sSHRQ = string.Format("{0:yyyy-MM-dd}",AppGlobal.GetSysDateTime());
    for( int i=0; i<dgFW.Items.Count;i++)
    {
        CheckBox ckbTemp=(CheckBox)dgFW.Items[i].FindControl("chkOne");
        if (ckbTemp.Checked)
        {
        sSHYJ = dgFW.Items[i].Cells[3].Text+"于"+dgFW.Items[i].Cells[4].Text+ "号申请的"+ dgFW.Items[i].Cells[10].
Text+"服务已于" + sSHRQ + "审核完成.";
            sSHYJ = sSHYJ + "审核人:" + Session[AppGlobal.USERNAME].ToString();
            sSHRID = Session[AppGlobal.EMPLOYEEID].ToString();
            sFWDID = dgFW.Items[i].Cells[1].Text;
            //刷新服务数据表中审核日期、审核意见、状态的值
```

```
                    string sSql="";
                    try
                    {
                         sSql = "UPDATE tblFWSQD SET DQZT='6', ";
                         sSql =sSql +" SHYJ='" +sSHYJ +"',SHRQ ='" + sSHRQ + "',SHRID = '" +sSHRID + "' WHERE
FWDID='" + sFWDID +"'";
                         AppGlobal.AppDataAccess.ExeSQL(sSql);
                         lblErrorShow.Text = "";
                    }
                    catch
                    {    lblErrorShow.Text = "审核出错！";                    }
               }
          }
          BindGrid();
     }
     #endregion
  }
}
```

模块五 系统测试

任务一 编制测试计划

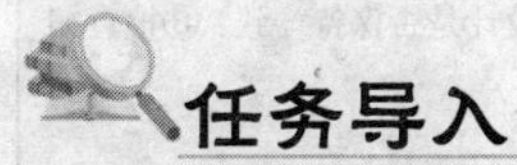

任务导入

软件的缺陷或Bug不可能完全消除，但为了减少或降低软件缺陷或故障，睿智软件公司的测试人员周彬需要带领测试队员梁子、侯小艳对正在进行编码过程中和结束后的服务管理系统进行不断的测试。在整个项目的编码过程中，当一个子模块被独立开发出来后，相关的测试人员就要跟进，对子模块进行测试；当系统的所有模块全部开发出来后，需要把所有的子模块连接起来进行集成测试。

任务分析与示范引导

测试主管周彬在编码阶段刚开始时就要测试计划的编制工作。服务管理系统测试计划如下。

1．概述

1.1 测试阶段

本测试属于集成和系统测试。

1.2 测试范围

本测试的内容包含各功能模块。

1.3 测试方法

分为静态测试和动态测试进行，其中动态测试主要采用黑盒子方法。

1.4 测试环境

1）服务器

① 操作系统。

② 数据库。

③ 硬件。

2）客户端

① 操作系统。

② 硬件。

1.5 任务承接者和实施者

它是指承担测试工作的负责人及工作人员名单。

（续）

1.6　参考资料

测试需要以项目的相关文档为依据：需求分析、概要设计、详细设计以及数据库设计

2．功能模块

2.1　页面

编写人员		编写日期	
修改人员		修改日期	
审核人员		审核日期	

2.1.1　静态测试

静态测试主要包括 4 部分：①检查页面与详细设计是否保持一致。②检查事件和方法与详细设计是否保持一致。③检查编码是否符合规范。④检查页面布局是否合理、文字内容和提示信息是否确切。

2.1.2　动态测试

动态测试主要根据模块的功能确定的测试项目，通过运行测试用例，将运行结果与期望的结果进行比较，从而确定模块的各测试项目是否达到目标。具体测试项及结果如下所示，编程人员根据修改情况补填表中的更改状态、更改人、更改日期 3 栏，其中更改状态填写已改或未改。

动态测试根据详细设计的逻辑流程及数据关系来组织测试项。

序号	测试项目	第 1 次测试		第 2 次测试		第 3 次测试	
		结果	时间	结果	时间	结果	时间
1							
2							
3							
4							
5							

测试项是说明测试项目的测试要点。此处不用描述测试用例。

其他内容在此不再介绍。

任务二　编写测试用例、实施测试并完成测试报告

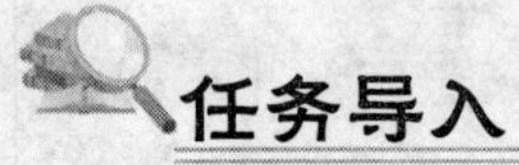

任务导入

软件测试人员根据测试计划编写测试用例、实施测试并编写测试报告。测试主管周彬给测试人员梁子和侯小艳安排工作，梁子负责基础数据模块，如部门机构管理、员工管理、分区管理等模块的测试工作，侯小艳负责服务管理模块的测试工作，周彬负责整个系统测试用例的编写工作以及系统权限模块的测试工作。每个测试人员基于测试用例需要完成对本人负

责的模块实施测试并编写测试报告。

任务分析与示范引导

以侯小艳负责的服务管理模块的申请为例，编写测试报告（测试用例包含在测试报告中）。

1．概述

1.1　测试阶段

本测试属于集成和系统测试。

1.2　测试范围

本测试的内容包含各功能模块。

1.3　测试方法

分为静态测试和动态测试进行，其中动态测试主要采用黑盒子方法。

1.4　测试环境

（1）服务器

1）操作系统：Windows 2000 Server 简体中文版。

2）数据库：SQL Server 2000 简体中文版。

3）IIS5.0。

4）硬件：方正计算机，CPU 赛扬 2.4G，内存 512M，硬盘 80G。

（2）客户端

1）操作系统：Windows 2000 Server 简体中文版。

2）IE6.0。

3）硬件：ASUS CPU 1.0G，内存 256M，硬盘 40G。

1.5　参考资料

1）“蓝天集团信息管理中心服务管理系统用户需求报告”机电学院　2009.9

2）“蓝天集团信息管理中心服务管理系统概要设计说明书”机电学院　2009.11

3）“蓝天集团信息管理中心服务管理系统详细设计说明书”机电学院　2009.12

4）“蓝天集团信息管理中心服务管理系统测试计划书”机电学院　2009.12

2．服务管理

2.1　服务申请列表页面

测试人	审核人
侯小艳	周彬

2.1.1　静态测试

本模块的静态测试包括 4 部分：①检查页面与详细设计是否保持一致。②检查事件函数与详细设计是否保持一致。③检查编码是否符合规范。④检查页面布局是否合理、文字内容是否确切。

（续）

（1）页面与详细设计的一致性

检查结果：一致。

（2）事件函数与详细设计的一致性

1）绑定数据后选中第一行记录的条件：if (dgFWList.Items.Count>1)，已改。

2）GenerateSqlByInput 函数中的 Where 1=1 以及其他条件的顺序按等值查询优先，已改。

（3）编码的规范性

检查结果：规范。

（4）页面布局及页面静态文本。

1）列表中的服务名称窄一些，要改宽一些，已改。

2）列表高度也即列表显示的行数默认为每页 10 行，已改。

2.1.2 动态测试

测试项组织如下：

序号	测试项目	第 1 次测试		第 2 次测试		第 3 次测试	
		结果	时间	结果	时间	结果	时间
1	页面初始化	待改	2009-12-25				
2	选择状态	OK	2009-12-25				
3	查询操作	待改	2009-12-25				
4	清空操作	OK	2009-12-25				
5	查看操作	OK	2009-12-25				
6	填报操作	OK	2009-12-25				
7	单击列表行	OK	2009-12-25				
8	列表翻页	OK	2009-12-25				
9	列表头操作（排序）	OK	2009-12-25				
10	帮助操作	未测					

2.1.2.1 页面初始化

（1）测试要点

1）服务列表为空。

2）有记录时，系统显示出所有联络人填报的记录。

3）没有记录时，系统默认选中服务列表中的第一行记录。

4）列表显示顺序（系统默认按服务申请日期）升序。

5）按钮的操作属性。

6）输入项的操作属性。

7）具有管理权限身份进入。

8）无管理权限身份进入。

（2）测试记录

（续）

序号	操作描述	问题描述	测试结果	更改状态	更改人	更改日期
1	服务列表为空		OK			
2	有记录时，系统显示出所有本联络人填报的记录		OK			
3	没有记录时，系统默认选中服务列表中的第一行记录	默认未选中	待改	已改	肖冰	2009-12-26
4	列表显示顺序（系统默认按服务申请日期）升序	默认按照申请日期降序	待改	已改	肖冰	2009-12-26
5	按钮的可操作属性		OK			
6	输入项的可操作属性		OK			
7	具有管理权限身份		OK			
8	无管理权限身份		OK			
9	列内容超长时	列不应变宽	待改	已改	肖冰	2009-12-26

2.1.2.2　选择状态

（1）测试要点

默认未选中任何服务状态。

（2）测试记录

序号	操作描述	问题描述	测试结果	更改状态	更改人	更改日期
1	单击“服务状态”下拉列表框		OK			

2.1.2.3　查询

（1）测试要点

1）只输入单个条件。

2）输入所有条件。

3）全部条件为空。

4）有查询结果，选中第一行，设置按钮的操作属性。

5）无查询结果，设置按钮的操作属性。

（2）测试记录

序号	操作描述	问题描述	测试结果	更改状态	更改人	更改日期
1	只输入单个条件		OK			
2	输入所有条件		OK			
3	全部条件为空	单击查询时没有结果	待改	已改	肖冰	2009-12-26
4	有查询结果，选中第一行，设置按钮的操作属性		OK			
5	无查询结果，设置按钮的操作属性		OK			

2.1.2.4　清空

（1）测试要点

输入所有条件，单击“清空”按钮。

（2）测试记录

（续）

序号	操作描述	问题描述	测试结果	更改状态	更改人	更改日期
1	输入所有条件，单击“清空”按钮		OK			

2.1.2.5 查看

（1）测试要点

单击“查看”按钮，进入显示详细信息页面。

（2）测试记录

序号	操作描述	问题描述	测试结果	更改状态	更改人	更改日期
1	单击查看		OK			

2.1.2.6 填报操作

（1）测试要点

1）单击“填报”按钮，进入填报页面。

2）联络人有服务单未确认时，应确认完毕后才可以填报新的服务单。

（2）测试记录

序号	操作描述	问题描述	测试结果	更改状态	更改人	更改日期
1	单击“填报”按钮		OK			
2	联络人有服务单未确认时，应确认完毕才可以填报新的服务单	有服务单未确认时也可以填报新的服务单	待改	已改	肖冰	2009-12-26

2.1.2.7 单击列表行

（1）测试要点

1）点击不同状态行，“刷新”按钮的操作属性。

2）无管理权限。

（2）测试记录

序号	操作描述	问题描述	测试结果	更改状态	更改人	更改日期
1	单击已经完成的服务行		OK			
2	单击未完成的服务行		OK			
3	具有管理权限		OK			
4	无管理权限		OK			

2.1.2.8 列表翻页

（1）测试要点

1）单击“上一页”和“下一页”按钮，根据当前页面第一行记录刷新按钮的操作属性。

2）每页数目默认为 10。

3）每页数目下拉框中最大允许为 100。

（2）测试记录

序号	操作描述	问题描述	测试结果	更改状态	更改人	更改日期
1	单击“上一页”和“下一页”按钮		OK			
2	选择每页数目	选择每页数目后，页面列表中的行数没变化	待改	已改	肖冰	2009-12-27

（续）

2.1.2.9 查看

（1）测试要点

单击“查看”按钮，进入显示详细信息页面

（2）测试记录

序号	操作描述	问题描述	测试结果	更改状态	更改人	更改日期
1	单击“查看”按钮		OK			

2.1.2.10 帮助

（1）测试要点

是否定位到该页面

（2）测试记录

序号	操作描述	问题描述	测试结果	更改状态	更改人	更改日期
1						

2.2 服务填报页面

2.2.1 静态测试

本模块的静态测试包括4部分：

1）检查页面与详细设计是否保持一致。

2）检查事件函数与详细设计是否保持一致。

3）检查编码是否符合规范。

4）检查页面布局是否合理、文字内容是否确切。

（1）页面与详细设计的一致性

检查结果：一致。

（2）编码的规范性

检查结果：规范。

（3）页面布局及页面静态文本

服务名称（设备号）、服务分类以及服务内容等三项后加“*”，已改。

2.2.2 动态测试

测试项组织如下：

序号	测试项目	第1次测试		第2次测试		第3次测试	
		结果	时间	结果	时间	结果	时间
1	页面初始化	待改	2009-12-27				
2	选择服务分类	OK	2009-12-27				
3	保存操作	OK	2009-12-27				
4	服务提交操作	OK	2009-12-27				

2.2.2.1 页面初始化

（1）测试要点

1）填写日期和申请日期自动填充当前日期。

2）申请部门、申请人员等自动对应当前操作员对应的部门和本人。

3）“保存”按钮可用，“服务提交”按钮不可用（灰色）。

4）服务分类、服务名称以及服务内容必须填，不填就提醒用户。

5）当选择服务分类后，系统自动填充服务人员框。

（续）

6）单击“保存”按钮后，“保存”按钮不可用，“服务提交”按钮变成可用。

（2）测试记录

序号	操作描述	问题描述	测试结果	更改状态	更改人	更改日期
1	页面初始化操作	时间为空，“服务提交”按钮可用，应该改为不可用	待改	已改	肖冰	2009-12-27
2	服务内容	未加“*”号	待改	已改	肖冰	2009-12-27
3	保存操作					
4	服务提交	当提交完成后，“服务提交”按钮和“保存”按钮还为可用状态	待改	已改	肖冰	2009-12-27
5	选择服务分类	服务人员没指定是，报错	待改			

2.2.2.2 选择服务分类

（1）测试要点

单击服务分类下拉列表框

（2）测试记录

序号	操作描述	问题描述	测试结果	更改状态	更改人	更改日期
1	单击“服务分类”列表框	服务人员未指定“是”，报错	待改			

2.2.3 **保存**

（1）测试要点

1）不输入任何信息。

2）只输入服务名称。

3）只输入服务内容。

4）只选择服务分类。

5）单击“保存”按钮后，“保存”按钮变成不可用，“服务提交”按钮可用。

6）保存成功后可在页面中提醒。

（2）测试记录

序号	操作描述	问题描述	测试结果	更改状态	更改人	更改日期
1	不输入任何信息		OK			
2	只输入服务名称		OK			
3	只输入非空项	保存失败	待改	已改	肖冰	2009-12-27
4	只选择服务分类	保存失败	待改	已改	肖冰	2009-12-27
5	提示信息	信息为空和保存错误的提示信息方式不统一	待改	已改	肖冰	2009-12-27

2.2.4 **服务提交**

（1）测试要点

单击“服务提交”按钮，提交服务。

（2）测试记录

序号	操作描述	问题描述	测试结果	更改状态	更改人	更改日期
1	单击“服务提交”按钮	保存成功，但是没有提示信息。提交服务成功后，“服务提交”按钮还未可用，再次单击“报错”按钮	待改			

模块六　系统发布及验收

任务一　编写用户说明书

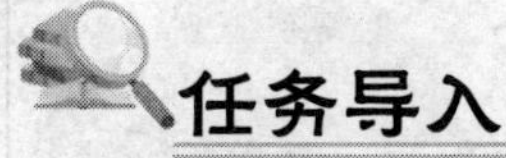

任务导入

系统完成测试之后，要实现的功能基本定位。下面需要编写系统使用说明书，它是产品重要的组成部分。下面给出服务关系系统用户使用说明书，仅供参考。

任务分析与示范引导

1．系统介绍

1.1　功能结构

“服务管理系统”主要包括以下几个子系统：

（1）服务管理管理　该子系统实现了服务的申请、实现、评价、完成等业务操作流程以及相关综合查询和报表功能。

（2）基础数据管理　该子系统包括分区管理、任务分类管理、部门机构管理、部门人员设置等。

（3）系统维护管理　该子系统实现了用户权限管理、服务人员管理等操作。

系统功能结构如下：

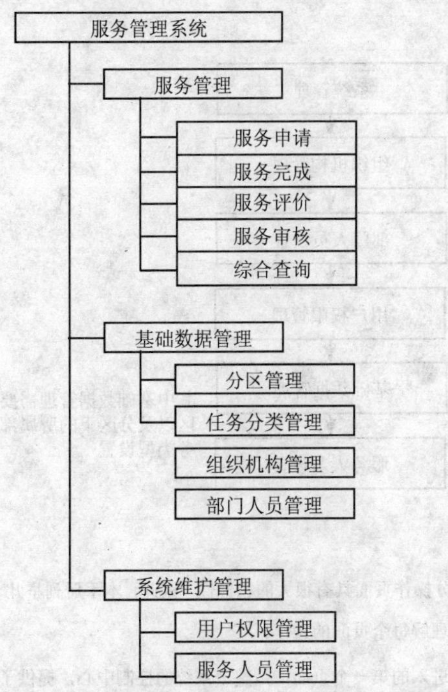

（续）

1.2 **操作流程**

为了方便管理系统并加强系统的安全性，本软件在设计时将预留一个“Admin”系统管理员（任务管理员）身份。“Admin”专供系统管理员（任务管理员）使用，可以完成一些最基本的系统基础设置以及服务人员的设定、服务审核等功能操作。

用户只有在获取了“Admin”管理员为其分配的操作账号，并通过登录操作验证了身份合法性后才能进入系统功能页面系统功能操作的先后逻辑关系为

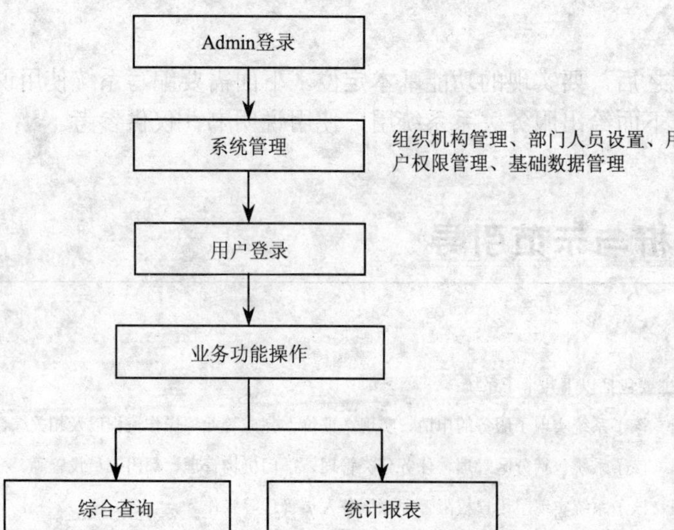

以下为系统管理部分。

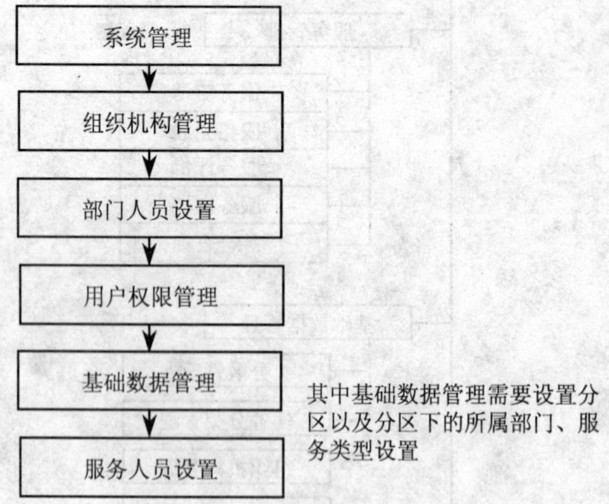

1.3 **页面结构说明**

本系统功能页面较多，大部分操作页面具有很大的相似性，因此，本手册列举几个典型页面加予说明，以方便用户理解页面的结构，从而帮助用户更好地理解每个页面的操作。

“主页”是用户成功登录后进入的第一个页面，是整个系统的控制中心，提供了具体功能操作的接口。页面如下：

（续）

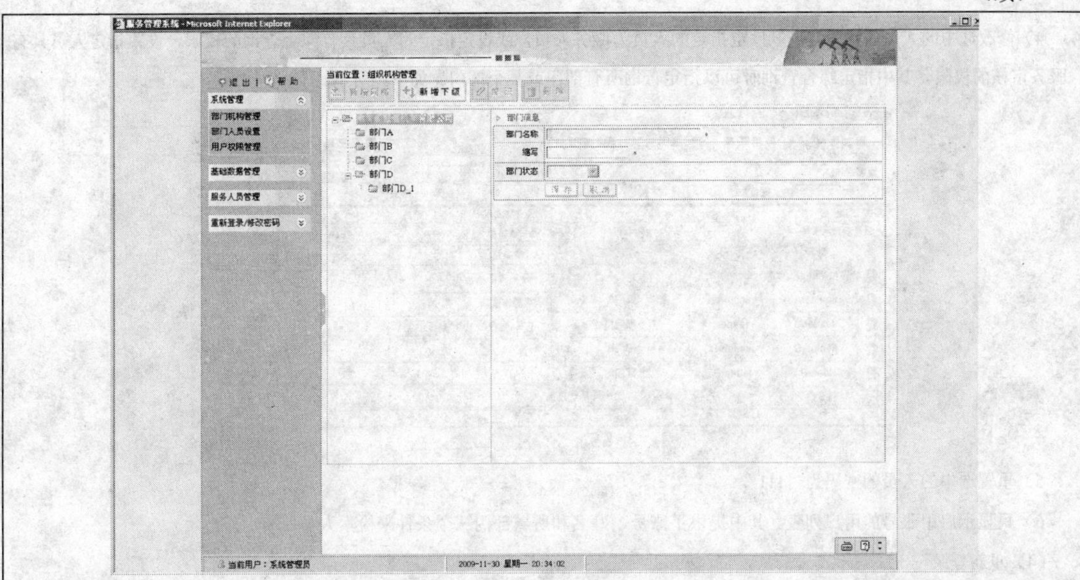

其中，左边是一个导航条，其内容根据登录用户的身份以及权限不同，动态显示不同的功能导航条。图为系统管理员登录后显示的内容。

2．功能说明

2.1　系统管理

系统管理员（任务管理员）系统登录

2.1.1　登录

用户名：Admin

密码：111

登录成功后可以修改密码。

2.1.2　系统管理员具有的功能（部门机构管理、部门人员设置、用户权限管理、修改密码、重新登录、分区管理、任务分类设置、服务人员设定等）

（1）部门机构管理

1）添加部门机构（部门名称，缩写和部门状态）。

2）修改部门机构（包括激活部门机构或封存部门机构）。

3）删除选中的部门机构（只有此部门机构下没有人员的情况下才可以删除）。

4）部门机构采用树形结构，具有一定的上下级或层次感，当单击“添加”按钮时可以新增同级、下级。

（2）部门人员设置

1）为选中的部门添加新的员工。添加新员工资料，然后保存即可。

2）修改员工资料。首先选中员工所属部门，则这个部门的所有员工都会列出，然后选中需要修改的员工，单击“修改”按钮即可。

3）删除员工资料。首先选中员工所属部门，则这个部门的所有员工都会列出，然后选中需要删除的员工，单击“修改”按钮即可。

4）只显示在职人员。选中“只显示在职人员”复选框（出现“√”标记）即可。

5）人员部门调动。选中树的一个节点，则这个节点（部门）下的所有人员都会显示出来，选中需要调动部门的员工，然后单击“调动部门”按钮，在弹出的窗口中选择部门，则此员工就会被调动到这个部门下。

（3）用户权限管理

1）添加账号。

2）停用账号。

3）启用账号。

（续）

4）修改选中的人员的权限。可以设定指定的人员为服务人员，或设定指定的人员具有综合查询的权限，设置指定人员具有服务审核的权限。其中指定综合查询时可以指定查询所有部门或某个部门。如下图所示。

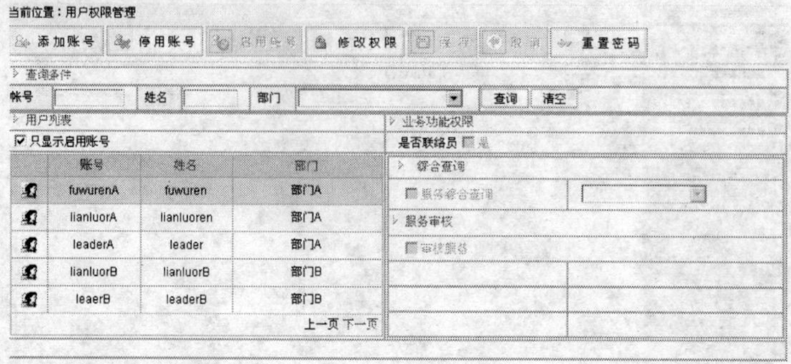

5）重置选中的人员的密码为“111”。

6）只显示启用账号的用户列表。其中提供了账号、姓名和所属部门三个条件来检索人员。

（4）重新登录

（略）

（5）修改密码

（略）

（6）分区管理

1）添加分区。

2）修改选中的分区。

3）删除在系统中没有被引用或使用的分区。

4）只显示有效的分区。

5）改变分区的显示顺序（此顺序可以在下拉列表框中按照这个顺序显示，因此可以将常用的分区设置优先显示顺序，以方便在下拉列表框中选用）。

（7）服务（任务）分类设置

可以新增服务分类，修改已经存在的分类名称或删除分类名称（如果此分类没有被引用则允许删除，否则不许删除）。当新增服务分类时，首先单击“新增”按钮，然后在系统弹出的对话框中指定新增服务分类所属分区，再输入分类名称等，单击“保存”按钮即可。

如果修改，单击列表中的“修改”按钮即可进行修改，修改完成后保存即可，如下图所示。

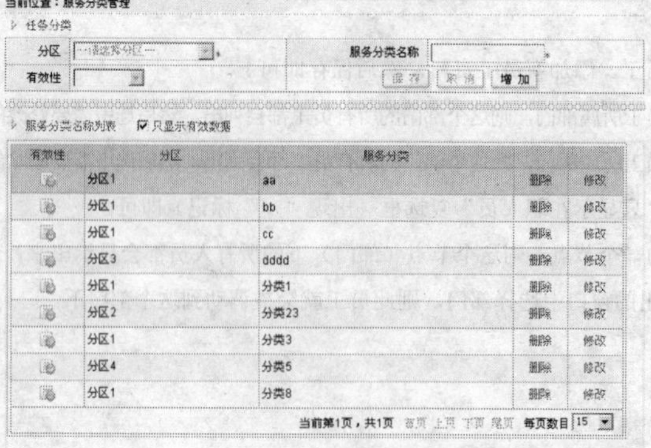

（8）服务人员设定

（续）

系统管理员需要指定服务人员。

具体做法如下：在如下图中首先单击“重置”按钮，激活相关列表框，然后选择所属分区，选择服务分类，再单击“选择”按钮为这个分区下的服务分类指定服务人员，选中的服务人员将会自动添加到相应的文本框中，最后单击“保存”按钮即可。

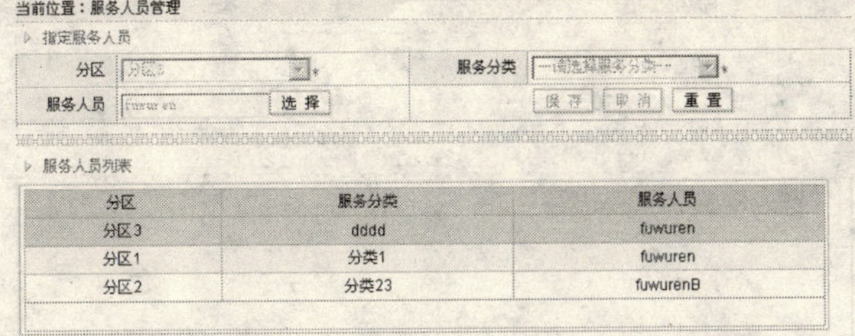

注意：当你为一个特定分区下的特定服务指定另外一个服务人员时，原来的服务人员将自动被替换掉。

2.2　服务管理

2.2.1　服务的申请

当管理员（任务管理员）指定任务联络员后，任务联络员登录后将会有服务管理的相关权限功能。

服务管理：

1）申请服务。

2）查看选中的服务的详细信息。

3）按照服务申请人或状态来查询符合条件的服务。

4）按照服务日期、状态和所属部门等进行升序或降序排序。

如下图所示：

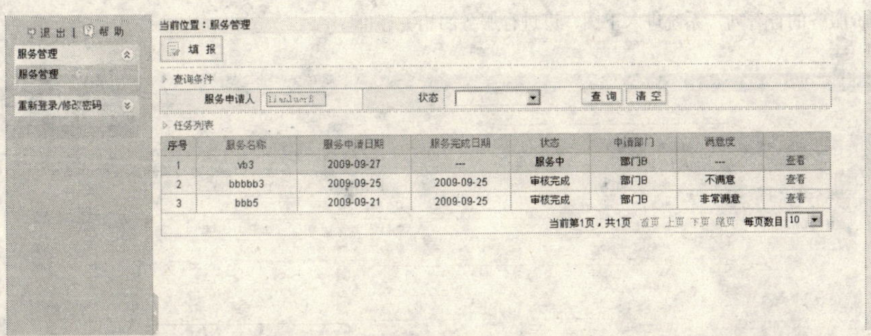

注意：当联络员有待评价的服务时，将不允许进行新服务的填报，评价后允许进行服务的填报工作。

2.2.2　服务的实现

服务人员登录系统后，看到相关服务列表后按照要求进行相关服务。服务列表为

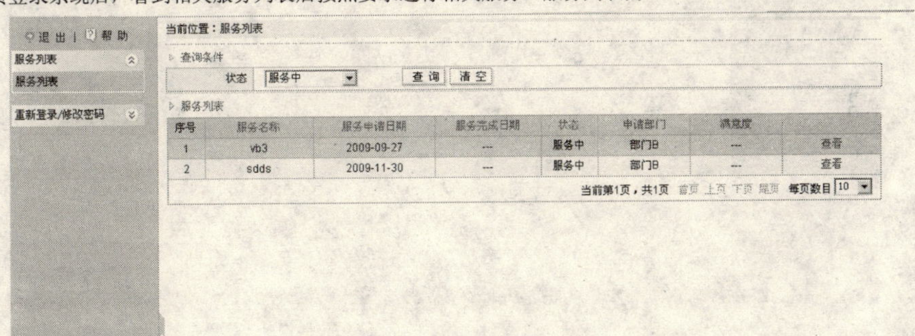

当查看具体内容时，系统要求输入计划完成时间。完成服务后，服务人员必须登录系统进行服务的确认，填写相关服务情况。例如，是否完成、是否委外等情况，然后单击“确认”按钮完成。

（续）

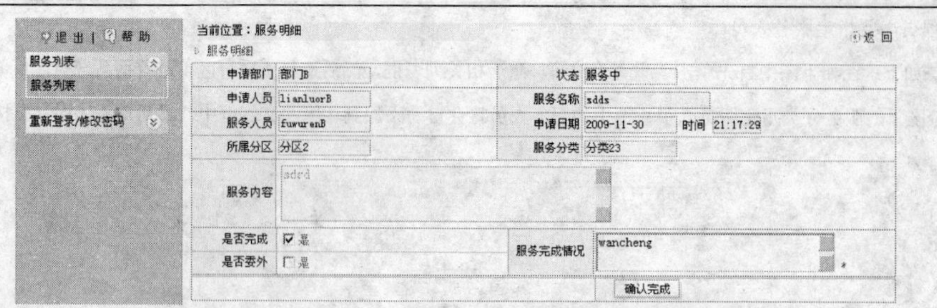

2.2.3　服务的评价

联络员登录系统，进行服务完工的确认以及填写服务满意度。在下图中查看待评价的相关服务。

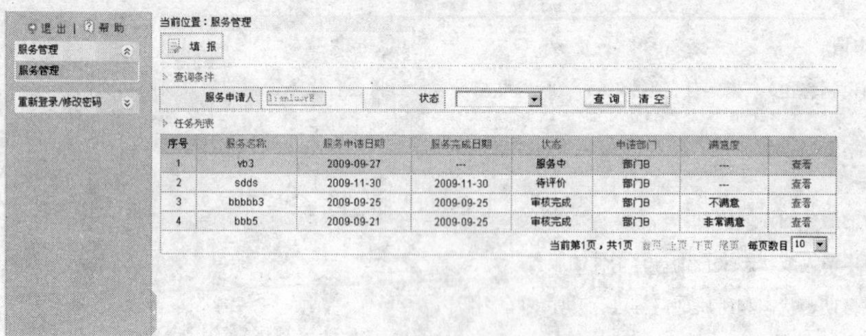

序号	服务名称	服务申请日期	服务完成日期	状态	申请部门	满意度	
1	vb3	2009-09-27	---	服务中	部门B	---	查看
2	sdds	2009-11-30	2009-11-30	待评价	部门B	---	查看
3	bbbbb3	2009-09-25	2009-09-25	审核完成	部门B	不满意	查看
4	bbb5	2009-09-21	2009-09-25	审核完成	部门B	非常满意	查看

单击待评价服务的查看列，系统进入下图，可进行服务的相关评价

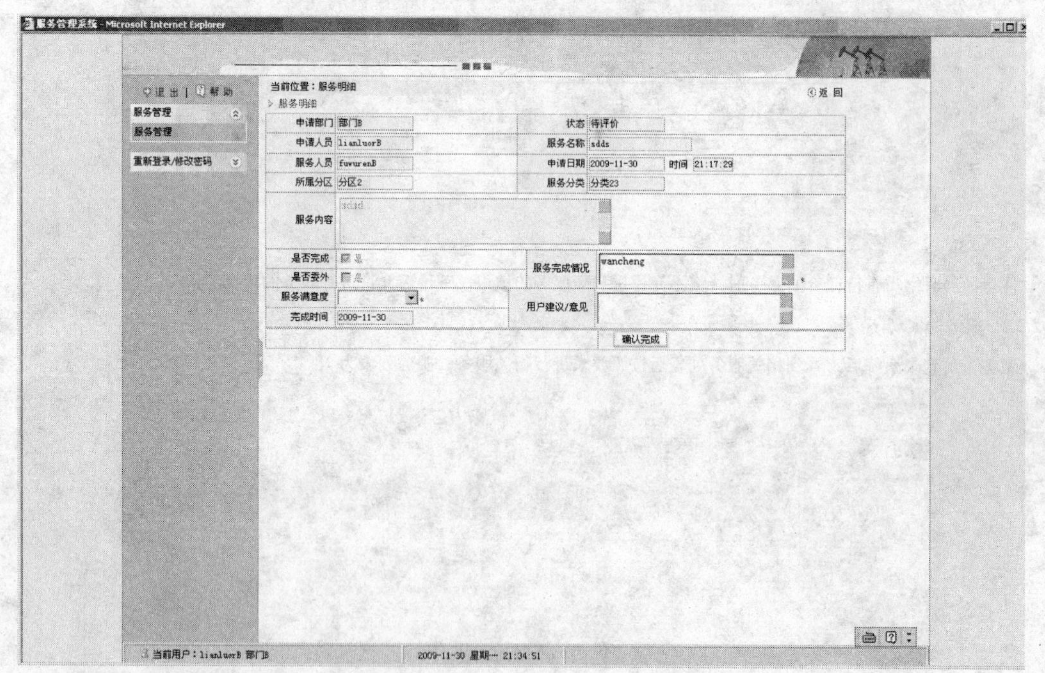

2.2.4　服务的审核

领导进行相关服务的审核。当指定的审核人员（领导）登录后，审核列表如下。

（续）

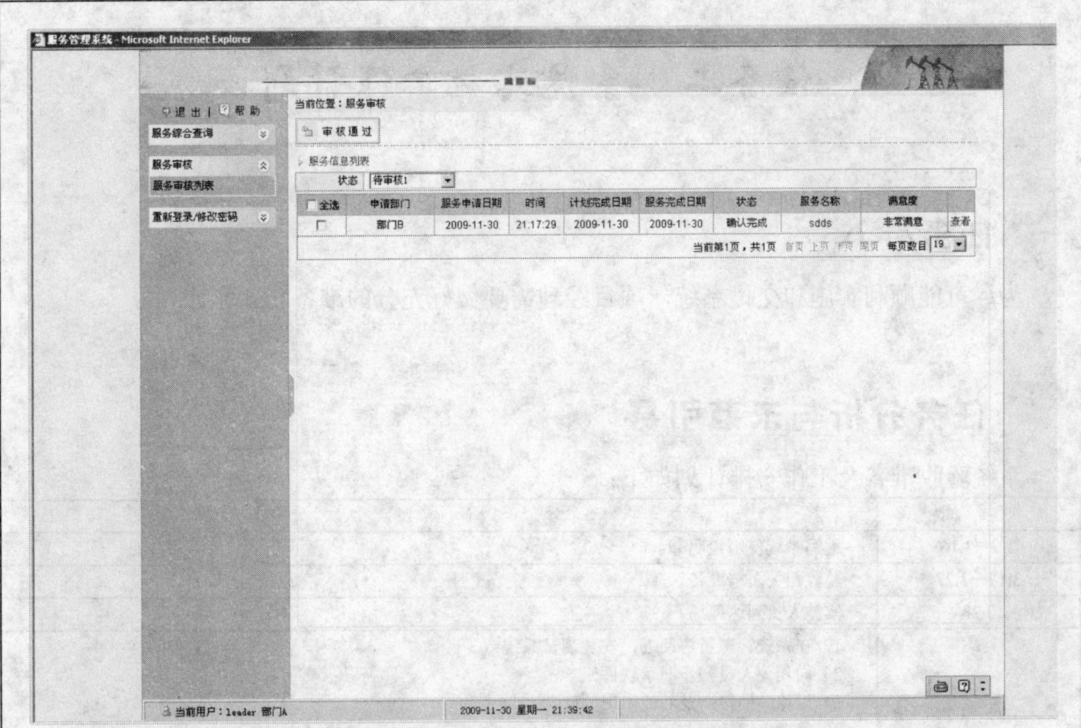

单击需要审核的服务列表，查看详细内容，或者直接单击“审核功过”按钮即可。查看服务列表明细如下图：

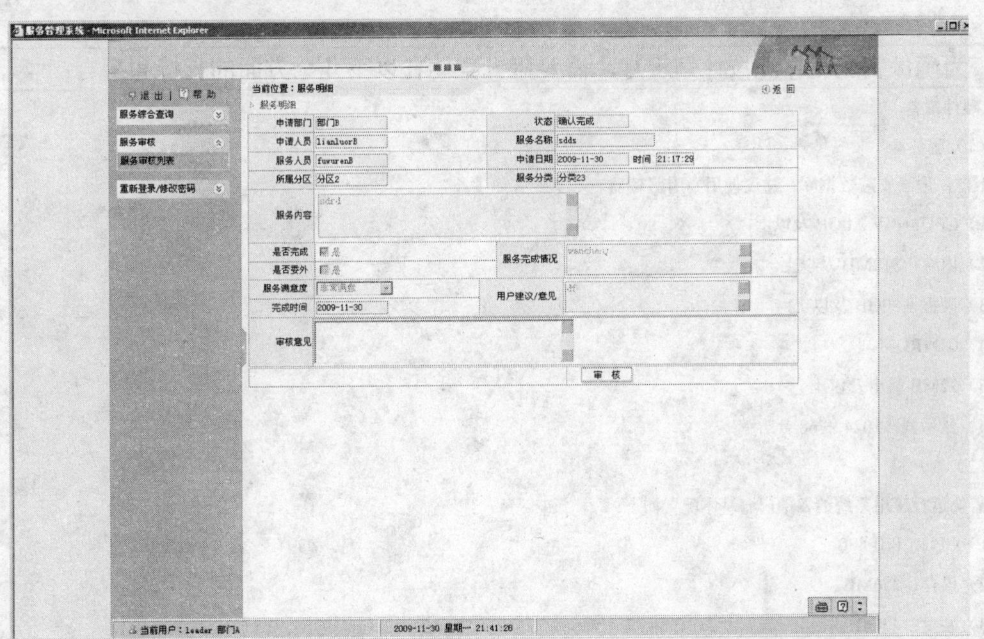

给出审核意见，单击“审核”按钮即可。

2.2.5　服务的查询和导出

领导还可以进行相关查询并导出相关数据到 Excel 中，操作略。

任务二　系统实施工作计划

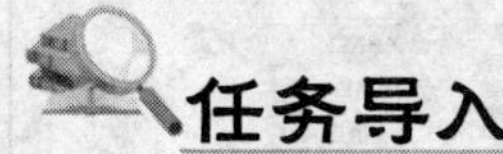

任务导入

为尽可能顺利实施和交付系统，项目经理需要做好充分的准备和工作计划。

任务分析与示范引导

系统验收准备及工作安排计划如下：

时　间	计　划
3.6—3.16	编写系统使用说明书
3.17—3.27	验收相关文档准备
3.28	实施人员到达现场
3.29—3.29	1）在系统管理员协助下，安装调试系统 2）向相关人员初步演示软件 3）讨论归档接口及其他出现的问题 4）修改出现的问题 5）录入真实数据，为验收汇报做准备
3.30—4.1	1）验收汇报 2）培训系统管理员

为确保实施工作能按计划进行，需要蓝天集团在以下几个方面的支持和配合：

1．硬件准备

（1）服务器

1 台，用于安装数据库。建议使用专用服务器。基本配置如下：

1）CPU：PIV 2.0GB 及以上。

2）内存：512MB 及以上。

3）硬盘：80GB 及以上。

4）CD-ROM。

5）32MB 显卡及以上。

6）显示器：1024×768 分辨率

（2）客户机

需要运行应用系统的各部门。基本配置如下：

1）CPU：PIII 800。

2）内存：256MB。

3）硬盘：40GB。

4）32MB 显卡。

5）显示器：1024×768 分辨率。

6）IE 版本：6.0 以上。

（续）

(3) 投影仪 1 台，用于验收汇报使用。 2. 软件准备 1）Windows 2000 Server 中文版。 2）MS SQL Server 2000 中文企业版。 3）Office 2000 中文版或以上版本。 3. 确定系统管理员（1 名） 4. 确定需要参与实施和培训的人员 5. 准备数据资料，需要尽可能的完整和准确

任务三　搭建系统运行环境

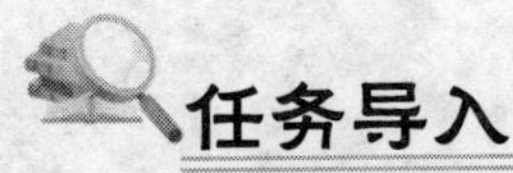

任务导入

按照服务管理系统实施工作计划，需先做好系统运行环境的部署工作。

任务分析与示范引导

搭建服务管理系统的运行环境主要分为三个部分：安装数据库，安装服务管理系统软件以及进行相关的配置。

一、安装 SQL Server

1．安装 SQL Server

MS SQL Server 2000 中文版数据库管理系统需要安装在服务器上，安装步骤如下：

1）将 MS SQL Server 2000 的光盘放入光驱，等待计算机自动运行。

2）选择安装“SQL Server 2000 企业版”。

3）在进入的新对话框中选择“安装 SQL 2000 组件”，单击“下一步”按钮。

4）进入图 3-6-1 所示的对话框，选择“安装数据库服务器”按钮。

图 3-6-1　安装组件

5）进入图 3-6-2 所示对话框，单击“下一步”按钮。

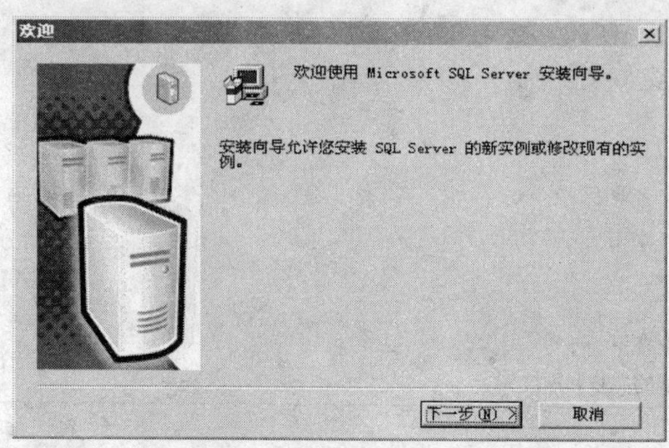

图 3-6-2 安装数据库服务器的“欢迎”对话框

6）进入图 3-6-3 所示对话框，选择“本地计算机”单选按钮，单击“下一步”按钮。

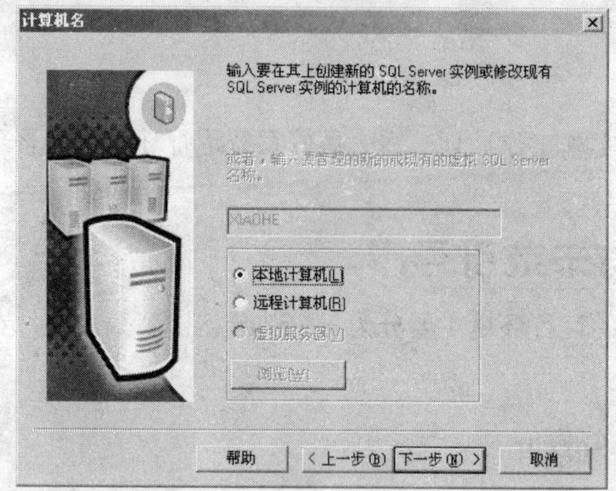

图 3-6-3 计算机名

7）进入图 3-6-4 所示对话框，选择“创建新的 SQL Server 实例，或安装‘客户端工具’”单选按钮，单击“下一步”按钮。

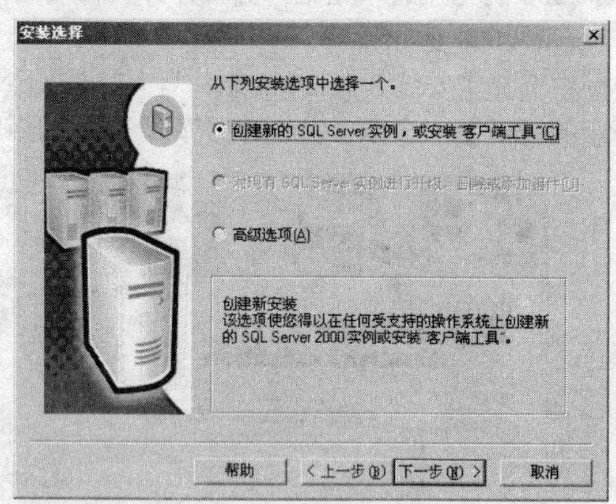

图 3-6-4 安装选择

8）进入图 3-6-5 所示对话框，输入用户的姓名和公司的名称后单击“下一步”按钮。

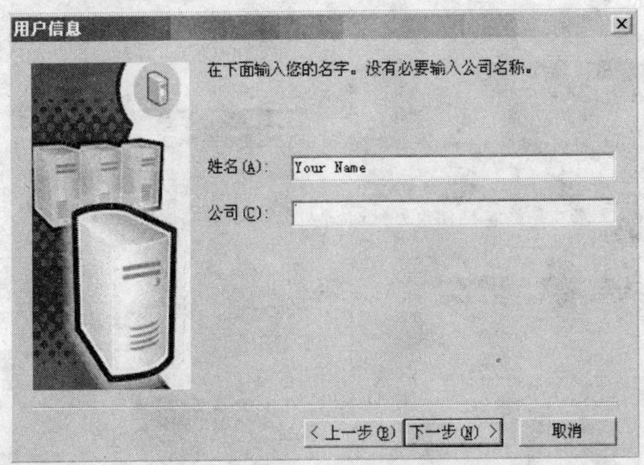

图 3-6-5　用户信息

9）进入图 3-6-6 所示对话框，在阅读软件许可协议后，单击“是”按钮。

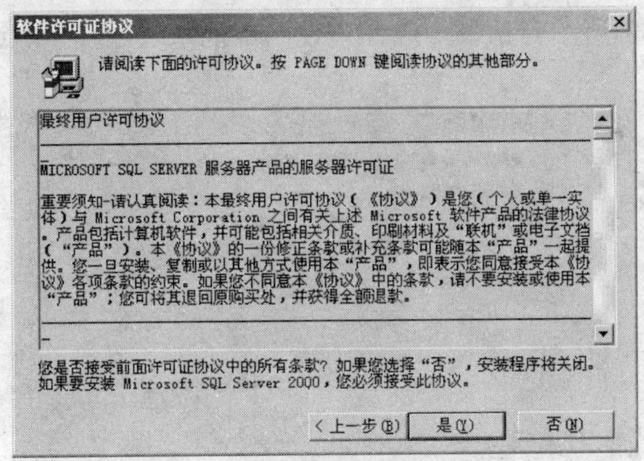

图 3-6-6　软件许可证协议

10）进入图 3-6-7 所示对话框，选择“服务器和客户端工具”单选按钮后，单击“下一步”按钮。

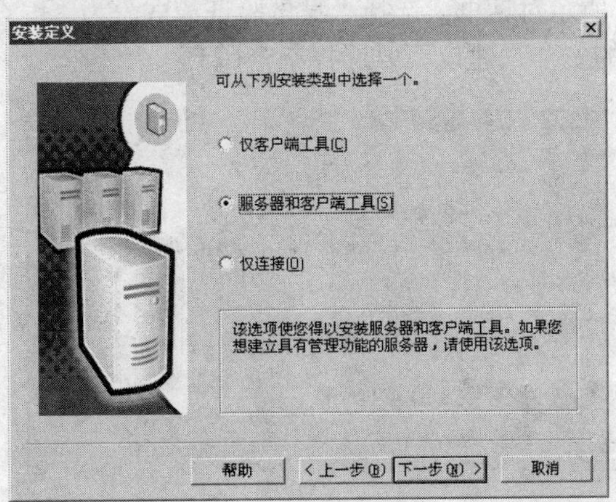

图 3-6-7　安装定义

11）进入图 3-6-8 所示对话框，选择“默认”后，单击“下一步”按钮。

12）进入图 3-6-9 所示对话框，选择“安装类型”为“典型”单选按钮，并分别设置“程序文件”和“数据文件”的安装路径后，单击“下一步”按钮。建议数据文件安装在一个单独的大容量盘符中。

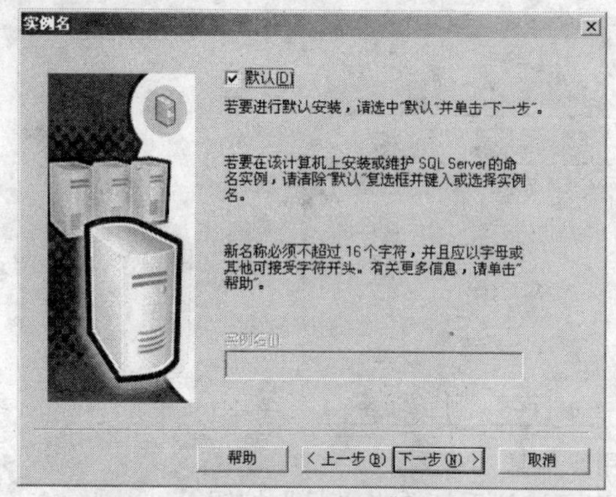

图 3-6-8　实例名

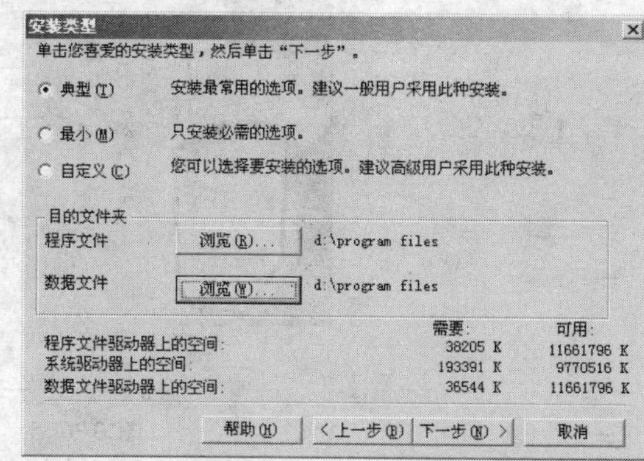

图 3-6-9　安装类型

13）进入图 3-6-10 所示对话框，选择“使用本地系统账户”单选按钮后，单击“下一步”按钮。

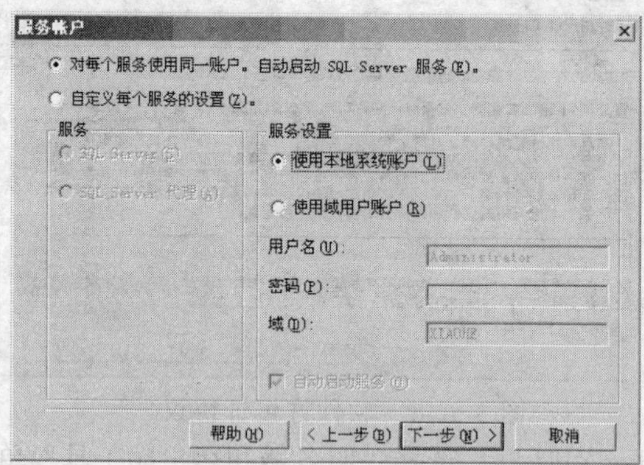

图 3-6-10　服务账户

14）进入图 3-6-11 所示对话框，选择“身份验证模式”为“混合模式”，输入 sa 的登录密码（为了数据库访问的安全，建议不要选择空密码）。

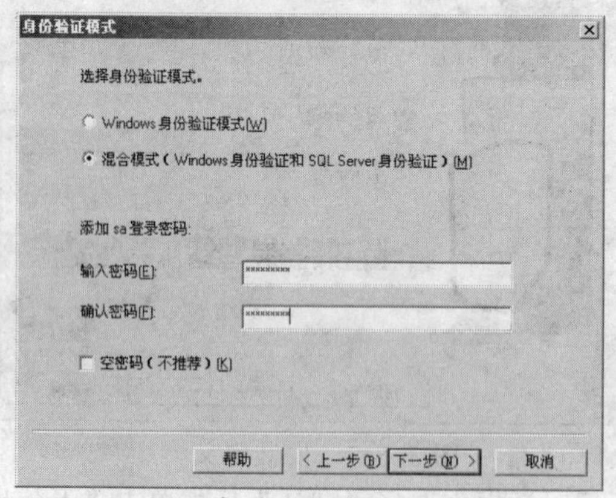

图 3-6-11　身份验证模式

15）进入图 3-6-12 所示对话框后，单击“下一步”按钮。

16）进入图 3-6-13 所示对话框后，选择“许可模式”中的“每客户”单选按钮后再设置每客户处理的设备数（不能为 0），单击“继续”按钮。注意：一般不要选择“处理器许可证”单选按钮。

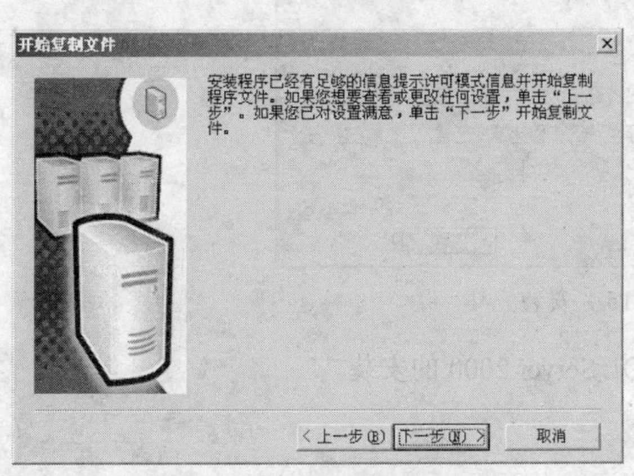

图 3-6-12　开始复制文件

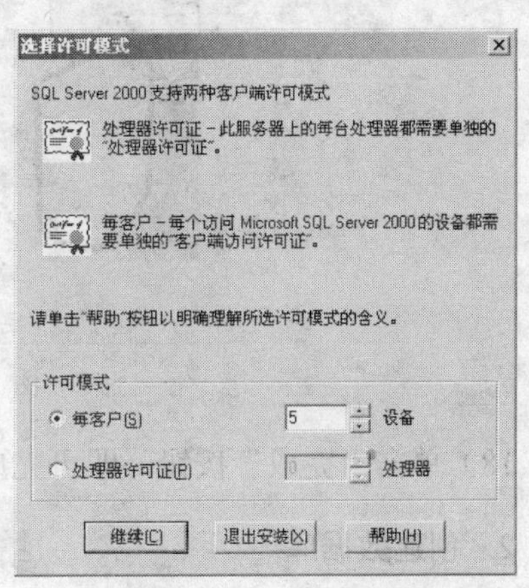

图 3-6-13　选择许可模式

17）进入图 3-6-14 所示对话框。

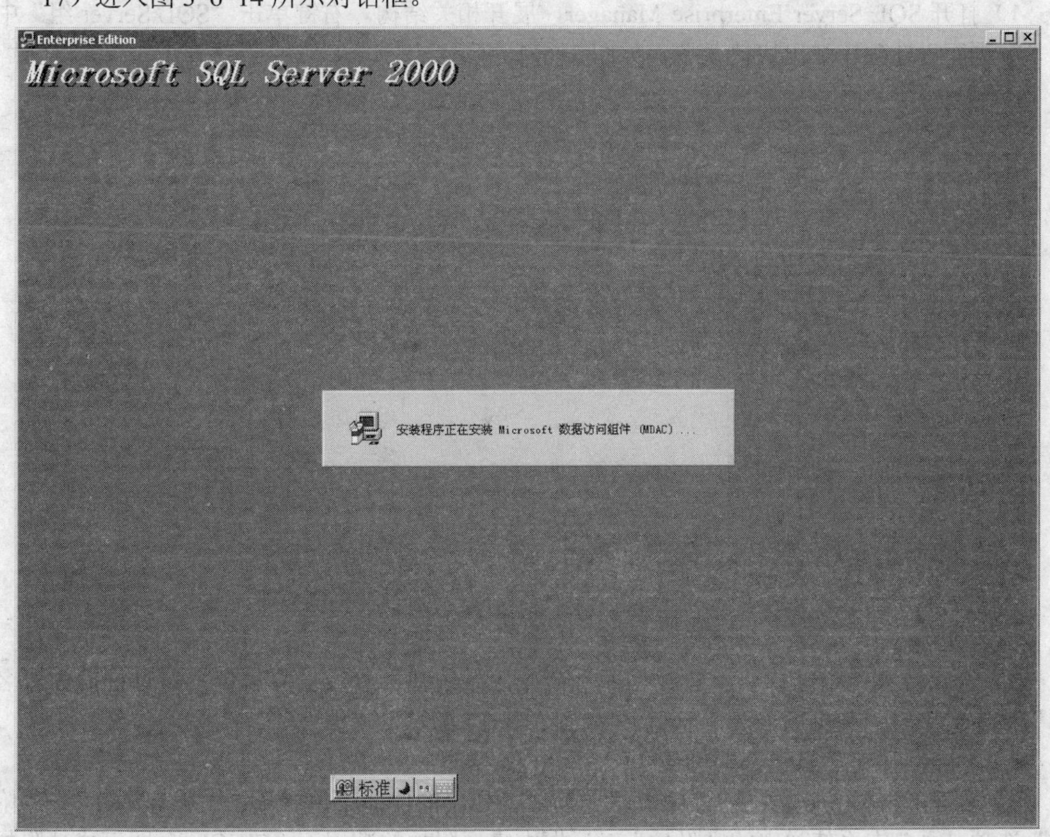

图 3-6-14　正在安装

文件复制完成后，显示“安装完成”，如图 3-6-15 所示。

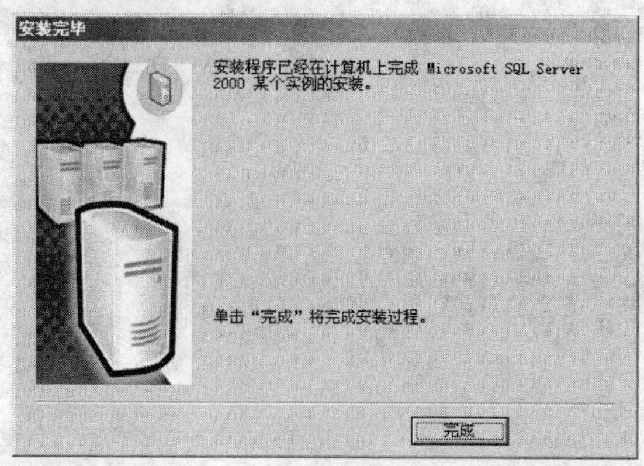

图 3-6-15　安装完毕

18）单击“完成”按钮，即可完成 SQL Server 2000 的安装。

2．创建数据库

使用 SQL Server Enterprise Manager 创建数据库是一个非常简单的过程，也是非常灵活的过程，具体方法如下：

1）打开 SQL Server Enterprise Manager，展开相关结构。右键单击“SQL Server 组”中的“数据库”选项，弹出快捷菜单，如图 3-6-16 所示。

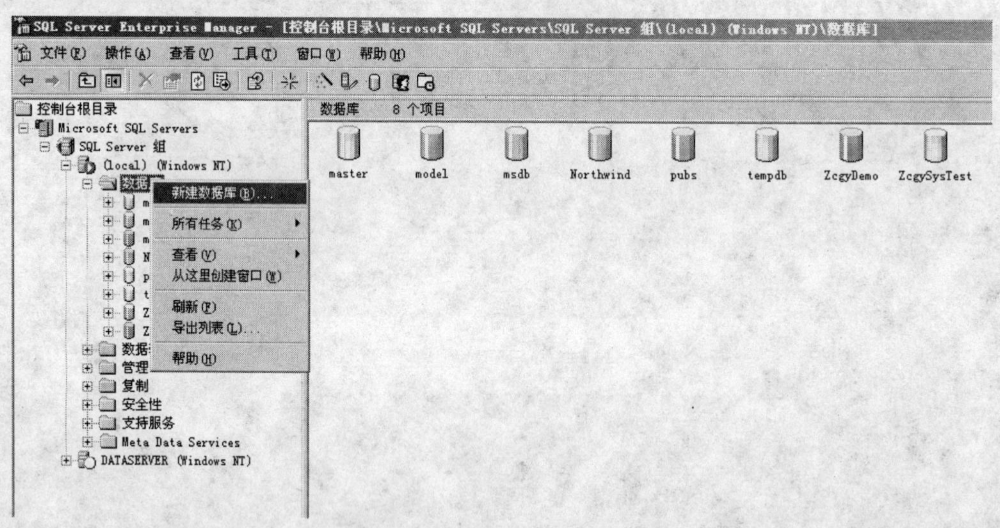

图 3-6-16　新建数据库

2）在快捷菜单中选择“新建数据库”命令，系统弹出“数据库属性”对话框，在“名称”文本框中输入数据库名为“fwgl”，如图 3-6-17 所示。

3）单击“确定”按钮，即创建了一个新的数据库。

4）右键单击图 3-6-16 中“数据库”选项，在弹出的快捷菜单中单击“所有任务”→“附加”选项，再单击系统弹出的“附加”对话框中需要附加的数据库“FWGL”，即可成功附加数据库。

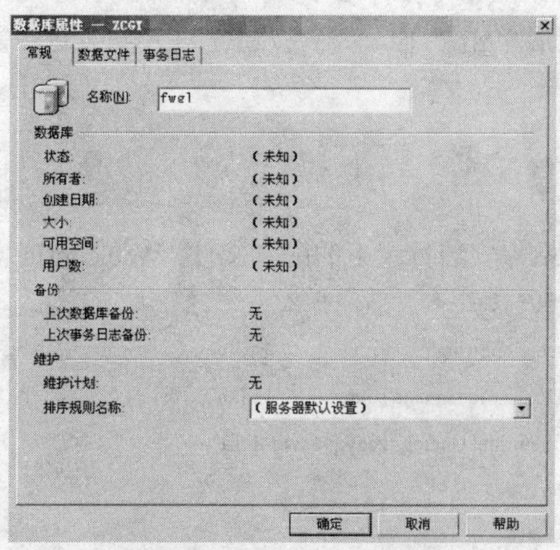

图 3-6-17 数据库属性

二、安装服务管理系统软件

1）运行安装盘中的 SiteSetup.msi 应用程序，系统弹出如图 3-6-18 所示窗口。

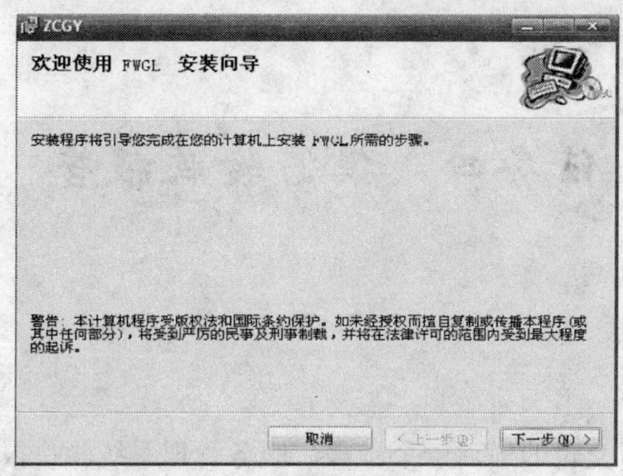

图 3-6-18 应用系统安装向导

2）单击“下一步”按钮，系统进入如图 3-6-19 所示窗口。

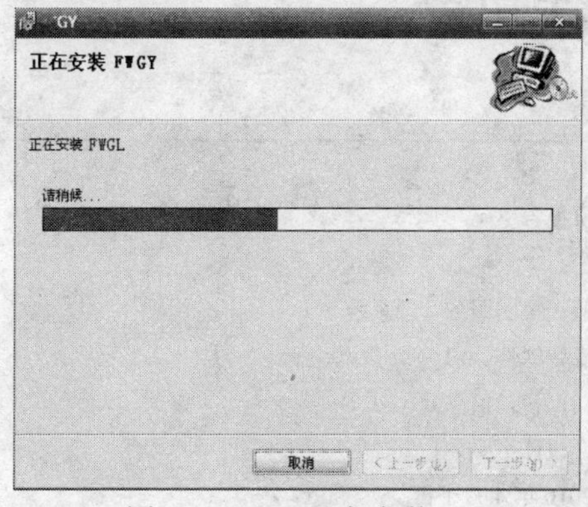

图 3-6-19 正在安装

3）采用系统默认设置。单击“下一步”按钮，系统进入安装确认窗口。

4）在安装确认完成之后单击“下一步”按钮，进入安装进度页面，系统开始安装，直到安装完毕。

三、设置配置信息

1）用记事本打开 Web 站点安装目录下的配置文件“Web.config”，找到文件中的以下内容。

```
<appSettings> <!-- 自定义应用程序设置 -->
    <add key="DataServerConnectionString"
      value="packet size=4096;user id=sa;data source=192.168.0.2;
      persist security info=True;initial catalog=zcgy;password=sa">
    </add>
</appSettings>
```

2）将以下项更改为对应的实际内容即可。

```
data source=192.168.0.2   数据库服务器 IP
initial catalog=fwgl      数据库名称
user id=sa                数据库登录用户
password=safwgl           数据库登录密码
```

任务四　撰写验收报告

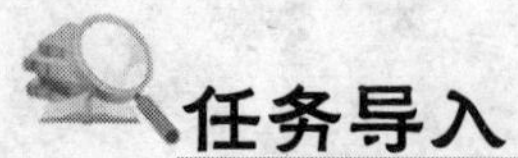

任务导入

撰写验收报告是项目交付的最后一个步骤，服务管理系统验收报告如下。

任务分析与示范引导

服务管理系统验收报告：

服务管理系统

项目验收评价报告

项目合同编号：

项目名称：蓝天集团服务管理系统

完成单位：睿智软件公司

组织验收部门：科技信息处

验收形式：会议评审

验收时间：2010 年 4 月 1 日

蓝天集团

二零一零年制

（续）

1．项目建设目标及主要技术经济考核指标

用.NET 技术和 SQL Server 2000 数据库通过蓝天集团内部网络建立一个服务管理系统平台，在这个统一平台上全面实现项目从联络人申请服务，服务人完成服务备案，联络人评价服务，部门领导对服务进行审核，从而为员工的年底考核提供了依据。以此达到实现信息共享，提高作业效率和管理水平，降低经营成本，加速规范化管理的综合目标。

通过软件系统的规范化管理，可大大加强蓝天集团各部门之间的横向与纵向的合作和有效沟通。同时，使得项目的主管或领导及时获取项目开展和执行情况，便于在宏观上作出指导性决策和控制。

2．合同执行情况

通过对蓝天集团的现状分析，完成了可行性论证报告和软件用户需求说明书。服务管理系统的目标是针对本单位的二级部门—信息管理部的特点，利用现有的计算机技术，以信息管理部设置的数据为基础，围绕服务人员、任务联络员、信息管理部领导（主任）的三级业务关系来实现服务的申请、实现、评价、完成，相关人员的工作量统计、综合查询等综合管理，以提高相关人员的办事效率，为中心领导及时跟踪服务情况和决策提供更有效、更精确的支持。

服务管理系统满足以下业务目标：

1）及时、有效监控日常服务情况。解决目前日常服务单或数据管理零散、数据归口不统一的现状。系统投入使用后，各单位数据按归口单位和规定的时间内及时录入到系统中，供相关人员及时查询。

2）服务管理自动化。根据业务流程和业务关系，系统将各业务数据有机地联系起来，帮助管理人员及时发现服务中的问题。

3）服务数据管理规范化。系统投入使用后，可以有效地管理日常服务过程产生的大量数据，实现信息共享、高效查询和综合应用。将手工数据管理的过程规范化、自动化。通过对数据的规范化管理，高效综合利用数据；通过对数据进行统计分析等深加工，挖掘数据价值。

通过对业务流程的分析，确定了数据录入需求。为了使用的方便和系统运行的高效，系统采用先进的 C# + Asp.net 这种 B/S 模式进行架构。界面采用了先进的 Asp.net 进行开发，实现了如上等强大的功能，界面全部采用 Web 方式实现，并请专职的美工人员进行了界面设计，界面风格统一，美观大方。

3．提供验收的文件、资料及提供单位

纸质文档：

1）项目可行性论证报告。

2）“蓝天集团服务管理系统”用户需求报告。

3）“蓝天集团服务管理系统”软件操作手册。

4）“蓝天集团服务管理系统”软件维护手册。

5）“蓝天集团服务管理系统”项目研究报告。

6）“蓝天集团服务管理系统”项目验收报告提纲。

软件：

1）“蓝天集团服务管理系统”软件源程序。

2）“蓝天集团服务管理系统”软件数据库。

提供单位：

睿智软件有限公司。

4．成果应用单位意见

服务管理系统项目完成了合同规定的各项内容，实现了项目从联络人申请服务，服务人完成服务备案，联络人评价服务，部门领导对服务进行审核以及功能强大的查询功能，从而为员工的年底考核提供了依据；系统采用消息处理机制和权限分配机制，

（续）

灵活方便。经测试，该软件符合现场实际情况。该软件具有技术先进、与工程知识库系统无缝衔接、项目数据及文档能存入数据库共享，同时操作简便、界面友好、方便管理等特点，符合现场应用的需求。

签字

（盖章）

年　　月　　日

5．技术部门验收评估意见

通过对“服务管理系统”项目进行评估，我们认为：该系统使用了先进的 Internet 和 Web 技术，使用了 SQL Server 存储过程进行后台数据处理，使用了目前流行的软件三层架构，技术先进。数据处理流程合理，通过浏览器可以轻松完成系统的全部操作，实现了项目从联络人申请服务，服务人完成服务备案，联络人评价服务，部门领导对服务进行审核的全过程管理，并和工程知识库系统无缝衔接。软件界面友好，风格统一，美观大方，功能强大，并提供了操作手册和维护手册，操作维护方便。同意验收。

签字

（盖章）

年　　月　　日

附：验收组成员名单

序号	姓名	工作单位	所学专业	现从事专业	职称/职务	签名
1						
2						
3						
4						

参 考 文 献

[1] 陆恩惠．软件工程实践教程[M]．北京：机械工业出版社，2006．

[2] 王宜贵．软件工程[M]．2 版．北京：机械工业出版社，2008．

[3] 郑人杰，等．实用软件工程[M]．2 版．北京：清华大学出版社，1997．

[4] 林锐，顾晓刚，等．高质量程序设计指南[M]．北京：电子工业出版社，2002．

[5] 杜文洁，景秀丽．软件测试基础教程[M]．北京：中国水利水电出版社，2008．

[6] 杜文洁，景秀丽．软件开发流程实训教程[M]．北京：中国水利水电出版社，2009．

[7] 朱少民，韩莹．软件项目管理[M]．北京：人民邮电出版社，2009．

[8] 栾跃．软件开发项目管理[M]．上海：上海交通大学出版社，2005．

[9] 阳王东，增强聪，吴宏斌．软件项目管理方法与实践[M]．北京：中国水利水电出版社，2009．